제1부 고대와 중세의 반란

마사다 요새_바위산 위에서 한 편으로는 사해를, 한 편으로는 광야를 내려 보는 이 천혜의 요새에서 유대 전사들은 로마군을 3년이나 막아낸 후 장렬한 최후를 맞았다(3장).

베르킨게토릭스 동상_알레시아 전투 유적지라고 추정되는 곳에 나폴레옹 3세가 세운 높이 7미터의 동상. 베르킨게토릭스는 근대에 와서 민족적 영웅으로 재부각되었다(2장).

아담이 밭 갈고 하와가 베 짤 때 누가 귀족이었나?__1888년에 출간된 윌리엄 모리스의 소설 『존 볼의 꿈』의 표지 삽화이다(7장).

제2부 근대의 반란

레이던 시의 구원__레이던 시는 에스파냐군에게 포위된 채 굶주리고 있었다. 빌렘이 이끄는 네덜란드 독립군은 둑을 터트려 바닷물로 에스파냐군을 몰아내고 레이던을 구했다(10장).

락슈미 바이__잔시 왕국의 여왕으로 토후인 남편이 죽은 후 반영 독립 항쟁의 지도자로 떠오른다. 그녀는 유격대를 결성하여 여러 차례 영국군에게 큰 타격을 입혔다(13장).

시팅불__수 족 언어로는 타탕가 이요타케. 웅크린 황소처럼 지혜와 인내력이 뛰어나다고 붙은 이름이다. 그가 이끄는 인디언 연합군은 미 육군이 자랑하는 제7기병대를 전멸시켰다(15장).

파리 코뮌 당시의 바리케이드_'피의 일주일' 동안 코뮌군은 베르사유 정부군에 맞서 처절하게 항쟁했다. 3만 명 이상의 파리 시민이 이 기간에 살해되었다(14장).

제3부 현대의 반란

혁명을 이끄는 거인__러시아 혁명을 이끈 볼셰비키를 형상화한 그림으로, 1920년에 보리스 미하일로비치 쿠스토디에프가 그렸다(18장).

분신하는 승려__ 1963년에 승려 틱 광 둑은 남베트남 고 딘 디엠 정부가 불교도의 시위에 발포하여 사람들을 살상하자 이에 항거하여 사이공 시내에서 분신자살했다(19장).

해방구가 된 타흐리르 광장__ 카이로 중심부 타흐리르 광장은 이집트 혁명에 산소를 공급하는 허파와 같았다. 시민들은 이곳에서 시위의 향방에 대해 자율적으로 토론하고 결정했다(25장).

탱크에 돌로 맞서다__요르단 강 서안 나블루스에서 한 팔레스타인 청년이 이스라엘 탱크에 돌을 던지고 있다. 투쟁과 구금, 죽음은 팔레스타인 청년들의 일상이었다(23장).

반란의 세계사

이오니아 반란에서
이집트 혁명까지

반란의
세계사

오준호 지음

반란의 세계사

제1부 고대와 중세의 반란: 노예와 농노, 자유를 부르짖다

1장 이오니아 반란: 그리스 자유민, 최강 제국 페르시아에 맞서다___9

2장 켈트 반란: 베르킨게토릭스, 카이사르를 벼랑 끝으로 몰다___24

3장 유대 전쟁: 마사다는 결코 반복되지 않는다___40

4장 황건의 반란: 푸른 하늘이 망했으니 누런 하늘이 일어선다___53

5장 황소의 난: 소금 밀매상이 일으킨 당나라 최대의 민중 반란___68

6장 고려 천민·노비 반란: 공경장상의 씨가 어찌 따로 있겠는가?___81

7장 중세 유럽의 반란: 근대로 가는 다리를 놓다___94

8장 독일 농민 전쟁: 토마스 뮌처와 농민군, 지상 천국을 위해 일어나다___114

제2부 근대의 반란: 시민과 노동자, 혁명의 시대를 열다

9장 네덜란드 독립 전쟁: 네덜란드판 살수대첩으로 에스파냐를 몰아내다___131

10장 영국 혁명: 백성과 국가는 왕의 소유물이 아니다!___144

11장 프랑스 대혁명: 바스티유와 함께 봉건 질서가 무너지다___163

12장 아이티 혁명: 흑인 노예들, 공화국을 건설하다___186

13장 세포이 항쟁: 2억 인도 민중, 대영제국에 맞서 일어나다___204

14장 파리 코뮌: 자유와 평등을 위해 바리케이드 위에 서다___222

CONTENTS

15장 **인디언 전쟁**: 제7기병대를 궤멸시킨 리틀 빅혼 전투___237

16장 **미국 노동자들의 투쟁**: 또 하나의 남북 전쟁, 헤이마켓 사건과 총파업___253

17장 **동학 농민 혁명**: 척양척왜! 보국안민! 죽창 들고 나서다___269

제3부 현대의 반란: 더 많은 저항, 더 많은 민주주의를 향해

18장 **러시아혁명**: 인민은 전쟁 대신 빵·토지·평화를 원한다___289

19장 **베트남 독립 혁명**: 식민지 민중의 해방 없이 인류 평화란 없다___306

20장 **쿠바혁명**: 시에라 산맥의 게릴라들, 대역전승을 거두다___321

21장 **티베트 라사 봉기**: 티베트는 중국의 일부가 아니다___336

22장 **소웨토 항쟁**: 한 소년의 죽음이 아파르트헤이트의 조종을 울리다___351

23장 **팔레스타인 인티파다**: 돌과 용기로 침략자의 탱크와 맞서다___368

24장 **멕시코 사파티스타 봉기**: 오늘 우리는 말한다, '이제 그만' 이라고!___387

25장 **이집트 혁명**: 21세기 첫 혁명의 불길, 아랍에서 타오르다___404

에필로그 21세기, 반란의 시대가 오는가?___421

| 제1부 |

고대와 중세의 반란
노예와 농노, 자유를 부르짖다

이오니아 반란 | 헬트 반란 | 유대 전쟁 | 황건의 반란 | 황소의 난
고려 천민·노비 반란 | 중세 유럽의 반란 | 독일 농민 전쟁

이오니아 반란

Ionian Revolt

|

그리스 자유민, 최강 제국 페르시아에 맞서다
기원전 499년

아리스타고라스, 아테네 인들 앞에 서다 아테네의 프닉스 언덕으로 사람들이 속속 모여들고 있었다. 아크로폴리스 서쪽에 있는 프닉스 언덕은 민회가 열리는 장소였는데, 이날 열리는 민회에는 매우 중요한 안건이 상정되어 있었다. 이오니아의 밀레토스에서 얼마 전 반反페르시아 반란이 일어났는데 아테네가 이를 도울지 말지를 결정해야 했던 것이다. 이오니아는 소아시아(지금의 터키) 서부 해안 지역으로 그리스 인들이 세운 식민 도시가 많았는데, 지금은 페르시아제국의 다리우스 왕이 지배하고 있었다. 그중에서도 밀레토스는 번성하는 항구 도시로 이오니아 일대의 해상 무역을 주도해왔다.

아테네 인들을 설득하기 위해 밀레토스에서 이곳까지 온 사람이 있었다. 그는 아리스타고라스라는 사내였다. 역설적이게도 그는 얼마 전까지 밀레토스의 참주, 즉 독재자로 페르시아제국의 대리인이나 마찬가지였다. 외세의 앞잡이 노릇을 했던 그가 참주 자리를 박차고 페르시아에 반란을 일으켰던 것이다. 그는 목청을 가다듬고 1만여 시민들 앞에 나섰다.

"존경하는 아테네 시민들이여! 지금 이오니아에서는 여러분의 동포들이 전제 군주에게 짓밟히고 있습니다. 이오니아 인들은 고통에 신음하다 지쳐, 이제 압제와 싸우려고 일어났습니다. 게다가 밀레토스는 바로 아테네 인들이 세운 식민 도시가 아닙니까? 그러니 우리를 도와주시기 바랍니다. 우리와 함께 페르시아의 압제자를 몰아냅시다!"

민회 참석자들은 웅성웅성했으나 아직 의구심이 풀리지 않은 듯했다.

"여봐요, 그 멀리까지 싸우러 가서 우리 아테네가 얻는 게 뭐요?"

아리스타고라스는 잠시 목을 축이고 나서 말을 이어갔다.

"지금 다리우스 왕은 전쟁에 미쳐 있습니다. 그는 페르시아제국의 땅덩이를 끝없이 넓히고 싶어 안간힘을 씁니다. 이미 트라키아(발칸 반도의 동부 지역)가 다리우스에게 넘어갔습니다. 거길 장악했다는 것은 무엇을 의미합니까? 곧 이곳 아테네로도 페르시아군이 온다는 것입니다! 지금 이오니아가 짓밟히도록 내버려둔다면, 다음 차례는 반드시 아테네가 될 것입니다! 그리고 여러분, 페르시아엔 금이 넘쳐납니다. 물산도 풍부합니다. 반란이 성공하면 그 재물이 모두 여러분의 것이 됩니다!"

그리스 함대의 삼단 노선 : 충돌 속도를 높이고자 노의 수를 늘렸다. 삼단 노선은 원래 페니키아 인의 발명품이었으나 나중에 그리스군의 주력이 되어 페르시아 전쟁에서 위력을 뽐냈다.

"하지만, 페르시아군은 엄청나게 강하다던데?"

"그건 헛소문에 불과합니다. 그들은 주로 짧은 창을 사용하지요. 숫자만 많을 뿐 아테네의 중무장 보병에게 상대가 될 수 없습니다. 아테네의 전함은 또 어떻습니까? 삼단 노선(그리스 해군의 전함으로 노를 삼단으로 배치하여 빠른 속도로 적함에 충돌하는 전술을 썼다.)을 당할 배는 지중해에 없지 않습니까?"

이오니아의 자유와 아테네의 자유가 하나라는 아리스타고라스의 말이 시민들의 마음을 흔들었고, 거기에 아시아의 재물이 눈앞에 아른거리자 민회는 순식간에 흥분의 도가니가 되었다. 아테네 인들은 밀레토스를 지원하기로 결의했다. 이웃한 도시 국가 에레트리아도 이에 동참하기로 하였고, 얼마 후 아테네 전함 20척과 에레트리아 전함 5척이 이오니아를 향해 출정의 닻을 올렸다. 고대 지중해 세계의 양 진영, 페르시아제국과 그리스의 자유 도시 연합 사이의 첫 충돌이 일어나려는 순간이었다.

이오니아의 상황과 페르시아제국

그리스 본토인들은 기원전 7세기를 전후하여 이오니아 일대에 20여 개의 식민 도시를 세웠다. 오늘날 알려진 인물 가운데 이오니아 출신이 많은데, "만물의 근원은 물"이라고 한 철학자 탈레스는 밀레토스에서, 수학의 아버지 피타고라스는 사모스에서, 여류 시인 사포는 레스보스에서, 역사학의 아버지 헤로도토스는 할리카르나소스에서 태어났다. 그 밖에 키프로스, 코린토스, 카리아, 키오스 등 크고 작은 도시 국가들이 이오니아에 점점이 흩어져 있었다. 도시 국가들은 정치 체제는 조금씩 달랐으나 대개 해상 무역에 종사했다. 인구는 수천에서 수만까지 다양했는데 밀레토스의 인구는 약 6만 명이었다.

   도시 국가들은 서로 독립되어 자유를 누렸다. 그러나 리디아가 이오니아 지역의 맹주로 떠오르면서 상황이 변했는데, 리디아는 그리스계가 아닌 소아시아 원주민들이 세운 나라로 기원전 6세기경 크게 번영했다. 리디아에서는 세계 최초로 동전이 사용되었을 정도로 경제가 발전했고 국왕 크로이소스는 자신이 '세상에서 가장 부유한 자'라고 자신했을 정도였다. 리디아는 그리스 도시 국가들을 잠시 지배했는데 곧이어 페르시아가 팽창하면서 리디아를 정복해버렸고, 이오니아의 그리스 인들도 페르시아의 통치를 받게 되었다. 페르시아는 각 도시에 자신의 이익을 대변하는 꼭두각시 참주를 세웠다.

이오니아 인들은 페르시아의 영향력이 커질수록 해상 무역에서 자신들의 이익이 줄었기에 위기의식이 커졌다. 한편 정복욕에 불타는 다리우스 왕은 발칸 반도의 트라키아, 아프리카의 리비아, 아시아의 인도로까지 진출하여 영토를 넓혔고, 전쟁 비용을 충당하느라 피지배민들에게 은을 바칠 것을 요구했다. 이오니아 인들이 내야 하는 조공이 다른 지역의 피지배민들보다 특별히 더 많은 것은 아니었다. 하지만 이오니아의 그리스 인들은 독립과 자유보다 중요한 것은 없다고 여겼고, 얼굴도 본 적 없는 전제 군주와 그가 세운 참주의 지배를 받는 것은 수치스러운 일이라고 생각했다.

페르시아는 어떤 나라였을까? 헤로도토스에 의하면 페르시아는 "그리스보다도 더 유구하고 발달한 문화를 지닌 나라였다." 초기의 페르시아 인은 기원전 10세기경 이란 일대에 정착한 유목민들을 가리킨다. 페르시아는 기원전 7세기에 엘람 왕조의 지배를 받다가 작은 도시 국가로 성장했고, 기원전 6세기 중반 키루스 대왕이 인접한 열 개 부족을 통일하고 주변의 강국인 메디아, 바빌론, 리디아를 정복하여 대제국으로 발돋움했다. 키루스의 아들 캄비세스는 이집트를 정복했으나 원정에서 돌아오다가 급사했다. 이에 궁정이 혼란에 빠진 틈을 타 왕족의 먼 친척인 다리우스가 쿠데타로 제위에 올랐는데, 그가 바로 다리우스 1세이다.

다리우스 1세는 왕위를 찬탈한 까닭에 자신의 정통성을 시비하는 반란에 여러 차례 직면해야 했다. 이 반란들을 제압하는 과정에서 다리우스 1세는 징병제를 도입하고 군대에 봉급을 지급하여 페르시아군을 강군으로 만들었다. 또한 제국의 대동맥 역할을 할 도로망을 갖추고 도량형을 통일하였으며 웅장하기 그지없는 수도 페르세폴리스를

날개 달린 황금 사자 뿔잔 : 현재 이란의 국보 1호라 할 만큼 유명한 유물이다. 사자는 페르시아 아케메네스 왕조의 상징으로, 아케메네스 왕조는 세 대륙에 걸친 대제국을 건설했다.

건설했다. 그의 통치하에 제국은 사상 최대의 영토를 획득했다.

할리우드 영화《300》을 보면 스파르타 전사들이 페르시아군과 맞서 싸우는 장면이 나오는데, 여기서 페르시아군은 동방에서 온 야만인들로, 페르시아 왕은 인간의 등을 계단처럼 밟으며 가마에 오르는 잔혹한 폭군으로 묘사된다. 하지만 그건 전혀 근거 없는 편견일 뿐, 페르시아제국은 당대 최고의 문화 선진국이었으며, 다리우스 1세는 비록 전제 군주이긴 했지만 다른 문화를 관용할 줄 아는 사람이었다. 헤로도토스는 이런 일화를 든다. 다리우스가 그리스 인을 불러 얼마를 주면 아비의 시신을 먹을 수 있느냐고 물었다. 그리스 인이 아무리 돈을 많이 줘도 그럴 수는 없다고 하자 이에 다리우스는 죽은 아비의 시신을 먹는 풍습이 있는 칼라티아이 인들을 불러 그리스 인들 앞에서 물었다.

"얼마를 주면 아비의 시신을 화장할 수 있겠느냐?"

"대왕이시여, 제발 그런 말씀만은 하지 말아 주십시오!"

다리우스는 도리어 그리스 인들에게 이처럼 관습은 부족마다 차이가 있으며 함부로 바꿀 수 없다는 것을 보여주었던 것이다. 그러나 이는 나중의 일이고, 이오니아의 반란이 있기 전에 다리우스는 그곳의 그리스 인들을 지배했으면서도 실제로 그리스에 대해 잘 알지는 못했다. 한번은 스파르타의 사절단이 페르시아에 찾아와 이오니아의 동포들을 괴롭히지 말라고 경고한 일이 있었다. 그때 다리우스는 황당해 하며 이렇게 말했다.

"도대체 스파르타가 어디에 있는 나라인가?"

이오니아 도시들, 대제국에 도전하다

아무리 제왕이 문명인이라고 해도 제국의 통치는 피정복민의 자유와 충돌할 수밖에 없다. 그러나 이오니아 인들이 반란을 일으키게 된 직접적인 계기는 다소 엉뚱했다. 기원전 499년 에게 해 남쪽 낙소스 섬에서 내란이 일어나서 그곳의 귀족들이 밀레토스로 망명을 왔다. 그들은 밀레토스의 참주 아리스타고라스에게 가서, 섬으로 돌아가 권력을 되찾게끔 군사력을 빌려달라고 청했다. 아리스타고라스는 처음엔 낙소스 반란을 진압하고 전리품을 챙길 요량으로, 다리우스 1세의 이복동생이자 이오니아 총독인 아르타페르네스에게서 전함 200척을 빌렸다.

하지만 낙소스로 가는 항해 도중에 아리스타고라스와 페르시아 장군들 사이에 전술을 두고 불화가 생겼다. 거기에 낙소스 주민들의 저항도 호락호락하지 않아 결국 원정은 실패하고 말았다. 아리스타고라스는 한몫 잡을 수 있을 거라 믿고 빚까지 얻어 원정 비용을 대었는데, 투자한 돈을 되찾기는커녕 페르시아의 불신마저 사 정치적 위기에 처했다. 그는 차라리 시민의 편에서 페르시아에 반기를 들기로 하고 밀레토스에 '이소노미아'를 선포했다. 이소노미아란 모든 시민의 평등권이란 뜻으로 참주정의 종식을 의미했다. 밀레토스 시민들은 이를 열렬히 환영하면서 즉각 민주정을 수립했고 이어 페르시아에게 독립을 선언했다. 밀레토스가 앞장을 서자 다른 도시에서도 민중들이 봉기하여 꼭두각시 참주를 내쫓았다.

총독 아르타페르네스가 진압군을 동원하자 아리스타고라스도 부랴부랴 그리스 본토로 달려가 지원을 요청했던 것이다. 그러나 스파르타나 아르고스 같은 곳에선 무안만 당했는데, 스파르타 왕 클레오메네스는 시큰둥한 표정으로 그 먼 곳까지 원정 갈 생각이 없노라고 말했던 것이다. 아직 본토의 그리스 인들에게 페르시아는 머나먼 야만인들의 나라였고 거기서 일어나는 일은 별 관심을 끌지 못했다. 오직 에게 해 일대에서 활발한 무역 활동으로 말미암아 국제 정세에 밝은 아테네만 관심을 보였다. 아테네는 페르시아의 서진西進을 견제해야 할 필요를 느꼈고 그래서 반란을 지원하기로 했다.

에게 해의 푸른 바다를 가르며 그리스의 삼단 노선들이 이오니아에 닿았다. 그리스 본토와 이오니아의 연합군은 에페소스에서 만나 보무도 당당하게 소아시아의 페르시아의 총독령인 사르디스로 진격했다.

"이오니아에 자유를! 페르시아에 죽음을!"

전광석화 같은 연합군의 공격에 사르디스는 변변한 저항조차 하지 못하고 함락되었다. 그런데 이때 한 그리스 병사가 실수로 화재를 일으켰다. 불길은 갈대로 지붕을 인 주택들을 일거에 태워버렸고, 페르시아 인들이 '어머니 신'으로 모시는 키벨레 신전까지 잿더미로 만들었다. 사르디스에서 수사Susa까지 2700킬로미터의 '왕의 도로'를 달려온 전령은 이 이야기를 다리우스에게 전했고, 다리우스는 분노로 몸을 떨며 복수를 다짐했다. 그는 얼마나 분했던지 시종에게 하루 세 번씩 "왕이시여, 아테네를 잊지 마십시오!"라고 외치게 했다.

연합군이 점령한 사르디스를 제대로 약탈하지도 못했는데 어느새 페르시아의 기병들이 들이닥쳤다. 연합군은 서둘러 철수했다. 그만 사기가 꺾여버린 아테네 함대는 이오니아 인들의 만류에도 불구하고 본토로 귀항해버렸다. 이오니아 인들은 혼자서 항쟁을 이어가야 했는데, 다행히 반란은 소아시아 일대에 들불처럼 확대되고 있었다. 카리아와 키프로스 섬, 사모스, 키오스 등에서도 봉기가 잇따랐다. 이오니아 지역이 페르시아에게서 등을 돌리자 다리우스 왕은 사위인 다우리세스에게 대병력을 주어 반격을 명했다. 반란군은 키프로스 섬에서 페르시아군과 맞붙었는데, 지상전에서는 우세했으나 해전에서 그만 대패하고 말았다. 이제 반란은 수세에 몰렸고, 반란을 일으키는 데 큰 역할을 했던 아리스타고라스도 반대파에 의해 밀레토스에서 쫓겨나 살해되고 말았다.

페르시아군과 반란군은 최후의 결전을 향해 다가섰다. 전투는 밀레토스 연안의 라데 섬 근해에서 벌어졌다. 이오니아 연합군 함대는 353척이었고 페르시아 함대는 600여 척으로 비록 열세이긴 했으나 한번 해볼 만한 싸움이었다. 그러나 이미 연합군 내부에서 동요가 일고 있

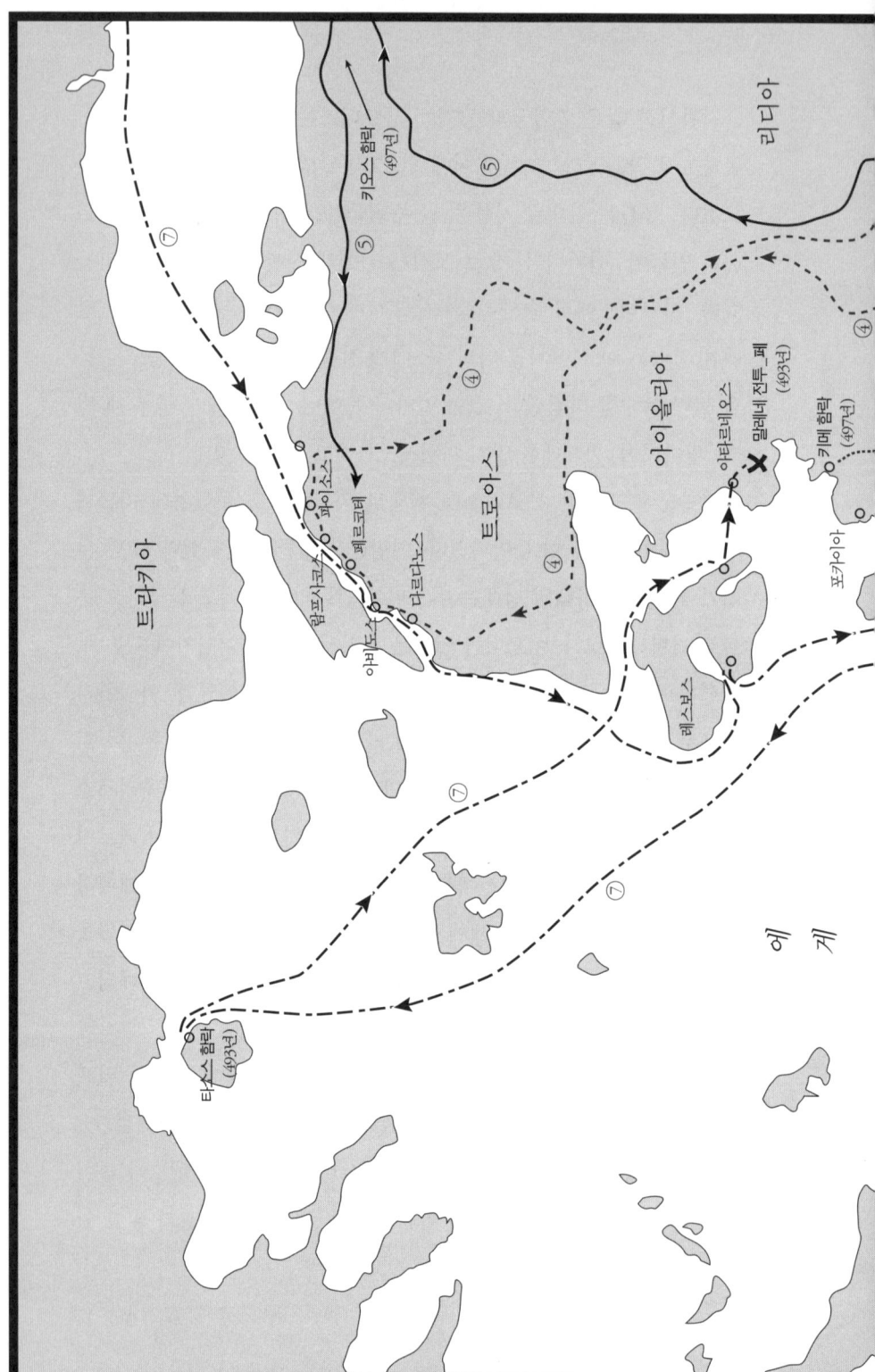

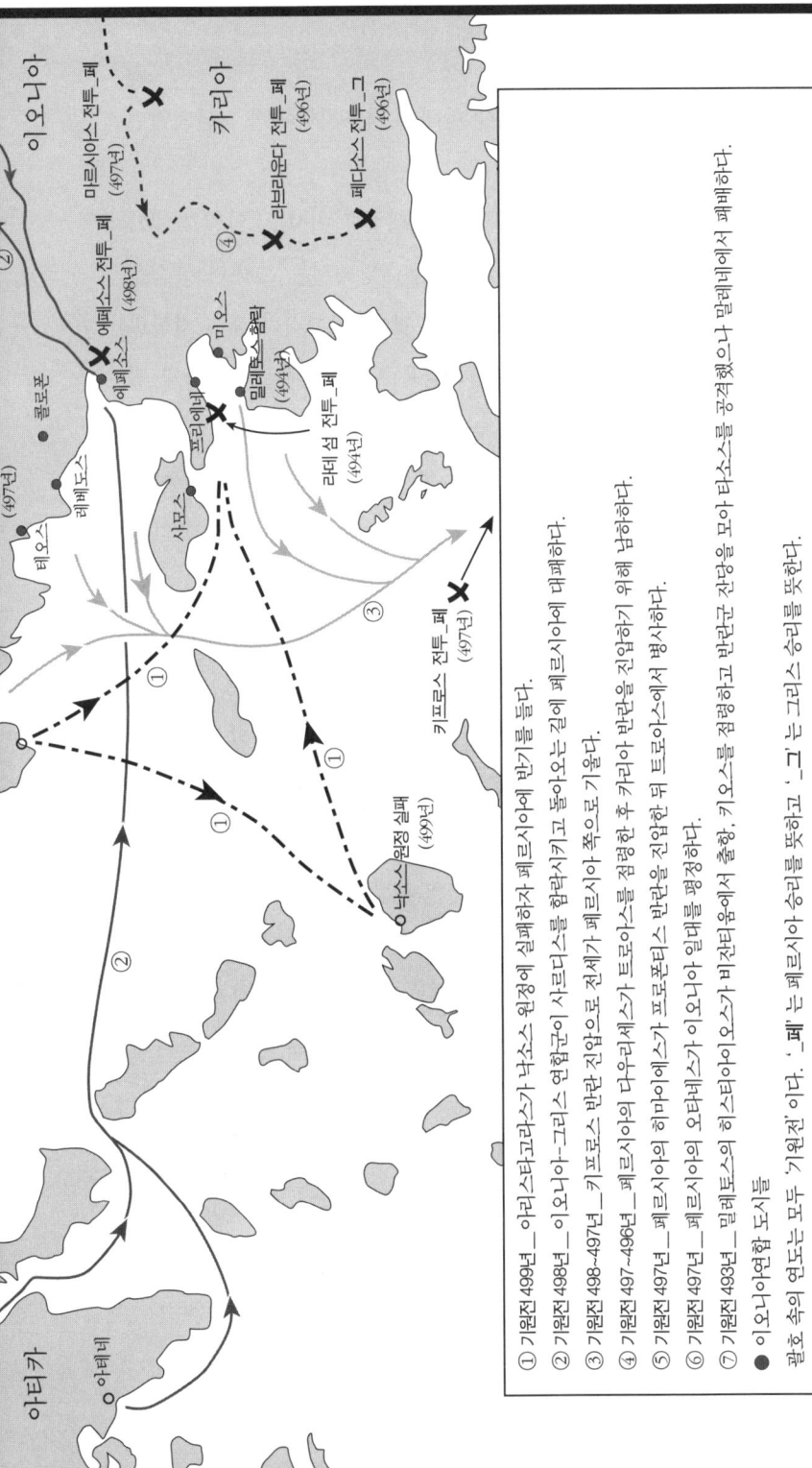

이오니아 반란 동안의 주요 작전

었다. 페르시아의 밀서가 조용히 각 함대의 지도자들에게 전달되었던 것이다.

'페르시아의 다리우스 대왕은 참으로 관대한 분이시오. 만일 그대가 지금이라도 저항을 포기하고 돌아간다면 대왕께서는 그대의 목숨을 보장할뿐더러 그대들의 나라도 보전해줄 것이오. 그러나 계속 저항한다면 그대도 살아남을 수 없으며 가족들은 모두 노예로 팔려가게 될 것이오.'

안타깝게도, 이오니아의 도시 국가들은 하나로 통일된 집단이 아니었다. 언어와 문화가 유사하긴 하지만 각 나라들은 서로 역사가 다른 개별 정치 공동체로, 필요에 따라 행동을 통일했을 뿐이다. 어차피 이번 반란은 밀레토스가 시작한 것 아닌가? 어째서 우리까지 목숨을 걸어야 하지? 페르시아의 통치도 이만하면 못 견딜 것은 아니지 않은가? 이런 생각 끝에 가장 많은 전함을 보유한 사모스 인들이 슬그머니 도망쳤다. 함대의 주축이 깨어지자 두 번째로 전함이 많은 레스보스 인도 뒤를 따랐고 곧 전력의 균형이 확 기울었다.

밀레토스를 중심으로 소수의 연합군은 용감히 싸웠다. 그러나 중과부적이었다. 전투는 아침부터 시작하여 오후 늦게까지 계속되었다. 석양이 깔릴 무렵 바다 위에는 불타는 그리스의 전함들과 부서진 나뭇조각, 그리스 인의 시신들로 가득 찼다. 결국 페르시아군은 밀레토스에 입성했고 대제국에 맞선 반란은 패배로 끝났다. 당시 아테네 인들은 밀레토스의 함락을 크게 애통해 했는데, 이 사건을 소재로 한 비극 『밀레토스의 함락』이 큰 성공을 거두었을 정도다. 그러나 비극 작가 프리니코스는 동포의 아픈 기억을 상기시켰다는 이유로 큰 벌금을 물었다고 한다.

반란 이후 그리스 세계와 밀레토스의 운명

하지만 반란이 실패했다고 모든 것이 원점으로 돌아간 것은 아니었다. 다리우스는 반란의 원인이 되었던 은 조공량을 줄여주었으며, 이오니아의 도시들이 자신의 정치 체제를 선택하는 것도 허용하여 많은 도시에서 민주정이 복원되었다. 이는 반발을 최대한 무마하여 원활히 통치하려는 고단수의 조치이기도 했지만, 죽음을 두려워하지 않았던 그리스 인들에게 다리우스가 경의를 표한 것으로도 볼 수 있다.

단 다리우스는 아테네에 대한 보복만은 잊지 않았다. 감히 이오니아의 반란을 막후 지원하고 사르디스를 폐허로 만든 아테네였다. 어차피 대제국으로 향하는 페르시아와 지중해의 실력자 그리스는 한번은 격돌해야 하는 맞수였다. 다리우스는 그리스 도시 국가들에 사절을 보내 '흙과 물'을 바치라고 명했다. 흙과 물을 바치는 건 페르시아를 지배자로 인정하라는 의미였다.

그러나 이미 페르시아를 증오하게 된 아테네는 사절을 땅에 생매장했고 스파르타는 우물에 빠뜨려 죽였다. 이윽고 기원전 492년에 페르시아는 그리스를 침공했다. 페르시아는 기원전 479년까지 세 차례에 걸쳐 원정군을 보내게 되는데 이것이 당시로서는 세계 대전이나 다름없었던 그리스-페르시아 전쟁이다. 그러나 아테네는 마라톤 평원에서 다리우스의 군대를 무찔렀고, 다리우스의 아들 크세르크세스가 다시 침공했을 때는 그리스 연합군이 살라미스 해전에서 큰 승리를 거둠으로써 페르시아의 야심은 좌절되고 만다.

이후 승리의 주역 아테네는 델로스동맹을 결성해 다른 도시 국가들의 맹주를 자처하면서 그 국가들이 바친 '안보 성금'을 자국에 투자해 경제를 번성하게 했다. 또한 전쟁에서 활약한 중산층과 무산 계급의

밀레토스의 원형 극장 유적 : 기원전 4세기에 지어진 이 극장은 2만 5000명을 수용했다. 밀레토스에 들어오는 외국인들은 항구에서 보이는 웅장한 극장의 위용에 압도당했을 것이다.

위상이 높아짐에 따라 아테네에선 민주주의가 꽃을 피웠다. 기원전 5세기는 아테네 문명의 최전성기였다. 그러나 이오니아 반란을 일으킨 밀레토스는 어떻게 되었을까? 페르시아는 이곳에서만큼은 일말의 관대함도 보이지 않았다. 밀레토스의 모든 성인 남자들은 처형되었고 여자와 아이들은 노예로 팔렸다. 미소년들은 거세되어 환관이 되었다. 탈레스와 아낙시만드로스와 같은 그리스 철학의 시조들을 배출한 밀레토스는 돌덩이만 굴러다니는 처참한 폐허로 변했다. 밀레토스는 기원전 344년 알렉산드로스 대왕이 원정 올 때까지 페르시아의 지배를 받았다.

오늘날 터키의 밀레토스 유적지를 찾는 사람들은 2만 5000명을 수용할 수 있는 거대한 원형 극장의 위용에 감탄한다. 이 웅장한 시설은 이오니아 반란 이후에 세워졌다. 전쟁의 폐허 위에서도 예술과 문화는 다시 꽃을 피웠으니, 비록 정치적으로는 지배 받을지언정 이오니아 인들의 영혼은 여전히 자유를 꿈꾼 것이 아닐까.

연표	
기원전 550년	페르시아 키루스 왕의 메디아 정복
기원전 546년	페르시아 키루스 왕의 리디아 정복
기원전 512년	페르시아 다리우스 왕의 트라키아 정복
기원전 499년	밀레토스를 시작으로 이오니아 반란
기원전 497년	아테네와 이오니아 연합군의 사르디스 함락
기원전 494년	이오니아 반란 실패
기원전 492년	페르시아군의 그리스 원정 시작
기원전 490년	마라톤 전투에서 아테네군 승리
기원전 480년	페르시아의 재침공, 살라미스 해전에서 그리스 연합군 승리

Gallic-Roman War
켈트 반란

|

베르킨게토릭스, 카이사르를 벼랑 끝으로 몰다
기원전 52년

 율리우스 카이사르의 갈리아 원정 역사는 승자의 기록에 불과하다는 말이 있다. 심지어 그 기록을 쓴 사람이 탁월한 영웅이라면, 기록을 읽는 사람은 자기도 모르게 그 영웅의 눈으로 시대를 바라보고 영웅의 고뇌와 결단을 자신의 것처럼 여기게 될지도 모른다.

 율리우스 카이사르의 『갈리아 전기戰記』를 읽다 보면 정복당한 갈리아 인, 즉 스스로 '켈트'라고 부르는 그들이 아니라 정복자 로마 인에게 감정 이입을 하기 쉽다. 카이사르는 500년 이상 이어진 로마 공화정을 제정으로 바꿔놓는 데 결정적인 역할을 한 인물이고, 『갈리아 전기』는 절제된 표현과 사실적인 묘사가 뛰어나 우리는 더더욱 그가 가리키는 쪽으로만 갈리아 전쟁을 이해하게 된다. 로마가 미개한 갈리아에 문명의 세례를 베풀었다고 생각하게 되는 것이다. 이는 켈트 인들이 문자 기록을 남기지 않아 그들의 입장에서 사태를 볼 수 있는 사료가 없기 때문에 더욱 그러하다.

하지만 승자의 기록 속에 감춰진 것, 즉 자유를 뺏긴 피억압자들의 투쟁을 볼 수 있어야 한다. 압제가 있는 곳에는 언제나 저항이 있으며, 그것은 역사의 불변하는 진실이다. 비록 결과적으로 켈트 인들이 로마 문명을 받아들이기는 했지만, 그 과정은 평화로운 교류 속에 이뤄진 것이 아니라 무자비한 학살과 억압을 통해 이뤄졌다. 카이사르는 지금의 우리에게 위대한 영웅으로 기억되지만, 켈트 인의 입장에서는 잔인한 침략자요 노예 상인이었다. 당연하게도 켈트 인들은 끊임없이 반로마 항쟁에 나섰고, 기원전 52년에는 '무패의 장군' 이라고 불렸던 카이사르와 그의 로마군을 켈트 땅 밖으로 쫓아낼 뻔했다. 그 중심에 켈트의 청년 장수 베르킨게토릭스가 있었다.

켈트 인은 원래 독일 남부에 살던 민족으로 기원전 5세기경 지금의 프랑스와 독일 일대로 퍼져 나갔다. 북유럽의 기후가 악화하면서 남하한 게르만 인들이 그들을 밀어낸 것이다. 게르만 인들이 숲에서 주로 사냥으로 살아가는 거친 종족이었다면, 켈트 인들은 수렵과 농경을 병행했으며 철과 여러 금속을 다루는 데 뛰어난 문화적인 종족이었다. 켈트 인은 100여 개의 부족으로 나뉘었으며 연합 국가로 발전하지는 못했다. 부족의 거주 단위를 파구스pagus라고 했는데, 지금의 파리는 파리시 족parisii의 파구스였다. 이러한 켈트 인을 하나로 묶는 힘은 바로 종교였다. 그들은 영혼 불멸과 환생을 믿었고, 사제 계급인 드루이

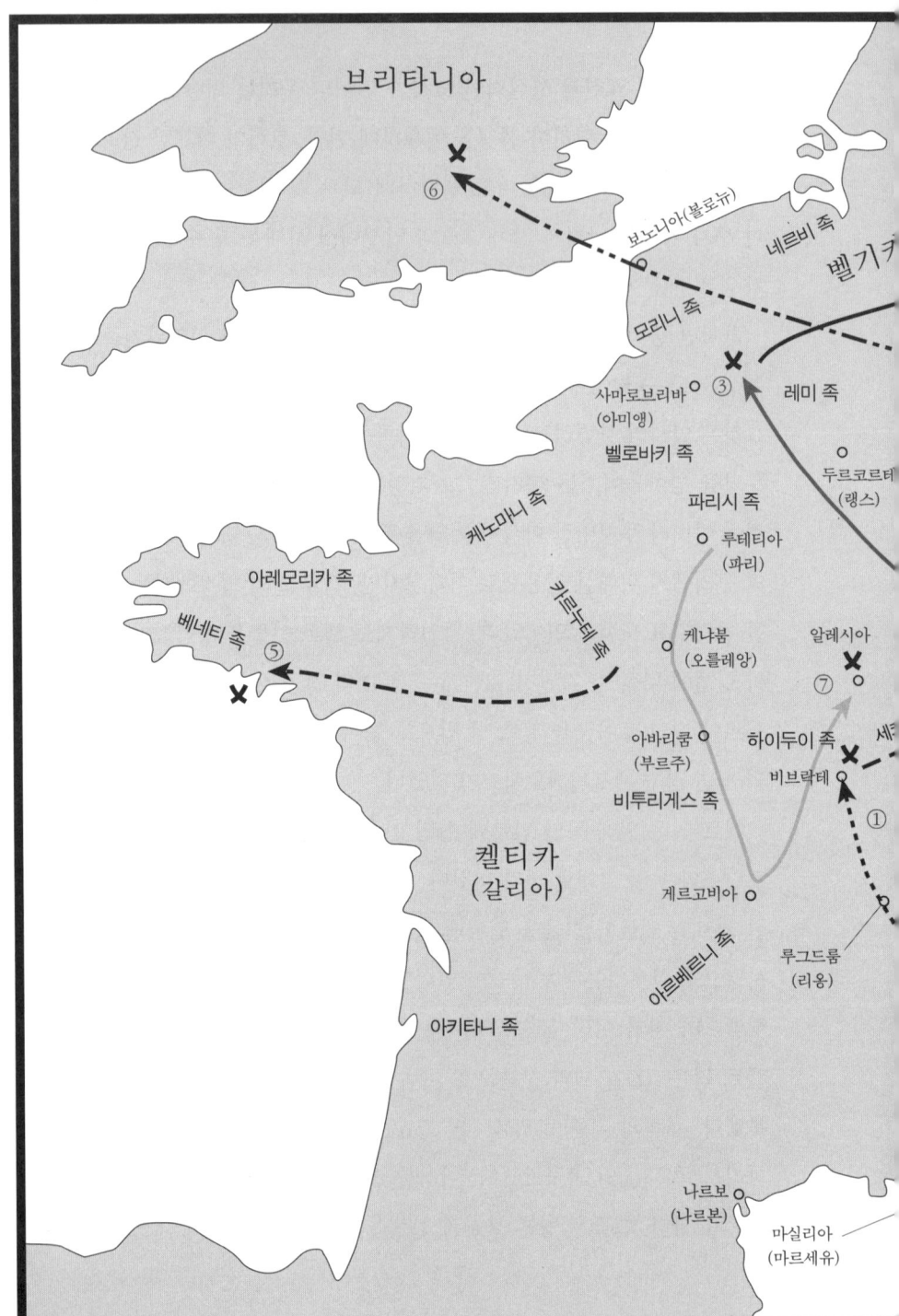

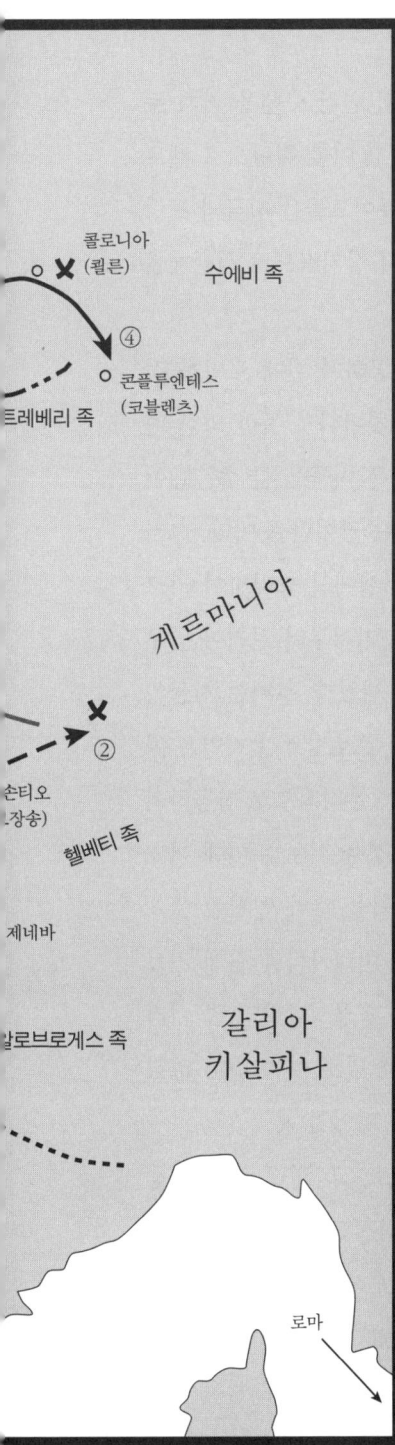

켈트의 부족과 카이사르의 원정

① 기원전 58년 _ 카이사르가 하이두이 족을 도와 서진하는 헬베티 족을 격파하다.
② 기원전 58년 _ 게르만 족 아리오비스투스를 베손티오 부근에서 격파하다.
③ 기원전 57년 _ 솜 강 유역에서 치열한 전투 끝에 벨기에의 여러 켈트 부족을 격파하다.
④ 기원전 56년 _ 라인 강을 건너 게르만 족과 싸우다.
⑤ 기원전 56년 _ 베네티 족을 육상과 해상에서 제압하다.
⑥ 기원전 56년 _ 브리튼 섬으로 원정하여 켈트 반란을 지지하는 세력을 평정하다.
⑦ 기원전 493년 _ 아바리쿰을 점령, 게르고비아에서 패했으나 알레시아에서 베르킨게토릭스를 상대로 결정적인 승리를 거두다.

✘ 격전지
○ 도시들

드가 큰 영향력을 발휘했다. 드루이드들은 수십 년간 수행을 거쳐 부족의 모든 역사와 지식, 시와 노래를 암기하였고 이를 바탕으로 켈트의 스승, 재판관, 영적 지도자 역할을 했다. 드루이드들은 지금의 프랑스 중부에 있는 켈트의 성지 카르누테스 숲에서 정기적으로 희생제를 지냈다.

켈트 인은 기원전 390년경에 이탈리아를 침공하여 한때 로마를 점령하기도 했다. 아직 로마는 이탈리아 반도를 벗어나지 못한 약한 나라였다. 켈트 인의 무자비함을 맛본 로마 인들은 이들을 골 족Gaul이라고 부르며 두려워했다. 갈리아는 골 족이 사는 땅이란 뜻이다. 그러나 로마는 기원전 4세기부터 시작된 포에니 전쟁에서 승리하여 카르타고가 에스파냐에 세운 식민지를 빼앗았고, 거기서부터 갈리아 남부로 진출해 기원전 118년에 식민 도시 나르본을 세웠다. 로마는 지금의 남프랑스 일대를 프로빈키아(속주)로 삼았는데, 프로방스란 지명은 여기서 나온 이름이다. 카이사르가 켈트 인의 땅을 본격적으로 침공하기 전에 알프스 산맥 이남의 켈트 인들은 이런 과정을 거쳐 로마에 어느 정도 동화되었다. 동화된 켈트 인들이 머리카락을 로마 인처럼 짧게 자른 반면, 알프스 너머의 켈트 인들은 여전히 머리카락을 길게 기르는 풍습을 유지했다. 로마 인들은 그들이 사는 곳을 '장발의 골'이라고 불렀다. 다시 말해 로마 인들은 켈트에 대해 별로 아는 것이 없었다. 그곳은 미지의 영역이었으며 여전히 두려운 땅이었다.

기원전 60년, 율리우스 카이사르가 폼페이우스, 크라수스와 삼두 동맹을 맺고 로마의 새로운 권력자로 부상했다. 하지만 그때까지 카이사르의 군사적 명성은 폼페이우스에게 댈 것이 못 되었다. 그래서 카이사르는 갈리아에 대한 로마 인들의 심리를 이용하기로 했다. 미지의 영역이며 로마를 불안케 하는 갈리아를 정복하는 일보다 인기를 높일 호재가 또 어디 있겠는가?

로마 경제는 노예 노동에 크게 기대고 있었다. 새로운 영토 정복은 노예의 추가적인 유입을 보장했고, 뿐만 아니라 정복자는 노예 무역으로 큰돈을 벌 수 있었다. 군대를 양성하고 유지하기 위해서도 정복은 필요했다. 정복지에서 나온 물자로 군인들을 먹이고 입혔으며, 피정복민을 징집하여 보조 군단으로 활용할 수도 있었다. 로마군의 복무 기간은 10~20년이 기본이었으므로 제대 군인들은 고향으로 돌아가지 않고 주둔지 근처에 정착하는 경우가 많았는데, 그들을 위한 토지도 정복지에서 나왔다. 즉 카이사르의 갈리아 원정은 정치적 명성, 부, 친위 군단 양성을 위한 사업이었다. 그러나 『갈리아 전기』에 이런 내용은 나오지 않는다.

기원전 57년, 갈리아 총독으로 부임한 카이사르는 본격적으로 정복 사업을 시작한다. 영리한 카이사르는 켈트 인에게 전제 권력을 무지막지하게 휘두르는 대신, 부족들의 상황을 정확히 파악하여 귀족들을 포섭했다. 또한 게르만 인이 라인 강을 넘어 켈트의 영역으로 진출하는 것을 막아줌으로써 친로마파 부족들을 하나씩 확보했다. 켈트 인들이 여러 부족으로 분열되어 있었다는 사실이 카이사르에겐 좋은 기회였다.

한편 로마에 저항하는 부족이 나오면 카이사르는 친로마파 부족들과 연합군을 결성해 쳐부쉈다. 어디까지나 로마와 켈트의 공동 이익을 위해 어쩔 수 없는 무력 행동에 나서는 것처럼 보이려고 애를 쓴 것이다. 기원전 57년에 카이사르는 갈리아 북부의 벨가이 족을 굴복시켰고 기원전 56년에는 서부의 베네티 족을 해상에서 격파했다(벨가이 족은 오늘날의 벨기에 지역에, 베네티 족은 오늘날의 프랑스 브르타뉴 지역에 살던 켈트 부족이다.). 카이사르는 켈트 저항의 구심점이 드루이드 사제들이라는 것을 알았고, "인간을 희생물로 바치는 드루이드의 야만적 풍습을 단죄하겠다."며 기원전 53년에는 갈리아 북부로 몰아쳐 갔다(실제로 이러한 인신 공회가 있었다는 증거는 없다.). 켈트 인의 성지 카르누테스 숲도 로마군의 말발굽에 짓밟혔고 저항의 주동자들은 잔인하게 처형되었다. 카이사르가 갈리아를 통치한 10여 년간 살해된 켈트 인은 약 100만 명, 노예로 로마에 끌려간 사람도 50만에서 100만에 가깝다고 한다.

베르킨게토릭스의 등장과 켈트 인 총궐기

얼마 전까지 평화롭던 마을과 숲은 어느덧 폐허로 변해 있었다. 그 폐허 한가운데로 미친 듯 말을 달리는 한 사내가 있었다. 그는 나무들이 까맣게 타버린 카르누테스 숲에 이르자 고삐를 놓고 주먹을 부르르 떨며 하늘에 대고 외쳤다.

"로마여, 너희는 거짓말쟁이다. 너희들은 우릴 게르만 인에게서 보호해준다고 했고 우리 부족들의 분쟁을 중재해주겠다고 했다. 그러나 결국 너희가 원하는 것은 우리의 땅과 재산을 약탈하고 우리 형제와 자식들을 노예로 삼는 것이었구나. 태양의 신이시여, 숲의 신이시여! 로마를 이 땅에서 몰아낼 수 있도록 힘을 주옵소서!"

적막한 하늘 아래 피울음을 터트리는 청년의 이름은 베르킨게토릭스, 아르베르니 족 족장의 아들이었다. 아르베르니 족은 줄곧 친로마

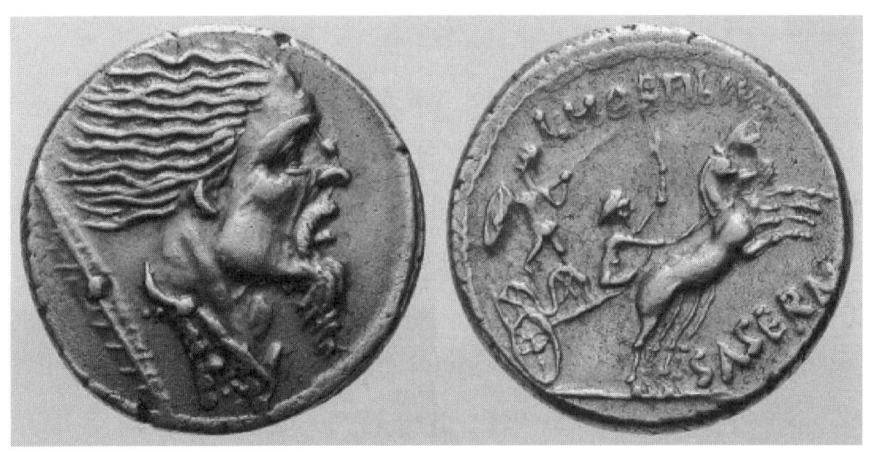

베르킨게토릭스가 새겨진 동전 : 로마 인이 만든 이 동전에서 야윈 그의 얼굴은 패장의 고통을 상기시킨다. 카이사르의 포로가 된 그는 6년 후 로마에서 처형당했다.

파를 자처해온 부족이었지만, 베르킨게토릭스 자신은 작년에 드루이드의 반란에 동참하여 로마의 실체를 똑똑히 보았던 것이다. 그는 로마군을 몰아내어 자유를 되찾으려면 우선 100여 부족으로 나눠진 켈트 인이 하나로 단결해야 한다고 생각했다. 그것만이 강력한 로마군과 싸울 수 있는 유일한 무기였다. 그는 자신의 뜻을 알리고 지지자를 모으기 위해 동분서주하며 인근 부족들을 만나러 다녔다. 그러나 친로마파인 그의 아버지와 유력한 귀족들은 그의 행동을 몹시 경계했다.

기원전 52년, 카이사르는 로마의 정치적 혼란에 발목이 잡히는 바람에 갈리아의 군단 주둔지를 비우고 있었다. 카르누테스 족은 이 기회를 성지 훼손의 복수를 할 때라고 여겼고, 케나붐(프랑스 오를레앙)을 기습하여 로마 상인과 카이사르의 부하를 살해했다. 봉기 소식은 빠르게 퍼져 나갔다. 이쪽에서 큰소리를 치면 그걸 듣고 또 다음 사람에게 소리쳐 전하는 켈트 인의 방식으로, 단 12시간 만에 250킬로미터 떨어진 아르베르니 족에게도 소식이 전해졌다. 베르킨게토릭스는 기다렸다는 듯이 부족민을 모아놓고 반로마 봉기를 선동했다. 그러자 부족의 유력자들이 부랴부랴 나서 그를 가로막았고 급기야 마을에서 쫓아내 버렸다. 그러나 베르킨게토릭스는 기죽기는커녕 말을 몰아 곳곳에서 반란군을 모집했다.

"카이사르가 자신의 군단과 떨어져 있는 지금이 기회요! 켈트의 독립과 자유를 위해 우리도 일어납시다. 모두 무기를 듭시다!"

용감한 젊은 지도자가 나서자 많은 부족들이 동참해왔다. 여기에 드루이드도 베르킨게토릭스를 지지하며 켈트 인의 궐기를 호소했다. 세력을 모은 베르킨게토릭스는 아르베르니 족의 파구스로 돌아가 귀족들을 내몰고 스스로 부족장이 되었다. 그는 동맹 부족들에게서 행동 통일을 위해 자진해서 인질을 보낼 것과, 정해진 날짜까지 약속한 병력과 무기를 동원하겠다는 약속을 받아냈다. 모두 흔쾌히 동의하긴 했지만, 켈트 인들에게는 부족을 넘어 연합해본 경험이 없었다. 베르킨게토릭스는 이들을 하나로 묶어내려면 군기를 엄히 세우는 수밖에 없다고 생각했다. 그래서 그는 날짜를 어기거나 애매모호한 태도를 보이는 자는 가벼운 잘못이라도 귀를 자르고 눈을 도려냈으며 무거운 죄를 저지를 경우 단칼에 처형했다. 이렇게 엄격함을 보였어도 부족장들은 만장일치로 그를 지도자로 선출했다. 이는 그의 순수한 신념과 카리스마를 모두가 깊이 존경했기 때문이다.

그러나 상대가 누구인가? 불세출의 영웅 카이사르가 아닌가? 반란 소식을 듣자마자 신속히 갈리아로 돌아와 군단을 규합한 카이사르는, 먼저 케나붐으로 진격하여 로마 인을 살해한 죄를 물었다. 로마군은 몇몇 반로마파 부족들을 고립시켜 하나씩 무자비하게 파괴해버렸다.

이에 겁을 먹은 다른 부족들은 베르킨게토릭스의 편에 서는 것을 주저했다. 이에 카이사르는 반란의 기세를 완전히 꺾기 위해 반란 부족들의 중심지 아바리쿰(프랑스 부르주)을 점령하려고 했다.

베르킨게토릭스는 '살을 주고 뼈를 취하기로' 마음먹었다. 그는 부족장들을 모아놓고 밭과 마을과 도시를 모두 불태울 것을 제안했다. 로마군이 식량과 물자를 구하지 못하게 만들자는 것이었다. 스무 곳 이상의 도시에서 불길이 치솟았다. 그러나 정작 카이사르가 다가오고 있는 아바리쿰의 족장과 주민들은 자신들의 튼튼한 성벽을 믿고 그의 제안을 따르려 하지 않았다. 베르킨게토릭스는 그들을 설득하려 무척 애를 썼다.

"여러분, 재산을 잃더라도 자유를 쟁취하겠소, 아니면 재산을 남기는 대신 처자식이 노예로 팔려가는 것을 보겠소?"

"카이사르가 올 테면 오라고 해. 우리끼리 충분히 막을 수 있소."

그러나 이는 아바리쿰의 착각이었다. 로마군의 공성 기술은 세계 최고였기 때문이다. 로마군은 아바리쿰의 높은 성벽 앞에 궤도를 놓고 그 위로 바퀴 달린 공성탑과 충차를 돌진시키며 총공세를 펼쳤다. 아바리쿰 방어군은 땅굴을 파 공성탑을 쓰러뜨렸고 갈고리를 던져 충차를 넘어뜨리면서 결사 항전했다. 켈트 전사 한 명이 로마군 공성탑에 불붙은 역청을 던져 넣으려다 화살에 맞으면, 그의 시체를 딛고 다음 전사가, 그가 죽으면 또 다음 전사가 덤벼들었다. 카이사르조차 적의 용기에 감탄했을 정도였다. 하지만 결국 로마군은 성벽을 오르는 데 성공했고, 주민을 한곳으로 몰아넣은 다음 남녀노소를 가리지 않고 학살했다. 주민 4만 명 가운데 살아서 도망친 사람은 800명에 불과했다.

베르킨게토릭스의 입장에서 아바리쿰이 패배한 이유는 자신의 말을 들지 않고 주민들 마음대로 했기 때문이다. 그러나 그는 구차한 변명을 하지 않았고 살아 돌아온 전사들을 힘껏 격려했다.

"이것은 로마군이 용맹했기 때문이 아니라 우리가 모르는 기술을 그들이 알고 있었던 것에 불과하오. 그러나 그 정도 잔기술 따위는 우리가 충분히 이겨낼 수 있소. 우리가 단결하기만 한다면 반드시 승리할 것이오!"

아바리쿰에서 패배했음에도 불구하고, 베르킨게토릭스의 이런 태도로 인해 켈트 연합군의 사기가 꺾이기는커녕 참전하겠다고 달려오는 부족이 더 늘어났다. 카이사르조차 놀라워하며 『갈리아 전기』에 이렇게 적었다.

"패배는 대부분의 경우 사령관에 대한 신뢰를 잃게 한다. 그런데 그의 경우에는 놀랍게도 패배 후에 더 많은 신뢰를 얻었다."

알레시아 공방전과 켈트군의 패배

베르킨게토릭스는 진지를 아르베르니 족의 수도인 게르고비아로 옮겼다. 게르고비아는 해발 700미터의 고지에 위치했는데, 그는 여기에 이중의 석벽을 쌓고 농성에 들어갔다. 로마군이 매섭게 덤벼들었지만 게르고비아는 쉽게 함락되지 않았다. 전투가 장기화되면서 식량이 부족한 로마군에게 점점 불리해졌다. 급기야 로마군의 군량 수송을 맡은 친로마파 부족 하이두이 족마저 반란군으로 돌아섰다.

조급해진 카이사르는 아바리쿰에서처럼 기습에 나섰다. 한밤중에 로마군은 말과 당나귀에까지 투구를 씌워 기병대로 위장하여 성벽 한

곳에서 소란을 피운 뒤 재빨리 숨었다. 성벽을 지키던 켈트군이 이를 추격하느라 자리를 비우자 숨어 있던 로마군이 달려들어 보루를 빼앗았다. 그러나 공명심에 눈이 먼 로마군이 안으로 깊숙이 들어가자 부녀자들이 괴성을 질러대며 남자들을 불렀고 그 소리를 들은 켈트군이 서둘러 돌아왔다. 로마군은 포위된 채 비명조차 못 내고 700명이 죽임을 당했다. 결국 카이사르는 게르고비아를 포기하고 퇴각해야 했다. 이미 갈리아 전역에서 반로마 봉기가 일어났으므로 꾸물거리다간 협공을 받을 수 있었던 까닭이다. 무패의 장군이라는 명성을 가진 카이사르로서는 차마 인정하고 싶지 않은 패배였다.

카이사르는 7년 동안 갈리아 원정을 벌인 성과가 물거품으로 돌아갈 위기에 처했다. 베르킨게토릭스는 기병대를 보내 퇴각하는 로마군을 공격했다. 그의 판단은 이러했다.

'지금 로마군을 보내면 반드시 힘을 갖춰 다시 돌아올 것이다. 그런데 켈트 인들은 한번 흩어지면 지금처럼 연합군을 다시 조직하는 것은 무척이나 어렵다. 그러니 어떻게든 이번에 승부를 지어야 한다.'

베르킨게토릭스의 판단이 옳았겠지만, 카이사르는 역시 카이사르였다. 게르만 인으로 구성된 카이사르의 기병대는 켈트 인 기병대를 가볍게 박살내버렸다. 주력이 무너진 베르킨게토릭스는 다시 농성전으로 들어가기로 하고 알레시아 요새로 이동하여 진을 쳤다. 카이사르로서도 이번이 켈트 땅을 되찾을 수 있는 마지막 기회였다. 그 역시 알레시아 전투에 모든 것을 걸고 나왔다.

켈트군 8만 명이 요새에 들고 로마군 5만 명이 그 요새를 둥글게 포위하여 서로 대치하는 가운데, 베르킨게토릭스는 기병을 각 부족으로 내보내 원군을 보내달라고 호소했다. 이 한 번의 싸움으로 자유냐 예

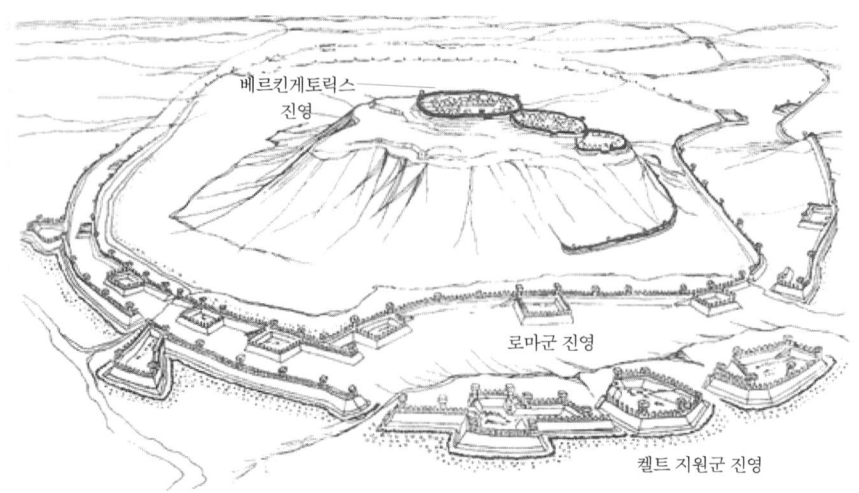

알레시아 공방전 대치도: 베르킨게토릭스의 군대는 언덕 위 요새에 진을 쳤고, 로마군은 아래에 이중 포위선을 만들었다. 안쪽 포위선은 베르킨게토릭스의 공격을 막고, 바깥쪽 포위선은 켈트 지원군을 막기 위해서다.

속이냐가 결판난다는 그의 호소에 부족들도 힘을 다해 호응했다. 50개 부족이 보병 25만, 기병 8천이라는 대군을 모아 알레시아로 출정했다. 켈트 반란이 시작된 이래 가장 많은 부족이 뭉친 연합군이었다. 기원전 52년 9월, 지원군을 합쳐 34만 명이 된 켈트군과 5만 명의 로마군 사이에 대결전이 벌어졌다.

그러나 로마군의 준비도 철저했다. 그들은 알레시아 요새를 둘러싸는 두 개의 방책을 세웠다. 안쪽 방책은 둘레가 17킬로미터로 내부의 켈트군이 돌격해오는 것을 막기 위한 것이고, 둘레가 21킬로미터인 바깥쪽 방책은 켈트 지원군을 막기 위한 것이었다. 로마군은 방책을 따라 참호와 수로를 파고, 날카로운 나뭇가지를 사방에 꽂았으며, 송곳과 갈고리를 숨긴 함정을 빽빽하게 설치했다. 이 난공불락의 방책을

항복하는 베르킨게토릭스 : 카이사르의 발밑에 칼을 던져 항복의 뜻을 표하고 있다. 하지만 백마를 타고 황금 갑옷을 입은 모습에서 그의 당당한 태도가 잘 드러난다.

구축하고 로마군은 전투에 임했다. 게르만 기병대는 켈트군 기병대를 속속 격퇴했으며, 베르킨게토릭스의 독전督戰에도 불구하고 켈트군은 로마군의 방책을 돌파하지 못하고 함정에 빠져 허우적거리다가 적의 과녁이 되었다.

결정적으로, 알레시아 요새의 켈트군과 외곽의 지원군 사이에 소통이 되지 않았다는 사실이 사태를 악화시켰다. 지원군은 최후의 수단으로 6만 병력을 보내 로마군 방책 가운데 가장 약한 부분을 공격했지만, 돌파에 실패하고 오히려 로마군에게 역습을 당해 전멸하다시피 했다. 숫자는 많았지만 그들은 일사불란한 연합군으로 조직되지 못했던 것이다. 베르킨게토릭스는 패배를 인정할 수밖에 없었다. 그는 부족장들을 모아놓고 말했다.

"이 전쟁은 나 개인의 이익을 위해서가 아니라 켈트의 자유를 위해 일으킨 것이오. 그러나 운명에는 이길 도리가 없구려. 그대들은 나를 죽이든지, 산 채로 로마군에 넘기시오. 그것으로 남은 이들이 살 수 있다면 족하오."

그러나 누구도 자신들의 지도자를 팔아 목숨을 구걸하려고 하지 않았다. 다음날 베르킨게토릭스는 화려한 망토와 번쩍이는 갑옷을 갖춰 입고, 스스로 백마를 타고 적진으로 향했다. 비록 항복하지만 비굴한 모습은 보이지 않겠다는 켈트 전사의 기백이었다. 살기등등한 로마군들도 그의 당당함 앞에 위축되었다. 베르킨게토릭스는 카이사르 앞에 칼을 풀어 던짐으로써 항복의 의사를 표했다. 카이사르 역시 자기를 궁지로까지 내몬 이 대담한 적장이 마음에 들었다. 하지만 카이사르는 로마 시민들에게 자신의 승리를 과시하기 베르킨게토릭스를 포로로 끌고 갔다. 베르킨게토릭스는 로마에서 6년 동안 감금되었다가 카이사르가 내전에서 최종적으로 승리한 후 벌인 개선식에 끌려 나와 처형되었다.

알레시아 전투에서 승리한 카이사르는 켈트 인 포로 5만 명을 로마군 일인당 한 명씩 전리품으로 나눠주었다. 그 뒤로도 켈트 인은 산발적으로 반란을 일으켰지만 베르킨게토릭스가 주도한 것과 같은 총궐기로는 이어지지 않았다. 로마군에 대한 공포와, 가능하면 반란을 유도하지 않고 교묘히 통치하려는 로마의 책략이 맞아떨어졌기 때문이다.

켈트 곳곳에는 로마식 도시가 들어섰고, 귀족들이 로마 문명에 동화되면서 약 100년 이상 이 지역에는 '팍스 로마나'가 찾아왔다. 이때 형성된 '갈로-로마 문화'는 오늘날 서유럽의 토대를 놓았다. 그러나 그 문화의 지반에는 자유를 위해 장렬히 죽어간 켈트 인들의 원혼이 흐르고 있다는 사실을 잊어서는 안 된다.

연표	
기원전 550년	페르시아 키루스 왕의 메디아 정복
기원전 5세기경	켈트 인, 남하하는 게르만 인에 밀려 유럽에 퍼짐
기원전 390년	켈트 인, 한때 로마 점령
기원전 264~146년	로마와 카르타고의 세 차례 포에니 전쟁에서 로마가 승리하여 지중해의 패자로 발돋움
기원전 118년	로마군, 갈리아(켈트) 남부로 진출
기원전 57년	카이사르, 갈리아 총독으로 부임. 북부 벨가이 족 정복
기원전 56년	카이사르, 서부 베네티 족 격파
기원전 52년	베르킨게토릭스가 중심이 되어 켈트 반란 일어남 9월, 알레시아 전투에서 로마 승리
기원전 46년	베르킨게토릭스, 로마에서 처형

Jewish-Roman War

유대 전쟁

|

마사다는 결코 반복되지 않는다

66년

로마가 가져갈 것은 우리의 시신뿐이다 "마사다는 결코 반복되지 않는다!" 이스라엘에는 마사다 유적지에서 장교 임관식을 하고 나서 저렇게 외치는 전통이 있다고 한다. 히브리어로 요새를 뜻하는 마사다는 예루살렘 동남쪽의 평지에 우뚝 솟은 해발 440미터의 산 위에 있다. 한쪽으로는 깎아지른 절벽이, 반대편으로는 소금기 가득한 사해를 끼고 있어 말 그대로 천혜의 요새다. 서기 73년, 이곳에서 유대 반란군 960명이 로마군 1만 5000명과 3년이나 결전을 치렀고, 집단 자살로 항쟁의 막을 내렸다.

주변의 지형을 한눈에 내려다볼 수 있으면서도 적이 쉽게 접근할 수 없는 자연적 이점을 이용해 기원전 2세기경 유대 하스모니아 왕국의 알렉산더 야나이가 이곳에 요새를 건축하기 시작했고, 로마에 의해 유대 왕으로 임명된 헤롯이 기원전 35년경 이 요새를 대대적으로 증축했다. 헤롯 왕은 마사다에 높이 5미터 둘레 약 1300미터의 성벽을 쌓고 길이 650미터 너비 300미터의 웅장한 성채를 세웠다(축구장 다섯 개가 들어갈 크기다.). 식량 창고에는 3년 치의 식량을 보관했는데 부패균을 차단하여 세월이 지나도 썩지 않았다고 하며, 빗물을 저장할 수 있도록 설계하여 건조한 기후에도 불구하고 25개의 물 창고에 75만 리터의 식수를 보관할 수 있었다.

정통 유대인이 아니었던 헤롯 왕은 유대인들이 쿠데타로 자신을 쫓아낼 경우를 대비해 이 요새를 만들었다. 사치스런 생활을 그대로 누릴 수 있게 요새 안에 화려한 왕궁과 로마식 목욕탕도 지었다. 정작 헤롯 왕은 이 요새를 쓸 일이 없었으나, 유대 반란군은 그 조건을 백분 활용해 세계 최강의 로마군을 막아낼 수 있었다. 그들은 서기 66년부터 시작된 대로마 항쟁에서 살아남은 최후의 전사들로, 예루살렘이 로마에 함락당한 서기 70년부터 엘르아살 벤 아이르의 지휘하에 이곳에서 농성을 시작했다. 전사들은 최후까지 버틸 작정으로 가족도 마사다로 데리고 왔다.

로마군 사령관 플라비우스 실바 장군은 마사다 주변에 8개의 진지를 설치하고 동쪽으로 요새에 접근하기 위해 구불구불한 뱀 길을 공략했다. 그러나 높은 지형을 이용해 화살을 퍼붓고 돌을 날리는 반란군을 이겨낼 수 없었고 사상자만 점점 늘어갔다. 실바는 아예 서쪽 절벽에다가 공격용 경사로를 내기로 했다. 이 엄청난 토목 사업에는 유대

로마군의 투석기 : 투석기는 짐승 힘줄 따위를 섞은 탄력 있는 밧줄을 사용하여 20~30킬로그램의 돌을 300미터 정도 날려 보낼 수 있었으며 정확도도 꽤 높았다.

인 포로 6000명이 동원되었다. 밤낮으로 노역을 시킨 결과 수개월 후 로마군은 경사로를 따라 요새와 거의 같은 높이에 공성 무기와 망루를 설치할 수 있었다.

거기서 로마군이 투석기를 쏘아대자 결국 튼튼한 성벽에도 구멍이 났다. 반란군은 신속히 나무와 흙을 가져와 성벽을 보강했으나, 이번에는 로마군이 근접하여 불화살을 쏘았다. 그때 바람이 잠시 로마군 쪽으로 불었다. 유대인들은 하느님이 자신들의 편이라고 환호했으나, 이내 바람 방향은 다시 요새 쪽으로 바뀌었다. 불이 흙벽에 댄 나무를 태워버리자 흙이 무너지면서 다시 구멍이 뚫려버렸다. 그러나 실바 장군은 반란군의 강경한 저항이 두려워 바로 요새에 진입하는 것을 피하고 일단 항복을 권하기로 했다. 하루의 시한이 주어지자 벤 아이르는 유대 전사들을 한자리에 모았다.

"하느님께서 우리를 버리셨습니다. 이는 우리가 지은 죄 때문입니다. 그러나 우리의 죗값을 로마군에게 치러야 되겠습니까? 우리 손으로 이 죄를 씻읍시다. 우리가 하느님 외에는 누구에게도 무릎 꿇지 않는 자유인임을 저들에게 보여줍시다. 돌아가서 가족의 영혼을 먼저 거두고 오십시오. 그런 다음 우리의 영혼도 신께 바칩시다. 이 요새도 불태워 로마군에게는 우리의 시신 외에 아무것도 남겨주지 맙시다!"

대부분의 전사들은 숙연한 얼굴로 동의했으나 몇 사람은 죽음을 두려워했다. 그러자 벤 아이르는 만약 로마군의 포로가 된다면 어떤 운명이 기다리는지 상기시켰다. 남자들은 고문 끝에 처형당하거나 맹수와의 시합에 던져지게 될 것이고, 아내는 능욕을 당하고 자식들은 노예로 팔려 갈 것이었다. 그의 말에 용기를 얻은 반란군들은 모두 돌아가 자신의 가족들을 죽였다. 그러나 유대인의 율법에 따르면 자살은 허락되지 않으므로, 전사들은 제비로 열 명을 뽑아 그들이 나머지를 죽인 후, 그 열 명 중에 또 한 사람을 뽑아 그가 아홉 명을 죽이고 최후에 자신만 자살하기로 했다. 최후의 그 전사는 죽기 직전에 요새에 불을 질렀는데, 자신들이 굶주림으로 자결을 택한 것이 아님을 보이기 위해 식량 창고만은 불태우지 않았다.

이튿날 요새에 진입한 로마군을 기다리는 것은 죽음과도 같은 정적이었다. 로마군은 그들 앞에 놓인 천여 구의 시신을 보고 경악했다. 요새를 수색하던 로마군은 지하 통로에 여인 둘과 아이 다섯 명이 숨어 있는 것을 발견했고, 그들의 이야기를 통해 내막을 알게 되었다. 시종일관 자기 민족의 반란이 무모하다고 비판한 유대인 역사가 요세푸스조차도 이 처절한 상황을 기록하며 이렇게 덧붙였다.

"죽음을 두려워하지 않고 굴종을 거부한 유대인들의 용기에 대해 로마군들은 감탄을 금하지 못했다."

유대인은 어째서 로마에 반기를 들었나

유대인이 살던 팔레스타인 일대는 성서에 나오는 '젖과 꿀이 흐르는 땅'과는 멀어도 한참 멀다. 거의 대부분의 지역이 황량한 광야이고 농사를 지을 만한 땅은 드물다. 그러나 로마의 입장에서 이 땅은 소아시아의 그리스계 식민지들을 곡창 지대인 이집트와 이어주는 요충지인 동시에 동쪽의 파르티아가 확장하는 것을 막기 위해 필요한 곳이었다.

마침 유대 하스모니아 왕국에서 내란이 일어나자 기원전 63년에 로마의 폼페이우스가 조정자를 자처하며 개입했고, 그는 반로마 세력을 힘으로 분쇄하여 유대 전체를 평정했다. 그러나 폼페이우스의 눈에 비친 유대는 속주로 편입해 직접 다스리기엔 너무 황량한 곳이었다.

'무슨 놈의 땅이 사방천지 사막뿐이고 내세울 물산조차 없단 말인가?'

결국 폼페이우스는 직접 통치가 아니라 친로마 세력을 대리로 세우기로 했다. 로마를 대리할 세력으로는 유대인과 핏줄이 가깝기는 하나 정통 유대인과는 사이가 좋지 않은 에돔 인들이 적합했다. 폼페이우스는 하스모니아 왕가를 찬밥 취급하고 에돔 왕가를 지원했다. 에돔의 헤롯 왕은 기회를 놓치지 않고 로마에 열심히 협력하여 원로원으로부터 '로마 인의 협력자이자 친구'로 인정 받았으며 곧 유대 전체의 왕으로 임명되었다. 헤롯은 하스모니아 왕가와 관련이 있는 사람이라면 왕비와 아들, 대제사장까지도 닥치는 대로 죽였고 카이사레아 등 로마인을 위한 도시와 요새를 짓느라고 유대인들의 반발을 샀다. 그래서 그는 예루살렘에 화려한 대성전을 짓는 것으로 반발을 무마하려고 했다. 역사가 요세푸스에 의하면 헤롯의 대성전은 전면이 금으로 뒤덮여, 해가 뜨면 눈이 부셔서 똑바로 쳐다보기 어려울 정도였다고 한다.

헤롯 왕은 나름대로 능수능란하게 통치를 이어갔지만, 그의 뒤를 이은 세 아들은 아버지만큼 유능하지 못했다. 특히 예루살렘을 포함한 유대의 알짜 지역을 물려받은 아켈라우스는 유대의 지도층인 사두개 인과 바리새 인의 불만을 무시하고 제멋대로 정치를 했다. 사두개 인은 제사장을 배출한 유대의 귀족이고 바리새 인은 율법 해석의 전문가로, 이들은 유대인 사회의 지배 계급이었다. 사두개 인과 바리새 인이 시리아의 로마 총독에게 가서 아켈라우스의 폭정을 탄원하자, 로마는 아켈라우스를 해임하고 서기 6년부터 로마 행정관을 유대로 직접 파견했다. 그 뒤 헤롯 왕의 후손인 헤롯 아그리파가 잠시 유대 왕으로 임명되긴 했으나 유대는 실질적으로 로마의 속주가 되었다.

유대인들은 로마의 통치를 반기는 이들과 그렇지 않은 이들로 나뉘었다. 사두개 인과 바리새 인들은 로마의 통치에 그다지 불만이 없었다. 로마 행정관이 유대인들의 문화나 종교에는 크게 간섭하지 않았기 때문이다. 안식일이나 할례 의식도 보장되었고, 사형을 제외한 법 집행은 유대인 공동체인 산헤드린에서 맡도록 허용되었다. 유대인들이 내는 각종 세금과 성전 헌금은 여전히 지배 계급의 전유물이었고, 로마가 이들의 기득권을 보호해주는 형국이었다.

그러나 유대 민중들과 종교적 급진주의자들의 입장은 달랐다. 그들의 눈에 로마는 부패하고 탐욕스러운 지배층을 옹호하는 세력이었다.

거기다 로마는 안 그래도 부담스러운 세금과 헌금에 더해 속주세를 부과했다. 세금은 로마에 고용된 세금 징수원들이 걷었는데, 그들은 종종 중간에서 농간을 부려 이익을 취했다. 유대인들에게 세금 징수원은 로마의 학정을 상징하는 존재였다. 예수의 제자가 되기 전 세금 징수원이었던 마태오도 유대인 사회에서 '왕따'를 당한 인물이었다. 또한 유대인들은 종교적으로도 야훼 외에 다른 신을 인정하지 않고 스스로 선택 받은 민족이라 믿었으므로 근본적으로 외세의 지배를 인정할 수 없었다.

민중들은 로마제국과 함께, 로마에 협조하는 제사장, 율법학자, 대지주, 세금 징수원 등 유대 지배 계급에 반발했다. 그리고 이 불만의 씨앗을 곳곳으로 퍼트리는 집단이 있었다. 이른바 열심당Zealot이라고 불리는 반로마 급진파들이었다. 이들은 말 그대로 로마 인 축출에 열심이었고 사람들에게 무장 항쟁을 촉구했다. 그들 중에서도 가장 과격한 이들은 시카리(암살단)라는 조직을 만들었다. 시카리는 친로마파 귀족이나 제사장을 살해하여 민중들 속에 무용담을 퍼뜨리고 있었다. 그 밖에 광야에서 부유층을 습격하는 도적단도 있었다. 이들은 주로 농토에서 내몰린 빈민들이었다.

서기 66년, 불씨에 기름을 붓는 일이 일어났다. 로마 행정관 플로루스가 유대인들이 속주세를 체납했다는 이유로 예루살렘 성전의 창고를 뜯고 금화를 강탈했던 것이다. 성전을 침범한 것은 그가 유대 사회를 잘 이해하지 못한 인물이었기 때문이다. 분노한 유대인들 앞에 열심당원들이 나서서 열변을 토했다.

"동포들이여! 이방인 플로루스가 야훼 하느님의 성전을 약탈했다. 이대로 두고만 볼 것인가? 로마 이방인들을 쫓아내지 않으면 하느님의 진노가 우리에게도 내릴 것이다!"

 이에 예루살렘의 유대인들이 항의 시위에 나서자 플로루스는 경비대를 투입해 강경 진압에 나섰다. 이것이 기폭제가 되어 시위는 대규모 봉기로 발전했다. 열심당이 이끄는 군중들은 소수였던 로마 경비대를 구석으로 몰아 죽이고 대제사장과 유대 귀족들까지 살해했다. 반로마 봉기는 순식간에 유대 전역으로 확산되었다. 시리아와 이집트에서도 유대 공동체가 들고일어나 앙숙인 그리스 인들을 공격했다. 깜짝 놀란 시리아 총독이 황급히 진압군을 파견했으나 도리어 반란군의 기습에 5800명이 전사했다. 유대 땅에 들어온 지 120년 만에 로마의 통치는 가장 큰 위기에 직면했다.

예루살렘 공방전과 유대인 디아스포라

 네로 황제는 사태의 심각성을 알아채고는 베스파시아누스 장군에게 4개 군단을 주어 유대로 급파했다. 아들 티투스도 데리고 온 베스파시아누스는 서기 67년 봄부터 반격을 개시하여 북부의 갈릴리 지역부터 한 곳씩 탈환해 갔다. 요타파타, 카마라 등 주요 도시에서 유대인들의 저항은 격렬했지만 동료의 죽음을 보복하겠다고 작정한 로마군을 이겨낼 수는 없었다. 로마군은 되찾은 도시마다 남녀노소의 구별 없이 학살을 벌였고 건물에 불을 질렀다. 예루살렘을 고립시키기 위한 초토화 작전이었다.

 전투의 생존자와 피난민이 예루살렘에 모여들었다. 거기에 열심당, 광야의 도적단, 지방의 의용군 등 급진적 민중 세력이 집결하자 예루살렘은 결사항전의 중심이 되었다. 로마와의 화친을 원하는 제사장과 귀족들은 급진파를 제압하려고 먼저 움직였지만 그만 역공을 당하고 말았다. 로마군이 성을 포위한 가운데, 종교적 광신과 서로에 대한 적개심은 내전으로 치달았다. 민중들도 극단적이 되어, 제사장과 귀족들은 물론 자기들끼리도 서로 살해했다. 거기에 굶주림까지 겹쳐, 로마군의 공격이 본격적으로 시작되기도 전에 이미 시신이 예루살렘 거리마다 가득했다.

마침 로마에서도 민중 봉기가 일어나 네로 황제가 죽고, 그 뒤를 이은 황제들도 암살당하거나 쫓겨나는 혼란이 벌어지고 있었다. 베스파시아누스는 로마군의 지지를 등에 업고 제위를 차지하기 위해 로마로 향했다. 젊은 티투스는 아버지의 기반을 확고히 하기 위해 예루살렘을 반드시 차지해야 했다. 로마군 4개 군단의 공격이 개시되자 예루살렘의 민중 세력은 다시 뭉쳐 항전했다. 통일된 지도부와 탁월한 지도자가 없다는 것이 그들의 큰 약점이었지만, 예루살렘의 방어 체제는 그 약점을 덮을 정도로 튼튼했다. 예루살렘은 삼면이 절벽이라 접근로가 제한되어 있었고, 3중의 방벽과 40여 개의 투석기, 일대를 한눈에 볼 수 있는 망루를 갖추고 있었다. 여러 차례 이웃 국가들의 침략을 당해본 유대인들은 틈날 때마다 예루살렘의 성벽을 강화해왔던 것이다.

반란군은 반복되는 티투스의 공격을 격퇴하며 5개월이나 싸웠다. 조바심이 난 티투스는 포로로 잡은 유대인들을 성에서 보이는 곳에 줄줄이 십자가에 못 박아 반란군의 심리적 위축을 노렸다. 성 안의 유대인들은 식량이 떨어져 소의 배설물까지 다투어 먹었다. 드디어 성벽한 군데가 무너지고 그 사이로 로마군이 들어오자 시가전이 벌어졌다. 시가전은 성벽을 사이에 둔 싸움보다 더 치열했고, 누가 먼저 불을 질렀는지 모르지만 대성전이 불길에 휩싸였다. 솔로몬 왕이 세운 지 천

예루살렘을 약탈하는 로마군 : 로마 티투스 개선문에 새겨진 부조이다. 로마군이 유대교의 상징인 메노라(가지가 일곱 개인 촛대)를 어깨에 메고 행진하는 중이다.

여 년 만에, 바빌론에 포로로 끌려갔다가 돌아온 유대인들이 다시 세운 지 640년 만에 성전이 파괴되었다. 스스로 문명인이라고 자부했던 티투스도 기나긴 싸움 끝에 이성을 잃어버렸다.

"예루살렘의 돌 하나도 제자리에 남겨두지 마라!"

요세푸스는 예루살렘 공방전에서 사망자가 110만 명에 달한다고 했는데, 이는 분명 과장이겠지만 어마어마한 수가 죽은 것은 확실하다. 로마군은 성전에서 유대 민족의 상징인 메노라(가지가 일곱 개인 유대교 촛대)를 약탈했다. 그 장면은 지금도 로마에 있는 티투스 개선문에 부조로 새겨져 있다. 유대인 포로들은 노예로 팔리거나 검투장에서 죽어갔다. 남은 열심당원들은 벤 아이르의 지휘하에 마사다 요새로 들어가 저항했지만 결국 모두 진압당했다.

3장 | 유대 전쟁 49

요세푸스 : 로마군에게 항복하고 『유대 전쟁사』로 반란의 무모함을 비판하여 변절자로 비난 받았다. 하지만 그의 책이 있어 유대 민족의 장렬한 저항이 후세에 전해질 수 있었다.

· 그 뒤 유대는 로마 황제가 직할하는 속주가 되었다. 로마는 조금이나마 허용했던 자치도 확 줄였다. 유대인들은 이제 예루살렘 성전이 아니라 로마의 유피테르 신전에 헌금을 내야 했다. 제사장들의 회의와 산헤드린도 금지되었다. 1만 명 이상의 로마 군단이 유대 땅에 주둔하게 되었다. 그리고 서기 132년에 일어난 2차 유대 반란이 실패로 끝나자 하드리아누스 황제는 아예 예루살렘에서 유대인들을 내쫓았고 도시 한가운데에 유피테르 상을 세웠다. 1900년에 걸친 유대인들의 디아스포라(분산을 뜻하는 그리스어. 특정 집단이 살고 있던 땅을 떠나 다른 지역으로 이동하는 현상.)가 시작되었다.

오늘날 우리가 유대인의 반로마 항쟁에 대해 알 수 있는 것은 역사가 요세푸스가 쓴 『유대 전쟁사』 덕분이라고 할 수 있다. 그런데 요세푸스는 참 특이한 인물이다. 그는 제사장 가문 출신으로 유대의 상류층이자 지식인이었는데, 그의 나이 서른에 유대 반란이 시작되자 갈릴리의 지휘관으로 로마에 맞섰다. 전투에서 패한 요세푸스는 일단 산으로 피신했지만, 유대의 장로들이 함께 자결하자는 것을 거부하고 베스파시아누스에게 항복했다. 그는 이 로마 장군에게 "장차 황제가 될 것"이라는 대담한 예언을 해서 목숨을 구한다. 베스파시아누스는 이 맹랑한 유대 지식인에게 매료되었고, 요세푸스는 그의 융숭한 대접을 받으면서 로마군이 예루살렘과 마사다를 함락하는 것을 지켜봤다. 그는 그 장면들을 철저히 항전파를 비판하고 로마를 지지하는 시각으로 기록했다. 그래서 이후 요세푸스의 이름은 유대인들에게 '배신자'와 같은 말이 되었다.

그러나 요세푸스의 행위를 다르게 해석하는 사람들은, 그가 반란군 지휘관으로 싸웠다는 사실을 생각할 때, 개인적 안락 때문에 변절한 것이 아니라 지식인으로서 로마의 힘을 객관적으로 알았기에 그 선택이 불가피했다고도 말한다. 즉 베스파시아누스가 유대 민족의 종교와 문화를 완전히 파괴하지 못하게 말리고자 그런 선택을 했다는 것이다.

오늘날 요세푸스의 『유대 전쟁사』는 두 가지 방향에서 진실을 들려주고 있다. 그가 비판하듯이 유대 반란 세력이 너무나 극단적이고 배타적이었다는 사실은 민족 전체의 지지를 얻지 못하는 원인이 되었다. 많은 피정복민이 로마에 저항했지만 마사다에서처럼 집단 자결을 택하는 경우는 없었다. 그러나 또 다른 진실은, 유대의 지배층들이 로마에 빌붙어 기득권을 누리는 동안 민중들만이 처절하게 로마군에 투쟁했다는 사실이다. 그들의 저항 의지는 마사다를 점령한 로마군도 꺾지 못했다.

　극단적이고 무모한 투쟁이라고 비판 받고 잊힌 마사다 항전은 1920년대 유대인 작가 아이작 람단에 의해 갑작스레 주목받는다. 그 후 이스라엘을 건국하고 아랍 국가들과 치열한 전쟁을 거치는 과정에서 마사다는 이스라엘 인의 성지가 되었다. 하지만 오늘날 마사다가 배타적인 선민의식을 상징하는 곳으로 남아서는 안 될 것이다. 마사다는 시대를 뛰어넘어 자유라는 보편적 가치를 웅변하는 현장으로 기억되어야 한다.

연표

기원전 166~63년	하스모니아 왕조, 유대 지배
기원전 63년	로마 장군 폼페이우스가 유대에 개입
기원전 37~4년	로마의 위임을 받아 헤롯이 유대 지배
기원 후 6년	로마가 유대에 직접 행정관을 파견
기원 후 66년	로마 행정관 플로루스가 유대 성전을 침탈
	1차 유대 반란 일어나 로마군 축출
기원 후 67년	로마군, 유대 지역 탈환. 5개월 만에 예루살렘 함락
기원 후 70년	마사다 항전 패배
기원 후 132년	2차 유대 반란 실패
	하드리아누스 황제, 예루살렘에서 유대인 추방

Yellow Turban Rebellion
황건의 반란

|

푸른 하늘이 망했으니 누런 하늘이 일어선다

184년

혁명아 장각, 천하를 넘보다 '창천이사 황천당립 세재갑자 천하대길蒼天已死黃天當立歲在甲子天下大吉' 서기 183년, 중국 화북 지역의 성마다 이상한 문구가 나돌고 있었다. 사람들이 많이 오가는 성문이나 시장 주변의 담벼락에 누가 이런 글귀를 휘갈겨놓기도 하고, 코흘리개 아이들이 뜻도 모르고 노래로 흥얼거리기도 했다.

"'푸른 하늘이 망했으니 누런 하늘이 일어나리라. 갑자년이 오면 천하가 크게 길하리라.' 이게 도대체 무슨 말인가?"

"낸들 아는가? 갑자년이면 내년 아닌가? 내년에 무슨 일이 나긴 나려는 모양이야."

"에이, 무슨 일이 나든 났으면 좋겠네. 어디 지금 같아서야 살 수 있어야 말이지!"

백성들이 이런 대화를 주고받고 있었다. 세상의 동요를 모르는 것은 한 황실과 관리들뿐이었다. 한나라는 중앙부터 말단까지 이미 썩을 대로 썩어 있었다. 황제의 외척이 권력을 잡는가 하면 다음에는 환관이 권력을 잡았고 또 그것이 바뀌기를 반복했다. 그러나 누가 권력을 잡든 그들은 백성의 삶에는 전혀 관심이 없었고 벼슬을 팔아 부를 챙기는 데에만 눈에 불을 켰다. '태수는 2000만 전, 현령은 500만 전'이란 말이 있을 만큼 매관매직이 횡행했는데, 중앙 정부의 간섭을 받지 않고 제멋대로 할 수 있는 지방 관직이 더 비쌌다.

일단 큰돈을 주고 벼슬을 산 관리들은 본전을 뽑으려 했고, 이 때문에 농민들은 등골이 빠질 지경이 되었다. 농민들은 지주들에게는 소작료를 바치고 지방 수령에게는 온갖 세금과 부역으로 시달렸다. 설상가상으로 가뭄과 홍수, 메뚜기 떼의 습격까지 견디느라 후한 말의 민중들에게 삶은 고통의 연속이었다.

민중에게 마음의 피난처가 된 것은 민간 신앙이었다. 민간 신앙은 무속이나 음양오행, 신선도, 노장 사상 등이 섞인 것으로 지역마다 나름의 특색을 가지고 있었다. 이러한 지역적인 신앙을 통합해 만든 것이 태평도太平道이고 그 창시자는 장각이었다. 장각은 장생불사長生不死와 태평 세상太平世上을 이상으로 제시했고 사람들의 질병을 치유해 줌으로써 민중들의 큰 호응을 얻었다. 『삼국지』에 따르면 장각은 남화노선이라는 신선에게서 『태평요술』이란 책을 얻어 비바람을 일으키고 사람의 병을 고치는 도술을 익혔다고 한다.

신선을 만나는 장각 : 『삼국지』에서는 장각이 남화노선이라는 신선에게서 바람과 비를 부르는 태평요술(태평청령서) 두루마리 세 권을 받았다고 한다.

그러나 『삼국지』류의 서술은 장각을 혹세무민하는 요술쟁이로 깎아내리기 위한 의도에서 나온 것이다. 실제로 장각은 의술에 통달한 사람이었을 것이다. 그는 자신을 대현량사(어질고 착한 스승)라고 칭하고 병에 걸린 사람을 무료로 치료하면서 태평도에 입도할 것을 권했다. 동생인 장량과 장보도 형을 도와 태평도를 퍼뜨리니 10년 만에 그 교세가 폭발적으로 늘어났다. 장각은 교세가 미치는 지역을 모두 36방으로 나누고 각 방마다 지도자를 두어 1만 명의 교인들을 관리하게 했다. 각 방에서도 장각 형제에게 의술을 배워 환자를 고치고 가난한 백성을 구제하니 관에서도 태평도를 별로 경계하지 않았다.

어째서 장각 3형제는 이런 일을 했을까? 장각은 젊어서부터 세상을 바꾸려는 큰 뜻을 품고 있었다. 일찍이 그는 한나라가 금한 『태평청령서』를 구해 읽고 큰 깨달음을 얻었다. 삼국지에서 말하는 『태평요술』이 바로 이 책이다. 『태평청령서』는 하늘의 신이 인간의 병과 수명을 주관하고 있으므로 진심으로 죄를 참회하고 부적을 물에 타서 먹으면 불로장생할 수 있다는 교리를 담고 있었다. 죄도 없고 병도 없는 세상을 만들어야 한다는 생각은 백성을 괴롭히는 썩은 한나라 황실을 뒤집어야 한다는 생각으로 커져갔다. 그러나 몇몇 사람을 모아 나선다고 될 일이 아니었다. 이미 후한 중기부터 폭동이 백여 차례나 일어났으나 국지적인 저항으로 머물다 정부군에 의해 진압되고 말았던 것이다. 장각은 천하 곳곳에서 동시에 들고일어나지 않으면 안 된다고 생각했다. 그래서 그는 태평 사상을 종교로 만들어 세상에 퍼뜨리고 교단의 조직망으로 광범위하게 민중을 모았던 것이다.

"형님! 이만하면 우리의 힘이 천하를 뒤집을 만하지 않습니까? 명령을 내리십시오!"

"음! 전국 36방에 전해라. 새로 육십갑자가 시작되는 내년에 천하를 열겠노라고!"

장각은 갑자년인 184년 3월에 봉기하기로 결심했다. 그는 전국의 교단을 군사 조직으로 전환하는 한편, 심복인 마원의를 궁에 첩자로 드나들게 하여 일부 환관들과도 결탁하려고 했다. 그리고 교도들에게 '푸른 하늘은 이미 망했고 누런 하늘이 일어선다.'는 구호를 퍼뜨리게 했다. '푸른 하늘蒼天'은 한 황실을, '누런 하늘黃天'은 태평도의 세상을 의미했다. 원래 한나라의 색깔은 붉은색이었는데, 불이 타고 나면 그 재가 누런 흙이 된다는 오행설에 따라 누런색을 혁명의 색깔로 삼았던 것이다.

그런데 그만 마원의가 부하의 밀고로 체포되고 말았다. 고문에 못 이긴 그의 실토로 자그마치 천여 명에 이르는 태평교도들과 궁 내부의 관련자들이 줄줄이 잡혀갔다. 마원의가 사지가 찢기는 거열형을 당했다는 소식을 듣자 장각은 머뭇거려서는 안 된다고 생각했다. 장각은 봉기를 한 달 앞당기기로 하고 36방에 격문을 돌렸다. 그리고 천지인天地人 삼통 사상에 따라 자신을 천공 장군으로, 동생 장량과 장보를 각각 지공 장군과 인공 장군으로 칭했다.

184년 2월, 하북성 거록현에 30만 군사가 집결했다. 이들은 모두 황천을 열겠다는 각오로 누런 수건을 머리에 매었다. 황건군의 사기는 하늘을 찌를 듯했다. 장각이 앞으로 나섰다. 그는 우렁찬 소리로 외쳤다.

"황건의 아들들이여! 나와 함께 썩어빠진 한 황실을 타도하고 태평 세상을 열지 않겠는가!"

"우와아!"

함성 소리, 창과 검 부딪는 소리! 푸른 하늘이 갈라지며 내는 소리와 같았다.

썩은 황실이 반란을 부르다

소설 『삼국지』의 첫머리에서 유비, 조조, 원소, 동탁 등 여러 영웅들은 '황건적의 난'을 진압하며 이름을 알린다. 소설에서 황건군은 우매하고 야만스러우며 간혹 이상

한 요술을 부리는 도적 떼 황건적으로 묘사된다. 그리고 황건적의 난이 일어난 원인은 환관들이 어린 황제를 끼고 앉아 부패를 일삼고 국정을 문란하게 만들었기 때문이라고 한다.

그런데 어떻게 하여 환관들이 권력을 쥐었던 것일까? 거세된 남성인 환관들은 원래 금남의 구역인 궁정에서 여성들이 하기 힘든 일들을 시키기 위해 뽑은 이들이다. 아무리 좋은 대우를 해준다고 해도 스스로 거세를 택하는 경우는 없으므로, 대개 가난한 계층 출신으로 아비가 돈 몇 푼에 아들을 넘긴 것이었다. 부모의 입장에서는 자식을 궁으로 보내면 어쨌든 굶지는 않으리라는 생각도 있었을 것이다. 그러나 환관은 결국 궁중의 노예였으므로 정치에 접근하는 일은 금지되어 있었다. 하지만 황족의 시중을 드는 일부 환관들은 황족과 심리적인 유대감을 나누기도 했는데, 특히 궁의 가장 깊은 곳에 있어 늘 외로운 존재인 황제를 어릴 적부터 돌볼 경우 그들의 관계는 무척 각별했다.

한편 후한은 황실이 튼튼하지 못해 어린 황제들이 잇달아 즉위했고, 코흘리개가 정무를 볼 수 없으므로 어머니인 태후가 섭정을 하곤 했다. 그 결과 태후의 친척 즉 외척들이 권력 집단으로 떠올랐다. 안제, 순제, 충제, 질제, 환제가 모두 나이가 어렸으므로 처음에는 등씨 일족이 세도를 누렸고, 나중엔 순제의 황후인 양태후가 정권을 잡으면서 양씨의 천하가 왔다. 양씨가 황후와 비빈, 후작과 장군을 독차지하는 가운데 특히 양태후의 오빠 양기는 저잣거리의 건달에서 대장군으로 출세를 했다. 그의 세도가 얼마나 대단했던지 지방의 벼슬아치들이 낙양에 오면 황제보다 그를 먼저 찾아 선물을 건넸을 정도다.

양기가 어떤 인간이었나 하면, 그의 눈 밖에 나면 어느새 좌천되거나 심지어 독살되는 일도 비일비재했다. 여덟 살이지만 총명한 황제인

질제가 백관들 앞에서 양기를 향해 "저자는 세력이 너무 커서 다루기 어렵다."고 하자, 양기는 음식에 독을 타 질제를 암살해버렸다. 양기는 자신의 권세를 위해 최대한 멍청한 황제를 골라 질제를 잇게 하려고 했다. 그는 고르고 골라 열 다섯 살인 유지를 환제로 즉위시켰는데, 환제는 겉보기와 다르게 총명하여 언젠가 양씨 세력을 축출하겠노라는 마음을 품고 있었다. 그러나 양씨의 세상에서 환제가 마음 터놓고 의논할 상대는 어디에도 없었다.

환제가 어느 정도 나이가 들자, 친부모나 다름없는 환관 당형에게 속마음을 털어놓았고 당형을 포함한 다섯 환관은 비밀리에 친위 쿠데타를 모의했다. 환관들은 '양씨 토멸'의 기치를 들고 황실 호위병을 동원해 양기의 집을 급습했다. 양기 부부는 자살했으며 양씨 일족 및 그들과 결탁한 자들이 주살되었다. 몰수된 양기의 재산 30억 전은 국가 1년 수입의 절반에 달했다.

외척 양씨를 몰아낸 공로로 다섯 환관은 오후五侯로 받들어졌다. 노예나 다름없던 환관이 제후의 자리에 오른 것이다. 오후를 따른 환관들도 각종 벼슬을 받았다. 그러나 환관들 역시 권력을 올바르게 사용할 능력과 지혜를 갖고 있지 못했다. 그들은 백성의 재산을 빼앗아 자기 땅과 저택을 늘렸고, 툭하면 아녀자를 희롱했으며, 자기들에게 뇌물을 바치지 않는 청렴한 관리나 사대부는 어떻게든 모함해서 벌을 주었다. 환관의 일족이나 친한 이들도 뒤를 믿고 무뢰배 짓을 해댔는데, 가령 환관 후람의 형인 후참은 동생 덕에 익주 자사로 가서 그곳의 부자들을 역도로 몰아 처형하고 재산을 차지해서 사람들에게 원성을 샀다. 어릴 때부터 이런 환관들 틈에서 성장한 어린 황제도 나쁜 영향을 받았다. 후한 12대 황제인 영제는 아예 자신이 직접 나서 벼슬을 팔기까지 했다. 그는 금전과 비단을 창고에 쌓아올리면서도 스스로를 '청빈한' 황제라고 생각했으니 기가 막힐 노릇이었다.

외척과 환관이 저지르는 부패상에 신물이 난 민중들의 눈에 사대부들은 깨끗하고 지조 있는 이들로 비쳤다. 사대부란 지방에 대토지를 소유한 귀족 출신으로 유학을 숭상하는 세력이었다. 신분 질서를 합리화하는 유학을 한 왕조가 적극 권장함으로써 이들은 후한 중엽부터 하나의 집단으로 등장할 수 있었다. 수도 낙양에는 유학을 공부하는 학생만 3만 명에 이르렀다고 한다. 이 사대부 집단들은 자신을 '청류淸流'라고 칭하고 환관이나 외척은 '탁류濁流'라 부르며 맹비난했다. 사대부 관리들이 환관에게 법의 칼을 겨누자 환관도 반격에 나섰는데, 사대부들이 사리사욕을 좇아 '당(黨, 무리)'을 짓고 있다고 황제에게 모함했다. 그리하여 사대부들의 관직을 뺏고 이응, 진번 등 존경 받는 사대부들을 살해했는데 이것이 1, 2차 당고의 화이다.

그러나 사대부의 횡포도 만만하지 않았다. 환관이 득세하면서 기득권을 빼앗긴 사대부들은 자신을 남들과 차별화하기 위해 엄격한 유교적 기준들을 강조했다. 자기들에게만 그런 게 아니라 백성들에게까지 그 기준을 강요했는데, 사대부 공융은 아버지 무덤에서 슬프게 곡하지 않았다는 이유로 불효막심하다며 백성을 처형하기도 했다. 사대부는 환관들을 인간으로 보지 않아, 환관 하나가 죄를 지으면 그의 친구, 빈객, 부모까지 관련 있는 자들을 싹 죽여버리곤 했다. 사예교위 양구는 환관 왕보와 그의 아버지인 왕맹을 뇌물 수수 혐의로 붙잡아 고문했는데, 왕보가 늙은 아버지만큼은 고통을 덜게 해달라고 애걸했으나 도리어 왕보의 입에 흙을 처넣고 둘 다 죽을 때까지 고문을 멈추지 않았다. 그리고 시체를 토막 내 성벽에 내걸었다.

무능한 황실이 외척과 환관에 휘둘리면서 나라가 위기에 빠진 것은 사실이나, 사대부 세력은 환관을 증오하며 기득권 다툼만 했을 뿐 위기를 근본적으로 해결하기 위한 개혁에 나서지는 않았다. 학문이나 식견에서 사대부가 환관보다 월등히 나았다는 점을 생각하면 나라가 망해갔던 책임은 오히려 이들이 더 컸다.

이처럼 여러 기득권 세력이 권력 다툼을 벌이는 동안 중앙 정부의 권위는 땅으로 추락했고, 벼슬을 산 지방 관리들은 민중을 수탈하는 데에만 열을 올렸다. 견디다 못한 민중들이 곳곳에서 반란을 일으키자 이를 감당할 수 없었던 중앙 정부는 주목제州牧制를 실시해 지방 관리들에게 권한을 대폭 넘겨주었다. 그러자 지방 세력들은 직접 군사를 양성하게 되었고, 이것이 삼국지의 군웅들이 등장할 수 있었던 배경이다. 이런 상황에서 민중은 의지할 곳을 찾아 태평도로 모여들었고, 자신의 운명을 개척하고자 황건 봉기에 나섰던 것이다.

황건 반란을 짓밟은 『삼국지』의 영웅들

황건군이 일어날 때 그 숫자가 30만에 이르렀다. 황건군은 말 그대로 누런 모래 폭풍처럼 열흘 만에 유주, 기주, 예주, 형주, 양주, 서주 등 중원을 휩쓸었다. 그들은 지방 관청을 점령하여 문서를 불태우고 감옥을 열어 죄수를 석방했으며 창고에 그득한 식량을 백성들에게 나눠주었다. 대지주의 재산은 몰수되었고 악덕 관리들은 붙잡혀 와서 처형되었다. 장각은 황건군을 3군으로 나눠 낙양으로 쇄도해 갔다. 겨우 목숨만 건져 도망친 지방 수령들은 급히 중앙 정부에 구원을 청했다.

유비·관우·장비 : 유비의 큰 귀, 관우의 대춧빛 얼굴, 장비의 고리 눈이 재미있다. 삼국지는 의형제를 맺은 이들을 영웅으로 그리면서 황건 반란의 의미를 폄훼해버렸다.

놀란 중앙 정부는 하진을 대장군으로, 황보숭, 노식, 주준을 각 군의 지휘관으로 삼아 토벌군 10만을 파견했다. 하지만 준비 안 된 토벌군은 누런 두건을 쓰고 결사적으로 달려드는 농민군에게 혼비백산 도망가기만 했다. 중앙군만으로는 역부족이라는 것을 깨달은 정부는 할 수

황보숭 : 황건 반란이 일어나자 황보숭은 영제에게 '당고의 화'로 쫓겨난 사람들을 등용해 반란을 진압해야 한다고 주장했다. 그들이 반란군과 결탁할지도 몰랐기 때문이다.

없이 지방 각 주에 원군을 요청했고, 이 기회에 자신의 권력을 키우고자 했던 지방의 태수와 세도 가문들이 너도나도 의용군을 결성했다. 『삼국지』의 군웅들인 동탁이나 손견이 등장하고, 탁현 누상촌에 살던 황실 후손 유비가 관우, 장비와 도원결의를 맺은 것도 이때이다. 유비 등은 500여 의용군을 조직하여 형주를 다스리는 친족 유표를 도우러 갔다.

그 즈음 파재가 이끄는 영천 지방 황건군은 주준의 관군을 크게 이긴 다음, 이어 황보숭까지 포위에 성공하여 결정타를 때리기 직전이었다. 그러나 어디선가 달려와 황보숭을 구원한 이가 있었으니 바로 스

4장 | 황건의 반란 63

위왕 조조 : "당신은 치세의 능신, 난세의 간웅이 될 것이오."라는 예언에 깔깔 웃으며 좋아했다는 조조. 그러나 조조는 재능이 있는 자는 신분에 상관없이 등용하는 혁신적 정치가였다.

물 아홉 살의 장수 조조였다. 조조와 황보숭 연합군은 화공을 이용해 파재를 크게 이겼고, 이 전투를 기점으로 승부는 토벌군에게로 기울었다. 장각이 지휘하는 기주 지방의 황건군은 노식에게 고전했으나, 노식에게서 뇌물을 받지 못해 앙심을 품은 환관이 황제에게 그를 모함하는 바람에 노식이 체포되고 후임으로 동탁이 임명되었다. 그러자 장각군은 동탁을 꺾고 기주를 다시 장악했다. 이에 정부는 기주로 황보숭을 파견했다.

이때 풍운아 장각이 병으로 세상을 떴다. 구심을 잃은 황건군은 동요하기 시작했다. 장량의 군사들은 황보숭과 일곱 번이나 밀고 밀리는 전투를 치렀으나 끝내 격파당하고 3만여 명의 전사자를 냈다. 이어 막내 장보까지 하곡양이란 곳에서 황보숭에게 패배했다. 조조, 원소, 공손찬 등이 이끄는 관군, 손견이나 유관장 3형제가 이끄는 의용군들도 공을 세우기 위해 무자비하게 황건군을 토벌했다. 결국 1년여 만에 반란은 평정되고 말았다. '누런 하늘'의 깃발은 군웅들의 말발굽에 짓밟혀 갈기갈기 찢어졌다.

황건 반란이 종결되었을 때 후한의 명도 사실상 끊긴 것이나 다름없었다. 군웅들이 사방에서 중원을 노리는 가운데 황제는 여전히 환관의 옷자락에 싸여 있었다. 189년, 소제가 즉위하자 하태후가 섭정을 했고, 하태후의 오빠이자 대장군인 하진은 환관들을 제거하려고 계획을 세웠다. 이를 눈치 챈 환관들이 하진을 함정에 빠뜨려 암살하자, 하진의 휘하에 있던 원소가 궁으로 쳐들어갔다.

"수염 없는 남자는 환관이다. 수염 없는 자를 모조리 죽여라!"

이 아수라장 속에서 2000명이 살해당했는데 이 가운데는 환관이 아닌 사람도 많았다. 이 혼란을 관망하고 있던 북방의 맹주 동탁은 기회를 놓치지 않고 달려와서, 보호를 명목으로 일단 황제를 손아귀에 넣었다. 그리고 제멋대로 소제를 폐위하고 헌제를 즉위시킨 후 자신의 독재 권력을 수립했다. 닭 쫓던 개 신세가 된 원소는 분통을 터트렸고, 동탁을 역적이라고 선포하면서 각지의 군벌을 규합해 반동탁 연합군을 결성했다. 이에 동탁은 헌제를 인질로 삼아 장안으로 천도하면서 낙양 일대를 불바다로 만들어버렸다. 그러나 얼마 안 가 동탁도 양아들 여포에게 살해되었고, 그러자 동탁의 부하들이 권력 다툼을 벌이느라 이번엔 장안이 폐허가 되었으니 참으로 아비규환의 시대였다. 이 틈에 조조가 헌제를 자신의 근거지인 허창으로 데려갔고, 황제라는 만능열쇠를 얻게 된 조조는 다른 군웅들을 역도로 몰면서 새로운 패자로 떠올랐다. 그로부터 중국은 조조의 위나라, 손권의 오나라, 유비의 촉나라가 세 마리 짐승처럼 서로 노려보는 삼국 시대에 돌입하게 된다.

한편 진압당한 황건군은 곳곳으로 흩어져 그 뒤로도 20년 동안이나 농민 봉기를 일으켰다. 이것은 황건군과 농민들이 긴밀히 결합하고 있었음을 말해준다. 후한 말 민중들은 황제도, 조조도, 유비도 아닌 장각과 황건군에게 희망을 품고 있었던 것이 아닐까. 군웅들이 주창한 '한황실 수호'도 '천하 통일'도 아닌, 황건군이 꿈꾼 '태평 세상' 이야말로 민중이 바란 그런 세상이 아니었을까. 죄인도, 병자도, 배고픔에 고통 받는 사람도 없는 그런 세상 말이다.

192년, 청주에서 황건군 잔병들이 봉기를 일으키자 중앙 정부는 조조를 토벌 장군으로 파견했다. 잔병들은 변변한 무기조차 없었지만 용감히 싸웠다. 잔병의 대장은 붙잡힌 다음 조조에게 이렇게 말했다.

"한나라의 운명은 이미 다했소. 옛 세상이 망하고 새 세상이 흥하는 것은 하늘이 결정하는 것이므로 이는 당신 한 사람의 재주로는 어찌할 수가 없소."

조조는 이 말을 듣고 잔병들과 그들의 가족까지 자신의 휘하에 거두어들였으며, 날랜 이들을 뽑아 청주병이라는 정예군을 조직했다. 『삼국지』의 군웅들 가운데 유일하게 황건군을 포용했던 이가 조조였다. 조조가 바로 새 세상을 열 적임자였던 것일까? 아니면 조조는 민중의 힘을 교묘히 이용하는 법을 알았던 영리한 통치자였던 것일까?

연표

25년	광무제 유수가 후한을 건국
2세기	외척과 환관, 사대부 사이 권력 다툼 격렬해짐
	1, 2차 당고의 화
	거록에서 장각이 태평도 창시
184년	30만 황건군이 봉기하자 각지 군웅이 토벌군으로 참가
	장각이 병사한 후 봉기 진압
189년	환관들이 대장군 하진을 살해하자 원소가 궁에 쳐들어가 환관 2천을 학살
	기회를 노리던 동탁 집권
190년	동탁이 낙양을 불태우고 장안으로 천도
192년	동탁, 심복인 여포에게 암살되고 조조가 청주에서 거병한 황건군 잔당을 흡수
3세기	위, 촉, 오의 삼국 시대. 서진西晉의 중국 통일로 마무리

Huang Chao Revolution
황소의 난

|

소금 밀매상이 일으킨 당나라 최대의 민중 반란
874년

달이 기울듯 당 제국은 기울어가고 황소黃巢의 난은 구보의 난, 방훈의 난과 함께 당나라 말에 일어난 3대 민중 반란의 하나이며, 결과적으로 대당大唐 제국을 사실상 무너뜨렸다. 그러나 우리는 이 반란의 구체적인 내용은 잘 모를지라도 신라의 천재 최치원이 황소를 토벌하는 격문인 '토황소격문'을 썼다는 사실만은 잘 알고 있다.

당나라로 유학 온 최치원은 18세에 과거에 급제하여 벼슬길에 나아가고, 황소의 난이 일어나자 토벌대장 고변의 종사관으로 동행한다.

최치원: 당나라에서 과거 급제한 후 토황소격문으로 황소의 난을 진압하는 데 공을 세웠다. 훗날 신라에 돌아온 그는 정치 개혁을 시도했으나 중앙 귀족의 저항으로 실패하고 만다.

이때 고변은 반란군을 동요시키고자 최치원이 쓴 토황소격문을 황소의 점령 지역마다 뿌렸다. 황소가 읽다가 너무 흥분한 나머지 침상 아래로 굴러떨어졌다고 하는 그 유명한 격문을 한번 보자.

> 만일 미쳐 날뛰는 도당에 이끌려 或若狂走所牽
> 취한 잠에서 깨어나지 못하고 醉眠未寤
> 마치 사마귀가 수레에 항거하듯 猶將拒轍
> 어리석은 고집만 부린다면 固欲守株
> 곰을 잡고 표범을 쫓는 우리 군대가 則乃批熊拉豹之師
> 한 번 휘둘러 쳐부수어 一麾撲滅

5장 | 황소의 난 69

까마귀와 솔개같이 날뛰던 너의 무리는 烏合鴟張之衆

사방으로 흩어져 도망칠 것이며 四散分飛

너의 몸뚱이는 도끼날에 묻은 기름이 되고 身爲齊斧之膏

너의 뼈는 전차에 치여 부서진 가루가 될 것이다 骨作戎車之粉

이 글에서 최치원은 격렬하게 황소를 꾸짖기도 하고 또 살살 달래기도 하면서 '황소, 네가 진정 당나라의 위대함과 무서움을 아느냐? 어찌 감히 당나라에 대든단 말이냐?' 하는 메시지를 전하고 있다. 그 글이 과연 효과가 있었는지는 모르지만, 난이 진압된 후 최치원은 황제에게서 큰 상을 받았다.

그러나 세상의 변화를 몰랐던 것이 과연 황소일까? 당나라는 과연 여전히 위대한 제국이었을까? 역사는 황소의 난이 썩을 대로 썩은 당나라를 쓰러뜨린 '낙타의 한 짐'이라는 사실을 보여준다. 황소가 60만 농민군을 이끌고 당시 세계 최대의 도시 장안을 점령했을 때 백성과 관리들이 자발적으로 황소를 환영했다는 사실을 생각하면, 혹시 세상의 변화를 몰랐던 것이 최치원은 아니었는지 의심해볼 필요가 있다.

8세기경 당나라 수도인 장안은, 비잔틴 제국의 수도 콘스탄티노플과 함께 세계에서 가장 큰 도시였고 인구가 백만 명을 넘는 유일한 도시였다. 그러나 달도 차면 기울듯, 8세기의 당나라는 현종 대에 가장 흥성하다가 급격히 쇠망의 길을 걷게 되는데, 그 분기점이 755년에 일어난 안녹산의 반란이었다.

당나라는 광대한 제국의 외곽에 50여 개의 번진藩鎭을 두어 국방을 맡겼는데, 각 번진의 절도사들은 군사와 조세의 자치권을 이용하여 도리어 자신의 힘을 길렀다. 안녹산은 지금의 북경 일대를 지키는 절도사였으나, 조정과 갈등을 빚자 반란을 일으켰다. 반란군의 기세에 밀려 현종은 피난길에 올라야 했고 온 나라가 전화에 휩싸였다.

가까스로 안녹산의 난을 평정한 조정은 번진을 길들이기 위해 절도사에 대한 통제를 강화하고 중앙군의 수를 늘리려고 애썼다. 그러자 절도사들은 황제와 황제 측근의 환관들에게 뇌물을 써서 자신들의 지위를 유지하고자 했고, 조정은 점점 더 극심한 부패의 온상이 되어갔다. 그런데 절도사가 뇌물로 바치는 돈이 어디서 나왔나 하면, 번진의 군사에게 가야 할 봉급을 삭감하고 횡령해서 만들어낸 것이었다. 그러니 군사들은 대우가 자꾸만 나빠지면서 불만이 등등해졌다. 860년에 일어난 구보의 난, 866년에 일어난 방훈의 난은 모두 불만에 찬 군인들이 시작한 봉기가 민중들과 결합하며 폭발한 사건들이었다.

한편, 조정이 번진을 직접 통제하고 중앙군을 유지하는 데는 어마어마한 비용이 들어갔으므로 국고는 텅텅 비게 되었다. 이것들은 모두 당나라 조정에 근본적인 체제 개혁을 요구하는 신호였다. 그러나 무능한 정부가 대체로 그렇듯이 당나라 조정은 스스로에게 칼을 대지 않고 당장 필요한 재정을 메울 방책만을 찾았다. 손쉬운 방법은 민중들에게서 세금을 더 쥐어짜는 것이고, 달리 궁리한 방법은 소금을 국가가 독점하는 것이었다. 정부는 각염법이라 불리는 소금 독점법을 만들어 특정 상인에게만 소금을 팔았다. 그 결과 세수는 대폭 늘어났지만 소금 가격이 30배 이상 치솟았다. 늘어난 세수는 국고가 아닌 부패한 황실과 관리들의 주머니 속으로 들어간 반면 민중들의 생활은 이루 말할 수 없이 피폐해졌다.

소금 밀매가 늘어난 것은 당연한 일이었다. 조정은 밀매를 사형으로 다스리겠노라 엄포를 놓았지만 민중들에겐 생존의 문제였으므로 어쩔 수가 없었다. 노련한 상인들이 소금 밀매업에 뛰어들었고, 빈민들 가운데 대담한 이들이 거기에 가담했다. 이들은 관의 추적과 도적 떼의 습격에 대비해 스스로 무장 집단이 되었고 그래서 관에서는 이들을 염적鹽敵이라고 불렀다. 이러한 염적의 등장은 당나라 말기 민중 사회의 중요한 특징이었다. 황소 역시 양자강 하류인 하남성·산동성 일대에서 위험을 무릅쓰고 소금을 운송하는 밀매상이었다. 그의 염적단은 상당한 재산과 조직을 갖춰 인근에 이름을 날렸다.

소금 밀매상과 농민이 천하를 얻다

'이 흉년에 농민들은 처자식을 팔아 식량을 사고 있다. 그런데 이 나라의 조정이 하는 일이란 소금 값을 올리고 세금을 걷어가는 것 말고 무엇이 있는가!'

874년, 황소는 이런 생각으로 가슴이 답답했다. 소금 밀매상이기는 하지만 황소는 원래 사대부 집안 출신으로 학문과 무예를 익혔고 정의감도 강했다. 그는 세상의 흐름을 읽을 줄 알았고 민중들과 거래하며 그들이 겪는 고통이 얼마나 큰지도 알았다.

황소는 젊어서 과거도 여러 번 쳤지만, 그때마다 낙방의 쓴 잔을 마셔야 했다. 이미 벼슬자리는 실력에 의해서가 아니라 환관들에게 바치는 뇌물에 의해 결정되었던 것이다. 황소는 뇌물을 줄 재산이야 있었지만 그런 썩은 벼슬길에 나가는 것을 과감히 포기하고 말았다. 그는 부글거리는 심정을 한 수의 시로 표현했다.

가을 되어 중양절을 기다리니 待到秋來九月八

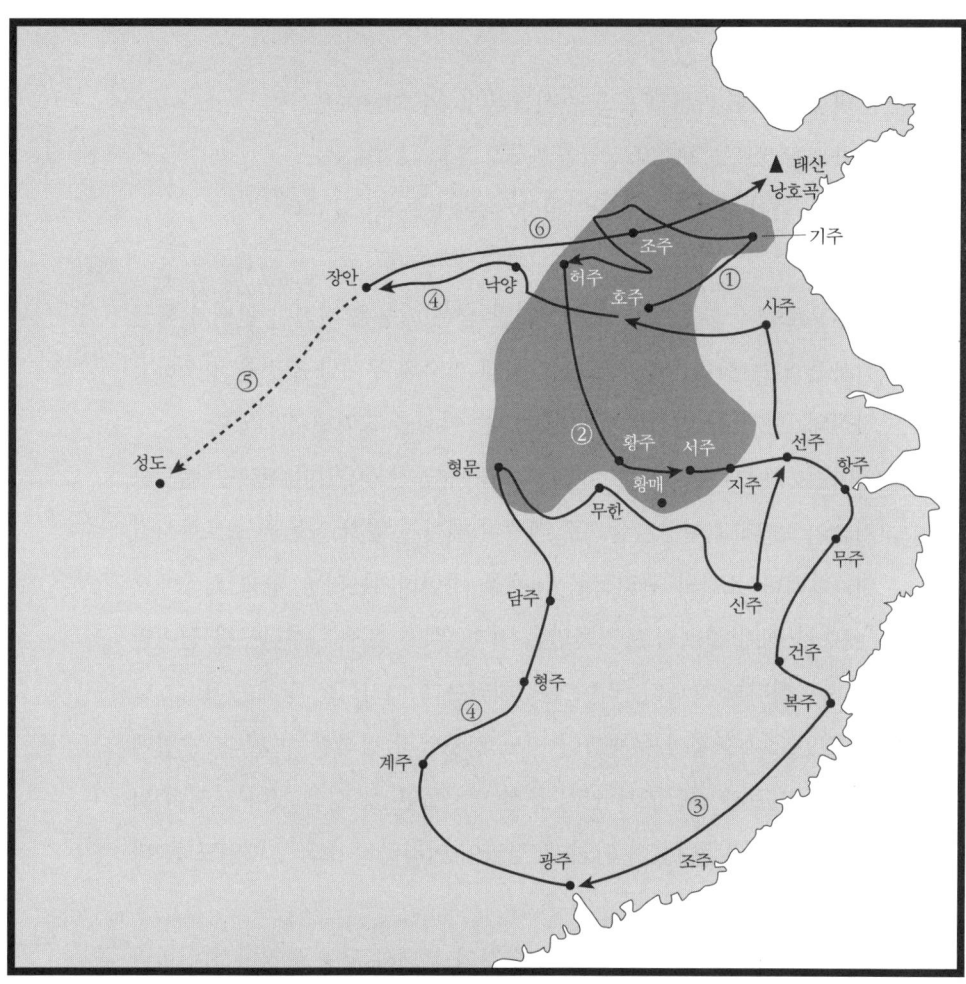

① 874~877년 _ 왕선지와 황소가 봉기하여 하남성과 산동성 일대를 점거하다.
② 878년 _ 왕선지가 호북성 황매에서 관군에게 패하여 사망하다.
③ 879년 _ 황소가 반란군을 이끌고 양자강 이남으로 대이동을 전개하고 광주를 점령하다.
④ 880년 _ 황소가 60만 대군으로 장안으로 입성하여 대제를 건국하다.
⑤ 880년 _ 당 희종이 성도로 탈출하다.
⑥ 883년 _ 이극용이 장안을 탈환하고 황소가 산동성 낭호곡에서 자결하다.

■ 황소와 왕선지의 주요 활동 무대

황소의 진격과 후퇴

내 꽃이 피면 다른 꽃은 모두 시들리라. 我花開後百花殺

하늘을 찌르는 향기가 장안을 꿰뚫으면 衝天香陣透長安

온 성 안이 황금 갑옷을 두르리라. 滿城盡帶黃金甲

겉으로는 국화를 노래한 시였지만 숨은 내용은 자신이 언젠가 황금 갑옷을 입은 혁명군을 끌고 장안성에 진격해 부패한 조정을 일소하고 자신의 '향기'를 만천하에 떨치겠다는 야심을 드러낸 것이었다.

이런 그에게 당나라는 이미 꺼져가는 등잔불이었다. 874년에는 큰 가뭄이 든 데다 설상가상으로 메뚜기 떼까지 덮쳐 작물을 초토화시켰다. 그러나 조정의 관리들은 대책을 마련하기는커녕 황제 희종에게 "메뚜기 떼가 황실의 농작물만은 먹지 않고, 모두 가시나무를 끌어안고 자결했다고 합니다."라며 둘러대었는데 어리석은 황제는 또 그 말을 믿었으니 조정의 무능함이 어느 정도인지 짐작할 수 있다. 수탈에 지친 농민들과 월급조차 받지 못한 병사들은 살 길을 찾아 도적이 되고 양자강의 강적江敵이 되었다. 상황이 이러하자 소금 밀매업도 큰 타격을 입었다.

이윽고 왕선지라는 염적 수령이 관의 부패와 무능을 질타하며 반란을 일으키자, 불만에 찬 농민들이 일거에 집결했다. 스스로를 '균평대장군'이라 칭하여 분배의 정의를 내세운 왕선지는 3000여 반군을 움직여 관군을 격파했다. 이를 본 황소도 즉각 호응하여 반란에 참여했다. 그의 염적단은 평소 민중과 긴밀히 결합되어 있었으므로 더욱 기세가 높았다. 왕선지와 황소는 당나라를 무너뜨려 천하 인민이 평등한 세상을 만들자고 주창했고, 이에 각지에서 농민과 유랑민, 도적 들이 반란군으로 모여들었다. 평등과 고른 분배는 앞선 모든 민중 반란을 관통하는 정서이기도 했다.

왕선지와 황소는 소금 밀매업을 하며 양자강 일대의 지리에 통달해 있었다. 그 경험을 토대로 반란군은 신속한 기동전을 펼쳤다. 모이는가 하면 흩어지고 흩어지는가 하면 엉뚱한 곳에 나타나 공격하는 반란군 앞에 관군은 속수무책이었다. 877년에 그들은 합동으로 하남성의 송주를 공략한 후, 왕선지는 호북성 방향으로, 황소는 복건성 방향으로 진군했다. 아직 황소는 본격적인 장안 진격까지는 주저했다. 쇠락하긴 했어도 중앙군의 위력은 두려웠기 때문이다. 그는 일단 양자강 남쪽 일대를 크게 돌면서 혁명을 선동하고 세력을 모았다.

무력으로 쉽게 반란군을 누를 수 없자 조정에서는 관직을 주어 달래보려고 했다. 특사가 찾아와 왕선지에게 정8품 감찰어사라는 사실상 말직을 제안했는데, 황소처럼 투철한 혁명 의식 없이 그저 살 길을 찾아보려고 일어난 왕선지는 관직의 유혹에 흔들렸다. 그가 제안을 수락하려 하자 보다 못한 황소가 바위 같은 주먹을 들어 왕선지를 후려쳤다. 왕선지의 얼굴은 그만 피범벅이 되고 말았다.

"이놈아, 천하를 바로잡겠다고 일어섰다가 네놈 혼자 관직에 눈이 멀면 남들은 어쩌란 말이냐?"

이에 정신을 차린 왕선지는 조정의 제안이 사실은 자신을 붙잡으려는 계략이라 여기고 마음을 돌렸다. 그러나 그 뒤로도 관직을 제안하자 유혹을 이기지 못한 왕선지는 정부군에 교섭을 청했는데, 교섭은 결국 실패했고 자신이 특사로 보낸 측근까지 처형당했다. 이에 분을 못 이긴 왕선지는 애초의 명분을 잊고 가는 곳마다 재산을 약탈하고 사람들을 살육했다. 결국 민심이 왕선지를 떠나면서, 그는 초토사 증원유의 공격에 대패해 전사하고 말았다.

보광사 사리탑 : 황소의 난으로 장안이 함락되자 황제는 성도에 있는 보광사로 피신했다. 그때 황제의 명령으로 절을 복원했는데, 이 탑이 보광사에 남겨진 유일한 당나라 시기 건축물이다.

　왕선지가 죽자 그의 부하 상양은 10만 군사를 끌고 황소의 군대에 합류했다. 황소는 반란군 전체의 명실상부한 수령이 되었다. 물론 황소도 관직 욕심이 없었던 것은 아니었다. 그는 자신의 고향인 산동 지방의 절도사 직을 달라고 조정에 청했으나 거절당했고, 이어 남쪽 변방 광주의 절도사를 청했으나 그 역시 거절당했다. 분노한 황소는 광주로 쳐들어가 점령하고, 자신을 충천대장군이라 칭해 당 왕조를 거꾸러뜨리겠다는 의지를 분명히 했다. '충천'이란 하늘을 찌른다는 뜻이니, 그가 젊은 시절 썼던 시구대로였다.

880년, 황소는 60만 대군을 몰아 수도 장안을 향해 북상하기 시작했다. 동시에 "환관과 부패한 관리들을 징벌하겠노라."는 격문을 각지로 보내자 반란군의 숫자는 더욱 늘어났다. 황소군을 가로막은 관군 6000명은 대패했고, 그들의 시체가 산을 이루고 피가 강물처럼 흘렀다.

장안은 천혜의 요새였으므로, 조정이 의지만 있었다면 그곳을 사수하는 것도 불가능하지 않았다. 그러나 황소가 온다는 소식을 들은 희종은 환관들 틈에 끼어 장안을 탈출해버렸고 황소를 지지하는 이들은 반란군에게 샛길을 알려주었다. 그해 12월, 황소는 구리로 만든 수레를 타고 당당하게 장안에 입성했다. 길 양쪽에서 백성들과 군사들이 그를 열렬히 환영했다. 황소는 황실의 창고를 열어 백성들에게 식량을 나눠주었고 하급 관리들에게는 하던 일을 그대로 하라고 격려했다. 황소는 함원전에서 새로운 황제로 즉위했다. 나라의 이름은 대제大齊, 연호는 금통으로 정해졌다. 변방의 소금 밀매상이 천자에 오르고 농민들이 천하를 거머쥐었다.

황소가 죽은 후 당나라도 무너지다

그러나 서쪽으로 도망친 황제도 숨을 돌린 다음 다시 관군을 조직했다. 이미 군벌이 되어 있는 지방 절도사들은 당나라에 충성해서라기보다 황소를 죽여 공을 세우면 한몫 잡을 수 있을 거라는 마음으로 토벌군으로 나섰다. 그런 토벌군에게 제대로 된 기율이 있을 리 없었다. 881년 봄에 토벌군은 장안을 일시 탈환했지만, 그들은 황소를 붙잡는 것보다 노략질과 부녀자 겁탈에 더 정신이 팔렸다. 숨어 있던 당나라 귀족들도 다시 튀어나와 황소의 지지자들을 마구잡이로 살해했다.

황제가 된 지 몇 달도 못 되어 쫓겨난 황소는 길길이 날뛰었고, 토벌군이 엉뚱한 데 정신이 팔린 틈을 타 다시 반격을 가해 장안에서 그들을 몰아냈다. 그런데 분노로 이성을 잃은 황소는 관리들과 백성들이 자신을 배신하고 정부군을 도왔다고 생각해, 배신자들을 처단한다면서 8만 명이나 목숨을 빼앗았다. 한때 황소는 지지했던 민중들은 날벼락을 맞은 셈이었다. 이로써 민심이 황소에게서 멀어졌을 때 황소에게 충격적인 소식이 전해졌다.

"뭣이? 주온이 나를 배신했다고? 당나라에 투항해서 이름까지 새로 받았다고?"

주온은 황소의 측근으로 반란군의 물자 보급을 담당했던 자였다. 그는 황소에게 이제 희망이 없다고 판단해 당나라에 투항했고, 황제로부터 '충성을 다하라'는 뜻의 전충全忠이라는 이름을 하사 받았다. 정권을 유지할 다른 경제적 기반을 갖고 있지 못한 황소에게 주온의 배신은 돌이킬 수 없는 타격이었다.

왕탁을 사령관으로 하는 정부군이 다시 장안을 포위하자 이제 반란군은 식량을 구할 수가 없었다. 급기야 반란군은 백성을 붙잡아 살해하여 그 인육을 먹었다. 한때 국제 도시였던 장안은 한 폭의 지옥도가 되었다. 결국 더 이상 버틸 기력이 없어진 황소는 장안을 버리고 패주했다. 도망치는 황소를 지방의 군벌들이 뒤쫓았다. 특히 투르크계로 당에 귀화한 이극용은 조정으로부터 인정받기 위해 필사적으로 덤벼들었다.

883년 4월에 이극용은 양전피에서 황소군 15만을 대파했고, 7월에는 주전충이 황소군을 크게 무찔렀다. 이듬해에는 심복인 상양마저 이극용에게 항복하자 황소는 잔병 천여 명을 끌고 태산 근처 낭호곡으로 도망쳤다. 그는 처와 자식에게 말했다.

"이제 여기가 내 운명의 끝인 모양이다. 너희가 내 가족인 이상, 관군에게 붙잡히면 결코 무사하지는 못할 것이다. 저잣거리에서 온갖 욕을 당하고서 죽임을 당하느니, 지금 나와 같이 세상을 하직하는 것이 낫겠다."

황소는 낭호곡에서 처자식과 함께 자결하고 남은 반란군은 토벌군에게 쫓겨 뿔뿔이 흩어지고 말았다. 10년 동안 당나라를 휩쓸었으며 한때 "하늘을 찌르는 향기"로 장안을 뒤덮은, 그리고 황금 갑옷을 두르고 제위에 오르기까지 한 인물의 슬픈 최후였다.

황소의 난이 끝나자 당나라도 더 이상 버틸 힘을 잃고 있었다. 지방의 절도사들은 중앙의 권위를 완전히 무시하고 권력을 다투었다. 그러나 주전충이 이들을 평정하고 그들의 힘을 자기에게 모은 후, 황제 측근의 환관들과 대신들마저 황하에 빠뜨려 죽이고 실권을 차지했다. 주전충은 황제 소종을 죽이고 애제를 즉위시켰으나, 907년에 그마저도 퇴위시키고 후량後梁을 세워 스스로 황제가 되었다. 당나라는 황소의 난이 진압된 지 23년 만에, 고조 이연이 나라를 일으킨 지 290년 만에 멸망했다.

소금은 인류에게 없어서는 안 될 식품인 동시에 종종 역사의 흐름에 커다란 영향을 미치기도 했다. 당나라 최대의 민중 반란인 황소의 난도 조정이 생필품인 소금의 독점권을 허용하면서 결과적으로 가격을 천정부지로 올린 것이 주요한 원인이었다. 이로 인해 소금 밀매업을 하며 민중과 밀착해 있던 황소나 왕선지가 혁명의 주역으로 등장했던 것이다. 당나라는 부족한 국고를 채우려다 도리어 나라가 무너지는 결과를 맞았다. 하지만 당나라가 무너진 진정한 이유는, 근본적인 개혁이 필요한 시기에 그 집권자들이 스스로에게 칼을 들이댈 어떠한 능력도 의지도 없었다는 사실이다.

연표

755년	안녹산의 난으로 당 현종 피난
860년	구보의 난
868년	방훈의 난
874년	왕선지가 봉기를 일으키자 황소도 이에 동참
878년	왕선지가 전사하고 황소가 반란군 전체 수령이 됨
880년	황소, 낙양을 점령하고 이어 장안도 점령
883년	황소, 관군에게 패하여 낭호곡에서 자결

Mangi and Mangsoi, Manjeok's Revolt

고려 천민·노비의 반란

|

공경장상의 씨가 어디 따로 있겠는가?

망이·망소이의 난 1176년, 만적의 난 1198년

고려 무신 정권, 민란의 시대를 자초하다

무신 정권은 1170년부터 정확히 100년 동안 고려를 지배했다. 무신 정권에 대해, 문벌 위주의 고려 사회에서 '무를 숭상하는 정신'을 일으켰으며 몽골 침략기에 자주적인 태도로 대몽 항쟁을 이끌었다며 긍정적으로 평가하는 이들도 있다. 특히 박정희·전두환 정권 시절에는 그런 평가가 제법 많았다. 군인 출신인 집권자여서 그러한 평가를 선호했던 까닭도 있을 것이다.

하지만 지금은 무신 정권에 대해 비판적인 평가가 많으며 실제로도 그럴 수밖에 없다. 무신들이 권력 다툼에 몰두한 가운데 집권층은 부패했고 민생은 도탄에 빠졌다. 무신 정권은 그 어느 때보다 민란이 많이 일어났던 시대였다. 특히 억압받던 천민과 노비들이 앞 다투어 봉기를 일으켰다.

몽골이 침략해 왔을 때 최우 정권이 장기간 항쟁을 하지 않았냐고 항변도 하지만, 엄밀히 말하면 무신 정권은 제대로 된 대몽 항쟁을 한 적이 없다. 최우 정권은 개경을 지켜 끝까지 항전하자는 세력을 참수하고 강화도로 조정을 옮겼으며, 고려의 항복 이후에도 끝까지 항쟁한 것으로 알려져 있는 삼별초는 정작 몽골에 항복하기 전까지는 강화도에서 최씨 정권의 개인 호위병 노릇에 충실했다. 몽골과 처절하게 싸운 이들은 오히려 차별 받던 천민과 농민이었다. 처인성(용인)에서는 차별 받던 부곡민들이 전투의 주축이 되었고, 충주성 방어전에서는 노비들이 나서서 몽골군의 진격을 막아냈다. 그들이 피를 뿌리고 있을 때도 최씨 정권은 꼬박꼬박 세금을 거두어 강화도에서도 사치와 향락을 누렸다. 그들이 한 일은 '부처님의 힘으로 외적을 격퇴하고자' 팔만대장경을 제작한 것이 거의 전부다.

물론 무신 집권 이전 고려 정부가 구조적으로 무신을 차별하고 승진을 제약했으므로 무신들이 정변을 일으킨 것을 어느 정도 이해할 수는 있다. 그러나 문제는 집권한 무신들에게 국정 운영과 사회 개혁의 비전이 없었을 뿐 아니라 권력을 자신의 치부 수단으로 사유화해버렸다는 데 있다. 보현원의 쿠데타로 정권을 장악한 정중부·이의방·이고에서부터 그 뒤를 이은 경대승·이의민·최충헌에 이르기까지, 권력자들과 그 일가 및 측근들은 토지 겸병(다른 이의 토지를 제 것에 합침)으로 광대한 땅을 소유하고 불법적인 대농장을 경영했다.

무신 정권기의 청자 : 국보 61호 '청자비룡형주자'. 칼로 권력을 뺏고 빼앗기던 무신 정권기는 역설적으로 우리 청자 문화의 전성기이기도 했다.

원래 고려의 토지 제도는 전시과田柴科로, 이는 국가가 토지를 소유하고 관료들에게 일부 토지의 수조권(토지에서 세금을 거둘 수 있는 권리)을 주지만 그 권리의 세습은 허용치 않는 것이었다. 그러나 전시과는 건국 이래 조금씩 흔들려오다가 무신 집권기에 이르러 완전히 붕괴되었다. 무신들은 힘으로 문신이나 백성의 땅을 빼앗았고, 빼앗은 땅에서는 과도한 소작료를 거두어들였다. 정중부의 아들 정균이나 사위 송유인은 왕의 땅과 별궁을 빼앗아 호화로운 생활을 했고, 최충헌은 민가 1백 채를 허물고 둘레가 몇 리에 이르는 저택을 지어 떵떵거리고 살았다. 이런 집을 짓는 데 백성들을 동원한 것은 말할 것도 없다. 많은 민중들은 이런 가혹한 수탈을 당하다 못해 땅을 버리고 유민이 되었다. "살어리 살어리랏다. 청산靑山에 살어리랏다. 머루랑 다래랑 먹고 청산에 살어리랏다."는 청산별곡이 유행한 것도 이때다.

　무신 정권기는 힘이 정치를 대신했던 시대였으며 극심한 하극상으로 권력이 하루아침에 이리저리 뒤바뀐 시대였다. 많은 무신들이 낮은 신분이었거나 심지어 천민 출신이었음에도 불구하고 힘으로 권력의 자리에 올랐다. 이의민은 소금 장수 아버지와 절의 노비인 어머니에게서 태어나 그 자신도 관노였지만 후일 최고 권력자가 되었고, 시정 잡배였던 석린은 상장군이 되었으며, 생선 장수 출신인 이영진이 지금의 국방부 장관인 병부 상서 자리에 올랐다. 이 무신들은 성격이 포악하고 재물을 탐하여 민중의 원망을 샀지만, 어쨌든 그로 인해 신분이란 숙명처럼 정해진 것이 아니라 얼마든지 바꿀 수 있다는 생각이 사람들에게 퍼졌다. 이처럼 신분 질서를 거부하는 급진적인 의식이 퍼진 가운데, 지배층의 수탈에 대한 민중들의 불만이 높아진데다 중앙의 권력 다툼으로 지방에 대한 통제력이 약해지자, 농민들과 천민들이 과감히 봉기를 결행하게 되었다.

망이·망소이 형제, 차별에 맞서 일어서다

망이와 망소이 형제는 공주 명학소의 천민이었다. 당시 공주는 지금의 대전까지 포괄하는 큰 행정 체계로 여러 군현과 향·소·부곡을 포괄하고 있었다. 이 가운데 '소'는 금·은·석탄 등 광물을 생산하거나 수공업품을 제조하여 중앙 정부에 진상하는 곳인데, 특히 명학소에서는 숯과 철을 생산했다. 망이와 망소이는 농사를 지으면서 숯가마에서도 일하는 노동자였다.

그런데 향·소·부곡이란 무엇일까? 신분을 차별한 고려 시대에는 그 거주지도 따라서 구분을 했다. 군현이 양인들이 사는 곳이라면, 향·소·부곡은 전쟁 포로, 반역자의 가족, 외거 노비 그리고 한때 양인이었으나 토지를 잃고 유랑하다 들어온 이들이 모여 살았다. 조정에서는 미개척지를 개간하기 위해 이 천민들을 산간 오지에 집단으로 정착시키기도 했는데, 이런 지역에서는 아무래도 반정부적 정서가 강할 수밖에 없으므로 철저히 감시했다. 그래서 향·소·부곡 주민들은 비록 노비처럼 매매되지는 않았지만 함부로 다른 곳으로 이주할 수 없었고 결혼도 내부 주민들끼리만 허용되었다. 물론 과거 시험을 보아 관직에 나가는 것도 허용되지 않았다.

향·소·부곡이 천민들의 특수한 거주지라면, 군현에 비해 그 숫자가 적을 거라고 생각할 수 있다. 그러나 기록에 따르면 고려 시대 군현의 숫자가 500여 개인데 비해 향·소·부곡의 숫자는 900여 개에 이른다. 특히 경상도·전라도·충청도 일대에 그 숫자가 집중되어 있다. 이는 앞서도 말했듯이 집권층의 대토지 겸병과 수탈로 인해 자영 농민들의 다수가 유민으로 전락했고, 그들이 자꾸만 모여들다 보니 향·소·부곡의 인구가 늘어난 것으로 보아야 한다.

다시 말해 향·소·부곡은 애초부터 지배층에 대한 불만이 많은 곳이었는데, 늘 조정의 감시를 당하느라 그리고 강제 노동을 하면서도 제 몫을 받지 못한 까닭에 민중들의 반항심이 날이 갈수록 커져갔다. 거기에 무신 정권의 실정으로 인해 민중의 삶이 도탄에 빠지면서 폭발 일보 직전의 상황으로 치달았다. 명종 6년인 1176년 정월에 일어난 망이·망소이의 난은 그러한 맥락에 있었다.

그 전인 1174년에 북쪽에서 서경 유수 조위총이 정중부 정권 타도를 내걸고 반란을 일으켰는데, 반란이 길어지자 조정은 진압에 필요한 물자를 조달하기 위해 남쪽의 향·소·부곡에 생산 수량을 크게 늘릴 것을 명했다. 특히 무기와 직결되는 철을 생산하는 명학소에도 엄청난 목표량이 내려왔는데, 이를 조달하지 못하면 처벌한다는 엄포도 함께였다. 마을 사람들이 전전긍긍하고 있자 평소 떡 벌어진 몸에 배짱도 세어 사람들의 존경을 받던 망이가 나섰다.

"보시오! 평소에 차별이란 차별을 다 받고 사는 것도 억울한데, 우리가 이런 어이없는 명령까지 따라야 하는 것이오? 이럴 게 아니라 우리도 들고 일어나서 차별을 끝장내야 할 것 아니겠소?"

그러자 동생 망소이까지 주먹을 쳐들고 외쳤다.

"형님 말이 맞소! 정중부니 이의방이니 하는 자들도 일개 병졸로서 힘으로 권력을 잡았는데, 우리도 힘을 합치면 저들에게 맞서지 못할 게 뭐가 있겠소? 싸워서 이 지긋지긋한 천민 신분을 벗어납시다!"

"맞다! 우리도 싸우자!"

주민들이 다 같이 들고 일어나자 망이·망소이는 스스로 산행병마사라 칭한 후 봉기를 일으켰다. 향·소·부곡민들은 집단으로 거주했으므로 그들 사이의 조직력이 대단했다. 여기에 인근의 천민들과 군대에서 탈영한 병사들까지 결합하자 그 숫자가 대번에 1000여 명에 달했다. 이들은 순식간에 공주 관아를 점령하여 노비 문서를 불사르고 관리를 처단했다. 이어 충청도 예산과 경기도로 진격하여 일대를 휩쓸었다. 놀란 조정은 남적(남쪽 반란군)을 토벌하라면서 정황재를 대장군으로 하는 진압군을 파병했으나, 망이·망소이군에게 대패하고 병사만 3000명을 잃고 말았다. 무지렁이 천민이라고 멸시했던 이들에게 조정

고려 시대 노비 문서 : 충렬왕 7년인 1281년에 원오 국사가 작성한 문서로, 아버지 양택천에게서 물려받은 사노비를 수선사에 공노비로 증여한다는 내용이 담겼다.

은 큰코다친 것이다.

 조정은 북쪽의 조위총 반란 때문에 남쪽에 계속 병력을 투입할 수도 없었고, 군인들 사이에서는 "지금 곳곳에서 반란이 일어나는 까닭은 정중부와 이의방이 권력을 사사로이 전횡하기 때문이다. 반란을 진압하는 것보다 마땅히 이들의 죄부터 물어야 할 것이다."라는 격문이 돌기도 했다. 조정은 어쩔 수 없이 망이·망소이 세력과 타협할 길을 찾았다. 조정은 명학소를 충순현忠順縣으로 격상시켜 양민 대우를 해주기로 하고, 중앙에서 현령과 현위를 파견하여 주민들의 불만을 살피겠노라고 약속했다. 그리고 봉기한 민중들에겐 곡식을 주어 마을로 돌려보냈다. 민중들은 들고일어난 목적이 어느 정도 달성되었다고 생각하여 자진 해산했다.

망이 망소이의 재봉기와 짧은 천하

그러나 이것은 잠시 시간을 벌려는 조정의 계책이었다. 반란군이 해산하자 진압군은 반란 참가자들을 체포하기 위해 그들의 가족을 인질로 잡았다. 진압군의 토벌이 시작되자 1177년 2월에 망이와 망소이는 재봉기를 선포했다. 망이는 반란군을 다시 규합했고 열흘 만에 충주성을 함락했다.

"이제 어디를 칠 것인가?"

"형님, 가야사를 칩시다. 그곳 중들이 앞장서서 우리 동지들을 붙잡아 들인다 합니다."

반란군은 예산 가야사와 직산 홍경원을 습격했다. 불교를 숭상했던 고려 시대에 큰 절들은 대토지를 보유하고 승군僧軍까지 키우는 권력 기관이었다. 이 승군은 중앙의 진압군과 함께 민중 봉기를 탄압하는 역할도 했다. 망이·망소이는 홍경원에 불을 지르고, 반항하는 승군 100여 명을 죽여버렸다. 그들은 지주승만 살려 조정에 자신들의 뜻을 전하게 했다.

"우리 마을을 현으로 승격하고 수령도 보내준다고 하다가, 이제 와서 병사를 보내 토벌하고 가족까지 잡아 가두니 그 의도가 무엇인가? 차라리 칼에 맞아 죽을지언정 항복하지 않겠다. 반드시 개경을 함락할 테니 각오하라!"

망이·망소이군은 충청도를 거의 다 장악하고 경기도 여주까지 진출했다. 그러나 정중부 정권에게는 천만다행으로 마침 조위총의 반란이 진압되었고, 그 결과 반란을 진압하던 대규모 병력이 충청도에 투입되자 봉기군의 북진에 제동이 걸렸다. 세 방향으로 몰려드는 진압군 앞에 망이·망소이의 지원을 맡았던 손청이 먼저 패했고, 한쪽 날개를 잃은 반란군은 동요하다가 곧 망이·망소이까지 체포되고 말았다. 형

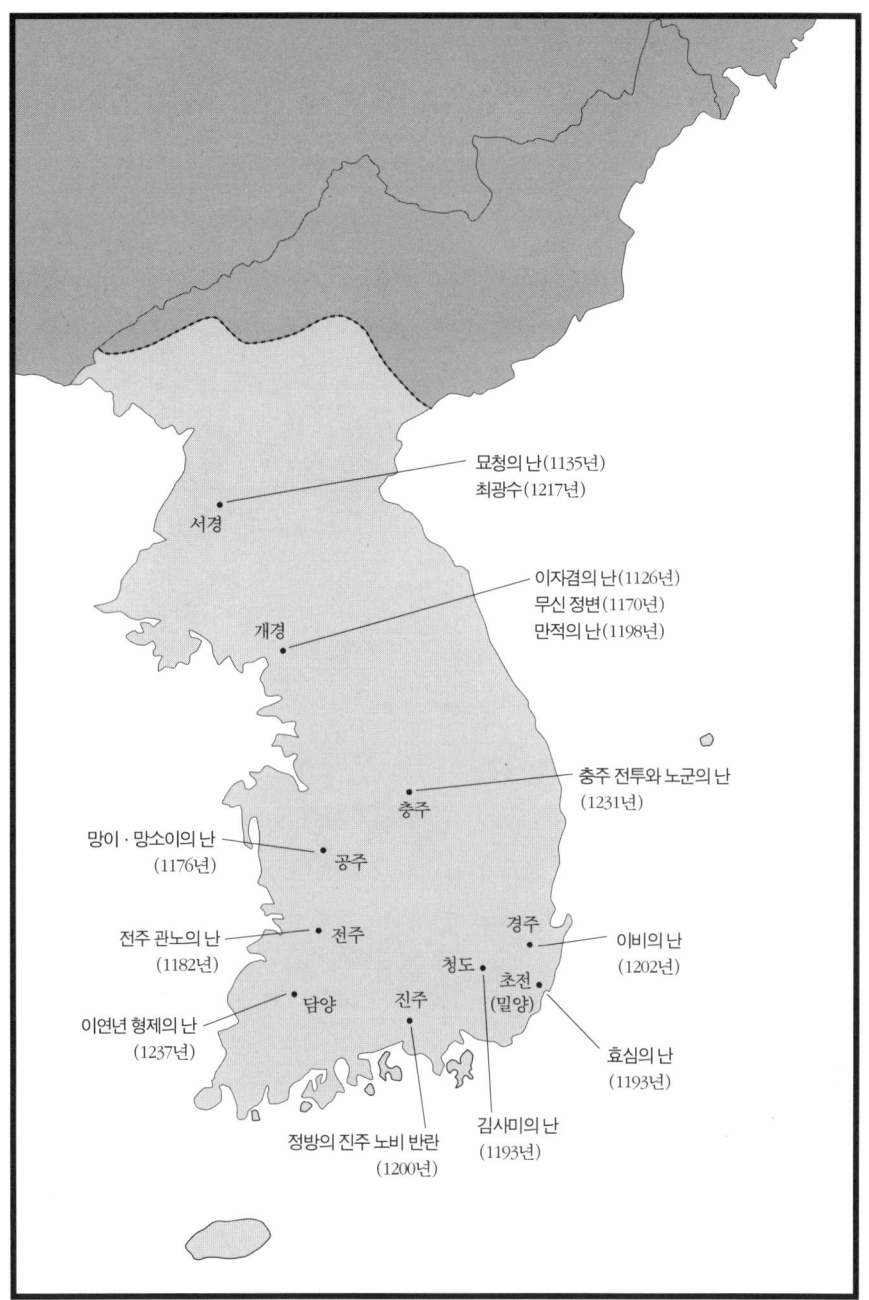

무인들이 고려의 중앙 정치를 장악했던 100년 동안 수탈로 인해 피폐해질대로 피폐해진 민중의 반란이 끊이지 않았다.

고려 무신 집권기 주요 민란

제는 청주의 감옥으로 호송되어 모진 고문을 당하다가 옥사했다. 조정은 충순현을 다시 명학소로 강등했다. 1년 6개월 동안 고려를 흔들었던 천민 집단의 봉기는 이로써 막을 내렸다.

이들의 봉기는 비록 실패로 끝났지만 조정이 향·소·부곡이라는 행정 체계를 점차 없애는 쪽으로 기울게 했고, 뒤로 이어진 수많은 민중 봉기의 신호탄이 되었다. 명종 23년(1193년)에는 경상도 운문(청도)과 초전(밀양)을 중심으로 김사미·효심의 반란이 일어나 1년 반 이상 관군을 괴롭혔고, 신종 2년(1199년)에는 명주(강릉)에서 반란을 일으킨 유랑민과 산적들이 삼척·울진까지 차지했다. 이들은 마침 경주에서 일어난 반란군과 연합하여 동쪽 일대를 호령했다. 최충헌 집권기에는 각지의 농민들과 천민들이 신라 부흥 운동, 백제 부흥 운동을 내세우며 봉기를 일으켰다. 이 가운데 두드러진 것이 만적의 난이었다.

"공경장상의 씨가 어디 따로 있겠는가?" 만적의 난은 우리나라 역사상 최초의 노비 반란이었으며, 단순한 신분 해방을 넘어 대담하게도 권력 장악을 목표로 했던 반란이었다.

만적은 '가득 쌓아 올리다萬積'라는 뜻의 이름과는 달리 실상 제 몸뚱어리조차 제 것이 아닌, 무신 통치자 최충헌 가문의 노비였다. 노비는 신분 질서의 최하층에 있었으며 사람이 아니라 물건이나 다름없었다. 노비는 주인의 뜻에 따라 상속·증여·매매될 수 있었고 그 가족이 뿔뿔이 다른 곳으로 팔려가도 어찌할 도리가 없었다. 주인이 죽을 만큼 힘든 일을 맡기거나 여자 노비의 경우 주인이 성노리개로 삼는다

해도 반항할 수 없었다. 주인이 노비를 마음대로 살해하는 것은 불법이었지만 그 외에는 어떤 형벌을 가해도 관에서 상관하지 않았다. 부모의 한 쪽만이라도 노비였으면 자식도 대대로 노비가 되었다. 무신 집권기 어느 세도가는 노비를 1000명이나 거느리기도 했다.

그러나 만적은 노비의 주어진 운명을 순순히 받아들이지 않았다. 그는 배짱도 있고 머리까지 총명하여, 최충헌의 집에서 성장하는 동안 어깨너머로 학문을 익히면서 세상 돌아가는 이치를 깨우쳤다. 그는 노비들의 비참한 처지는 숙명이 아니라 강요된 것이라 생각하게 되었고, 최충헌이 앞선 무신 통치자인 이의민 정권을 타도하고 권력을 차지하는 것을 보면서 고정된 신분 질서는 없다는 것도 배웠다. 그는 노비 해방도 불가능한 꿈만은 아니라고 확신했다.

신종 원년인 1198년 봄, 만적은 여러 노비들과 개경 북산에서 나무를 하고 있었다. 미조이, 연복, 순정, 성삼, 소삼, 효삼 등 늘 보던 다른 무신 집안의 노비들이었다. 만적은 주변에 듣는 이들이 없는 것을 확인하고 노비들을 불러 모았다.

"너희들, 너희 상전들이 어떻게 지금의 자리에 올랐는지 알아?"

어리둥절한 노비들에게 만적은 무신 권력자들이 사실상 낮은 신분이거나 심지어 천민 출신이라는 것을 설명해주었다. 노비들은 깜짝 놀랐다. 감히 얼굴도 제대로 볼 수 없는 상전들이 자기들과 별반 차이 없는 출신이었다니!

"무신들은 천민 출신으로 높은 벼슬을 거머쥐었어. 공경장상의 씨가 어디 따로 있겠냐? 기회만 잡으면 누구나 할 수 있는 거야. 어찌 우리들만 매질을 당하며 똥고생을 해야 하냐?"

노비들은 조금씩 만적에게 설득되었고, 개경의 공사公私 노비 가운데 그를 따르는 무리가 점점 늘었다. 노비들은 누구나 인간 이하의 삶을 벗어나고 싶어 했고, 무신 집권기의 신분 질서 동요는 이들에게 용기를 주었다. 거기다 하나 더하자면, 무신들 간에 권력 다툼이 빈번히 일어나면서 노비들은 언제든지 주인의 사병私兵으로 전투에 동원될 가능성이 있어 실제로 생존의 위협을 느끼고 있었던 것이다.

이윽고 만적은 구체적인 봉기 계획을 제시했다.

"누런 종이에 '정丁'자를 적어 수천 명이 머리에 두르고, 흥국사에 모였다가 샛길을 통해 궁궐로 들어가자. 우리가 북을 두드리고 소리를 치면 궐내에서 환관들과 궁노들이 호응할 것이니, 먼저 최충헌 무리를 베어버린 후 각자 자기 주인을 죽이고 노비 문서를 불태우는 거야. 나라의 노비를 다 해방시키면 공경장상이 다 우리의 차지다."

'丁'은 양인 남자를 뜻하는 것이므로, 이 한 글자는 그간 그들의 설움을 상징했다. 만적의 말로 미뤄보아 봉기에 참가하기로 한 규모는 매우 컸다. 당시 개경 인구가 약 50만 명이었고 노비는 1만 명 정도였다고 한다. 수천 명이 모인다면 한번 해볼 만한 싸움이었다.

그러나 거사를 약속한 날, 모인 사람 수는 200명 정도에 불과했다. 역사는 이런 순간에 머뭇거리면 처참한 결과를 낳는다는 것을 보여주지만, 만적은 안타깝게도 거사를 연기하기로 하고 입단속을 철저히 할 것만 주문했다. 그러나 그 자리에 있던 노비 순정은 이미 겁을 집어먹었다.

'큰일 났다. 이제 거사는 실패한 것이나 다름없다. 그럼 누군가가 반드시 밀고할 테니, 우물쭈물하다가는 나도 죽음을 면치 못하리라.'

순정은 그 길로 주인인 율학박사 한충유에게 달려가 거사 계획을 고발하고 말았다. 한충유는 즉각 최충헌에게 알렸고, 최충헌은 긴급히 움직여 만적을 비롯한 노비 백여 명을 체포했다. 주동자만 체포했는데도 이 정도였다는 데에 최충헌은 몸에 소름이 좍 돋았다. 최충헌은 만적과 그의 무리를 한 명씩 포대에 넣어 예성강에 던졌다. 신분 차별 없는 세상의 꿈은 그렇게 푸른 강물 아래로 가라앉았다. 노비들이 '왕과 제후와 장군과 재상'을 꿈꾼 대가는 참혹했다.

만적을 삼킨 푸른 강물은 오늘도 쉬지 않고 흐른다. 비록 그들은 고기밥이 되고 말았지만 역사는 신분 차별 없는 세상을 향해 조금씩 나아갔다. 강물 아래 잠긴 만적의 넋은 그것으로 약간의 위안을 받았을까?

연표	
918년	왕건, 고려 건국
1170년	무신 세력, 보현원의 난 일으켜 집권
1174년	서경 유수 조위총, 정중부에 반대해 난을 일으킴
1176년	망이 망소이 형제의 주도로 공주 명학소의 천민 봉기 무신 정부와의 타협으로 해산
1177년	정부가 약속을 어기자 망이 망소이 2차 봉기 시작. 관군에게 패배
1193년	경상도 청도와 밀양에서 김사미, 효심 반란
1198년	만적의 주도로 개경 노비들이 반란을 시도했으나 사전에 발각되어 수장됨
1199년	강릉, 삼척에서 유민들의 반란

Jacquerie, Ciompi, Wat Tyler's Rebellion

중세 유럽의 반란

|

근대로 가는 다리를 놓다

자크리의 난 1358년, 치옴피의 난 1378년, 와트 타일러의 난 1381년

중세의 전성기가 끝나고 위기가 오다   현대인이 12세기를 전후한 시기에 서유럽을 돌아봤다면 무척 놀랐을 것이다. 흔히 '암흑시대'라고 상상해온 중세의 이미지와는 달리 사회 전반적으로 활기가 넘치고 있었기 때문이다.

우선 농업 기술이 혁신되었다. 얼마 전까지만 해도 농기구는 대부분 목제여서 땅을 깊이 파기 어려웠고 그래서 사람들은 손을 쟁기 삼아 흙을 파헤쳐야 했다. 그러나 이제 농부들은 철제 쟁기로 밭을 갈았다. 물레방아와 손수레도 도입되었고, 삼포제(토지를 세 부분으로 나누어, 한

죽음의 춤 : 기근과 백년 전쟁에 이어 흑사병이 창궐해 유럽 인 3분의 1이 죽었다. 죽음의 춤은 당시 교회 벽보나 목판화에 빈번하게 등장했다. 그림에서처럼 죽음은 고귀한 자와 비천한 자, 젊은이와 늙은이를 구분하지 않는다.

부분은 휴경지로 두어 지력을 회복하는 농법)도 이즈음부터 실시되었다.

기술이 발전하면서 미개간지가 줄고 생산량은 백 년 사이 두 배로 늘어났다. 농민들은 굶주림에서 벗어났으며 치즈나 고기도 부족하지 않았다. 남는 식량을 다른 물자와 교환하려는 욕구가 생기면서 시장이 발달했으며, 시장의 발달은 인구의 집중을 낳았고 이는 도시의 발전으로 이어졌다. 12세기 유럽에는 도시 100여 곳이 번성하고 있었다. 바야흐로 '도시 혁명'이라고 부르는 변화가 시작되었다.

도시가 발달하면서 상업과 무역은 더 대규모로, 더 먼 거리까지 확장되었다. 피렌체, 밀라노, 베네치아, 베로나 등 이탈리아 북부의 자치 도시들이 이 변화를 이끌었다. 이 자치 도시들은 시민들이 주도하는 공화국이었다. 정도의 차이는 있었지만 도시는 봉건 영주들의 지배로부터 어느 정도 자유로웠다. 도시민들은 영주에게 많은 세금을 내는 대신 자치권을 획득했기 때문이다. 지식의 수요가 늘어남에 따라 과거 수도원이 담당했던 교육을 넘겨받아 대학이 성장했다. 프랑스에서 가장 역사가 오래된 파리대학교의 경우 13세기에 이미 학생 수가 매년 7천 명에 이르렀고 영국을 대표하는 옥스퍼드대학교에도 연 2천 명이 상주했다.

이러한 발전은 이 시기 유럽에 거대 제국이 없었기 때문에 가능했다. 봉건 영주의 힘은 장원을 넘지 못했고 왕권도 미약했다. 아래로부터 올라오는 혁신을 짓누를 거대한 권력은 존재하지 않았다. 이 시기에 중세는 전성기를 맞았다.

그러나 14세기가 되자 위기가 닥쳤다. 이 시대의 그림들 속에서는 백골의 얼굴을 한 저승사자와 광기에 휩싸여 '죽음의 춤'을 추는 사람들이 많이 나타난다. 축제의 시대가 죽음의 시대로 바뀐 것이다. '암흑

시대' 하면 떠오르는 기아, 질병, 전쟁, 학살 등이 종합 선물 세트로 들이닥쳤다. 어째서 갑자기 이런 일이 벌어진 것일까?

아래로부터 생산력이 발전하면, 어느 시점에서는 그런 발전에 어울리는 사회 제도가 갖춰져야 한다. 그러나 중세의 봉건적 권력자들은 대체로 그런 발전을 이해하거나 촉진하기는커녕 발전의 열매만을 따 먹으려고 했다. 민중들이 생산한 부는 적재적소에 투입되지 못하고 봉건 영주들의 사치와 탐욕, 정복욕을 충족시키는 데에 쓰일 뿐이었다. 이처럼 사회의 부가 올바로 사용되지 못하는 상황에서, 인구가 계속 늘고 더 이상 개간할 땅이 없자 기근과 경제 위기가 찾아왔다.

14세기 초, 기근에 홍수까지 겹치면서 농촌이 폐허가 되자 사람들은 도시로 몰려들어 도시는 숨 쉴 틈도 없이 비좁아졌다. 제대로 된 위생 시설이 없었으니 누구나 오물을 길거리에 버렸고 소, 말, 돼지의 똥오줌까지 더해지니 악취가 진동했다. 전염병이 돌기 딱 좋은 환경이었다. 아니나 다를까, 1347년 역사상 최악의 재난인 흑사병이 발생했다. 소아시아에서 배를 타고 건너온 검은 쥐가 이탈리아에서부터 페스트를 퍼뜨렸고, 이 병은 단 4년 만에 유럽 인구 절반의 목숨을 앗아갔다. 쥐벼룩이 전염시키는 선腺페스트의 경우 그래도 다섯 가운데 한 명 정도는 살아날 확률이 있었지만, 호흡기로 전염되는 폐肺페스트는 치사율이 100퍼센트였다. 베네치아에서는 발병 후 하루에 5백 명씩 죽어나갔고, 툴루즈에서는 1335년에 3만 명이던 인구가 백 년 뒤 8천 명으로 줄었다.

설상가상으로 전란까지 겹쳤다. 영국(이 책 7~10장에서 영국이라 함은 잉글랜드England를 의미한다. 오늘날 영국은 잉글랜드, 스코틀랜드, 웨일즈, 북아일랜드를 합친 연합 왕국United Kingdom을 의미한다.)과 프랑스 사이

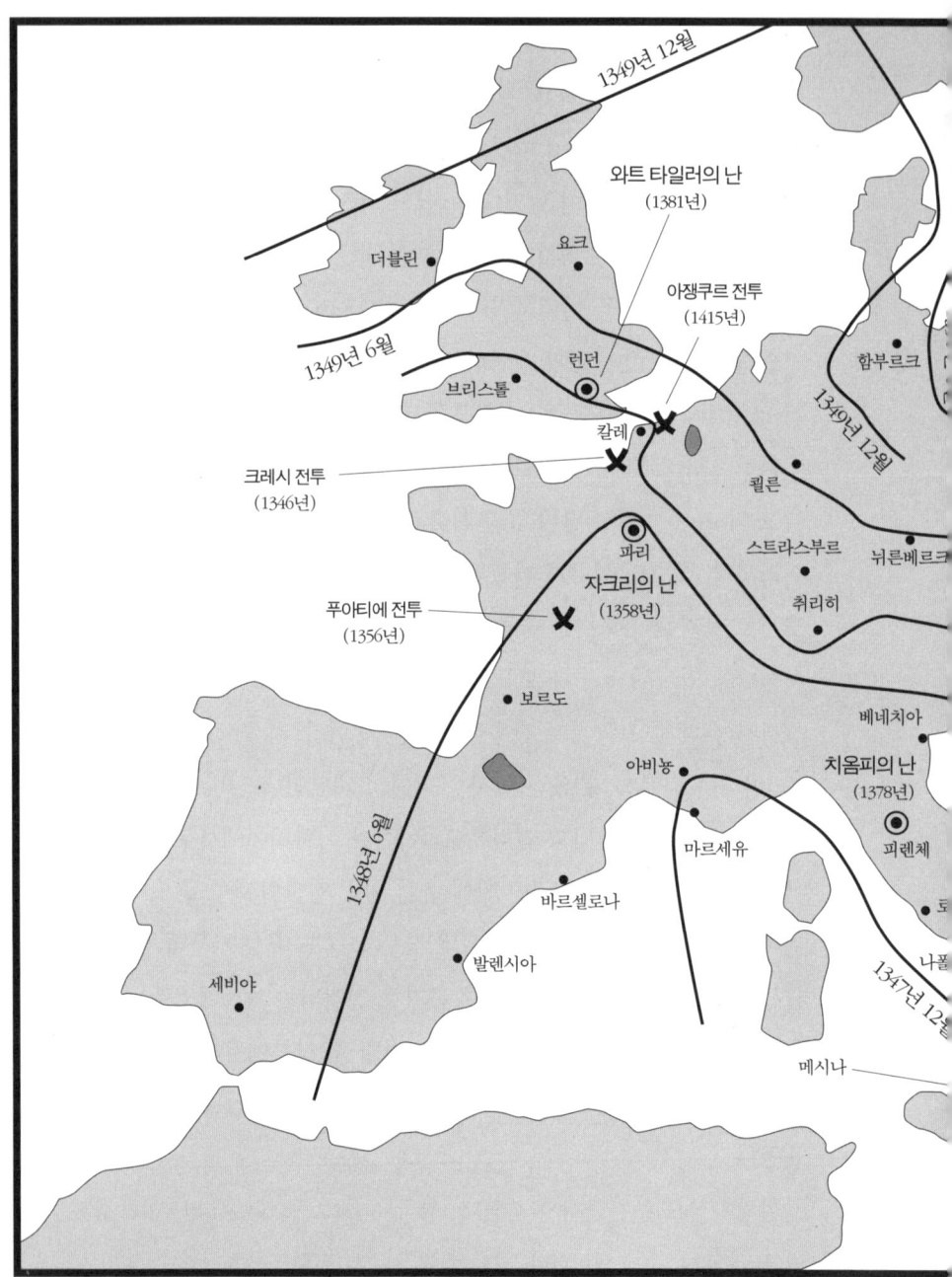

타타르군의 공격을 피해 흑해 연안의 도시 카파에서 탈출한 제노바 상인들이 1347년 이탈리아에 흑사병을 옮긴 이래로, 흑사병은 불패의 군대처럼 진군하여 단 2년 만에 전 유럽을 쓸어버렸다. 극심한 노동력 부족 사태에 처한 봉건 귀족들은 자신들의 봉건적 권리를 강화하고 임금 수준을 흑사병

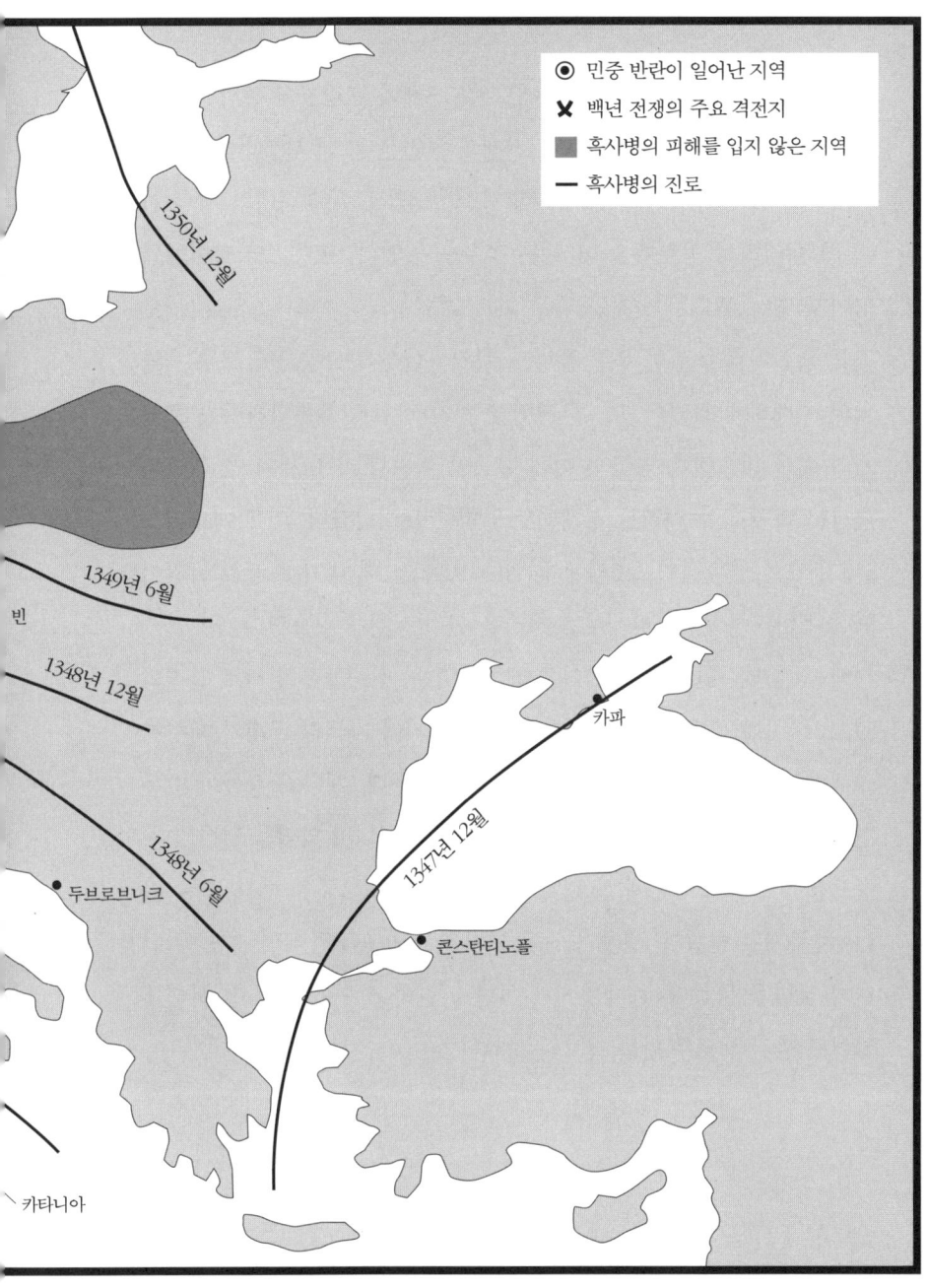

이전으로 되돌리는 법령을 포고했다. 그 결과 흑사병이 도래한 지 30년 만에 격렬한 농민 반란이 유럽을 휩쓸었다. 흑사병은 중세 유럽의 근간을 이루던 사회 체계를 해체하는 데 일조한 것이다.

중세 흑사병 전염 과정과 주요 반란

의 백년 전쟁은 겉으로 영국 왕 에드워드 3세가 프랑스의 왕위 계승권까지 요구하여 일어난 것이지만, 전쟁의 원인은 좀 더 복합적이었다.

지금의 국가 개념과는 많이 다르지만 그 당시는 한 나라의 영토 안에 다른 나라의 영토가 들어 있는 경우도 있었다. 프랑스의 알짜배기 땅이자 명품 포도주 산지인 남부 가스코뉴는 영국 왕의 소유였고, 모직물 생산지로 유명한 북부 플랑드르도 사실상 양모를 공급해주는 영국의 지배하에 있었다. 이 두 지역을 자기 영토로 재통합하려는 프랑스와 이를 막으려는 영국 사이에 갈등이 커져갔고, 14세기 초 기근과 흉작이 닥치자 두 나라는 경제적인 압박에도 시달렸다. 이에 에드워드 3세가 프랑스의 필리프 6세에게 "혈통으로 볼 때 내가 프랑스 국왕이 되어야 마땅하다."는 핑계로 도전장을 던져 전쟁을 일으켰다.

백년 전쟁은 민중에게 또 다른 재앙이었다. 민중들은 병사로 징집되었고, 군비에 필요한 세금을 내야 했다. 급기야 자국의 군대가 패하면 그때마다 상대국에게 배상금까지 지불해야 했다. 게다가 왕들이 고용한 용병들은 전투가 없을 때에는 마을을 돌아다니며 약탈을 일삼았다. 풍요롭던 프랑스 땅은 수십 킬로미터를 걸어가도 '개 한 마리 볼 수 없는' 황무지로 변했다. 생존의 위기에 내몰린 민중들은 어쩔 수 없이 반란의 깃발을 들었다. 14세기에 일어난 반란의 횟수는 그 이전 시대에 일어난 반란을 모두 합한 것보다 많았다.

'촌놈들', 영주의 성을 불태우다

14세기 프랑스의 인구는 영국의 약 세 배나 되는 1500만 명으로 유럽에서 가장 많았다. 그러나 인구가 많고 생산성이 높은 지역일수록 봉건 영주들도 기를 쓰고 수탈에 열을 올렸다. 농민들은 영주들이 부과한 각종 세금과 부역 때문에 허리가 휠 지경이었다. 여기에 백년 전쟁으로 나라가 초토화되면서 농민들의 원망은 하늘을 찔렀다. 이런 농민들을 귀족들은 경멸조로 '자크리Jacquerie'라고 불렀는데, 가장 흔한 이름인 자크를 빗댄 말로 촌놈들이란 뜻이었다.

14세기 초 농업 위기에 따라 도시 경제도 같이 어려워졌는데, 도시의 상인과 수공업자들을 괴롭힌 또 다른 문제는 왕이 툭하면 화폐 가치를 절하하여 잇속을 챙기는 것이었다. 필리프 6세는 주화에서 귀금속을 덜어내고 흔한 금속을 섞는 방식으로 1337년부터 1350년 사이에 24회나 화폐 가치를 떨어뜨렸고, 이는 물가 인상과 세금 부담으로 이어졌다.

백성을 괴롭히는 데 능한 왕이 대외적으로는 무능한 경우가 많다. 백년 전쟁 초기 프랑스군은 영국군에게 연전연패했다. 저쪽에서는 사정거리가 200미터가 넘는 장궁을 쏘아대는데 이쪽에서는 수백 년간 하던 대로 중무장한 기사가 함성을 지르며 돌격하니 승부는 불 보듯 뻔했다. 1346년의 크레시 전투에서는 영국군 전사자가 100명인데 프랑스군 전사자가 3000명이나 되는 기막힌 결과가 나왔으며, 1356년의 푸아티에 전투에서는 영국군이 우왕좌왕하는 프랑스군을 격파하고 장 2세를 포로로 붙잡았다. 영국군은 프랑스에 왕의 몸값과 전쟁 배상금으로 금화 300만 크라운을 요구했다. 1358년, 포로로 잡힌 아버지를 대신한 왕세자(후일의 샤를 5세)는 대패해서 돌아온 주제에 배상금을 마련한답시고 민중들에게 세금을 부과했다.

"지고 돌아온 주제에 세금이라니! 우선 삼부회를 열어 국민의 불만

크레시 전투 : 사자 문장의 영국군과 백합 문장의 프랑스군이 얽혀 싸우고 있다. 하지만 실제로는 영국의 장궁대가 프랑스의 중기병을 궤멸시켜 일거에 승패를 결정지었다.

부터 들으시오. 지금 이대로는 세금을 못 내겠소이다!"

파리의 상인조합장 에티엔 마르셀이 이렇게 일갈하자 파리 시민들도 들고일어났다. 시민들은 무능한 왕실과 귀족들을 비난하면서 세금을 내릴 것, 화폐 가치의 절하를 금할 것, 삼부회를 정기적으로 소집할

에티엔 마르셀의 동상 : 1438년 파리에서 에티엔 마르셀이 삼부회 소집을 요구하며 봉기를 일으켰고, 그 여파로 농촌에서도 자크리 반란이 폭발했다.

것 등을 요구했다. 삼부회란 귀족, 성직자, 평민 등 세 신분의 협의 기구로 사실상 왕의 명령을 통과시키기 위한 형식적인 기구에 불과했지만, 왕권이 실추된 지금은 효과적인 견제 장치가 될 수도 있었다. 그러나 왕세자는 이 요구를 무시했고, 흥분한 시민들은 왕세자의 고문관을 붙잡아 처형했다. 놀란 왕세자가 파리를 탈출하자 도시는 시민들의 손에 넘어갔다.

울화가 치민 왕세자는 파리 시민을 진압하기 위해 군사를 모았다. 왕명으로 농민들을 무제한 징발할 권리를 가진 기사들이 곳곳으로 파견되었다. 5월 28일, 파리 북쪽으로 약 70킬로미터 떨어진 보베 시에서 왕의 기사들이 농민들을 광장에 모아놓고 세금 납부와 징집에 응하라는 왕명을 거만하게 읽었다. 그러나 자크리들은 이미 기사들이 생각하는 과거의 그 '촌놈'들이 아니었다.

"여보쇼, 왕도 못 지킨 당신네 귀족들이나 세금을 내쇼!"
"파리 사람들이 옳은 말을 했는데 왜 그들을 괴롭히려는 거요?"

어느덧 분위기가 험악해지더니 곳곳에서 "귀족을 죽이자!"는 고함 소리가 터져 나왔다. 농민들은 기사들을 내쫓고, 퇴역 군인인 기욤 칼을 지도자로 세운 다음 무리를 지어 행동하기 시작했다. 그들은 수도원으로 몰려갔다. 글을 읽고 쓸 줄 아는 이들은 보통 성직자들뿐이었으므로 토지나 농노에 관련된 문서는 수도원에 있었기 때문이다. 성난 농민들은 이 문서를 찢어버리고, 영주의 성으로 몰려가 귀족을 만나는 족족 죽였으며 저택에는 불을 질렀다. 반란은 프랑스 북부의 노르망디와 일드프랑스 지방으로 확산되었고 약 한 달 동안 계속되었다. 귀족들은 농민들의 과격한 행동에 경악했다.

그러나 농민들의 반란을 지지한 이들은 오직 파리 시민들뿐이었다. 대부분의 도시 상인 계급과 수공업자들은 반란에 겁을 먹고 농민들을 외면했다. 농민들은 왕의 세금과 귀족의 수탈에 반대하며 일단 봉기하긴 했으나, 이어서 무엇을 해야 할지 몰랐고 정리된 정치 강령도 없었다. 농민들이 파리로 직행하지 않고 여기저기 돌아다니는 동안, 용병을 모으는 데 성공한 왕세자가 먼저 파리를 포위했다. 에티엔 마르셀은 상황이 여의치 않자 영국군과 동맹을 맺으려고 했다. 그러나 백년전쟁을 치르고 있는 와중이라 그의 행동은 보수적인 다른 상인들의 미움을 샀다. 결국 불만을 품은 이에게 마르셀은 암살당하고 말았다.

왕세자의 용병들은 파리를 진압하고 나자 농민군을 공격했고, 지도자 기욤 칼을 거짓말로 협상장에 유인해 살해했다. 제대로 된 무기도 없이 농기구나 몽둥이를 들고 싸우던 농민들은 6월 말 클레르몽에서 대패했다. '촌놈들'에게 호되게 당한 것이 분해서였는지 귀족들의 반격은 가차 없었다. 2만 명의 농민이 물에 빠져 죽고, 불에 타 죽고, 몽둥이에 맞아 죽었다.

피렌체를 장악한 양모 노동자들

14세기 초 이탈리아의 피렌체는 '유럽의 보석'으로 불렸다. 인구가 10만 명, 성당이 110곳, 병원이 30곳, 은행이 40곳이나 되었으며, 왕이나 봉건 영주의 지배를 받지 않고 시민들이 추첨과 선거로 정부 수반을 뽑았다. 피렌체는 금융업 및 모직 산업에서 '세계화'를 주도했는데, 도시의 유력 가문인 바르디가는 지중해 일대에 은행 지점 24곳을 두고 주재원만 350여 명을 파견했다. 1340년대에 피렌체 주민 가운데 40퍼센트가 글을 읽을 줄 알았는데, 이는 유럽은 물론 세계 최고 수준이었다.

그러나 14세기의 위기는 피렌체도 피해 가지 않았다. 기근과 흑사병으로 많은 사람이 죽었고, 주요 거래국이던 영국과 프랑스가 끝없이 전쟁을 벌이자 그 여파로 경제가 어려워졌고 계급 갈등도 커졌다. 사회 불안으로 인해 다른 자치 도시들은 공화제를 버리고 독재적인 지도자를 세워 군주정이나 다름없는 체제로 변해갔다. 피렌체는 공화제를 포기하진 않았으나, 기득권을 잃지 않으려는 부자들에 의해 자꾸만 폐쇄적으로 되어갔다.

피렌체의 권력은 상인 및 수공업자 조합들에 있었다. 이 조합을 '아르테'라고 하는데, 그중 대大아르테에는 법률, 은행, 의약, 모직, 견직, 모피 등 7개 업종이, 소小아르테에는 푸줏간, 목공, 석공, 제혁, 주점, 빵집, 재단사 등 14개 업종이 속해 있었다. 조합원의 숫자는 소아르테가 훨씬 많았으나 대아르테에는 대상인과 부자들이 많았다. 대아르테와 소아르테의 조합원들이 시의 최고 결정 기구인 인민평의회를 구성했는데, 부자들은 대아르테가 평의회의 과반수를 차지하도록 제도화해버렸다. 추첨으로 정부 수반을 뽑았으므로 이론적으로는 빵집 주인이나 푸줏간 주인도 도시의 대표가 될 수 있었지만, 추첨에 입후보할 자격을 심사하는 심사위원회는 과반수가 대아르테 소속 시민들이었다. 이러니 피렌체는 외피만 자치 공화국일 뿐 실제로는 소수 부자들이 움직이는 셈이었다.

후일 피렌체의 권력자가 되어 예술 후원으로 유명해진 메디치가는 아직 신흥 상인 가문에 불과했다. 1378년 5월에 정부 수반에 뽑힌 살베스트로 데 메디치는 소상공인 및 빈민과 연합해서 대상인들의 권력을 견제하려고 했다. 여기까지는 지배층 사이의 정치 갈등에 불과했는데, 어느 순간부터 메디치 연합의 일부였던 하층 노동자들이 직접 행동에 나서기 시작했다. 그들은 모직물 산업에서 가장 힘든 작업인 헝클어진 양털을 빗기는 노동자들로 '치옴피'라고 불렸다. 이 치옴피들이 파업과 시위를 벌였고, 그들의 대표인 미켈레 디 란도는 노동자들에게 이렇게 말했다.

"여러분, 어째서 가장 힘든 일을 하는 우리에겐 아르테를 만들 권리가 없는 것입니까? 평의회에 가서 노동자들의 조합도 인정하라고 합시다! 우리도 참정권을 달라고 합시다!"

"옳다! 대아르테 조합장들에게 가서 말하자!"

수가 많은 치옴피들이 움직이자 평소 대아르테에 불만이 많은 소상공인들도 대열에 가담했다. 그들은 인민평의회 건물에 가서 시위를 벌이고 대아르테 간부들의 저택을 습격해 요구를 외쳤다. 메디치는 이 소요를 자신의 이익을 위해 이용할 수 있을 거라고 여겨 그들을 지지했다. 인민평의회는 대아르테와 소아르테 사이의 차별을 완화하는 몇몇 조치들을 발표했다. 그러나 치옴피들은 그 정도로는 성이 차지가 않았다.

7월이 되자 1만여 치옴피들이 본격적인 무장 봉기에 나섰다. 관공시와 대아르테 사무소가 불에 탔고 도시는 완전히 마비되었다. 치옴피들은 대성당 앞 광장에서 집회를 열고 혁명 정부를 선포했으며 미켈레 디 란도를 종신직 정부 수반으로 선출했다. 부자들의 통치를 거부하고 스스로 피렌체의 주인임을 선언한 것이다. 노동자 아르테가 결성되었고 참정권도 보장되었다. 그동안 하층민에게 부당하게 부과되었던 각종 세금이 사라졌고 터무니없이 낮던 임금도 인상되었다.

약 6주 동안 치옴피가 피렌체를 이끌었다. 그러나 연합 정부를 세운 소상공인들은 치옴피들이 급진적인 개혁에 나설수록 불안해 했고, 치옴피와 소상공인 사이의 분열이 커져갔다. 안타깝게도 미켈레 디 란도에게는 이러한 분열을 막을 지도력이 없었다. 혁명 정부가 급진파와 온건파로 분열되자 부자들이 때를 놓치지 않고 반격해왔다. 피렌체에는 상비군이 없었기 때문에 부자들은 외국인 용병들을 고용하고 플랑드르에서 저임금 노동자를 데려와 작업장에 투입했다.

결국 부자들의 사주를 받은 온건파는 치옴피 조합에 해산 명령을 내렸다. 치옴피들이 이에 저항하자 용병들이 기다렸다는 듯이 공격에 나섰다. 용병들은 집집마다 뒤져 과격파들을 색출했고 권력을 다시 빼앗은 부자들은 이들 중 160명을 처형했다. 메디치와 미켈레 디 란도는 국외 추방형을 언도 받았다. 몇 달 동안의 개혁은 몽땅 뒤집어졌고 다시 대아르테가 인민평의회와 각종 위원회를 지배했다. 치옴피 봉기는 이처럼 허무하게 막을 내리긴 했지만, '최초의 노동자 반란'이라고 부를 수 있는 사건이었다.

아담이 밭 갈고 이브가 베 짤 때 누가 귀족이었나

14세기 후반, 영국에서는 상황이 다소 달랐다. 흑사병은 엄청난 재앙이었지만 살아남은 사람들에겐 삶을 개선할 기회를 주기도 했다. 영국은 농노제에서 임금 노동제로 변동하고 있었는데, 흑사병으로 인구가 절반 가까이 줄자 노동력이 귀해져서 임금이 오르기 시작했다. 14세기 말까지 임금은 거의 두 배로 뛰었다.

영주들의 요청으로 국왕은 1351년에 노동자규제법을 선포했다. 그 골자는 노동 연령에 이른 남녀의 이동을 금하고 흑사병 발생 이전 수준으로 임금을 동결하는 것이었다. 그러나 사람은 무언가를 얻고자 할 때보다 가진 것을 빼앗기지 않으려 할 때 더 격렬히 싸우는 법이다. 결국 노동자규제법은 농민들의 저항으로 유명무실해지고 말았다. 그 후 약 30년 동안 농민들의 생활 조건은 많이 개선되었다.

1377년, 에드워드 3세의 뒤를 이어 열 살의 나이로 리처드 2세가 즉위하자 왕의 숙부인 랭커스터 공작 곤트의 존이 섭정을 했다. 곤트의 존은 백년 전쟁으로 파탄 난 국고를 채우기 위해 인두세를 부과했는

와트 타일러의 난 : 소년왕 리처드 2세는 와트 타일러가 두려워 배를 타고 그를 만났다. 그는 반군의 요구를 일단 수락했으나 다음날 기습으로 와트 타일러를 죽이는 데 성공한다.

데, 인두세는 부자나 가난한 사람이나 똑같이 부과하는 세금이므로 가난한 사람에게 무척 불평등했다. 1380년에는 15세 이상 모두에게 1실링씩이 부과되었는데 이는 농민들의 사흘 치 임금이었다. 분노한 농민들은 납세 거부 운동을 펼쳤다.

1381년 5월, 왕은 납세 실적이 낮은 지방에 세금 징수원을 파견했다. 켄트 지방에서 농민들은 미장공 출신인 와트 타일러를 중심으로 세금 징수원과 충돌했다. 농민들은 세금 징수원을 죽이고 영주의 성과 수도원을 습격했다. 소식을 들은 에식스, 이스트앵글리아 지방의 농민들도 봉기하여 무리의 숫자가 커졌다. 농민들은 캔터베리 성당으로 들어가 구금되어 있던 롤라드 성직자 존 볼을 구출해냈다.

롤라드란 떠돌이 성직자를 가리키는 말인데, 이들은 부패한 교회에 맞섰던 성직자 존 위클리프를 따르는 무리들이었다. 당시 성직자의 수는 영국 인구의 2퍼센트에 불과한데도 토지의 3분의 1을 차지했고, 많은 성직자가 돈을 받고 성직을 팔거나 신자의 죄를 사면해주는 등 심하게 타락해 있었다. 위클리프는 이런 타락한 교회의 땅은 국가가 몰수하여 농민들에게 나눠줘야 한다고 주장하여 교회를 놀라게 한 반면 민중의 인기를 얻었다. 위클리프가 죽은 후 롤라드들은 마을을 떠돌며 과격한 설교를 했으므로 보수적인 성직자들의 미움을 받았다.

"아담이 밭 갈고 하와가 베 짤 때 누가 귀족이었고 누가 농노였습니까? 귀족을 타도하는 것이 하느님의 뜻입니다!"

존 볼이 이렇게 설교하자 농민군은 한층 고무되었다. 그들은 몇 주 사이에 잉글랜드의 절반 이상을 석권했고, 가는 곳마다 장원을 해체하고 농노 문서를 불살랐다. 농민군의 숫자는 점점 늘어 어느새 10만 명에 이르렀는데, 백년 전쟁 중이라 이들을 막을 군대는 프랑스에 가고 없었다. 정부는 아무런 대책이 없었다.

6월 13일, 런던 근교 마일엔드에 당도한 와트 타일러는 리처드 2세에게 면담을 요구했다. 소년왕이 겁을 집어먹어 면담을 미루는 사이 농민군은 감옥을 부숴 세금을 안 냈다고 구금된 사람들을 풀어줬다. 농민군이 런던브리지를 지나 런던에 입성하자 빈민들이 환영하며 몰려들었다. 그들은 법원에 쳐들어가 재판 기록을 없앴는데, 당시 빈민들은 구걸을 하다 여러 번 체포된 경력이 있으면 매질을 당하거나 사형에 처해지기도 했기 때문이다. 농민군은 섭정인 존 공작의 궁으로 몰려가 불을 질렀는데, 창고의 화약이 폭발하면서 지하실이 무너져 내려 마침 거기서 포도주를 훔쳐 마시고 있던 빈민 서른 명이 깔려 죽기도 했다.

6월 14일에 왕은 런던 시장과 몇몇 귀족을 데리고 회담장에 나왔다. 우락부락한 와트 타일러와 반군의 기세에 눌려 어린 왕의 얼굴은 하얗게 질렸다.

"너희의 요구가 무엇인가?"

"농노 신분에서 풀려나는 것입니다, 전하! 또한 인두세를 폐지해주시길 청하나이다. 또 전하를 나쁜 길로 이끄는 대주교와 간신배 귀족들을 처단하시고, 사후에라도 우리가 처벌 받지 않도록 보장해주십시오!"

왕은 와트 타일러의 요구를 들어주겠다고 했다. 와트 타일러가 대헌장 같은 문서를 만들어 달라고 청하자 왕은 그것도 허락했다. 왕이 돌아간 후, 그 정도로 부족하다고 생각한 농민군들은 직접 간신배를 처단하기로 하고 런던탑을 공격했다. 그들은 도개교를 끌어내리고 들어가 캔터베리 대주교와 재무부 장관을 붙잡아 참수했다. 다음날 와트 타일러는 왕과의 면담을 재차 요구하여, 영주의 폐지, 대주교를 제외한 모든 주교의 폐지, 교회 토지의 몰수와 농민에게 재분배 등 더 과격한 요구를 전했다. 왕이 이번에도 그러겠다고 대답하여 와트 타일러가 경계를 풀자, 런던 시장은 호위병들을 동원해 그를 기습적으로 체포했다. 와트 타일러가 외마디 비명을 지르기도 전에 호위병들의 칼이 그를 난자했다.

놀란 농민들이 달려들려고 했으나, 왕이 나서서 "나는 너희들의 왕이다. 나를 죽이려는가? 내가 이미 약속했으니 믿고 돌아들 가라."고 회유하자 대부분 발길을 돌렸다. 그들은 아직 왕에 대한 충성심을 간직하고 있었던 것이다. 하지만 왕은 약속을 지킬 마음이 눈곱만큼도 없었다. 배신감을 느낀 농민들이 다시 폭동을 일으켰지만 이스트앵글리아 전투에서 토벌군에 의해 박살이 났다. 반란이 실패한 후 에식스의 농민 대표들이 왕이 약속한 헌장을 확인하려고 런던에 왔지만, 리처드 2세는 차갑게 말할 뿐이었다.

"너희는 농노이며, 앞으로도 농노일 것이다."

이전의 중세 반란이 대부분 억압에 대해 즉자적인 저항을 한 것에 비해, 와트 타일러의 난은 비록 실패로 끝났지만 농노 해방과 토지 재분배를 전면에 내거는 등 사회 전반에 대한 강령까지 제시했다. 이것은 큰 발전이었다.

14세기 유럽의 민중 반란은 더 이상 낡은 농노제로는 민중을 통제할 수 없다는 것을 드러냈다. 그 결과 리처드 2세의 냉소에도 불구하고 서유럽에서 농노제는 점차 사라졌으며 소작농과 임금 노동자가 그 자리를 대체해갔다. 중세의 위기로 인해 일어난 반란이 중세를 넘어 근대로 가는 다리 역할을 했다.

연표

11~13세기	유럽에서 도시 발달, 대학 설립
14세기 초	기근 발생
1337년	영국, 프랑스 사이의 백년 전쟁 개전
1347년	흑사병 발병, 유럽 인구의 3분의 1 사망
1356년	푸아티에 전투로 프랑스 왕 장 2세 영국 포로가 됨
1358년	프랑스 자크리 반란 일어남. 클레르몽 전투의 패배로 진압됨
1378년	이탈리아 피렌체에서 치옴피가 반란을 일으켜 6주간 도시 장악
1380년	영국에서 인두세를 부과하여 인민의 항의 촉발
1381년	와트 타일러 반란 일어남. 6월 14일 와트 타일러 음모로 살해됨

독일 농민 전쟁

German Pesants' War

|

토마스 뮌처와 농민군, 지상 천국을 위해 일어나다
1524년

종교 개혁의 횃불이 오르다 구텐베르크가 만든 활판 인쇄기는 참 아이러니한 발명품이다. 종교 개혁의 산파 역할을 한 이 발명품에 처음 관심을 가진 세력은 다름 아닌 로마 가톨릭 교회였다. 교황청은 세속 군주들의 권위가 커지면서 상대적으로 위축되던 교회의 위세를 회복하고자 '기독교 역사상 최고의 건축'인 성 베드로 대성당을 짓기로 했다. 문제는 돈이었다. 레오 10세는 부족한 건축 기금을 면죄부 판매로 충당하려고 했다.

레오 10세가 면죄부를 처음 생각해낸 성직자는 아니었다. 면죄부는

계몽의 시대를 연 활판 인쇄술 : 구텐베르크가 금속 활자를 처음 만든 것은 아니나, 그의 활판 인쇄기는 결과적으로 지식을 대중화하여 종교 개혁의 확산을 도왔다.

연옥에 갇힌 영혼의 죄를 사해 천국에 보내준다는 것으로, 이전에도 교황청의 짭짤한 수입원이었다. 그러나 레오 10세는 면죄부를 아주 대대적으로 판매할 계획을 세웠다. 그는 각지로 주교를 파견하여 '영업'을 뛰게 했는데, 특히 요하네스 테첼이라는 사기꾼 주교는 괄목할 성과를 올렸다. 그는 "금화가 돈통에 '쩔렁' 하고 떨어질 때 죄인의 영혼은 천국으로 향한다."며, 면죄부는 과거의 죄는 물론 앞으로 지을 죄까지 사해준다고 설교했다. 그는 살인죄를 사하는 데 얼마, 도둑질을 사하는 데 얼마 하는 식으로 금액을 정해놓고 돈을 긁어모았다. 물론 제정신 가진 사람들이 이런 사기극을 좋아할 리 없었으므로 면죄부 판매는 거의 강매로 이뤄졌다.

이렇게 면죄부 판매가 늘자 양피지에 손으로 써서는 수요를 맞출 수가 없었다. 교황청은 면죄부를 대량 인쇄할 생각을 했고, 이 때문에 활판 인쇄기를 유럽 각지에 보급시켰다. 그러나 몇 년이 지나지 않아 이 활판 인쇄기는 교황을 '예수의 적'으로 규정하는 마르틴 루터의 이단 책자를 쾅쾅 찍어냈다. 그리고 그 책자들은 천 년 이상 지속된 유럽의 가톨릭 세계를 둘로 쪼개버렸다.

1483년에 태어난 마르틴 루터는 원래 법학도였다가 영적 체험을 한 후 신학교에 들어갔다. 그는 25세에 비텐베르크대학교의 신학 교수가 되었고, 성서를 열심히 연구하면 할수록 교회가 신의 가르침에서 멀어져 있음을 절실히 느꼈다. 성직자들이 면죄부 장사에 나서고 '이건 예수의 뼛조각'이니 '이건 천사의 깃털'이니 하며 정체불명의 성물聖物들까지 팔아대자 분노한 루터는 1517년에 유명한 '95개조 반박문'을 작성했다.

28조, 금화가 돈 통에 쩔렁 떨어질 때 늘어나는 것은 탐욕밖엔 없다! 75조, 면죄부를 샀다는 이유로 어떤 죄도 사할 수 있다면 성모를 범하는 죄도 사할 수 있다는 것인가? 86조, 로마 교황은 세계에서 큰 부자이면서 어째서 제 돈으로 성 베드로 성당을 짓지 않고 신자들에게 손을 벌리는가?

그러나 알려진 것처럼 루터는 그 반박문을 비텐베르크 교회 문에 게시한 것은 아니었다. 라틴어로 작성한 반박문을 문에 붙여봐야 읽을 수 있는 사람도 없었을 것이다. 그는 반박문을 항의의 표시로 마인츠 대주교에게 보냈고, 대주교가 이를 무시하자 동료 사제들에게 보냈다.

사제들 중 누군가 루터의 동의도 없이 반박문을 독일어로 번역하여 출판했고, 출판된 반박문은 삽시간에 독일 전역에 퍼져갔다.

루터의 관심사는 말 그대로 '종교적'이었다. 그는 성서 연구를 통해 신과 인간의 사이에 신앙 외에는 어떤 중재자도 필요하지 않다는 결론을 내고, 세속화하고 탐욕에 빠진 교회를 영적으로 정화하려고 했던 것이다. 그런데 사태는 그의 생각과 달리 일파만파 번져, 제후들, 하급 귀족들, 기사들, 평민들까지 루터에게 동조하고 나섰다. 왜 그랬을까?

교회가 지배하는 유럽 세계에서 종교적 비판은 곧 정치적 비판이었기 때문이다. 당시 독일은 '신성로마제국'이란 거창한 이름을 달고 있었지만 300여 개의 제후국으로 나눠져 있었다. 제후들 가운데 가장 지위가 높은 것은 선제후選帝侯로 이들은 황제 선거권과 피선거권이 있었다. 선제후 아래 대제후, 그 아래에 수백 명의 소제후가 있는 식이어서 신성로마제국 황제는 왕실 간 결혼으로 넓은 영토를 통치하긴 했으나 실제 독일에서 왕권은 미약했다. 그래서 신성로마제국 황제는 로마 교회의 보호자임을 자처하며 교회와 결탁하여 제후들을 견제하려 했다. 그러니 제후들에게 교회가 달가울 리 없었다.

한편 도시의 신흥 부르주아들은 그들대로 교회를 싫어했다. 세속화된 교회는 상거래에 뛰어들어 돈벌이에 열심이었는데, 곡물이나 맥주 사업을 벌이면서도 성직자라는 이유로 세금을 내지 않았다. 신흥 상공업자들은 이를 무척 불공정한 일로 여겼다. 그들은 이웃 프랑스처럼 강한 왕정이 제후와 교회를 통제해주길 바랐다. 마지막으로 국민의 절대 다수를 차지하는 농민들은 교회의 수탈에서 벗어나고 싶어 했다. 특히 '십일세'는 악명 높은 것으로, 농민들은 곡물 소출의 십분의 일을 세금으로 내고도 와인의 십분의 일, 채소의 십분의 일, 목초의 십분

마르틴 루터 : 꽉 다문 입, 냉정한 눈매는 부패한 가톨릭 교회에 대한 루터의 개혁 의지를 보여준다. 그러나 그는 농민 반란에는 등을 돌렸고 제후들에게 강경 진압을 촉구했다.

의 일을 바쳤다. 독일은 '교황의 젖소'라고까지 불렸으니, 교회가 얼마나 농민을 쥐어짰으면 그랬을까?

"루터란 놈, 반박문을 당장 철회하고 공개 반성문을 내놓지 않으면 파문이다!"

95개조 반박문이 큰 지지를 얻자 교황 레오 10세는 대노하여 루터에게 강력한 경고를 보냈다. 그러나 교황이 실제로 엄한 조치를 취한 것은 3년이 지나서였는데, 그 사이 신성로마제국 황제 막시밀리안이 죽고 새 황제 선출이 있었기 때문이다. 황제 후보 중 하나인 작센 선제후 프리드리히가 루터의 지지자였으므로 교황은 열렬한 가톨릭 신자인 카를 5세가 뽑힐 때까지 기다렸고, 카를 5세가 즉위하자 기다렸다는 듯 루터의 주장을 이단으로 모는 교서를 내렸다. 그런데 그 3년 동안 루터의 사상은 활판 인쇄기를 통해 곳곳에 보급되고 있었다.

1520년 12월, 눈발이 날리는 가운데 교황의 사절이 교서를 들고 작센에 도착했고 사람들은 루터가 어떻게 나올지 지켜보며 숨을 죽였다. 루터는 교서와 교회 법전을 들고 광장으로 나섰다.

"여러분, 나의 양심은 하느님 이외에는 그 누구에게도 굴하지 않습니다. 하느님 외에 누가 인간의 죄를 사할 수 있단 말입니까? 나는 로마 교황이 보낸 이 사악한 교서를 불사르겠습니다!"

사람들은 환호했고, 일부는 신앙심에 벅차 눈물까지 흘렸다. 불에 던져진 교황의 교서와 교회 법전은 금세 잿더미가 되었다. 하지만 그 작은 불꽃은 종교 개혁이라는 무서운 불길의 시작에 불과했다.

불이 농민 항쟁으로 옮겨 붙다

16세기 초, 독일의 은화 탈러(오늘날 달러의 어원)가 전 유럽에 유통될 정도로 독일은 은광업이 흥성했고 은광이 있는 츠비카우도 활기가 넘쳤다. 이곳의 노동자, 농민들은 재세례파라는 교단에 모여 있었는데 그들의 지도자는 이제 서른 살의 신부 토마스 뮌처였다. 뮌처는 루터의 열렬한 지지자로, 이곳의 신부로 부임한 것도 루터의 소개를 통해서였다.

재세례파란, 교회가 어린아이들에게 세례를 주는 것이 부당하다며 자신의 교단에 들어오려면 다시 세례를 받아야 한다고 해서 붙은 이름이었다. 세례란 죄를 씻는 의식인데, 철모르는 아이에게 세례를 주는 것으로 죄가 사해졌다는 말은 어불성설이라고 이들은 생각했다. 이것은 로마 교회의 권위에 도전하는 것으로 결코 작은 문제가 아니었다. 재세례파를 비롯하여 독일 전역에는 민중들이 자발적으로 만든 형제단이니 자매회니 하는 종교 공동체가 많았다. 교회 권력에 비판적인 이런 '민중적 이단'들이 루터의 지지 세력이 된 것은 당연했다.

뮌처는 루터의 사상에서 한 걸음 더 나아갔다. 그는 루터처럼 단순히 종교 내부의 혁신에 그치지 않았다. 그는 빈부의 차별이 사라지고 재산을 모든 사람이 공동 소유하는 지상 천국의 건설을 꿈꿨다. 그러려면 농노제를 폐지하고 영주와 제후의 권력을 빼앗아야 했다. 그의 지도에 따라 츠비카우의 농민과 노동자의 의식도 급진적으로 성장했다. 교회에 수탈당하고 영주와 제후들에게 이중, 삼중으로 착취당하던 민중들은 마침내 봉기를 결심하고, 은밀히 모여서 자신들의 요구 사항을 정리했다.

"무명잡세를 없애야 하오. 십일세와 인두세에도 모자라, 마을 밖으로만 나가도 통행세를 물리고 사람이 죽으면 그 가족에게 사망세까지 물리니 가난한 사람은 죽지도 말란 말이오?"

"종교 재판소를 타도해야 합니다! 우리 아버지도 종교 재판소에서 억울하게 죽었소. 그들은 고문으로 아버지에게 거짓 자백을 강요하고는, 우리 집의 재산을 밀고자에게 모두 넘겨주었소!"

그러나 츠비카우의 봉기는 당국에 의해 사전에 발각되었다. 당국이 탄압해오자 뮌처와 재세례파 신도들은 전국으로 도망 다니는 신세가 되었다. 하지만 그들은 굴하지 않고 곳곳마다 봉기를 선동하면서 연락망을 구축했다. 1524년 뮌처는 독일 북부 뮐하우젠에 자리를 잡고 기독교동맹을 창설했다. 기독교동맹은 만민 평등의 지상 천국이 곧 도래한다고 설교하면서 부패한 교회와 탐욕스런 제후들을 격렬히 성토했다. 기독교동맹에 가담하는 농민, 빈민의 많은 수는 과거 20년 동안 신발회, '가난한 콘라트' 같은 단체에 가입하여 영주와 싸우다가 진압당

토마스 뮌처가 그려진 구동독 지폐 : 종교 개혁가인 뮌처가 사회주의 국가의 지폐에 그려진 사연은? 뮌처가 봉건 체제를 근본적으로 타도하려 한 혁명가이기 때문일 것이다.

해 숨었던 농민이었다. 신발회는 농민들이 신는 목 짧은 헝겊신을 상징으로 삼았는데 이것은 목 긴 부츠를 신는 귀족에 맞선다는 의미였고, '가난한 콘라트'는 콘라트가 농민 사이에 워낙 흔한 이름이어서 붙은 명칭이었다. 이들이 결합하면서 전국적인 농민 봉기를 위한 조직망이 만들어졌다. 천 년 동안 농노를 억눌러온 봉건 체제에 저항하는 봉홧불이 오르고 있었다.

그때 루터는 작센 선제후 프리드리히의 보호하에 은거하고 있었다. 루터는 민중들의 소요가 자신의 예상을 뛰어넘고 토마스 뮌처 등 급진적인 사제들이 행동에 나서자 깜짝 놀랐다. 교회 내부의 혁신을 바랐을 뿐인 그는 민중들이 자신의 이름을 외치며 사회 혁명에 나서려 하자 당황했고 서둘러 그들에게서 등을 돌렸다. 그는 「세속 권력에 복종해야 하는 이유」 같은 논문을 발표하여 세속 권력은 신이 정한 것이고 인간은 원죄로 인해 거기 복종할 의무가 있다는 변을 늘어놓았다. 얼마 전까지 교황을 타도하고 교회 토지를 몰수하자는 선동을 자신이 했다는 사실은 잊어버린 모양이었다. 루터가 이렇게 나오자 뮌처는 크게 실망해 사람들 앞에서 외쳤다.

"가난한 사람들은 왕과 제후들에게 동전 한 닢까지 착취당하는데, 저 거짓말쟁이 박사 루터는 고작 아멘이라는 말밖에 모르는 모양입니다!"

농민 봉기가 본격적으로 시작되자 루터는 「살인하고 도적질하는 농민 무리에 맞서」라는 소책자를 내어 "미친개를 살려둬선 안 되듯이 농민들의 씨를 말려야 한다."며 격한 비난을 퍼부었다. 그는 제후들과 관리들이 죽느니 농민들이 몽땅 죽는 게 낫다고까지 말하며 제후와 귀족에게 농민군의 철저한 진압을 촉구했다. 루터를 믿었던 농민군들은 그를 배신자로 여기게 되었으며 더더욱 뮌처를 중심으로 강경하게 투쟁했다.

농민군, 전 독일을 휩쓸다

1524년에서 1525년까지 농민군은 세 지역에서 차례로 봉기했다. 이번 봉기는 그동안 산발적으로 일어났던 폭동과는 차원이 달랐다. 전국적으로 300만 이상의 농민들이 열화 속으로 뛰어들어 알자스, 티롤, 튀링겐, 작센, 프랑켄, 슈바벤 일대가 봉기의 무대가 되었다. 봉건 제후들과 부패한 성직자들은 농민군이 온다는 소식만으로도 맨몸으로 도망가기 바빴다.

1524년 초여름 남부 슈바벤 지역 메밍겐의 농민들이 가장 먼저 일어났다. 슈바벤 지역은 라인 강과 도나우 강의 발원지와 가까워 물자도 풍부했지만 그만큼 착취도 심했다. 농민군 3500명은 칼과 창, 쇠스랑, 도끼, 몽둥이로 무장하고 영주의 성을 들이쳤다. 농민군은 영주가 달아난 성을 점령하고 흑색, 적색, 황색이 섞인 깃발을 내걸었다. 오늘날 독일 깃발은 이 농민군의 기에서 유래했다는 설도 있다. 농민군은 인근의 성까지 공격했고, 슈바벤 일대가 농민군의 손에 들어왔다. 일부 하급 귀족과 성직자들은 사태를 지켜보다 농민군 편에 가담했다.

메밍겐 농민군의 지도자 울리히 슈미트는 슈바벤의 대제후 트루흐세스 공작에게 "이것을 신의 이름으로 요청한다."며 12개 요구 조항을 제시했다. 그 조항은 농노제 폐지처럼 급진적인 것도 있었으나 대부분은 온건했다. 십일세의 사용 용도를 지역에서 결정하게 해달라, 성직자를 농민이 직접 뽑게 해달라, 사망세를 비롯한 무명잡세를 폐지하거나 줄여달라, 그동안 농민들이 공유지로 사용한 숲과 목초지를 귀족들이 빼앗지 말라 등등이었다. 농민들은 이 정도 요구라면 제후들도 기꺼이 들어줄 거라고 생각했고 루터도 자신들을 지지해줄 거라고 기대했다.

12개 요구 조항은 전국으로 퍼져 농민군 전체의 강령이 되었다. 하지만 루터는 농민군을 배신했고 트루흐세스 공작은 요구를 받아들이는 척하면서 용병을 끌어모았다. 공작이 12개 조항에 서명하자 농민들은 기뻐하며 농성을 풀고 삼삼오오 흩어졌다. 아무래도 농민들은 마을에 두고 온 농사가 마음에 걸렸던 것이다. 그러나 공작은 이때를 놓치지 않았다. 전투로 단련된 기병들이 마을을 급습해 봉기 가담자를 색출했다. 농민들은 순박하게 공작을 믿다가 비참한 보복만 당했다.

1525년이 되자 독일 중부 프랑켄 지역에서도 봉기가 시작되었다. 슈바벤의 소식을 들은 프랑켄 농민군은 단단히 대비하고 싸움에 나섰다. 평소 농노의 목숨을 파리 목숨처럼 다뤄 악명이 높았던 헬펜슈타인 백작은 농민군 따위는 그저 무지렁이들일 뿐이라고 우습게 여겼는데, 농

슈바벤의 제후 트루흐세스 공작 : 농민들이 12개조 요구를 제시하자 그는 이것을 수락할 것처럼 응했으나 용병을 모아 농민군을 기습 공격했다.

민군이 총과 대포로 성을 부수고 들어가자 기겁을 했다. 농민들은 그동안 당했던 대로 헬펜슈타인 백작과 그의 심복들을 몽둥이로 때려죽였다. 농민군 대표들은 하일브론에 모여 봉건제 폐지를 선언하고 12개 조항에 기초한 개혁 강령을 만들었다.

이처럼 독일 농민 전쟁의 중요한 특징은, 농민들이 당장의 이익만을 쫓는 것이 아니라 새로운 사회의 청사진을 그리려고 시도했다는 점이다. 반면 농민군에 참가한 일부 귀족들과 성직자들은 현실성을 내세워 강령의 수준을 자꾸 낮추려고 했다. 하일브론 강령은 농노제를 폐지하는 대신 농민들이 수십 년 동안 소작료를 내는 것으로 결론이 났지만 농민들의 의식적 각성은 인정되어야 한다.

그러나 이런 정도의 강령조차 제후들은 받아들이지 않았다. 슈바벤 농민군을 분쇄하여 기세가 등등해진 트루흐세스 공작이 프랑켄으로도 짐승처럼 달려들었다. 공작은 농민군 속의 하급 귀족들을 매수해 성문을 열게 한 후 기습적으로 농민군 지도자를 체포하고 사람들을 무자비하게 학살했다.

이제 남은 것은 북부의 농민군이었다. 작센 주 뮐하우젠에서 뮌처는 시 청사를 접수하고 농민 의회를 선포하여 의장에 취임했다.

"여러분, 농민 의회는 메시아의 재림과 더불어 영원히 지속될 것이오. 그러니 이 의회를 영구 의회라고 부릅시다! 우리는 가난한 사람들이 빵과 토지를 나누는 지상 천국을 세울 것입니다. 영주의 편에 붙은 루터는 더 이상 믿지 맙시다! 나 뮌처는 하느님의 낫이요 검이니, 농민을 괴롭히는 영주와 부자들에게 하늘의 심판을 내릴 것이오!"

뮌처는 천국의 계시가 들리는 것처럼 하늘로 손을 뻗쳤고 농민들은 열광에 휩싸여 환호했다. 농민들은 자신들의 봉기가 하느님의 적과 맞서는 싸움이라 여겼다. 농민 의회가 농노 해방을 선언하고 영주가 부과했던 세금을 폐지하자, 작센의 도시 노동자들과 은광 광부들도 농민군을 지지하며 봉기를 일으켰다. 귀족들은 목숨의 위협을 받자 농민들의 요구를 받아들이는 척했으나 뒤로는 반격할 기회를 엿보았다. 거기에 앞장선 이 지역의 제후는 필리프 백작이었다. 필리프 백작이 용병을 몰고 오자 농민군은 마을마다 수레를 있는 대로 가져와 산처럼 쌓아 바리케이드를 만들었다. 그러나 용병들의 대포에 수레는 금세 박살이 났다.

"으윽!"

"저놈이 토마스 뮌처다. 저놈을 붙잡아라!"

부상을 입은 뮌처는 민가로 도주했으나 곧 용병에게 붙잡혔다. 필리프 백작은 죄를 참회하라며 그를 모질게 고문했다. 필리프 백작과 뮌처 모두 애초에 루터를 지지했으나 농민 반란을 바라보는 두 사람의 시각은 하늘과 땅 차이였다. 뮌처는 "나는 하느님이 내게 시키시는 대로 했을 뿐이다!"며 한마디 반성도 내비치지 않았다. 결국 뮌처는 35세의 나이로 참수되었다. 백작은 사기가 꺾인 농민군을 밀어붙여 뮐하우젠을 탈환했다. 농민 전쟁이 완전히 진압될 때까지 10만 명의 농민들이 제후들에게 살해되었다.

독일에서 제후의 권한은 더욱 강해졌다. 농노의 멍에는 무거워졌고 농민에게는 작은 자유조차 허용되지 않았다. 로마 교회의 세력이 약화되면서 영국과 프랑스는 근대 국가로 나아가고 있었지만, 제후국으로 분열된 독일은 그에 비해 오랜 시간이 걸려야 했다. 독일에서 루터주의는 제후들이 로마 교회와 왕권에 대항해 기득권을 지키고 한편으로 피착취 계급을 지배하는 데 유리한 수단이 되었다. 이처럼 통일된 근대 국가로 성장하지 못하고 수많은 소국으로 남게 된 독일은, 다음 세기에 가톨릭 국가들과 신교 국가들이 30년 전쟁으로 맞붙었을 때 그 전쟁터가 되어 고통을 겪어야 했다.

종교 개혁은 근대 사회를 여는 계기이며 그 불씨를 댕긴 사람은 마르틴 루터이다. 하지만 민중들이 종교 개혁을 사회 변혁으로 발전시키려는 국면에서 루터는 민중을 배신하고 지배자의 손을 잡아버렸다. '칼 든 성직자' 토마스 뮌처와 300만 농민들이 온몸을 던져 천 년 동안의 속박을 깨려 했지만 루터와 제후들은 그 시도를 무참히 짓밟았다. 그러나 그들이 없었더라면 루터의 외침은 그야말로 가톨릭 세계 안의 작은 메아리에 그쳤을지 모른다.

연표

1440년	구텐베르크, 활판 인쇄술 개발
1506년	교황 율리오 2세, 성 베드로 성당 건설 착공
1513년	교황 레오 10세, 면죄부 판매 본격화
1517년	마르틴 루터, 95개조 반박문 작성
1520년	루터, 교황의 교서와 교회법을 공개적으로 불태움. 종교 개혁 시작
1521년	토마스 뮌처, 츠비카우에서 민중 봉기 일으키려 했으나 실패
1524년	남부 슈바벤에서 농민 봉기 시작. 12개조 요구 제시
1525년	중부 프랑켄과 북부 작센에서도 봉기 시작. 뮌처, 농민 의회 선포 제후 연합군에 의해 농민군 진압당하고 뮌처도 처형당함

| 제2부 |

근대의 반란
시민과 노동자, 혁명의 시대를 열다

네덜란드 독립 전쟁 | 영국 혁명 | 프랑스 대혁명 |
아이티 혁명 | 세포이 항쟁 | 파리 코뮌 | 인디언 전쟁 |
미국 노동자들의 투쟁 | 동학 농민 혁명

네덜란드 독립 전쟁
Dutch Revolt

|

네덜란드판 살수 대첩으로 에스파냐를 몰아내다
1572년

둑을 터트려 레이던을 구출하다 적막한 밤, 성 아가타 클로스터 수도원의 작은 방에 몇 사람이 모여 앉아 가늘게 떨리는 촛불만 바라보고 있었다. 그들은 네덜란드 반란군의 지도자인 오라녀 공 빌렘(영어로는 오렌지 공 윌리엄)과 그의 참모들로 초조하게 누군가를 기다리고 있는 중이었다. 한참이 흐른 후, 한 사내가 문을 벌컥 열며 들어왔다.

"오, 반 데르 베르프 동지! 어서 오시오. 걱정 많이 하고 있었소."

빌렘 공이 자리에서 일어나 베르프의 손을 꽉 쥐었다. 베르프는 레

독립 전쟁의 지도자 오라녀 공 빌렘 : 네덜란드의 명문 귀족인 빌렘은 종교 탄압을 중지해줄 것을 펠리페 2세에게 청원했으나, 이것이 무위로 돌아가자 독립 전쟁을 일으켰다.

이던 시의 반란군 지도자였으며, 레이던 시는 지금 에스파냐군에게 벌써 1년 가까이 포위되어 있었다. 베르프는 적의 포위가 허술한 곳을 찾아 겨우 살짝 빠져나왔던 것이다. 베르프가 입을 열었다.

"빌렘 공! 이제 시간이 얼마 없습니다. 레이던 시민들은 1년이나 포위를 견뎌내고 있어요. 우리는 성내에서 먹을 수 있는 것은 동물이고 식물이고 가리지 않고 다 먹어치웠습니다. 하루라도 빨리 에스파냐군을 몰아내지 못하면 우리는 모두 굶어죽게 생겼습니다!"

레이던은 북해에 가까운 도시로 홀란트 지방의 요충지였다. 이곳을 포위한 에스파냐군의 사령관은 돈 페르난도 알바레즈 데 톨레도, '지옥의 사자'란 별명을 가진 알바 공이었다. 알바는 반란 초기에 에스파냐로부터 독립을 선언하며 떨어져 나간 홀란트 지방의 도시들을 하나씩 탈환했으며, 그때마다 무시무시한 보복을 가했다. 대표적으로 하를렘 시는 에스파냐군에 맞서 7개월이나 저항했으나 결국 함락되어 2000명 이상이 학살당했다.

그가 레이던마저 도로 뺏는다면 2년 동안의 독립 전쟁 성과가 물거품이 되는 것은 물론이요, 반란군 지도부의 운명도 바람 앞의 등불 신세가 될 것이었다. 이를 잘 알고 있는 빌렘은 두 동생에게 군사를 맡겨 에스파냐군의 포위를 뚫고 레이던 시민들을 구하라고 지시했으나, 돌아온 것은 슬프게도 동생들의 전사 소식이었다. 그런 까닭에 빌렘으로서도 정면 공격으로는 승산이 없다는 것을 알고 있었다.

빌렘이 침묵을 깨고 말했다.

"한 가지 방법이 있소."

"무엇입니까, 그것이?"

"둑을 터트리는 것이오. 바닷물로 에스파냐군의 진지를 쓸어버리면 레이던까지 배로 진격하여 성을 구할 수가 있소. 그런데 이 전술을 쓰면 레이던 주변의 땅과 밭, 작물 등이 바닷물에 잠겨 완전히 못쓰게 될 것이오. 즉 시민들이 큰 재산을 잃게 되는 거요. 물론 작전이 성공하면 이에 대해 시민들에게 정당하게 배상하겠소. 베르프, 당신이 시민들을 설득할 수만 있다면……."

베르프는 결의에 찬 얼굴로 말했다.

"걱정 마십시오! 압제자의 군대를 몰아내는 데 그 정도를 아까워할 시민은 레이던에 없습니다. 제가 반드시 설득할 테니 공께선 작전 개시 날짜만 통보해주십시오."

"그럴 수 있겠소? 그렇다면 우리도 목숨을 걸고 이 작전을 성공시키겠소!"

두 혁명가는 뜨거운 신뢰의 눈빛을 교환했다. '네덜란드'란 말 자체가 '바다보다 낮은 땅'이란 뜻이다. 네덜란드 사람들은 수백 년 동안 둑을 쌓아 그 안의 바닷물을 퍼내는 간척 사업을 해왔다. 그 둑을 터트리면 몇 백 년에 걸친 노고를 날려버리는 것이다. 하지만 네덜란드 인들의 자랑인 그 둑은 적을 향한 무서운 무기가 될 수 있었다. 그리고 더 이상은 우물쭈물할 시간이 없었다.

베르프와 약속한 날 새벽, 빌렘의 군대가 둑의 열여섯 곳을 터트리자 자고 있는 에스파냐군의 진지로 차가운 바닷물이 해일처럼 밀려들었다. 갑자기 밀어닥친 파도에 에스파냐 병사들은 혼비백산했고, 어느새 대포며 식량까지 물에 젖어 도저히 쓸 수 없는 지경이 되었다. 에스파냐군은 어쩔 수 없이 후퇴했고 '바다의 거지들'이라고 불리는 반란군의 비정규 해군이 육지 위에 생긴 바다로 배를 몰아 성에 접근했다. 레이던 시민들은 "빌렘! 빌렘!"을 외치면서 그들을 환영했다.

포위가 풀리면서 굶주린 시민들에게 식량과 물자가 분배되었는데, 누군가가 에스파냐군이 요리하다가 두고 간 청어 스튜와 흰 빵을 들고 왔다. 이때부터 레이던 시민들은 이날을 축제일로 삼아 흰 빵과 청어를 나눠먹는 풍습이 생겼다. 빌렘은 시민들의 자유 의지를 높이 사 세금을 면제해주겠다는 제안을 했으나 시민들은 그 대신 다른 부탁을 들어달라고 했다.

"우리 도시에 대학을 세워주십시오."

네덜란드 최초의 대학인 레이던대학교는 이렇게 설립되었다. 이 대학은 자유롭고 활기찬 학풍으로 이름을 떨쳤다. 1637년, 르네 데카르트가 근대 철학의 기초가 되는 『방법서설』을 펴낸 곳도 이곳이었다.

당신들, 거지 떼나 다름없군! 유럽 북부에 위치한 네덜란드가 어째서 에스파냐의 지배를 받게 된 것일까? 네덜란드는 중세에 프랑크 왕국의 통치를 받았으나, 9세기경 프랑크 왕국이 분열되면서 이 지역도 홀란트, 프리슬란트, 플랑드르, 그로닝겐 등의 소규모 자치 국가들로 나뉘어 발전했다. 특히 플랑드르는 일찍이 모직업과 방직업이 발달하여 신흥 상인 계급이 성장했고 15세기에는 북부 이탈리아와 함께 유럽의 2대 상업 중심지가 되어 있었다. 위트레흐트, 암스테르담, 로테르담, 도르트레흐트 등은 전 유럽에 물자를 공급하는 항구 도시였고 특히 안트베르펜(지금의 벨기에 앤트워프)은 2000척의 배가 동시에 정박할 정도로 큰 규모를 자랑했다.

플랑드르의 귀족과 신흥 상인 계급은 절대 군주를 모시고 싶지는 않았지만, 필요하다면 적당한 보호자와 손을 잡는 것은 좋다고 여겼다. 특히 프랑스의 압박이 컸기 때문에, 1368년에 플랑드르 귀족들은 왕녀 마르그리트를 지금은 프랑스 땅인 부르고뉴 공국의 필리프 2세에게 시집보냈다. 부르고뉴는 백년 전쟁에서 영국의 편을 들 정도로 프랑스와는 앙숙인 지역이다. 그들 역시 프랑스를 경계하기 위해 플랑드르의 경제력이 꼭 필요했던 것이다.

그러나 부르고뉴-플랑드르의 힘으로도 프랑스와의 경쟁에서 밀리자, 1464년에 플랑드르의 귀족들은 왕녀 마리를 당시 떠오르는 별, 즉 오스트리아의 왕자이자 합스부르크 왕가의 일원인 막시밀리안 1세와 결혼시킨다. 이로써 부르고뉴와 플랑드르 전체가 합스부르크 왕가의 지배에 들어갔다. 막시밀리안 1세는 플랑드르를 비롯한 네덜란드 전체를 지배했으며, 신성로마제국의 황제로 등극했고, 그의 아들은 에스파냐 공주와 결혼했다가 덤으로 에스파냐 왕위까지 계승했다. 이 때문에 막시밀리안의 손자인 카를 5세는 에스파냐의 왕으로 있으면서 네덜란드, 오스트리아, 심지어 신대륙 아메리카와 필리핀까지 광대한 영토를 통치하게 되었고, "카를 5세의 영토는 해가 지지 않는다."는 말이 있을 정도였다.

네덜란드 지배층이 제 나라 왕녀를 이용해 기회주의적인 행위를 했다고 오해하면 곤란하다. 근대 이전까지 정략결혼은 왕가의 세력 확대를 위해서든 외교 정책으로든 매우 중요한 수단이었기 때문이다. 게다가 유럽 전체를 시장으로 가진 합스부르크 제국의 일원이 되는 것은, 제국의 통치자가 아주 포악한 자가 아니라면 장사로 먹고사는 네덜란드 인들에게 썩 나쁘지 않은 선택이었다. 더욱이 카를 5세는 플랑드르의 헨트에서 자랐으므로 이 지역의 정서를 어느 정도 이해했다. 그는 여동생 마리아를 네덜란드의 총독으로 파견하긴 했지만 네덜란드 인의 자치를 상당히 인정했다. 부유한 이 지역에서 세금만 꼬박꼬박 제대로 바친다면 그로서도 정치적인 관용을 베풀지 않을 이유가 없었다. 실제로 에스파냐 왕실은 네덜란드를 일컬어 "왕관에 박힌 진주"라고 할 만큼 중요하게 여겼다. 그러나 유럽의 종교 개혁은 이 모든 상황을 급변시켰다. 독실한 가톨릭교도였던 카를 5세는 신교도의 확산만큼은 좌시할 수 없었다. 1550년 그는 이름도 무시무시한 '피의 칙령'을 발표했다.

"루터교를 믿는 자는 남자는 목을 자르고 여자는 생매장이나 화형에 처한다. 성상을 모독하거나 성경에 대해 토론을 벌이는 일도 절대 엄금한다."

자유로운 상거래가 발달한 네덜란드는 종교에 대해서도 개방적이어서 신교도의 숫자가 많았다. 상인 계급은 자기들의 이해에 부합하는 칼뱅교를 많이 믿었다. 그러니 피의 칙령은 자치 도시의 자유를 무겁게 짓눌렀고 상인의 활동을 크게 위축시켰다. 급기야 믿음이 다르다는 이유로 체포되고 화형당하는 이들이 줄을 이었다. 도시의 광장에서는 역겨운 연기가 끊일 날이 없었다. 카를 5세를 계승한 에스파냐 왕 펠리페 2세는 젊은 나이에도 불구하고 종교적으로는 아버지보다 더 완고해서 탄압의 정도를 더 높였다. 하지만 그럴수록 신교도의 불만은 커졌으며, 특히 칼뱅파 신도들은 칼을 차고 예배를 올리는 것으로 왕명에 저항했다.

카를 5세에게 협력하며 자치권을 인정받아왔던 귀족들은, 펠리페 2세의 이복 누이이자 네덜란드 총독인 마르가레테 공주에게 종교 억압을 완화해달라는 청원을 올리기로 했다. 청원단의 중심에는 네덜란드의 명문 귀족인 에흐몬트, 필리프 반 호른, 오라녀 공 빌렘 등이 있었다. 그들은 에스파냐의 억압 정책이 상업에 피해를 줄뿐더러 민중들을 점점 더 과격하게 만들고 있다고 걱정했고, 그저 온건한 항의로 자신들의 뜻을 전달하려고 했다. 청원단은 브뤼셀의 총독 궁정을 찾아가 마르가레테 공주를 접견했는데, 그때 궁정의 한 부인이 그들을 보고 깔깔대며 웃었다. 기분이 상한 청원단이 물었다.

"부인, 무엇이 그렇게 우습습니까?"

"당신들 꼴을 봐! 무슨 구걸하러 온 거지 떼 같잖아!"

'바다의 거지들', 에스파냐군의 허를 찌르다

다행히 귀족들이 공주의 동의를 이끌어내는 데 성공하여 탄압은 다소 완화되었다. 그러나 숨통이 트인 민중들은 지금까지의 분노를 일거에 터트리고 말았다. 1566년 여름, 네덜란드 전역에서 성상 파괴 운동이 도미노처럼 일어났다. 칼뱅파가 주도하는 가운데 민중들은 5500개의 성당과 수도원을 습격해 예수와 마리아, 성인들의 성상을 부수고 태피스트리와 토지 문서를 불태웠다. 여기에는 그동안의 불경기로 생활이 곤궁해진 노동자들과 실업자들이 대대적으로 참가했다.

필리페 2세는 분노했다. 그는 알바 공을 새 총독으로 임명하며 폭도들을 무자비하게 응징하라고 1만 8000명의 군사와 함께 파견했다. 잔혹하고 무자비한 알바는 네덜란드에 오자마자 즉각 폭도 재판소를 열었는데 그 재판소의 별명 역시 '피의 법정'이었다. 이 법정은 즉각 1100명을 약식 재판으로 처형하고 9000명을 궐석으로 사형 선고를 내렸다. 결코 에스파냐의 지배를 부정한 적 없었던 귀족 대표 에흐몬트와 반 호른까지 참수되었다. 붙잡히면 목숨을 부지할 수 없다고 여긴 많은 신교도들이 프랑스, 영국 등으로 망명을 떠났고, 여기엔 오라녀 공 빌렘도 포함되어 있었다. 뿐만 아니라 알바는 소금세를 부활시키고 모든 상거래 금액의 10분의 1을 세금으로 내도록 강요했다. 상거래는 다시 위축되었다. 더 이상 네덜란드와 에스파냐 사이에 화해가 불가능하다는 것을 깨달은 빌렘은 1568년 반에스파냐 독립 투쟁을 선언하고, 각계 각층에 동참을 호소했다. '80년 전쟁'이 개막된 것이다.

그러나 당시 에스파냐군은 무적의 군사력으로 유럽의 육상과 해상 모두를 지배하고 있었다. 과연 반란이 성공할지, 아니 제대로 일어나기나 할지 다들 의심했다. 그런데 사람들의 허를 찌르는 사건이 일어났다. 알바는 전령의 급보를 듣고 깜짝 놀라 찻잔을 떨어뜨릴 뻔했다.

"뭐야? '바다의 거지들'이 브릴을 점령했다고?"

영국과 네덜란드 해상에서 에스파냐의 은 수송선을 약탈하던 해적 무리들이 있었는데, 빌렘의 동생인 루이스가 이들을 설득하여 반란군에 가담시켰다. 그들은 '생계형 해적'이었다가 이제는 당당한 '네덜란드 독립군'이 되었다. 빌렘의 위임장을 가진 그들은 에스파냐의 상선을 닥치는 대로 노획하고 인질들의 몸값을 받아냈다. 이 해적들은 어느덧 '바다의 거지들'이라는 별명을 얻었다. 앞서 네덜란드 귀족들이 거지라는 조롱을 받은 이후로, 거지는 반에스파냐 저항 세력 전체를 상징하는 말이 되었다.

1572년 4월 1일, 바다의 거지들은 자욱한 안개를 틈타 23척의 배를 타고 항구 도시 브릴로 접근했다. 바다의 거지들이 가진 무기는 죄다 변변치 못한데다가 대포도 낡아빠진 것이 전부였지만, 그들은 에스파냐군이 무방비 상태인 것을 노려 기습적인 상륙에 성공했다. 그들은 순식간에 에스파냐 장교와 성직자를 감금하고 시 정부로 하여금 빌렘 지지를 선언하게 했다. 알바의 십일세에 불만이 높았던 시민들은 반란을 지지하고 나섰다. 바다의 거지들이 해상 통로를 장악하자 반란은 인근 도시로도 확산되어 나갔다.

바다의 거지들에 이어 육지에서도 민병대가 등장해서 자신을 '숲의 거지들'로 칭하면서 알바의 후방을 괴롭혔다. 같은 해 7월, 북부의 6개 도시는 도르드레흐트에 모여 회의를 열고 에스파냐로부터 분리 독립을 선포했다. 이들은 빌렘을 자신들의 총독으로 지지하며 세금을 그에게 내겠다고 다짐했다.

최초의 근대 시민 혁명이 성공하다

에스파냐군이 반격해 오자 반란군은 일진일퇴를 거듭했다. 그러나 레이던의 포위를 뚫고 큰 승리를 거둠에 따라 승기는 반란군으로 기울게 되었다. 이에 필리페 2세는 알바를 불러들이고 후임으로 레케센스를 보내지만, 에스파냐는 그때 네덜란드 외에도 지중해의 이슬람 세력과도 싸우고 있었다. 1571년 레판토 해전은 팽창하는 오스만투르크와 기독교동맹(에스파냐와 교황청 주도)이 벌인 대격전이었다. 또한 프랑스, 아메리카 등으로도 무리한 군사 원정을 벌였기에 재정이 거의 고갈 직전이었다. 실제로 펠리페 2세는 재위 중에 네 번이나 파산을 선언해야 했다.

제대로 봉급조차 받지 못한 에스파냐 병사들은 약탈에 눈이 먼 폭도로 변해갔다. 그들은 가는 곳마다 파괴를 일삼았고 안트베르펜에서는 인구의 거의 10퍼센트를 학살하는 광기를 보였다. 이렇게 되자 머뭇거리던 도시들도 속속 반란군에 합류했다. 대도시 암스테르담은 바다의 거지들이 거의 5년 동안 봉쇄를 했음에도 버티다가 1578년에야 넘어왔다. 1579년에 홀란트, 위트레흐트, 제일란트, 프리슬란트, 헬더란트, 오베레이셀, 그로닝겐 등 북부 7개 도시가 위트레흐트에 모여 동맹을 맺었다.

"우리의 권리와 신앙의 자유를 지키기 위하여, 우리는 하나의 도시인 것처럼 영원히 단결한다. 우리는 피와 재산을 바쳐 이 약속을 준수할 것이다."

2년 뒤 동맹시들은 총회를 통해 네덜란드연방공화국을 선포했다. 그러나 가톨릭과 에스파냐의 영향이 컸던 남부의 10개 주는 에스파냐에 항복했다. 귀족들과 에스파냐 사이에 모종의 타협이 이뤄졌던 것이다. 이 지역은 나중에 벨기에가 된다.

머스킷 총을 들고 있는 네덜란드 병사 : 시민 계급이 주축이 된 네덜란드군은 당시로서는 최첨단인 연발 사격 전술을 개발하여 강력한 에스파냐군을 격퇴했다.

1581년, 네덜란드 독립 전쟁의 지도자 빌렘은 에스파냐가 건 현상금에 눈먼 가톨릭교도에게 암살당하고 만다. 그러나 빌렘의 뒤를 이어 아들 마우리츠가 탁월한 군사적 능력을 발휘해 독립 전쟁을 이끌었다. 그는 소총의 연속 발사를 기본으로 하는 근대적 군사 전술을 확립했다. 소총수들을 여러 열로 세워 앞 열이 총을 쏘고 뒤로 빠지면 다음 열이 신속하게 나가서 총을 쏘도록 한 것이다. 그의 전투를 목격한 사람은 이렇게 말했다.

"마우리츠의 병사들은 총을 어떻게 쏘아야 하는지 보여준다. 그들의 사격에 세계 최강의 군대가 허우적거리고 있다."

마우리츠의 군사들은 투른호우트 전투, 니우포르트 전투 등에서 연전연승했다. 또 네덜란드 해군은 영국과 동맹하여 1588년에 에스파냐의 무적함대 '아르마다'를 격파했다. 1607년에는 지브롤터 해협에서 네덜란드 해군은 에스파냐의 거대 갤리선 10여 척과 4천 병사를 수장시켰다. 그때 이미 펠리페 2세는 한을 품은 채 죽고 없었고, 1609년에 에스파냐는 울며 겨자 먹기로 네덜란드에 휴전을 제안했다. 이는 사실상 패배를 인정하는 것이었다.

12년 동안 휴전이 이어진 후 에스파냐는 다시 전쟁을 시작하려 했지만, 이번엔 유럽 전체가 30년 전쟁에 휘말리는 바람에 네덜란드에 신경을 쓸 수가 없었다. 30년 전쟁이 끝났을 때 에스파냐는 이미 유럽의 맹주에서 밀려나 있었다. 네덜란드는 베스트팔렌 조약으로 독립을 공식적으로 승인 받았다. 그 후 17세기 중반까지 네덜란드의 기세는 욱일승천이었다. 국토는 오늘날과 유사한 크기로 확정되었고, 암스테르담은 유럽 경제의 중심지가 되었으며, 네덜란드 동인도회사는 인도네시아를 식민지로 만들고 오스트레일리아와 뉴질랜드에 유럽 인으로서는 최초로 발을 디뎠다. 에라스무스와 스피노자, 렘브란트와 베르메르가 나와 네덜란드의 문예 부흥을 선도했다.

네덜란드 독립 전쟁은 시민들의 독립 의지, 빌렘과 같은 뛰어난 지도자, 그리고 번영하는 상업과 신흥 상인 계급이라는 경제적 토대가 절묘하게 결합하여 이루어졌다. 여기에 에스파냐의 폭력적인 통치와 종교 억압은 끓는 냄비 뚜껑을 무겁게 누르는 돌덩이나 다름없었다.

이 역사적 사건은 이후 3백 년에 걸친 근대 시민 혁명의 첫 테이프를 끊었다.

연표	
1464년	플랑드르 공국, 막시밀리안 1세와 결혼을 통해 합스부르크 왕가의 지배를 받음
1519년	카를 5세, 신성로마제국 황제로 즉위, 네덜란드 통치
1550년	카를 5세, 신교를 엄금하는 '피의 칙령' 공표
1556년	카를 5세의 아들 펠리페 2세, 에스파냐 왕으로 즉위
1566년	네덜란드 전역에서 성상 파괴 운동 벌어짐. 펠리페 2세가 알바 공을 파견하여 탄압
1568년	오라녀 공 빌렘, 반에스파냐 독립 투쟁 선포
1572년	바다의 거지들, 항구 도시 브릴 기습 점령
1579년	북부 7개 도시 위트레흐트동맹 맺어 독립 선포
1581년	네덜란드연방공화국 선포
1648년	베스트팔렌 조약의 결과 네덜란드 독립 확정

English Civil War

영국 혁명

|

백성과 국가는 왕의 소유물이 아니다!

1642년

의회의 특권을 보장하라! 1642년 1월 4일 아침, 차가운 겨울바람이 런던 거리에 불고 있었다. 어디선가 수백 개의 장창이 보도에 부딪치는 둔탁한 소리와 함께 한 무리의 병사들이 빠르게 행진해왔다. 병사들의 난데없는 출현에 런던 시민들도 하나둘씩 모여들었다. 병사들은 의회 의사당이 있는 웨스트민스터 궁을 향하고 있었으며, 말을 타고 직접 그들을 지휘하는 사람은 다름 아닌 찰스 1세였다. 그는 존 핌을 포함하여 사사건건 왕권에 반항하는 의회 지도자들을 체포하겠노라고 칼을 뽑아든 것이었다.

"문을 열어라! 왕명으로 존 핌과 다섯 반역자를 체포하러 왔다!"

근위대장이 웨스트민스터 궁의 문을 두드리며 소리쳤다. 그러나 문은 돌담처럼 꿈쩍도 하지 않았다. 이윽고 의회 의장이 위층 창문으로 몸을 내밀어 외쳤다.

"돌아가십시오! 의회의 동의 없이 의원을 체포할 순 없습니다. 왕께선 2년 전의 약속을 잊었단 말입니까?"

찰스 1세는 입술을 깨물었고, 문을 부수라고 명령했다. 근위병들이 강제로 문을 열고 들어갔으나 이미 존 핌과 다섯 의원은 사라지고 난 뒤였다. 찰스 1세는 의원 모두를 잡아 가둘 수도 없어 분노를 삼키며 돌아섰다. 그때 어느새 의사당 앞에는 런던 시민 수천 명이 몰려왔고, 그들은 급한 대로 손에 돌과 몽둥이를 들고 있었다. 근위병이 창으로 군중을 위협하여 겨우 길을 열자 찰스 1세는 황망히 궁으로 돌아갔다. 그때 군중 속에서 고함소리가 터져 나왔다.

"의회의 특권을 보장하라! 왕은 의원들을 괴롭히지 마라!"

어느덧 왕의 귓가에는 "킹 핌! 킹 핌!"이라는 소름끼치는 소리가 메아리치고 있었다.

2년 전 의회가 다시 소집된 이래, 왕과 의회의 대립이 고조되는 만큼 이미 런던 시민들의 긴장감도 극도로 높아져 있었다. 왕의 근위병과 시위 군중들이 충돌한 것도 여러 차례였다. 시민들은 자신과 의회를 지키기 위해 민병대를 조직했고, 빵집 주인과 제화공과 시계 수리공과 금은 세공업자 등 소상공인들이 민병대의 주축을 이뤘다. 시민들은 커피숍이나 광장에서 시시때때로 토론과 집회를 벌였고 자신들의 요구를 청원서로 만들어 의회에 제출했다. 이날도 왕이 무력으로 의회를 탄압하려 한다는 소식을 듣자 만사를 제쳐놓고 달려온 것이었다.

런던 시민들이 모두 자기에게 반항한다는 것을 안 찰스 1세는 공포에 질렸다. 불충하기 짝이 없는 의회와 런던 시민들이 찢어 죽이고 싶을 정도로 미웠다. 그들에게 응당한 벌을 내려야 한다고 생각한 왕은 군대를 모아 다시 돌아오기로 결심하고 일단 런던을 탈출했다. 존 핌 등은 의회를 소집하여 왕의 도주를 알리고, 앞으로 의회가 정부 및 관료를 감독하고 군대를 지휘할 것이라고 선언했다. 한편 북쪽으로 향한 찰스 1세는 노팅엄에서 왕의 사자기를 내걸었고 1642년 10월, '반역자'들을 향한 전쟁을 선포했다. 국왕이냐 의회냐, 영국은 두 편으로 갈라졌다.

찰스 1세와 의회의 대결

찰스 1세의 아버지 제임스 1세는 원래 스코틀랜드 왕이었다. 튜더 가문인 엘리자베스 1세 여왕이 자식 없이 죽자, 여왕의 유언에 따라 의회는 왕가의 혈통인 제임스를 잉글랜드 왕으로 모셔왔고 그로부터 스튜어트 왕가가 잉글랜드를 통치하게 되었다. 그러나 잉글랜드의 의회 제도에 무지한 제임스는 왕권은 하늘에서 주어진 것이라고 공공연히 떠들어 의회와 내내 티격태격했고, 엘리자베스 여왕을 따라갈 만한 업적은 없으면서 지출은 무려 7배나 되는 탓에 많은 비난을 샀다. 그럼에도 엘리자베스 시대에 궤도에 오른 영국 경제가 번영을 거듭했으므로 그는 큰 어려움을 겪지 않고 치세를 이어갈 수 있었다.

그러나 제임스 1세를 이어 찰스 1세가 즉위했을 때는 상황이 달랐다. 제임스 1세의 사치스런 생활과 더불어 가톨릭 국가인 에스파냐와

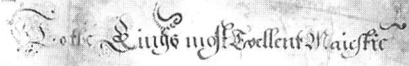

권리 청원 : 1628년 의회는 찰스 1세에게 권리 청원의 서명을 요구해서 관철시켰다. 권리 청원은 왕의 자의적 과세와 인신 구속을 막아 시민권의 주춧돌이 되었다.

의 전쟁으로 왕실 적자는 감당할 수 없을 정도로 쌓여 있었다. 세금을 걷기 위해서는 의회의 협력을 구해야 하지만, 찰스는 아버지보다 더 맹목적인 왕권 신수론자인데다 '왕은 신 이외의 누구에게도 자기 행위에 대해 설명할 필요가 없다.'고 생각하는 터라 의회와 도무지 맞지 않았다. 결국 그는 의회를 여는 대신 자의적으로 수입품에 관세를 매기고 각종 세금과 국채를 늘렸으며 군대의 유지 비용을 줄이느라 민간인 토지와 집에 병사들을 숙영시켰다. 그러자 그전까지 왕실과 좋은 관계를 맺어온 젠트리(지주, 상인, 전문직 등 자산 계급)들이 등을 돌렸고, 도시 소상공인들도 높은 세금과 물가로 인해 불만을 터트리게 되었다.

1628년에 왕은 에스파냐와의 전쟁에 자금을 조달하기 위해 의회를 열었는데, 의회는 대뜸 '권리 청원'부터 서명하라고 왕을 압박했다. 그 내용은 첫째 의회의 동의 없는 과세는 인정할 수 없다, 둘째 정당한 이유 없이 인신을 구속하지 말라, 셋째 민간 지역에 군대를 숙영시키지 말라, 넷째 민간인을 군법으로 다스리지 말라 등이었다. 즉 젠트리와 도시 상공인들의 이해를 반영한 것으로, 한마디로 찰스 1세의 전횡에 제동을 걸겠다는 뜻이었다. 분위기에 밀린 왕은 할 수 없이 권리 청원에 서명하긴 했지만 속에선 천불이 났다. 결국 이듬해에 왕은 권리 청원은 '의회가 왕을 협박해서 얻은 것'이라면서 무효화해버렸다. 이어 그는 의회를 해산하고 11년 동안 의회 없이 통치해나갔다.

의회가 찰스 1세에게 요구한 것 가운데 하나는 국교회에서 가톨릭 요소를 청산하는 것이었다. 영국의 국교회는 가톨릭에서 변형된 것으로 성직자를 중앙에서 임면하는 점이나 주교 제도 등 가톨릭 요소가 많았다. 한편 의회의 신흥 상공인 계급과 젠트리들은 주로 신교도였는데, 신교도 가운데 가톨릭 요소의 청산을 주장한 이들을 '청교도清教徒'라고 불렀다. 그러나 찰스 1세는 이들의 요청을 받아들일 수 없었다. 왜냐하면, 지방 관료 제도가 갖춰지지 않은 그 시대에 국교회의 지방 교구는 사실상 왕의 통치를 보좌하는 조직이었던 것이다. 즉 왕에게 국교회는 종교를 넘어 전제 정치를 위한 도구이기도 했다. 그러니 왕과 국교회를 한 편으로, 그리고 의회와 청교도, 신흥 시민 계급을 한 편으로 긴장은 높아질 수밖에 없었다.

의회를 해산한 찰스 1세는 에스파냐와는 휴전하고, 왕의 특권인 관세와 선박세 등으로 수입을 메웠다. 선박세는 본래 해상 무역의 이득을 많이 보는 해안 도시에서 거뒀는데, 왕은 이를 내륙 도시에도 부과했다. 또한 왕은 비누, 소금, 석탄, 백반 같은 생필품의 독점권을 몇몇 회사에 팔아넘겼고, 그 때문에 비싸고 질 나쁜 제품을 쓰게 된 시민들은 분통을 터뜨렸다. 퍼석퍼석한 비누는 '교황의 비누'라는 조롱을 받았다. 거기에 국교회 대주교인 윌리엄 로드도 잔인함으로 악명을 더했다. 그는 주교 제도를 비난한 청교도를 고문하고 귀를 자르고 이마에 낙인을 찍기도 했다. 의회 세력은 속을 부글부글 끓이며 때를 기다리고 있었다.

1640년, 찰스 1세가 스코틀랜드에까지 무리하게 국교회 예식을 강요하자 장로교가 주류인 스코틀랜드는 반란을 일으켰다. 반란을 진압할 준비가 전혀 안 된 찰스 1세는 군비 지원을 받기 위해 할 수 없이 의회를 다시 열었다. 그러나 의회를 열자마자 왕은 "11년간 왕이 저지른 잘못과 이에 대한 국민의 불만부터 들어보시라."며 존 핌이 줄줄 읽어가는 '불만의 목록들'을 들어야 했다. 변덕스러운 찰스 1세는 3주 만에 의회를 다시 해산하고 혼자 스코틀랜드군과 싸우지만, 일방적으로 당한 후 결국 강화를 맺어야 했다. 그는 전쟁 배상금 마련을 위해 울며 겨자 먹기로 의회를 다시 열었고, "의회의 소집과 해산은 의회 스스로 정한다."는 의회의 요구를 무조건 수용할 수밖에 없었다. 다시 소집된 의회는 그 후 내전을 거쳐 20년간 이어졌으므로 '장기 의회'라고 한다.

왕이 고개를 숙이자 의회의 기세는 하늘을 찔렀다. 의회는 왕의 수입원이었던 선박세를 폐지했고, 왕의 측근에서 보좌했던 스트래퍼드 백작을 고발했다. 왕이 의회의 고발을 거부하자 군중들은 궁을 포위하고 시위를 벌여 동의서에 서명을 받아냈다. 왕의 오른팔이었다가 결국 왕으로부터 버림받게 된 스트래퍼드는 처형장으로 끌려가며 이렇게

의회군의 구세주가 된 올리버 크롬웰 : 그는 신앙심이 두터운 자영농으로 구성된 철기군을 이끌어 국왕군을 무찔렀다. 그의 철기군은 신형군으로 발전하여 의회파의 주축이 된다.

외쳤다.

"왕을 믿지 마라. 거기엔 구원이 없다!"

당시 잉글랜드는 아일랜드를 무력 통치하고 있었는데, 아일랜드 총독을 겸하던 스트래퍼드가 죽자 아일랜드의 가톨릭교도들이 반란을 일으켰다. 찰스 1세와 의회는 아일랜드 반란을 진압해야 한다는 데는 의견이 일치했으나 군대의 지휘권을 누가 가질 것이냐를 놓고 다투었다. 의회는 왕에게 지휘권을 줬다가는 칼끝을 자기들에게 겨눌지 모른다고 의심했다. 이 문제로 티격태격하던 중에 일부 의원들이 "가톨릭교도인 프랑스 출신 왕비가 아일랜드 반란을 뒤에서 지원했다."라는 진위가 불확실한 정보를 폭로했고, 이에 의회는 왕비의 탄핵을 시도하는 한편 찰스 1세의 잘못을 2백 개나 조목조목 따지는 대항의서를 표결에 부쳐 통과시켰다. 화가 머리끝까지 난 찰스 1세는 통과를 주도한 의원들을 체포하러 의회에 들이닥쳤고, 이에 실패하자 런던에서 탈주했던 것이다.

의회가 찰스 1세의 목을 자르다

의회군과 국왕군의 싸움에서 초반엔 국왕군이 우세했다. 전쟁 경험이 풍부한 귀족들이 왕의 편에 선 것에 비해 의회는 아직 일치단결해 전투에 임하지 못했던 것이다. 상원은 왕을 지지하는 쪽이 많았고, 하원도 의회 지지파가 3분의 2가 못 되었다. 아무리 잘못해도 왕은 왕이라는 전통적인 충성심이 컸던 것이다. 귀족 출신의 의원들은 "왕은 아흔 아홉 번 져도 여전히 왕이지만 우리는 한 번만 져도 교수형에 처해질 것"이라며 주저하고 있었다.

그러나 내전 발발 1년 동안 국왕군이 잉글랜드 북부를 장악하고 런던에서 20킬로미터 떨어진 곳까지 진격해 오자 의회도 절박함을 느꼈다. 다행히 국왕군은 소수의 귀족과 각지에서 징집한 농민들로 구성되어 있어 병력과 물자 보급이 원활하지 못해 의회군에 결정적인 일격을 가하지 못했다. 의회는 스코틀랜드에 종교 불간섭을 약속하며 동맹을 맺었고, 이로써 국왕군에 대한 외부 지원을 차단한 후 반격을 준비했다.

이때 등장한 인물이 올리버 크롬웰이었다. 그는 하층 젠트리 가문으로 케임브리지에서 선출된 하원 의원이었다. 그는 의회를 확고히 지지

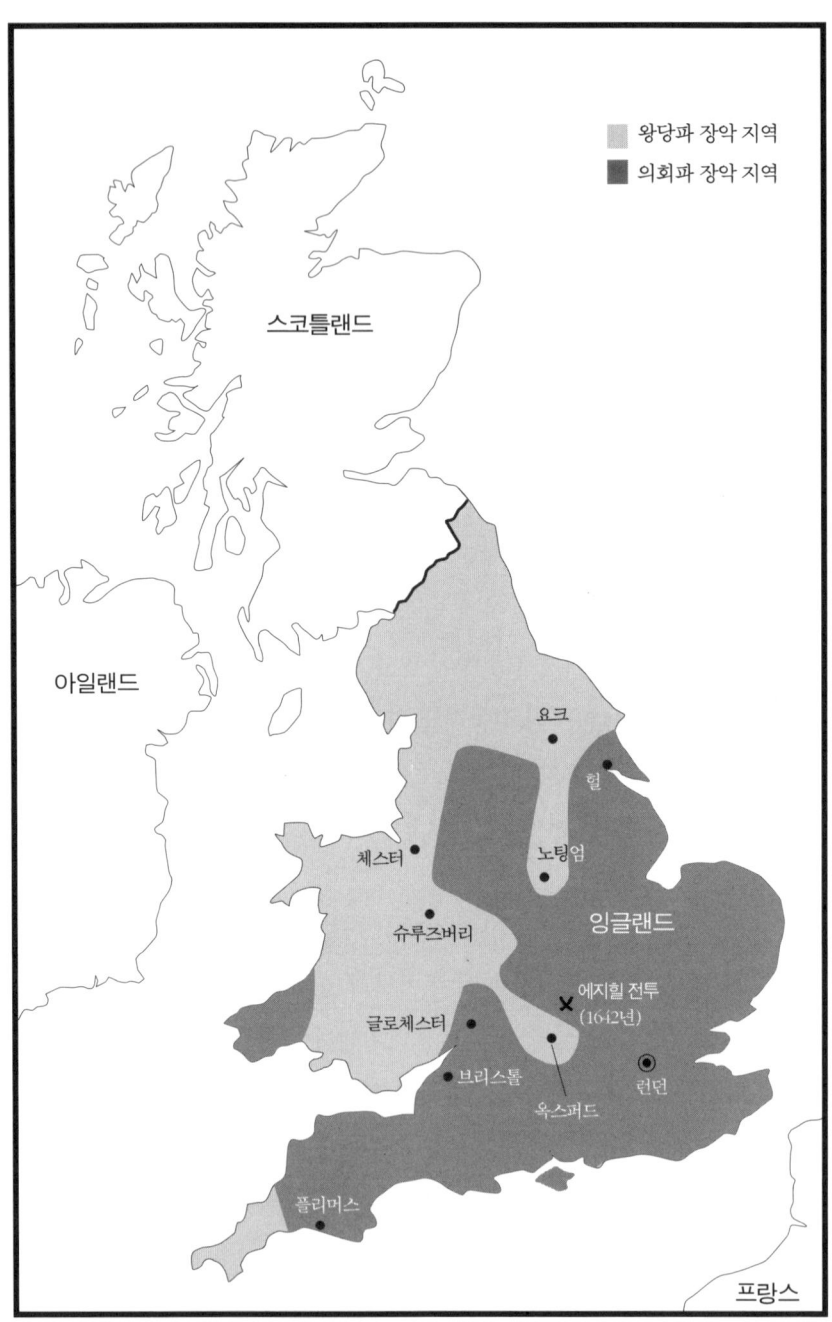

왕당파가 우세한 상황에서 내전이 시작되고 에지힐(1642년)에서 첫 전투가 벌어져 의회파가 승리한다.

영국 내전의 전개 1

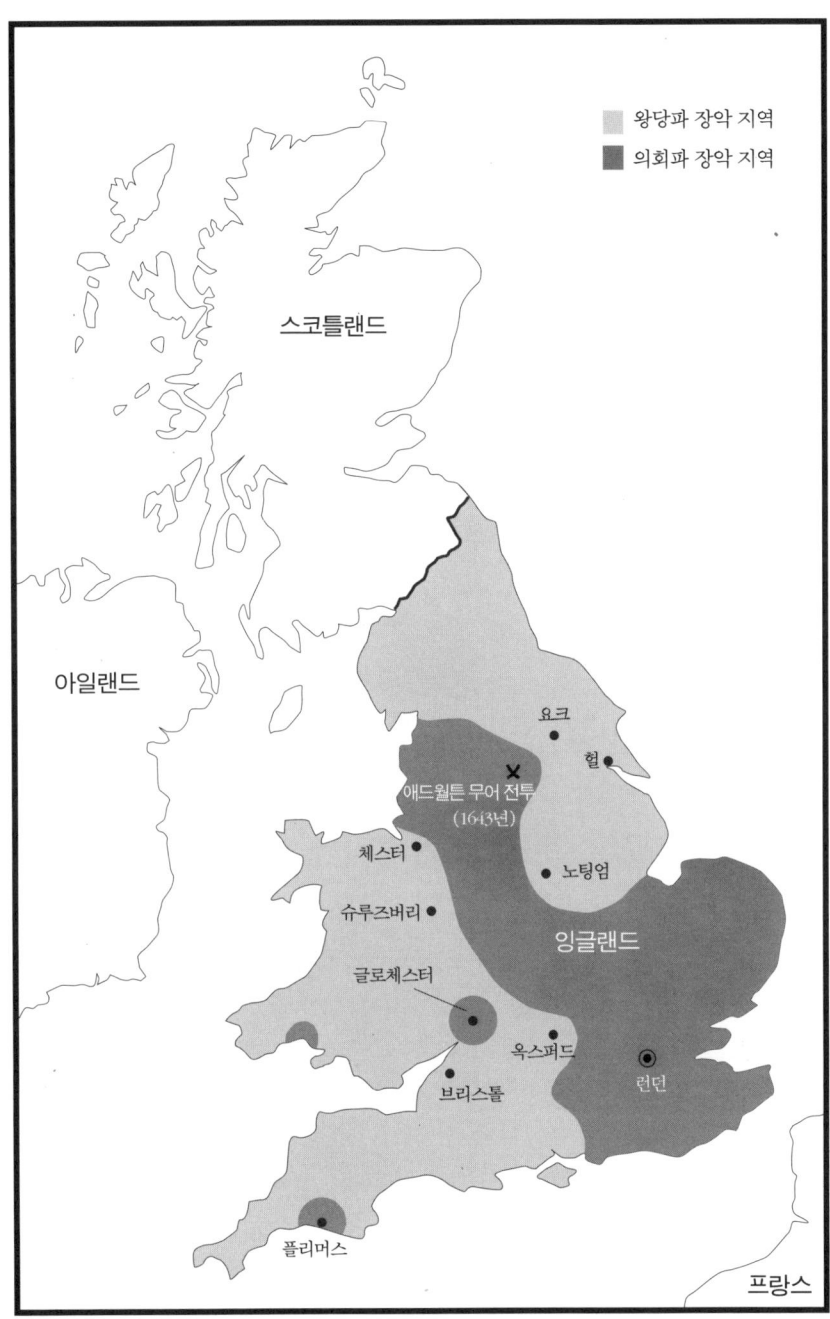

왕당파가 애드월튼 무어 전투(1643년)에서 승리하여 요크셔 지역을 접수하고, 영국 남서부를 장악한다.

영국 내전의 전개 2

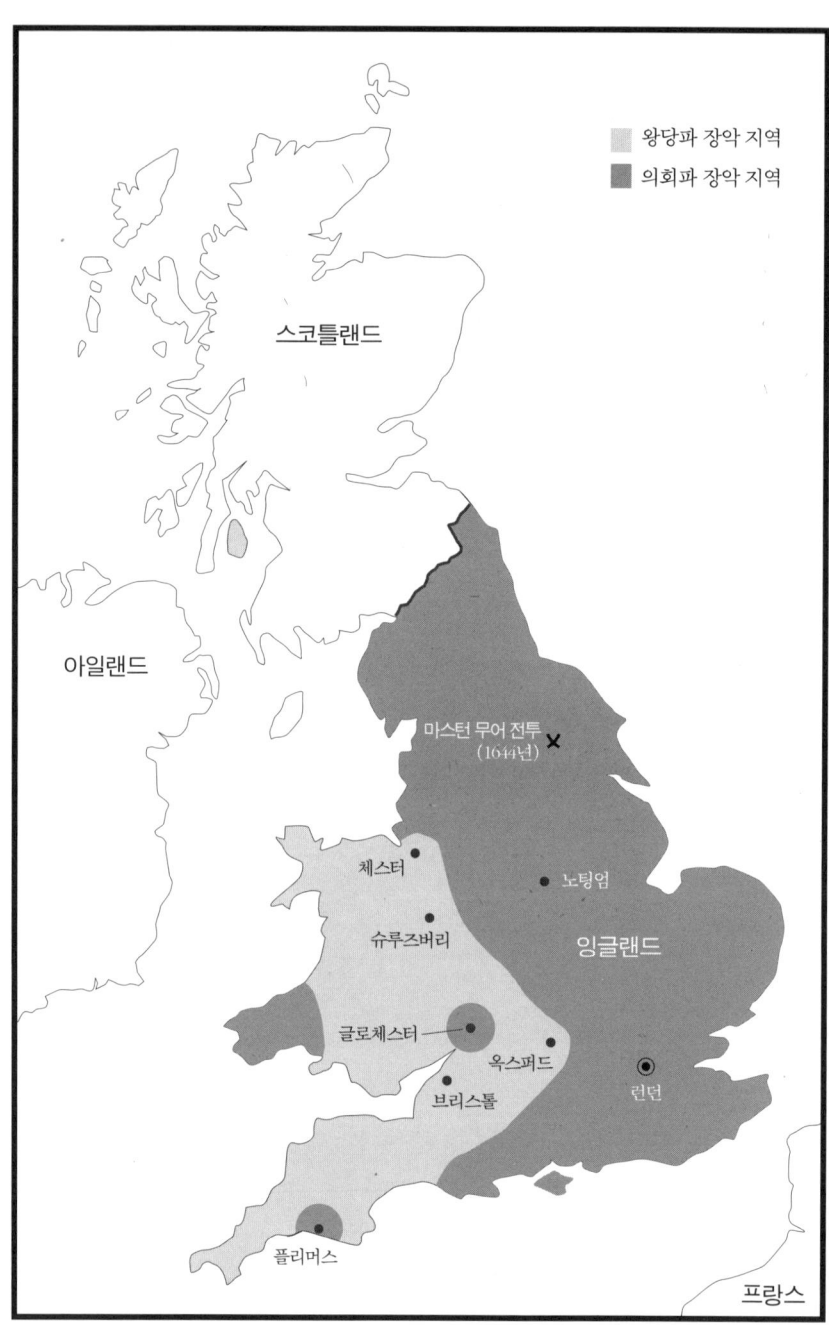

의회파가 마스턴 무어 전투(1644년)에서 승리, 요크셔 일대를 수복한다. 크롬웰의 기병대는 철기군이라는 명성을 얻는다.

영국 내전의 전개 3

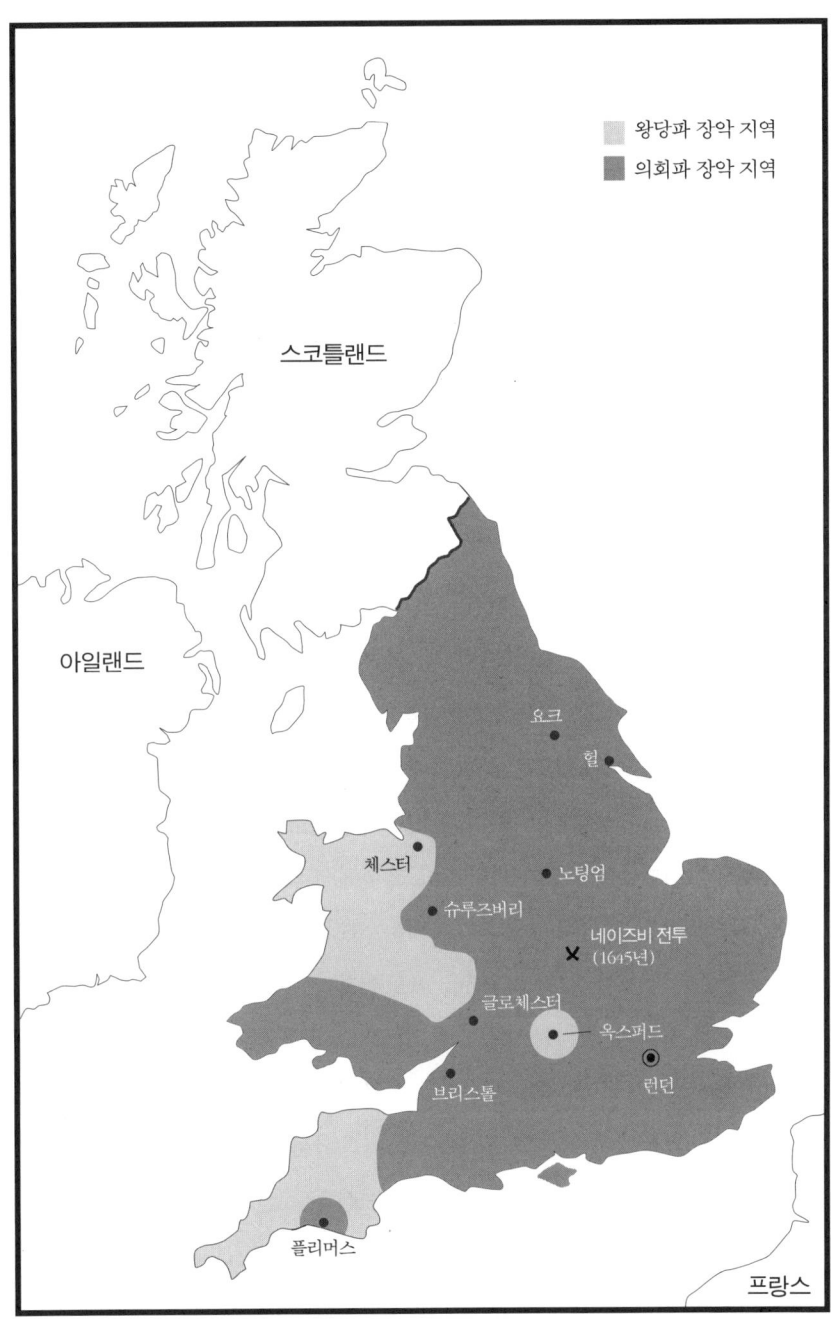

크롬웰의 신형군이 네이즈비 전투(1645년)에서 결정적 승리를 거두고, 옥스퍼드를 공격(1647년)하여 찰스 1세를 생포한다.

영국 내전의 전개 4

했으며 "백성과 국가는 왕의 소유물이 아니다."라는 신념이 투철했다. 그는 국왕군과 의회군을 면밀히 비교한 다음 어중이떠중이의 강제 징집으로 군대를 구성했던 종래의 방식을 과감히 버렸다. 그는 고향에서 신앙심이 독실한 자영농을 모집해 정예 기병대로 훈련했고, 급료와 복지 후생을 충분히 보장하여 충성심을 확보했다. 크롬웰은 병사들이 욕설, 음주, 절도, 강간 등을 하지 않도록 벌금과 형벌로 다스렸고 평민들도 장교가 될 수 있게 길을 열었으므로 그의 군대는 민중들에게 인기가 높았다. 1642년 60명 수준이었던 기병대는 1644년에는 1만 명에 이르렀다.

그의 기병대는 출진할 때마다 "우리는 신의 이름으로 승리한다."고 외치면서 국왕군을 격파해나갔다. 누군가 그 기병대를 "아무리 때려도 부서지지 않는 강철 같다."고 말한 후로 '철기군Ironsides' 이란 별명을 얻었고, 1645년에 의회는 철기군을 모델로 '신형군New model army' 을 조직하여 토마스 페어펙스를 사령관으로, 크롬웰을 부사령관으로 임명했다. 신형군은 네이즈비 전투에서 국왕군을 대파하여 5000명의 전사자를 안겼다. 이로써 전세는 완전히 의회 쪽으로 기울었고, 찰스 1세는 스코틀랜드에 망명을 시도했지만 무뚝뚝한 스코틀랜드 인들은 크롬웰에게서 40만 파운드를 받고 그를 잉글랜드 의회에 넘겨줘 버렸다. 내전은 일단 의회의 승리로 마무리되었다.

그러나 크롬웰은 물론 의원 다수는 이쯤에서 왕과 타협하여 의회의 권리를 보장받기를 원했다. 의원 다수는 신흥 유산 계급이었으므로 혁명의 불길이 더 이상 확산되는 것은 피하고 싶었다. 그런데 이미 시작된 정치적 변혁을 더욱 밀고 나가고자 하는 세력이 있었다. 그들은 의회군 내에서도 주로 소상공인, 자영농, 소작농 등 하층 민중으로 구성된 사병 집단이었다. 귀족과 유산 계급이 입대를 회피한 것에 반해 민중들은 신형군에 자진 입대하여 국왕군과 용감히 싸웠으며 그로 인해 이전보다 큰 발언권을 가게 되었다. 이 정치적 급진파는 '수평파 Levellers'라고 불렸다.

수평파는 이들이 재산을 수평적이고 균등하게 분배하려고 한다며 유산 계급이 붙인 이름이었다. 그처럼 수평파는 왕과 귀족 그리고 상층 시민들의 권력 다툼에서 소외되어 있던 민중 세력을 대변했다. 수평파는 대지주들이 인클로저(울타리 치기)로 농민들에게 빼앗은 토지를 반환할 것과 모든 성인 남성에게 보통 선거권을 줄 것을 요구했다. 아직 투표권이 재산에 따라 주어졌다는 걸 생각하면 보통 선거권의 요구는 거의 300년을 앞선 혁명적인 발상이었다.

또 이들은 권력을 민중이 선출한 하원으로 넘길 것과 정부를 지방으로 분산할 것, 교회에 내는 십일조 헌금을 폐지할 것, 교파를 불문하고 종교적 자유를 허용할 것을 요구했다. 내전의 주역이자 군대라는 힘을 가진 수평파를 크롬웰도 의회도 무시할 수 없었다. 이에 수평파는 자신들의 사회 개혁 요구를 '인민 협약'으로 정리해 의회에 제출했다. 수평파는 최초의 '대중 정치 조직'이라 할 수 있었다. 그들은 자신들의 녹색 깃발을 흔들며 시민들의 지지를 호소했고, 지도자 존 릴번은 정치 팸플릿으로 자신들의 주장을 알렸다. "모든 인간은 평등하게 태어난다. 그 누구도 날 때부터 다른 사람에 대해 권위나 지배권을 갖지 않는다."는 것이 수평파의 철저한 신념이었다.

의회 주류와 수평파가 대립하고, 여기에 신교 내의 온갖 교파와 심지어 천년 왕국을 선동하는 극단적 세력까지 등장하여 정치적 혼란이 커지자 찰스 1세는 이것을 재기할 기회로 여겼다. 그는 틈을 노려 런던을 탈출하는 데 성공했고, 국왕군을 재모집하면서 스코틀랜드와 동맹을 맺어 2차 내전을 일으켰다. 정신이 번쩍 든 의회는 다시 군사를 조직했는데 이때도 가장 헌신적으로 전투에 임한 것은 수평파였다. 그들의 용맹에 힘입어 의회군은 랭커셔 전투에서 국왕군과 스코틀랜드군을 무찔렀고 찰스 1세는 다시 구금되었다. 크롬웰과 그의 지지 세력도 더 이상 왕과의 타협은 없다고 여기게 되었다. 그러나 여전히 의회에는 상당한 타협파 의원들이 있었으므로, 크롬웰은 군대를 끌고 의회에 들어가 타협파를 쫓아버리고 남은 의원들만으로 '잔여 의회'를 꾸려 찰스 1세를 고발하는 법정을 열게 했다.

법정은 찰스 1세가 신성한 법에 의해 위임된 권력만을 쓰기를 거부했으며, 시민들에 대한 압제자, 배반자, 살인자라고 성토했다. 그러나 찰스 1세는 지상의 그 무엇도 국왕을 심판할 수 없다고 주장하며 법정의 합법성을 부정했다. 그의 거침없는 자기 변론에 많은 의원들이 동요하기도 했지만, 결론은 사형 선고였다. 1649년 1월 30일, 선고로부터 열흘 만에 찰스 1세는 화이트홀 거리에서 참수되었다. 왕의 처형 장면에 일부는 충격을 받았고 일부는 기절했으며 또 일부는 환호성을 질렀다. 그들이 어떤 반응을 보였든, 바로 그 순간 오랜 세월 사람들이 하늘이 준 권리로 여긴 왕권이 왕의 머리와 함께 땅에 떨어졌다.

수평파, 민중의 권리를 위해 싸우다

1647년 10월, 아직 2차 내전이 일어나기 직전 런던 근교 퍼트니 교회당에서 의회군의 군대평의회가 열렸다. 여기서 사병 대표로 선출된 수평파 지도자들은 의회군 지도자인 크롬웰 및 아이어턴과 협상을 벌였다. 협상은 격렬한 논쟁으로 이어졌다.

"의회는 귀족과 지주만의 대표여서는 안 되오. 농민과 노동자도 의원을 선출할 권리가 있단 말이오. 지주들이 목장을 만든답시고 농민들을 땅에서 쫓아내고, 정부는 몇 푼 빚을 갚지 못했다고 빈민들을 감옥에 처넣고 있소. 민중이 스스로를 보호하려면 투표권이 있어야 하오. 우리는 모든 남자 시민들에게 투표권을 줄 것을 요구하는 바요!"

아이어턴이 비웃으며 대답했다.

"말도 안 되는 소리! 정치란 지주나 상인들처럼 일정한 재산을 가진 사람만이 할 수 있는 것이오. 재산이 없으면 나라에 대해 아무런 이해관계도 갖지 못하니까! 그리고 모든 사람이 투표권을 가지면 의원 후보가 그들을 어떻게 다 대접할 수 있겠소?"

그 당시의 의원 선거는 투표소가 많지 않아 후보가 자신의 재산을 털어 유권자를 투표소까지 수송하고 그 사이에 식사도 대접해야 했던 것이다. 그러나 무엇보다도, 크롬웰과 의회 지도자들에게 혁명은 왕으로부터 유산 계급의 사유 재산을 보호하는 것을 의미했다. 하지만 수평파에게 혁명은 시민의 민주적인 권리를 의미했다. 가난한 사람도 자기 대변자를 뽑을 수 있어야 한다는 그들의 주장은 정당했으나 시대를 앞서 갔고 아직 다수의 지지를 얻지 못했다. 동료 사병들의 의식도 신분과 종교의 오랜 굴레에서 자유롭지 못했던 것이다. 그러나 수평파의 주장과 정치 팸플릿 등은 시간이 지날수록 큰 호응을 얻어갔다.

2차 내전에서 승리하기까지 크롬웰은 수평파와 일정한 협력 체계를 유지했다. 그러나 찰스를 처형하고 난 후 크롬웰은 새로운 통치 세력에게 가장 위험이 되는 것이 수평파라는 사실을 알았다. 그는 국무 회

의회를 폐쇄하는 크롬웰 : 내전이 끝난 후 크롬웰은 하층 민중을 대변하는 수평파를 제거하고, 1653년에는 의회를 폐쇄하여 젠트리 세력마저 꺾은 후 절대 권력을 행사했다.

의 석상에서 이렇게 말했다.

"우리는 반드시 이들을 쳐부숴야만 하오. 만약 그러지 않으면 이들이 우리를 쳐부술 테니까!"

1649년에 크롬웰은 의회군에게 아일랜드 반란을 진압하라며 "무기를 든 사람은 가차 없이 죽이라."는 명령을 내렸다. 이에 수평파는 아일랜드의 민중을 학살할 수 없다며 그 명령을 거부했고, 크롬웰은 런던의 수평파 지도자들을 전격 체포하여 런던탑에 구금했다. 5월에 수평파 사병들이 반란을 일으키자 크롬웰은 기병을 보내 기습적으로 반란 지도부를 체포해 처형해버렸다.

왕정이 폐지되어 잉글랜드는 공화국이 되었다. 크롬웰은 호국경護國卿에 취임하여 왕과 다름없는 권력을 휘둘렀고, 1653년에는 의회를 해산했으며 그때부터 1658년에 죽기 전까지 독재 정치를 펼쳤다. 크롬웰은 무역의 경쟁자 네덜란드를 제압하고 식민지 확보에 나서 대영제국으로 가는 길을 닦았다. 그러나 그가 죽자 그의 억압적인 통치와 정치 불안에 실망한 국민들은 왕정복고를 환영했고, 찰스 2세가 돌아와 크롬웰과 아이어턴의 시신을 파내 효수하는 것을 그냥 두고 보았다. 그토록 힘들여 없앤 왕정이 하루아침에 부활되었다.

크롬웰과 의회의 다수파가 수평파가 주장한 민주개혁과 사회적 평등권 개념을 어느 정도라도 받아들였다면 아마 영국의 역사에서 왕정복고는 일어나지 않았을 것이다. 아니, 근대 시민 혁명의 역사가 완전히 달라졌을지도 모른다. 그럼에도 불구하고 왕정복고가 곧 혁명의 실패를 의미한다고는 할 수는 없다. 영국 시민들은 더 이상 혁명 이전과 같은 전제적인 왕권을 허용하지 않았고, 정치 안정을 위해 왕권을 인정하더라도 실질적인 주권은 의회에 넘기는 영국 특유의 민주주의를 발전시켰다.

흔히 오해되듯이 영국 혁명은 단순히 지배 계층 사이의 권력 다툼은 아니었다. 존 핌이나 크롬웰, 아이어턴 같은 젠트리와 신흥 상인 계급만이 혁명을 이끌었던 것은 결코 아니기 때문이다. 영국 민중 네 명 가운데 한 명이 내전에 참가했으며 그 가운데 20만 명이 사망했다. 수평파는 가장 많은 피를 흘린 민중을 대변하여 그들이 누려야 할 정당한 시민적 권리를 요구했다. 수평파는 비록 정치적으로는 소수파였지만 혁명의 당당한 주역이었으며 훗날의 민주주의 운동에 큰 영감을 주었다.

연표

1625년	찰스 1세, 잉글랜드 왕으로 즉위
1628년	찰스 1세, 의회의 요구로 권리 청원에 서명했으나 곧 의회 해산
1640년	스코틀랜드 반란이 일어나자 의회 다시 개원
	존 핌이 '불만의 목록' 낭독
1642년	1월, 찰스 1세가 존 핌을 비롯한 의회 지도부 체포에 실패
	10월, 노팅엄으로 도피한 찰스 1세가 의회와 1차 내전 시작
1645년	올리버 크롬웰의 철기군을 모델로 의회가 신형군 조직
	네이즈비 전투에서 의회군이 압승하고 찰스 1세 체포
1647년	의회군 내 수평파가 '인민 협약'을 제기
1648년	찰스 1세 탈출하여 2차 내전을 시도하나 실패
1649년	1월 30일, 찰스 1세 처형
	5월, 수평파가 반란 일으켰으나 진압당함
1653년	올리버 크롬웰, 호국경에 취임
1658년	크롬웰 사망 후 찰스 2세가 왕정 복고

프랑스 대혁명

French Revolution

|

바스티유와 함께 봉건 질서가 무너지다
1789년

프랑스 대혁명이 일어나기까지 프랑스 대혁명은 흔히 부르주아 혁명이라고 불린다. 하지만 부르주아들이 봉건 세력과의 결전을 망설이며 우물쭈물할 때마다 부르주아들을 혁명으로 밀어붙인 이들은 상퀼로트, 즉 민중들이었다. (상퀼로트란 '퀼로트를 입지 않은 사람'이란 뜻으로 귀족들이 입는 반바지인 퀼로트 대신 긴 바지를 주로 입은 도시 평민과 노동자들을 가리킨다.) 민중들은 혁명 과정에서 크게 세 차례, 주요한 국면에서 행동에 나섬으로써 그 과업을 해냈다. 첫 번째는 막 결성된 국민 의회를 지키기 위해 파리에서 봉기한 때이고, 두 번째는

상퀼로트 : 귀족이 입는 반바지(퀼로트)를 입지 않아 상퀼로트라 불렸다. 이들은 도시 노동자, 소상공인, 빈민으로 구성되었는데 중요한 국면마다 혁명을 급진적으로 밀어붙였다.

외국군이 혁명을 진압하려고 프랑스로 진격해 올 때 의용군을 결성하고 왕을 퇴위시킨 때이며, 세 번째는 왕의 처형 후 반혁명을 차단하고 급진파에게 권력을 넘겨준 때이다.

　18세기 프랑스 경제는 전례 없는 호황을 누렸다. 경제는 매년 약 2퍼센트씩 성장했으며 섬유는 이전 세기보다 3배, 철강은 4배, 석탄은 7배 이상 생산이 늘었다. 인구는 약 2600만 명으로 유럽에서 가장 많았다. 그러나 프랑스 사회 피라미드의 아래에서 생산되는 부는 꼭짓점에 있는 소수 특권 계급을 떠받치는 데 들어갔다. 프랑스의 신분 제도는 왕실을 정점으로 1신분인 성직자, 2신분인 귀족, 3신분인 평민으로 구성되었는데 약 10만 명인 1신분이 국토의 10분의 1을 차지했고 40만 명인 2신분이 국토의 5분의 1을 차지했다. 이들 1, 2신분은 세금을 내지 않을 특권을 누렸다. 그러나 인구의 98퍼센트를 차지하는 3신분은 소득의 10퍼센트 이상을 세금으로 그리고 별도로 교회에 십일조를 바쳐야 했다. 즉 프랑스 사회는 탐욕스런 벌레 한 마리가 커다란 사과의 속살을 다 파먹고 배를 불리는 형국이었다.

그런데 3신분 가운데 부르주아지는 나머지 3신분들과 입장이 다소 달랐다. 부르주아지의 상류층은 경제 발전 속에 재산을 모으고 대토지를 구입하여 봉건 영주와 다름없는 특권을 누렸다. 그 아래 부르주아지는 법률가, 의사, 상인으로 진출하여 사회적 존경을 받으면서 중간층을 이루었다. 그들은 자신의 경제력과 지적 능력에 합당한 지위를 원했지만 능력과 무관하게 강요된 신분의 차별을 넘어설 수 없었다. 특권 계급의 장벽에 가로막힌 중간 이하 부르주아지의 불만이 구체제 내에 차곡차곡 쌓여갔다.

그럼에도 프랑스에서 부르주아지의 발언권은 조금씩 더 커져갔는데, 그것은 당연히 귀족들의 기득권을 조금씩 침해하는 일이었다. 귀족들은 분개했다. 감히 평민들이 귀족만큼 재산을 불려? 감히 정부 요직에 진출해? 그래서 18세기 중반부터 귀족들의 반동이 거세졌다. 귀족들은 똘똘 뭉쳐 각자의 영지에서 오래된 봉건적 규제를 부활시키고, 중앙 정치에서는 자기들끼리만 관직을 사고팔았다. 상인들은 프랑스 이쪽에서 저쪽으로 물건을 운반하면서 각각의 귀족 영지마다 관세, 통행세 심지어 다리 통과료까지 내야 했다. 또한 부르주아지의 정치 진출은 중앙의 요직을 독차지한 귀족들에게 가로막혔다.

한편, 태양왕 루이 14세 때부터 누적되어온 재정 적자는 루이 16세 때 엄청나게 악화되고 있었다. 절대 왕정이 왕권을 강화하기 위해 벌여온 정복 전쟁과 궁전 건축은 밑 빠진 독처럼 국부를 소모시켰는데, 이런 사정에도 아랑곳없이 왕과 귀족들은 베르사유 궁에서 날마다 파티다 무도회다 하면서 흥청망청 돈을 써댔다. 여기에 루이 16세는 영국의 영향력을 견제하고자 미국 독립 전쟁에서 미국을 지원했는데, 이는 안 그래도 위태로운 재정 상태를 거의 파산으로 이끈 결정적인 한 방이었다. 드디어 재무부 장관 칼론이 국가 재정 상태를 공개했을 때 특권 계급 모두가 깜짝 놀랐다. 나라가 빚더미에 올라 있었던 것이다. 루이 16세 통치 초기인 1774년에는 15억 리브르였던 빚이 1789년에 와서는 45억 리브르로 세 배나 불었고, 급기야 한 해 지출의 50퍼센트가 채무 상환금이었다.

사실 개혁 방향은 하나뿐이었다. 지금껏 세금을 내지 않은 교회와 귀족에게 세금을 물리는 것. 국가의 부를 가장 많이 누렸으면 세금을 내는 것이 당연한 일인데도 특권 계급은 이조차 거부했다. 왕은 재정 개혁안을 논의하라며 명사회名士會를 소집했으나 귀족들은 재무부 장관의 개인적 스캔들이나 폭로하며 개혁안 논의를 흐지부지하게 만들었고, 귀족들이 장악한 고등 법원은 개혁안에 반대해 파업을 벌였으며 심지어 곳곳에서 반개혁 시위를 조직하기도 했다.

특권 계급은 국가의 상황이 자신들의 기득권을 내놓을 것을 계속 요구하자, 화살을 방향을 돌리고자 삼부회三部會 소집을 국왕에게 청했다. 삼부회란 원래 1신분에서 3신분까지 모여 국가적 사안을 의논하는

신분제 사회를 풍자한 그림 : 3신분인 평민이 1신분인 성직자, 2신분인 귀족을 세금으로 부양하느라 허리가 휜 모습이다.

기구로, 1614년 이후엔 열린 적도 없는 유명무실한 기구였다. 특권 계급의 속내는 삼부회를 통해 세금 부담을 자신들이 아니라 평민들에게 더 떠넘기려던 것이다. 루이 16세는 이들의 제안을 받아들여 1789년 5월 베르사유 궁전에서 삼부회를 개최한다고 발표했다.

바스티유 함락과 상퀼로트의 진출

"빵 값이 너무 올랐소. 물가 대책을 세워주시오!"
"교회에 내는 십일조를 폐지해주시오!"
"악덕 귀족을 처벌해주시오!"

삼부회 개최가 다가오자 귀족들이 예상하지 못한 일이 일어났다. 지방의 농민들, 파리의 소상공인과 노동자가 삼부회에 파견할 대표를 뽑아 온갖 청원과 진정을 전달하기 시작했던 것이다. 민중의 요구를 담은 벽보가 파리의 담벼락을 뒤덮었고, 사람들이 모여 토론을 벌이는 각종 클럽이 우후죽순 생겨났다. 민중의 요구를 대변하는 3신분 대표들은 주로 법률가나 의사, 작가 등 지식인 부르주아지였다. 후일 프랑스 혁명을 이끌게 되는 로베스피에르는 시골 마을 아라스의 변호사였는데, 그도 평민들의 요구를 한 보따리 메고 삼부회가 열리는 베르사유로 향했다.

그러나 왕은 삼부회에 대한 민중의 기대를 전혀 이해하지 못했다. 왕은 1신분과 2신분 대표들은 응접실에서 접대했으면서 3신분 대표들은 자신의 침실 밖에 긴 줄을 세워 기다리게 했다. 회의장에 들어갈 때도 3신분 대표는 다른 신분과 달리 좁은 뒷문으로 출입해야 했다. 그

테니스 코트의 서약 : 베르사유 궁전에서 열린 삼부회가 3신분의 요구를 받아들이지 않자, 3신분 대표들은 테니스 코트에 모여 '국민 의회'의 수립을 선포했다.

리고 왕은 개회 연설을 통해 삼부회가 무엇을 논의하든 최종 결정권자는 자신임을 강조하는 등 권위적인 태도로 일관했다. 1신분과 2신분 대표들 역시 애초 목적부터가 개혁안을 거부하고 면세 특권을 지키는 것이었으니, 삼부회는 시작부터 결과가 빤한 요식 행위가 되고 있었다. 게다가 삼부회는 절차적으로 3신분에게 불리했는데, 각 신분을 통틀어 한 표씩 주어졌으므로 3신분은 비록 숫자가 1신분과 2신분 대표를 합친 것보다 많아도 2 대 1로 질 수밖에 없었다.

이런 식으로 한 달이 넘도록 무시만 당하자 3신분 대표들은 분개했

카미유 데물랭(왼쪽) : 산악파의 혁명가이자 언론인. 바스티유 봉기를 호소하는 연설로 유명해졌으나 원래는 말을 더듬는 버릇이 있었다고 한다. 공포 정치 시기에 당통과 함께 처형당했다.
로베스피에르(오른쪽) : 그는 혁명을 이끌면서 반대파를 무자비하게 단두대로 보냈다. 그러나 '결코 매수할 수 없는 자'라고 불릴 정도의 청렴하고 투철한 혁명가이기도 했다.

고, 독자 행동을 하기로 결심했다. 그들은 실내 테니스 코트로 자리를 옮겨 자기들이 곧 '국민 의회'라고 선포했다.

"우리는 프랑스 국민의 대표이며, 총검으로 몰아내지 않는 한 해산하지 않을 것이오! 만약 강제 해산된다면 프랑스 국민은 납세를 거부할 것이며, 국민 의회의 결정에 왕은 거부권을 행사할 수 없소!"

국민 의회가 강경한 입장을 보이자 왕은 지방에서 군대를 동원해 이를 해산하려고 했다. 7월 12일, 군대가 다가오고 있다는 소식을 들은 파리 민중들은 즉시 시위에 나섰다. 국민 의회가 무너지면 자신들의 요구도 물거품이 된다는 사실을 알기 때문이었다. 파리의 3신분 대표 선거인단은 시청에 모여 코뮌을 선포했다. 왕으로부터 국민 의회를 지키겠다는 뜻이었다.

몰려든 시위 군중 앞에 한 청년이 나섰다. 그는 저널리스트로 이름난 카미유 데물렝이란 청년이었다.

"시민들이여, 우리의 적이 지금 다가오고 있습니다. 특권 계급의 군대가 파리를 점령하면 우리 애국자들은 학살당하고 말 것입니다. 무기를 드십시오, 무기를! 우리 스스로를 지키고, 프랑스의 자유를 위하여!"

그는 나뭇잎을 하나 따 모자에 꽂으면서 "희망의 초록빛을 봉기의 표식으로 삼읍시다."라고 말했고, 사람들이 너도나도 나뭇잎을 따는 바람에 근처의 나무는 가지만 남았다. 나뭇잎이 없는 사람은 초록빛 헝겊을 모자나 가슴에 꽂았다.

이틀 뒤인 7월 14일, 시민들은 바스티유 감옥으로 달려갔다. 정치범을 수감하는 바스티유는 전제정의 상징이었으며, 동시에 많은 무기와 탄약을 보유하고 있었기 때문이다. 감옥 경비대 지휘관인 뢰네 백작은 몰려드는 군중을 보고 경악하여 얼른 정문 앞 다리를 끌어올렸다. 감옥은 너비가 25미터나 되는 해자로 둘러싸여 있어서 다리가 없으면 건너갈 수가 없었다. 군중은 어디선가 긴 사다리를 가져와 몇 개씩 이은 다음 해자를 건너갔다. 그러나 뢰네 백작이 집중 사격을 명령하여 많은 희생자만 내고 대치는 계속되고 있었다.

"대포다, 대포가 왔다!"라는 함성과 함께 어디선가 끌어온 대포가 등장했다. 시민들이 쏜 대포가 감옥에 명중하자 밧줄이 끊어지면서 다리가 내려왔다. 다리를 건넌 시민들은 곧 바스티유의 정문도 돌파하여 감옥을 점령했다. 지휘관 뢰네 백작은 감옥과 함께 자폭하려고 화약 창고에 불을 붙이려 했으나 그 직전에 붙잡혔다. 흥분한 군중은 그를 질질 끌고 다니다가 시청 앞 광장에서 목을 베었다. 바스티유가 함락

바스티유 감옥 전투 : 민중들이 바스티유로 간 것은 정치범 구출보다는 그곳이 전제정의 상징이자 무기가 있는 곳이기 때문이다. 점령 후 바스티유는 파괴되어 광장으로 변하였다.

되었다는 소식에 겁에 질린 루이 16세는 국민 의회 해산을 포기했다. 시민들은 바스티유 감옥을 완전히 부숴 광장을 만들어버렸다.

파리의 봉기 소식이 전해지자 지방의 농민들도 흥분에 사로잡혔다. 농촌에는 귀족이 혁명을 저지하려고 외국 군대와 비적 떼를 동원한다는 소문이 돌았고, 공포에 사로잡힌 농민들은 자신을 지켜야 한다는 생각으로 무장을 하고 영주의 저택을 습격했다. 그들은 토지 문서를 불사르고 지주들을 죽였는데 이 사건은 '대大공포'라고 불렸다.

파리에서 상퀼로트가 혁명의 전면에 진출하고 농촌에서도 봉건 질서들이 하나씩 뒤집어지자 국민 의회의 부르주아들은 그때서야 자신들이 혁명을 하고 있음을 깨닫게 되었다. 국민 의회는 8월 4일에 "봉건 제도의 완전한 폐지"를 선언했고, 8월 26일에는 '인권 선언'을 발표했다. 인권 선언은 "인간은 자유롭고 평등하게 태어났다."는 자연법을 확인하면서 법 앞의 평등, 공평한 과세, 정치·사상의 자유가 인간의 권리임을 분명히 했다. 역사가 천 년의 잠에서 깨어나고 있었다.

민중이 루이 16세를 퇴위시키다

국민 의회는 '제헌 의회'로 이름을 바꿔 헌법을 만드는 토론에 들어갔다. 파리 민중들은 왕이 베르사유에 있어서는 언제 혁명을 뒤집을지 모른다고 생각했다. 여자들이 앞장서서 베르사유에 진을 치고 무장한 시민들이 시위를 벌이자 왕과 왕비는 할 수 없이 파리로 돌아왔고 튈르리 궁에 사실상 구금되었다. 국민 의회도 파리로 옮겨왔다.

약 1년간, 마치 '행동의 혁명'은 끝났고 '말의 혁명'만 남은 것 같았다. 왕은 파리 시민들이 선사한 삼색기 모자를 머리에 쓰고 바스티유 함락을 축성祝聖했다. 이제 시민들은 여러 개혁적인 조치가 나오고 계급 사이에 화합이 이뤄질 거라고 기대했다. 실제로 루이 16세는 그 정도에서 혁명을 진정시킬 수도 있었다. 라파예트가 이끄는 의회의 다수파는 온건한 입헌 군주제를 추구했기 때문이다. 그들의 오른쪽에는 왕당파가 있고 왼쪽에는 공화파가 있었다. 공화파에는 로베스피에르가 이끄는 자코뱅 클럽, 당통이 이끄는 코르들리에 클럽이 활발히 움직이는 중이었다. (자코뱅과 코르들리에는 공화파가 주로 모여 토론하던 수도원의 이름이다.) 그러나 그들은 아직 소수에 불과했다.

그러나 개혁이 차근차근 잘 진행될 것이라는 혁명가들의 생각은 환상이었다. 그 순간에도 왕은 오스트리아 군주에게 비밀 서신을 보내 프랑스를 침략하라고 요청하고 있었다! 와서 혁명을 제압하고 제 백성을 죽이라고 말이다. 1791년 6월 20일, 왕과 왕비는 침실 벽에다 의회를 조롱하는 글을 붙여놓고 궁을 탈출했다. 국외 망명을 기도한 것이다. 파리가 발칵 뒤집힌 가운데 민병대는 즉각 수색에 나섰다. 다행히 한 시골 우체국장이 마차를 타고 급히 지나가는 사람들이 왕과 왕비임을 알아차렸고, 민병대는 바렌느라는 마을에서 그들이 국경을 넘기 직전에 가까스로 체포할 수 있었다.

왕의 배신에 민중은 들끓었고 부르주아들은 이제 선택을 해야 했다. 왕정과 타협할 것인가, 민중과 동맹할 것인가? 입헌 군주제를 지지하는 보수파 부르주아들은 왕정이 파괴되면 이어 민중이 부자들을 공격할 거라고 두려워했다. 그들은 왕과 귀족의 특권을 자기들도 누리고 싶었을 뿐 상퀼로트들에게 그 권리를 줄 생각은 추호도 없었다. 반면 자코뱅파는 민중의 편에 서기로 했다. 1791년 7월에 자코뱅파는 샹 드 마르스 광장에서 공화정을 요구하는 집회를 열었다. 그러나 이 집회는 의회 다수파 라파예트가 동원한 군대에 의해 진압당했으며, 군대는 경고도 없이 시위대에 사격을 가해 50여 명을 죽였다.

자코뱅파를 제압한 보수파 부르주아들은 헌법을 확정했다. 제헌 의회는 해산하고 이제 법률을 만들기 위한 입법 의회가 소집되었다. 새 헌법은 봉건제를 폐지하고 국왕을 헌법 아래 두었다는 점에서는 의미가 있으나 민중의 요구를 철저히 외면하는 헌법이었다. 압권은 재산 수준으로 '능동 시민'과 '수동 시민'을 나눠 능동 시민에게만 선거권과 피선거권을 부여한 것이었다. 선거권을 얻으려면 매년 사흘 치 임금을 따로 납부해야 했는데, 그날그날 먹을 빵을 겨우 마련하는 가난한 시민들에게 이는 불가능한 액수였다. 또 봉건적 토지 소유는 폐지되었으나 농민들이 자기 땅을 얻으려면 귀족에게 돈을 주고 그 땅을 '되사야' 했다. 농민에게 그럴 돈이 있겠는가? 그러나 왕은 이런 헌법 조치도 비준하기를 거부했다.

혁명에 총체적인 위기가 닥치고 있었다. 보수파 부르주아들이 제대로 된 개혁 조치를 외면하면서 물가가 치솟았고 식량 품귀 현상이 나타나 상퀼로트들이 불만에 차 있었다. 귀족과 보수파 성직자들은 지방에서 반혁명 반란을 부추겼다. 여기에 밖으로는 망명 귀족과 유럽 군주들의 군대가 혁명을 진압하려고 다가오는 중이었다.

자코뱅파 내의 온건 공화파는 대對프랑스 동맹군과 전쟁을 벌일 것을 강력히 선동했다. 그들은 지롱드 지방 출신이 많아 훗날 지롱드파라고 불리는 이들이었다. 거의 모든 부르주아 정파들이 전쟁에 찬성했다. 전쟁만이 국내의 혼란을 잠재우고 나아가 자신에게 권력을 쥐어줄 거라고 예상했기 때문이다. 오로지 로베스피에르와 자코뱅의 소수 좌파만이 전쟁에 반대했다. 그들은 프랑스군의 실력을 냉정히 파악했고 전쟁은 반혁명을 불러올 뿐이라고 예견했다. (후일 나폴레옹의 집권은 이 예견이 정확했음을 입증한다.) 그러나 의회를 주도하게 된 지롱드파는 1792년 4월 20일 오스트리아에 선전 포고를 결의했다. 이날 의회의 반대표는 열 명뿐이었다.

지롱드파의 호언장담과는 달리 프랑스군은 연전연패했다. 군사 경

국민방위대 창설 : 1789년 7월 13일, 부르주아지를 주축으로 국민방위대가 창설되었다. 국민방위대는 상퀼로트와 함께 주요 국면마다 행동에 나서 혁명을 진전시켰다.

험이 많은 왕당파 장군들은 상당수가 망명해버렸고, 일부 장군들은 전투 중에 적국 군대에 항복해버리기도 했다. 심지어 군대 내에서 평민파인 사병들과 귀족파인 지휘관들이 갈등을 빚느라 군기도 문란했다. 라파예트는 군대를 이끌고 파리로 돌아와 쿠데타로 정권을 잡을 음모까지 꾸미고 있었다. 이런 총체적 위기로 인해 자코뱅파와 지롱드파가 차이를 뛰어넘어 단결했다. "조국이 위기에 처했다!"고 그들은 선언했고, 민중의 의용군 입대를 독려하면서 모든 의용군은 파리로 집결하라고 촉구했다. 단 며칠 만에 1만 5000명이나 되는 파리 시민들이 국민방위대에 입대했다. 이때 마르세유 의용군이 파리로 행진하며 불렀던 노래가 바로 현재 프랑스 국가인 〈라 마르세예즈〉다. 시인이기도 한 의용군 대위 루제 드 릴이 하룻밤 사이에 지었다고 한다.

일어나라, 조국의 아들딸이여!
영광의 날이 다가왔도다
우리와 맞서는 폭군이
피에 물든 기를 흔들고 있다
시민이여, 무기를 들자
전투 대오를 지어라
나가자! 나가자!
침략자의 더러운 피가
우리의 밭고랑에 흐르게 하라

대프랑스 연합군의 사령관 브라운슈바이크 공작은 "곧 파리를 철저히 응징한 후 역도들에겐 무서운 벌을 내리겠다."고 협박했다. 파리 민

튈르리 궁을 공격하는 민중들 : 유럽 연합군이 프랑스로 진격해오자, 위기를 느낀 공화파와 상퀼로트는 왕의 퇴위를 결의하고 왕이 기거하는 튈르리 궁을 습격했다.

중들은 또 한 번 과감히 움직였다. 파리의 48개 코뮌 모두에서 왕의 퇴위가 결의되고, 1792년 8월 10일 파리에 집결한 의용군, 국민방위대, 상퀼로트는 일제히 봉기하여 왕이 기거하는 튈르리 궁을 공격했다. 이 전투에서 왕궁을 지키는 경비대와 왕당파 귀족 900명이 살해되었고 봉기 군중도 400명이 죽었다. 다음날 아침, 궁에서 일어난 매캐한 연기가 파리 하늘을 뒤덮었다. 로베스피에르는 입법 의회에 왕권 정지 선언을 촉구했고 의원들은 이를 가결했다. 입법 의회는 능동 시민과 수동 시민의 구별을 폐지하고 보통 선거로 국민 공회國民公會를 소집하기로 결정했다. 루이 16세와 왕비 앙투아네트는 유폐되었다.

9월에 국민 공회 선거가 실시되자 공화파가 압승을 거두었다. 국민 공회가 개원하던 9월 20일, 그동안 연전연패하던 프랑스군이 발미에서 유럽 연합군을 격파했다.

"오늘, 프랑스는 분리할 수 없는 하나의 공화국임을 선포한다!"

국민 공회 의장이 이렇게 선언하자 시민들은 열광했다. 이제 망명 귀족의 재산은 몰수되어 재분배되고, 교회에 내는 십일조는 폐지될 것이었다. 농지법이 제정되어 모든 농민들에게 토지가 공급되고, 징발법으로 부자들에게서 전쟁 물자를 강제 징발할 것이었다. 국민 의무 교육이 확립되고, 병영에선 사병들이 직접 장교를 선출할 것이었다.

공포 정치, 혁명의 반동을 부르다

폐위된 왕을 어떻게 할 것인가를 두고 공화파 부르주아 사이에서도 의견이 충돌했다. 지롱드파는 왕을 폐위시켰으면 그만이지 더 나아간 처벌까진 필요치 않다는 입장이었다. 반면 산악파(이 시기에 자코뱅 좌파는 의회의 위쪽 좌석에 주로 앉아 산악파라고 불렸다.)는 왕을 죽여야 한다고 주장했다. 이것은 실제로는 두 세력의 배경을 반영한 것이었다. 지롱드파는 상층 부르주아를 대변했고 민중의 정치적 진출을 두려워했다. 그들은 농지법과 징발법에도 반대했다. 그들은 '재산 소유의 자유'를 지키고자 했고, 그러려면 왕을 내세워 '질서'를 확립해야 했다. 그러나 급진적 부르주아인 산악파는 민중을 대변했고 평등과 공공선을 내세웠다.

그러나 튈르리 궁에서 루이 16세가 외국 군주들과 협잡한 내용의 편지들이 발견되고, 지롱드파도 왕과 은밀히 내통했음을 보여주는 문서가 드러나면서 지롱드파의 입지가 좁아졌다. 1793년 1월 14일, 루이 16세에 대한 재판이 시작되어 닷새 동안 진행되었다. 시간이 오래 걸린 이유는 모든 의원들이 돌아가며 일어나 유죄 또는 무죄를 밝히고 그 이유까지 설명해야 했기 때문이다. 로베스피에르는 이렇게 말했다.

"루이가 무죄일 수도 있다. 그러나 그가 무죄라면 혁명이 유죄가 된다. 이제 와서 혁명을 죽일 수는 없지 않은가? 그러므로 루이가 죽어야 한다."

의원 전원의 찬성으로 왕의 유죄가 결정되고, 이어 형량에 대한 투표로 들어갔다. 387 대 334라는 근소한 차이로 사형이 확정되었다. 집행 유예 여부는 부결되었다. 1월 20일 아침 10시, 콩코르드 광장에 설치된 단두대에서 루이의 머리가 땅에 떨어졌다. 그는 개인적으로는 사악한 인간이 아닐 수도 있지만, 반대로 혁명의 안타까운 피해자도 아니었다. 그는 민중의 피땀 위에 사치와 향락을 누렸고, 작은 개혁으로 혁명을 진정시킬 수 있었음에도 여러 차례나 그 기회를 박찼으며, 급기야 외국 군대를 불러 자기 국민을 죽이려고 했다. 그의 처형은 인간적으로는 불행한 일일지 몰라도 역사의 정당한 심판이었다.

이제 혁명은 배수진을 쳤다. 만약 연합군과의 전쟁에서 지거나 왕당파가 복권한다면 피의 보복이 일어날 것이었다. 전 유럽이 프랑스와 싸우고 있었으며 영국의 상륙 작전이 임박했다는 소문이 돌았다. 의용군만으로는 힘에 부치자 국민 공회는 농민들을 강제 모병했는데, 이것이 농민들의 반발을 사자 반혁명 세력이 농민들의 불만에 불을 댕겼고 이는 방데 지역의 대규모 반혁명 반란으로 이어졌다. 도시의 식량 부족을 틈타 이익을 노린 투기꾼들이 판을 쳤다. 지롱드파는 이런 상황

루이 16세의 처형 : 그는 처형 직전 광장의 시민들에게 "백성들이여, 나는 죄 없이 죽는다!" 하고 소리쳤다. 그를 처형함으로써 혁명은 돌아올 수 없는 강을 건넜다.

에서 난데없이 프랑스를 분권적 연방제로 바꾸자는 선동을 했다. 그러나 그것은 혁명의 기관차인 파리 민중의 힘을 꺾기 위한 전략이었다. 지롱드파가 상퀼로트 지도자들까지 대거 체포하자 혁명가들은 심각한 위협을 느꼈다.

혁명을 지키자는 로베스피에르의 호소에 따라 파리 민중이 또다시 봉기했다. 1793년 5월 말에서 6월 초, 상퀼로트는 파리를 장악하고 의회를 포위했다. 그들은 국민 공회에 지롱드파 의원들을 반혁명 혐의로 체포하라고 요구했다. 29인의 지롱드파 의원들이 탄핵당했고, 상퀼로트는 산악파에게 권력을 맡겼다. 로베스피에르는 혁명의 위기를 돌파하기 위해 공안위원회를 신설하고 모든 권력을 집중시켰다. 공안위원회는 많은 일을 했다. 곡물 최고 가격제를 도입하여 물가를 안정시켰고, 생필품 투기꾼들을 사형에 처했으며, 농지법을 통과시켜 농민들의 토지 소유를 보장했다. 초등 의무 교육을 도입하면서 교직원 봉급을 국고에서 지원하기 시작한 것도 이때부터였다. 또 모든 성인 남성의 보통 선거권을 명시한 '1793년 헌법(일명 자코뱅 헌법)'도 제정했다.

그러나 반혁명의 위협은 혁명 정부로 하여금 공포 정치를 선택하게 했다. 실제로 반혁명 반란군이 리옹, 마르세유, 툴롱 등에서 공화파 시민을 수백 명씩 학살하는 중이었고 탄핵된 지롱드파들도 곳곳에서 반란을 선동하고 있었다. 로베스피에르는 "반역자에 대한 나약함이 우리를 파괴시킨다."면서 반혁명혐의자법을 통과시켰고 공안위원회 직속의 혁명 재판소를 설치했다. 왕비 마리 앙투아네트, 귀족, 왕당파, 지롱드파, 보수파 부르주아지, 투기꾼, 부자 그리고 '혁명을 방해한다는 혐의가 있는' 사람이 무차별적으로 혁명 재판소에 회부되었다.

약 10개월의 공포 정치 기간에 파리에서만 약 1500명, 전국적으로는 약 1만 5000명이 약식 재판을 거쳐 처형되었다. 처음에는 예비 신문과 피고인의 자기변호는 허용되었지만, 1794년 6월 10일 이후로는 그조차도 불허되어 배심원의 심증만으로도 사형 선고가 내려졌다. 심지어 반혁명 죄인과 같은 감옥에 있었다는 것조차 공모의 가능성이 있다고 여겨져 처형의 근거가 되었다. 그러다 보니 6월 10일부터 공포 정치가 끝나는 7월 27일까지 약 한 달 보름간 처형된 사람이 이전의 전체 희생자보다 많을 정도였다.

맨 처음의 이유야 어찌되었든, 공포 정치는 마치 살아 움직이는 괴물처럼 더 많은 먹이를 요구했다. 급기야 괴물의 이빨은 자코뱅의 혁

공포 정치에 대한 반혁명 : 남프랑스 미디에서 '태양의 동지들'이 자코뱅과 친정부 성직자들을 살해했다. 백색 테러의 희생자는 공포 정치의 희생자보다 결코 적지 않았다.

명 지도자들과 상퀼로트에게로 향했다. 산악파의 거두 당통과 에베르도 차례대로 숙청되어 단두대로 향했다. 혁명 내내 급진적 부르주아지의 가장 강력한 동맹자였던 상퀼로트가 침묵하기 시작했다. 혁명은 얼어붙었고 공포가 사람들을 지배했다. 로베스피에르 세력은 철저히 고립되었다.

혁명력으로 테르미도르 9일(7월 22일, '테르미도르'는 더운 달이란 뜻), 여느 때처럼 로베스피에르는 국민 공회의 의석에 앉아 반혁명을 제거하자는 연설을 준비하고 있었다. 그러나 연설을 시작하기도 전에 몇몇 의원들이 단상에 뛰어올랐다. 비요 바렌이라는 에베르파 의원이 나서서 핏대를 올렸다.

"이제 더 이상의 중상모략은 그만두어라! 당신들은 피에 굶주린 폭군에 불과하다. 여러분, 폭군을 타도합시다! 독재자를 몰아냅시다!"

로베스피에르가 차분히 대꾸하려고 자리에서 일어나자 의장이 '딸랑딸랑' 종을 흔들어 제지했다. 이미 회의장에서는 생쥐스트, 쿠통 등 몇 명을 제외한 나머지 의원 전체가 로베스피에르에게 대들고 있었다.

"로베스피에르를 타도하자!"

"저자를 체포하라!"

기가 막힌 로베스피에르가 다시 일어나자 의장은 다시 종을 흔들었고, 힘센 의원 몇 명이 로베스피에르와 지지자들의 멱살을 움켜잡았다. 그는 끌려가면서 혼신의 힘을 다해 외쳤다.

"공화국은 망했다! 강도들이 이겼구나!"

가까스로 그들의 손에서 탈출한 로베스피에르는 파리의 상퀼로트들에게 행동을 촉구했다. 그러나 공포 정치로 인해 민중 조직들은 이미 해체되었고 그들의 신문도 폐간되어 있었다. 요컨대 상퀼로트는 더 이상 그의 호소에 따르고 싶어도 따를 수가 없었다. 소수의 노동자들이 무장을 하고 달려왔지만, 그들 역시 스스로 판단하고 행동하던 과거의 경험을 잊은 지 오래였다. 그들은 지시를 기다리다가 밤이 늦자 그만 흩어져버렸다.

다음날 반대파들은 로베스피에르와 그의 동지들을 다시 체포했고, 그들은 혁명 재판소에 회부되어 변론의 기회도 없이 사형을 선고 받았다. 선고 받은 그날 오후 다섯 시, 혁명 광장의 단두대에서 그들의 선혈이 뿌려졌다. 그들의 잘린 머리 위로 붉은 태양이 서쪽으로 기울고 있었다. 테르미도르 반동으로 불리는 이 사건은, 프랑스 혁명의 흐름을 '부자들을 위한 공화정'과 '나폴레옹 독재'라는 어둠으로 향하게 만드는 분수령이 되었다.

연표	
1715년	절대 왕정 구축한 루이 14세 사망
1774년	루이 16세 즉위. 프랑스 경제는 성장했으나 재정 적자도 막대해짐
1789년	5월, 재정 적자 해결을 위해 삼부회 소집
	6월 20일, 테니스 코트의 선언과 국민 의회 수립(제헌 의회가 됨)
	7월 14일, 파리 상퀼로트가 바스티유 성채 함락
	8월 26일, 인권 선언 제정
1791년	왕과 왕비의 국외 탈출 시도 실패. 제헌 의회는 입법 의회로 전환
1792년	4월, 프랑스-오스트리아 전쟁 개시
	8월, 상퀼로트가 튈르리 궁 습격. 국민 공회에서 국왕 폐위 결정
1793년	1월, 루이 16세 처형
	5월, 상퀼로트가 자코뱅파를 지지하여 봉기. 지롱드파가 축출되고 공포 정치 시작
1794년	7월 24일, 테르미도르 반동으로 로베스피에르 축출

Haitian Revolution
아이티 혁명

흑인 노예들, 공화국을 건설하다

1791년

노예의 지옥 백인의 천국, 생도맹그

이탈리아의 시인 단테는 『신곡』에서 지옥을 묘사하며 "이곳에 들어오는 자, 모든 희망을 버려라."라고 썼다. 그러나 그가 17세기에 아프리카에서 신대륙으로 향하는 노예 운송선을 볼 수 있었다면 그곳이야말로 지옥이었다고 썼을 것이다.

배 안에는 흑인 수백 명이 한 명당 가로 1.2~1.5미터, 세로 0.6~0.9미터 정도 허용된 공간에 차곡차곡 포개어 '선적' 되었다. 그들은 다리조차 마음껏 뻗을 수 없었으며, 팔다리는 쇠사슬로 배에 고정되어 배

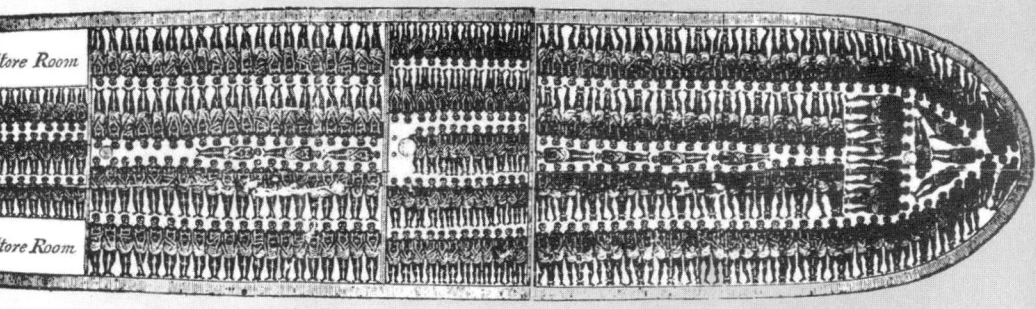

노예선 단면도 : 돌아누울 틈도 없이 빽빽하게 채워진 흑인 노예들. 백인들은 16세기부터 3백 년간 아프리카 서부 해안을 중심으로 1000만 이상의 흑인을 노예로 붙잡아 팔았다.

가 파도에 이리저리 흔들리면 족쇄가 살을 파고들어 비명과 신음소리가 선실에 가득 찼다. 식사는 아침 9시와 오후 4시에 두 번, 그것도 죽지 않을 만큼 배급되었으며 똥오줌은 앉은 자리에서 해결해야 했으므로 악취가 진동했다. 그래서 며칠에 한 번씩 선원들은 노예들을 갑판에 끌어내고 선실을 청소해야 했다.

운송 과정에서 평균 다섯 명 가운데 한 명이 사망했는데도 노예 상인들과 선장들은 그것을 단지 '불가피한 손실'이라고 여겼다. 흑인들에게 좀 더 인도적인 환경을 만들어주는 것보다 일부가 죽더라도 많은 노예를 실어 나르는 것이 이윤이 더 컸기 때문이다. 이처럼 항해 도중에 죽은 노예는 대략 계산해도 150만 명에 달한다. 때로 선장은 항해 도중 날씨가 나쁘면 배의 무게를 줄이기 위해 노예 전원을 독살하거나 그들을 한 줄로 묶은 다음 무거운 돌을 달아 줄줄이 바다에 처넣어버렸다. 흑인들이 고분고분한 상품이라는 노예 상인들의 선전과는 달리 흑인들은 빈번하게 선상 반란을 일으켰다. 백인들은 때로 흑인 하나를 죽여 그 살점을 다른 흑인에게 먹이기도 했다. 그러면 흑인들은 자신도 그와 같은 운명이 될까봐 몹시 두려워했다.

사탕수수로 설탕을 만드는 공정 : 사탕수수를 분쇄, 압착한 뒤 그 액을 끓이고 졸여 설탕을 얻는다. 생도맹그 농장주들은 흑인 노예들을 혹사시켜 높은 생산성을 올렸다.

16세기부터 19세기까지 약 3백 년간 아메리카 대륙으로 잡혀 온 아프리카 흑인은 적게 잡아도 1000만 명 이상이다. 아메리카 대륙에 진출한 에스파냐 인들은 처음에는 카리브 해 원주민들을 동원해 설탕, 커피, 담배, 면화 등 플랜테이션 농장을 시작했는데 이 과정에서 원주민의 90퍼센트가 가혹한 착취와 학살 그리고 유럽에서 온 전염병으로 목숨을 잃었다. 에스파냐 인들은 부족한 노동력을 메우기 위해 아프리카 흑인들을 데려오기로 했다. 그들은 아프리카 해안에 가서 직접 노예를 사냥하기도 하고, 더 악랄하게는 이웃 부족과 사이가 나쁜 부족에게 무기를 주고 전쟁을 부추겨 전쟁 포로를 차지하기도 했다. 백인들은 붙잡은 흑인들이 도망치지 못하게 등에 20킬로그램이 넘는 돌을 지우고 긴 장대에 일렬로 묶어 해안까지 걷게 했다. 그 전엔 부족 사이의 다툼이라봐야 어쩌다 몇 명이 죽는 것이 전부였지만, 백인들이 전쟁을 부추기면서 살육과 기아가 일상이 되어버렸다.

후에 아이티가 되는 '생도맹그(에스파냐어로 산토도밍고)'는 카리브 해의 에스파냐령인 히스파니올라 섬 서부를 가리킨다. 1697년 프랑스는 이곳을 에스파냐에게서 빼앗아 대규모 노예 농업을 시작했다. 생도맹그는 기후와 풍토 모든 면에서 사탕수수 재배에 최상의 조건을 갖추고 있었고, 곧 이곳의 설탕 생산량이 아메리카 일대의 다른 유럽 식민지에서 나는 생산량을 능가했다. 거기에 커피, 면화, 코코아까지 더하면 유럽의 소비량 거의 절반이 여기에서 났다. 생도맹그는 프랑스 식민주의자들에게 보물과도 같은 땅이었다. 이 생산량을 유지하고자 흑인 노예가 끊임없이 수입되었고, 그 숫자는 1789년 프랑스 혁명 이전에 약 50만 명으로 생도맹그 인구의 90퍼센트에 이르렀다. 반면 백인의 숫자는 약 3만 명, 백인과 흑인의 혼혈인 물라토의 숫자는 약 2만

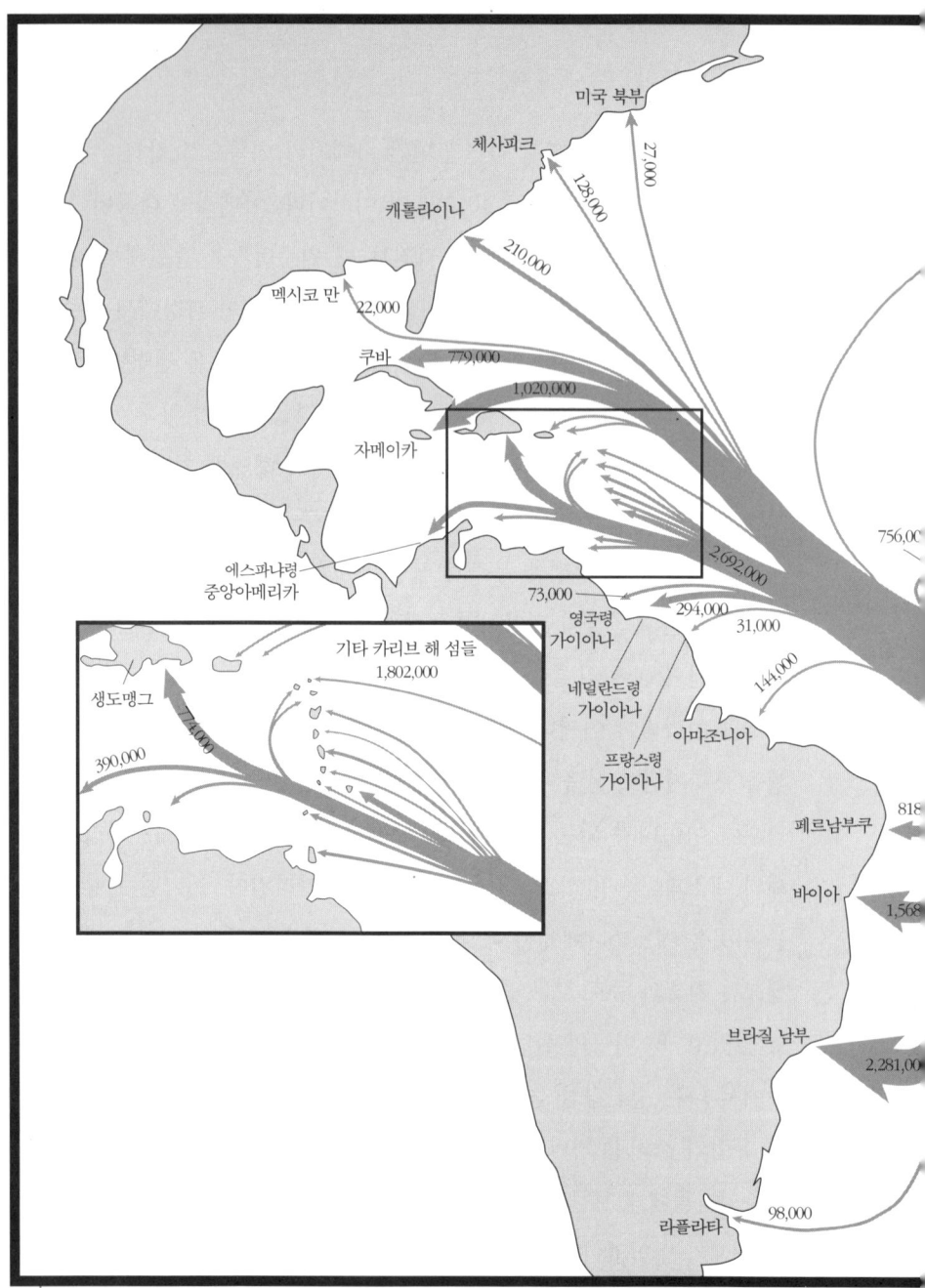

서아프리카의 해안과 내륙에서 붙잡혀 신대륙으로 이송된 흑인 노예의 수는 약 1000만~1200만 명에 달하는 것으로 추산한다. 그중 절반이 서인도 제도의 사탕수수 농장 노동에서 마멸되었으며, 그와 비슷한 수인 47%가 브라질로, 나머지 3%는 북미 등 기타 지역으로 유입되었다.

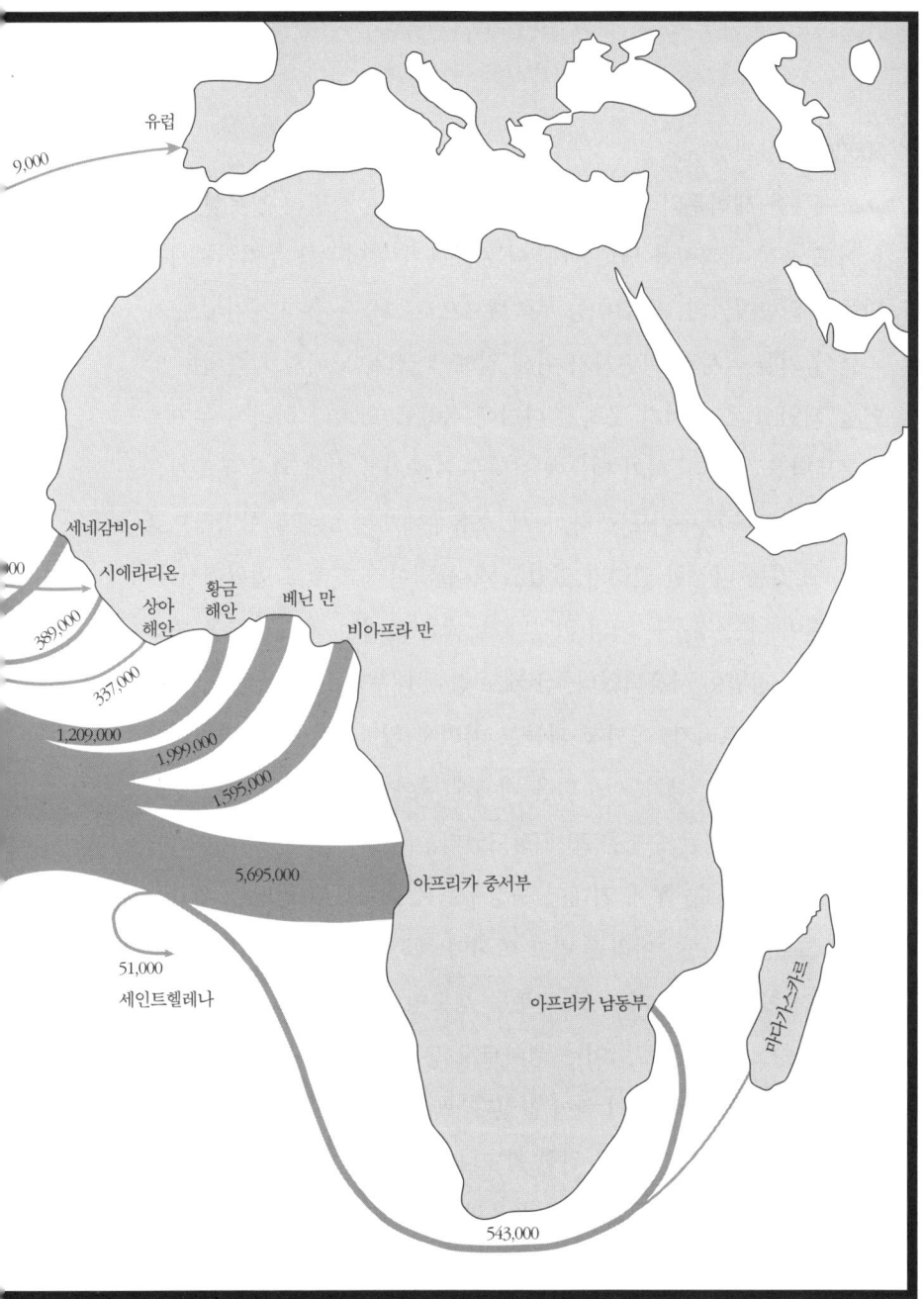

화살표의 볼륨은 인원수를 뜻하며, 출발 인원의 합계와 도착 인원의 합계가 맞아떨어지지 않는 것은 수송 과정에서 발생한 사망자 때문이다.

대서양 노예 무역

5000명에 불과했다.

　노예들은 새벽부터 자정까지 농장에서 일했다. 특별히 잘못한 것이 없어도 늘상 채찍질을 당했는데, 이는 노예가 농장주를 두려워하게끔 만들기 위함이었다. 배급이 늘 부족했으므로 그들은 휴식 시간에도 자기들이 먹을 식량을 마련하기 위해 일해야 했다. 노예의 가슴에는 낙인을 찍었고, 도망치지 못하게 다리에 족쇄를 달거나 허리에 무거운 나무토막을 묶었다. 허기 때문에 사탕수수 줄기를 입에 넣지 못하게끔 양철 마스크를 씌우기도 했다. 노예 소유주에게는 노예를 합법적으로 죽일 수 있는 다양한 권리가 있었고 혹 불법이라고 해도 법원에서 유죄 판결이 나는 경우는 거의 없었다. 노예를 죽이는 데도 상상을 초월한 잔혹한 방법이 사용되었다. 산 채로 불에 태우기, 항문이나 입에 화약을 채워 터트리기, 목까지 파묻고 머리에 설탕물을 발라 파리에게 뜯어먹히게 하기, 상처를 낸 다음 개에게 잡아먹히게 하기 등등. 생도맹그 노예들의 평균 수명은 20세 정도였다.

　노예가 생산하는 부에 기대어 농장주들은 호화롭고 방탕한 생활을 했다. 그들이 하는 일이라곤 먹고 마시며 예쁜 흑인 여자들을 희롱하는 게 전부였다. 그들이 수탈한 부는 생도맹그의 발전에 재투자되지 않았다. 주요 도시인 르캅이나 생마르도 총독의 관저나 관공서, 유흥 시설을 제외하곤 낙후하기 짝이 없었다. 백인 아이들도 교육은 본국에서 받았다. 당연히 노예들을 위한 학교나 문화 시설 따위 없었다.

　그러나 생도맹그의 부는 본국인 프랑스에 커다란 변화를 일으키고 있었다. 식민지의 원료를 가공하여 수출하면서 프랑스 경제가 급성장했다. 낭트나 마르세유, 보르도처럼 해안 도시가 크게 발달했고 나라 곳곳에 제당 공장이나 방직 공장이 속속 들어섰다. 대상인과 자본가,

그리고 이들과 함께 법률가, 언론인 등 부르주아 계급이 사회의 새 주역으로 등장했다. 아이러니하게도, 노예제에 바탕을 두고 성장한 이 부르주아 계급은 곧 '자유와 평등'이라는 슬로건으로 세상을 바꿀 운명이었다.

프랑스 대혁명, 아이티 혁명을 촉발하다

생도맹그의 인구는 크게 다섯 계급으로 나뉘었다. 가장 아래에 있는 이들은 물론 절대 다수의 흑인 노예였다. 흑인 노예 위에는 흑백 혼혈인 물라토와 자유 흑인이 있었다. 백인들이 보았을 땐 물라토나 흑인이나 똑같이 열등한 유색인이었지만, 그래도 물라토의 처지는 상대적으로 자유로웠고 악착같이 노력하면 재산을 모을 수도 있었다. 물라토의 일부는 노예를 거느리기도 했고 가난한 백인에게 돈을 꿔주면서 사회적 영향력을 행사했다.

다음으로 소小백인, 그 위로 대大백인이 있었다. 대백인은 대농장주나 대상인 등 재산과 지위를 가진 귀족이나 상층 부르주아였고, 소백인은 적은 수의 노예를 거느린 소농장주나 전문인, 하층 부르주아로 여기엔 각종 모험가나 얼치기 범죄자도 끼어 있었다. 생도맹그의 최상층은 프랑스 국왕이 임명한 총독과 장관 등 지배 관료들이었다. 이 소수의 백인들이 엄청나게 많은 흑인 노예들, 그리고 '믿을 수 없는 인종'인 물라토를 다스리며, 그들의 생산물을 착취하는 사회가 생도맹그였다. 수적으로 월등히 많은 이들을 지배하기 위해 백인들은 무자비한 폭력에 의존해야만 했다.

1789년 5월, 프랑스에서 변화의 기운이 감지되고 있었다. 왕이 파탄난 국가 재정을 해결하려고 삼부회를 소집하자 부르주아들은 국민의 대표자를 자임하며 각종 청원을 모아 베르사유로 갔다. 생도맹그의 부르주아들도 이 움직임을 주목했다. 농장주들은 그동안 본국이 본국의 이해를 앞세워 생도맹그의 수입과 수출을 규제하는 것에 불만이 컸다. 프랑스 식민지는 오로지 프랑스의 공산품만 수입할 수 있으며 농산물 수출은 프랑스 선박을 이용해야만 했던 것이다. 이제 본국 부르주아들의 구호인 자유와 평등을 생도맹그 부르주아들도 외치기 시작했다. 물론 이 자유나 평등은 식민지의 부르주아들이 본국과 생도맹그 지배 관료들에게 외치는 구호일 뿐 노예나 물라토를 위한 것은 전혀 아니었다.

백인들은 노예들 앞에서 자기들끼리 혁명이 어쩌고 자유가 어쩌고 하며 떠들어댔다. 백인들은 '짐승과 다를 바 없는' 흑인들이 그런 어려운 이야기를 이해할 거라고는 꿈에도 생각지 않았지만 그렇지 않았다. 백인들의 편견과는 달리 많은 흑인들은 아프리카 고향에서 부족 공동체의 일원으로 정치적 경험을 쌓아왔으며 또 그들 중 많은 수가 전사 출신이어서 판단력과 행동력이 뛰어났다. 백인들의 거실에서 프랑스 정세에 대한 얘기가 새어 나오면 노예들은 자기들의 네트워크를 통해 그 이야기를 퍼트리며 '학습'을 했다.

그 즈음 놀라운 소식이 생도맹그에 날아들었다.

"급보요, 급보! 파리 시민들이 바스티유 감옥을 점령했대요! 혁명이 났답니다!"

역사의 수레바퀴가 급히 돌았고 생도맹그도 격변에 휩싸이기 시작했다. 농장주들의 민병대가 왕당파 지배 관료를 공격했고 다급해진 지

생도맹그 독립 전쟁: 생도맹그 흑인군과 프랑스군 소속 폴란드 군단 사이에 치열한 전투가 벌어지고 있다. 흑인군은 유럽 열강의 군대를 차례로 꺾고 독립을 쟁취했다.

배 관료들은 이들을 막기 위해 물라토에게 도움을 청했다. 그러자 물라토는 본국의 혁명 의회에 자기들도 대표를 파견하게 해달라고 요구했고, 이를 허락 받자 관료들에게 협조했다. 백인들끼리도 소백인이 대백인의 기득권을 비난하며 분쟁을 일으켰다. 또한 소백인과 대백인 모두 물라토의 요구는 짓밟으려 했다. 그러자 부유한 물라토들은 직접 파리로 가서 "자유로운 유색인들에게까지 투표권을 확대한다."는 법령이 통과되도록 로비했고, 법령에 반발하는 백인들과 싸우기 위해 미국에서 총과 탄약을 구입해 들여왔다. 그러나 이들 모두가 흑인 노예들의 처지에는 무관심했고 노예제 폐지는 더더욱 바라지 않았다. 그건 그들의 발밑을 허무는 것이었으니까.

1791년, 본국에선 루이 16세와 왕비가 오스트리아로 도주하려다가 민중들이 나서서 그들을 체포했다. 이는 부르주아 계급과 왕당파의 싸움 속에 민중들이 정치 세력으로 나선 것을 의미했다. 생도맹그에서도 같은 일이 일어났다. 백인들끼리, 또는 백인과 물라토가 다투던 중에 8월부터 부두교 사제 부크망의 주도로 흑인 노예들이 르캅 일대에서 봉기했다. 반란 노예들은 백인은 어른이든 아이든 가리지 않고 닥치는 대로 살해했고 농장에는 불을 질렀다. 그들의 폭력은 경악스러웠지만 기실 그것은 백인들에게 그동안 그들이 겪고 배운 것에 불과했다. 그러나 노예들은 곧 이성을 찾았고, 부크망이 붙잡혀 처형당한 후에는 스스로 지도자를 뽑아 질서 있는 군대로 거듭났다. 그들은 노예제 폐지를 내건 흑인 반란군으로 생도맹그의 정치 무대에 정식으로 등장했다.

뛰어난 흑인 지도자이자 전략가인 투생 루베르튀르가 나타난 것도 이때였다. 그는 마흔 다섯 살로 키도 작고 외모는 볼품없었으나 머리가 명석하여 그의 주인이 농장 집사의 직책을 맡길 정도였다. 그는 순식간에 반란군의 지도자가 되었다. 투생은 아프리카에서 부족장이었던 아버지에게서 전사의 피를 물려받았으며, 노예 생활을 하면서도 틈틈이 많은 계몽 서적을 읽고 공부를 해왔다. 그러나 그가 행동에 나선 것은 무엇보다도 자신이 겪어온 노예의 고통과 설움이었다. 어느덧 투생의 휘하에 몰려온 병사는 4000명에 달했다. 데살린, 크리스토프, 모이즈 등 용감한 흑인들이 그의 측근이 되었다.

프랑스의 부르주아들은 자유와 평등을 외치면서도 식민지의 노예제 폐지에는 주저했다. 식민지가 채워주는 상업적 이득을 포기할 수 없던 것이다. 집권 지롱드파는 아예 흑인 반란을 진압하기 위해 토벌군을 파견했다. 그런데 프랑스와 유럽 열강 사이에 전쟁이 벌어지자 다른 나라들도 끼어들었다. 영국은 이 기회에 카리브 해의 노른자위인 생도맹그를 빼앗으려고 원정군을 파견했고, 이웃 도미니카공화국을 통치하고 있던 에스파냐도 기회를 놓칠 새라 국경을 넘어 밀고 들어왔다.

외국군은 생도맹그의 내란을 부채질하기 위해, 자기들과 동맹한다면 생도맹그의 독립을 돕겠다며 물라토와 흑인 반란군을 감언이설로 꾀었다. 그러나 투생은 외국군들도 생도맹그를 차지하면 도리어 노예제를 강화하리라는 것을 알고 있었다. 그래서 그는 프랑스군에게 사절을 보내, 프랑스가 노예제를 폐지한다면 기꺼이 공화국기 아래서 외국군과 싸우겠다고 제안했지만 거절당했다.

이때 프랑스에서는 자코뱅파가 민중의 힘을 빌려 지롱드파를 축출했고, 자코뱅이 주도하는 국민 공회는 1794년 2월 4일 프랑스의 모든 영토에서 노예제를 영구히 폐지한다고 선언했다. 이는 자코뱅파가 혁명의 대의에 좀 더 충실했기 때문이기도 하지만, 영국과 에스파냐에게 생도맹그를 빼앗기지 않으려면 서둘러 노예 반란군을 프랑스군에 편입시켜야 했기 때문이다. 다행히 후임 프랑스군 사령관 라보는 혁명의 대의를 이해하는 사람이었다. 투생이 합류하겠다는 편지를 보내자 라

투생 루베르튀르 : 그는 탁월한 전략으로 노예 해방을 이끌었지만 한편으로 백인과 공존하는 나라를 원했다. 그러나 결국 백인 식민주의자들은 그의 꿈을 배신했다.

보는 그를 초청해 벅찬 악수를 나눴다.

"투생 장군, 환영하오! 이제 프랑스군의 장교가 되셨으니 함께 혁명을 지켜냅시다!"

"라보 장군, 저와 동지들은 목숨을 걸고 외국군을 몰아낼 것입니다!"

투생은 진심으로 프랑스를 사랑했다. 왕과 총독과 농장주의 프랑스가 아니라 자유와 평등, 우애의 공화국 프랑스를 말이다. 투생의 군대는 용맹했다. 타고난 사냥꾼들인 흑인 전사들은 매복과 기습에 능했고 유럽식 보병전과 포병전도 금세 습득했다. 그들은 밀림과 산과 늪을 가리지 않고 나타났다 사라지며 외국군을 공격했다. 투생은 에스파냐군과 7일 동안 7번 싸워 모두 승리한 적도 있었다. 영국군은 1794년부터 생도맹그에 진출했지만 황열병과 투생 군대의 공격으로 인해 무려 8만 명의 병사를 잃었다. 이는 유럽 열강끼리의 전쟁에서도 흔치 않은 손실이었다. 결국 에스파냐와 영국 모두 패배를 인정하고 퇴각했다. 영국은 퇴각 협상 중에 투생에게 "프랑스를 배신한다면 생도맹그의 왕이 되게 해주겠다."고 제의했지만 투생은 이를 일축했다.

투생의 죽음과 아이티 건국

투생은 생도맹그 부총독이 되었다. 가축을 돌보던 노예가 사실상 한 나라의 수반이 된 것이다. 투생은 피 흘려 쟁취한 나라를 자유롭고 평등한 문명 국가로 가꾸고 싶었다. 그러나 그는 프랑스로부터 완전히 독립할 생각은 아니었다. 그는 생도맹그가 유럽의 문명과 결별하고서는 발전할 수 없다고 봤다. 그런데 그 문명과의 연결 고리는 백인들이었으므로, 투생이 원한 생도맹그는 프랑스의 일부이면서 동시에 백인과 흑인이 통합된 공화국이었다. 그는 이러한 이상에 자신을 바쳤다. 그는 종종 하루에 바나나 두어 개만 먹고 200킬로미터씩 말을 달려 이 마을 저 마을의 상황을 살피고 업무를 지시했다. 그는 노예 경제를 임금 노동 경제로 탈바꿈시키고자 했으며 구체제의 각종 악습과 나태함도 일소하려고 했다. 그 결과 내란으로 폐허가 된 농업은 조금씩 복구되었으며 르캅 등 주요 도시엔 호텔과 같은 큰 건축물이 오르기 시작했다.

그러나 그의 이상은 현실에서 실현되기 어려웠다. 백인 농장주와 부유한 물라토는 기득권을 되찾고자 반항했고 흑인 과격파들은 백인들을 몰살하고 흑인 독립국을 세우자며 소요를 벌였다. 백인과 함께 가야 한다고 생각하는 투생은 할 수 없이 독재 정치를 펼쳐 반항하는 흑인들을 억눌렀다. 토지 문제에서도 흑인 독립파들은 소농 중심의 무상 분배를 원했는데 이는 당연히 백인 및 물라토의 기득권과 충돌했다. 그런데 여기서도 투생은 백인 편을 들었다. 이렇듯 생도맹그 혁명이 자산 계급의 이익을 위해 변질되자 투생의 측근 모이즈가 봉기를 일으켰다. 투생은 측근의 배반에 더 분개한 나머지 봉기를 진압한 후 모이즈를 잔혹하게 처형했다. 이는 흑인들이 투생에게서 돌아서게 된 결정적 계기가 되었다.

그때 프랑스에서도 테르미도르 반동으로 자산 계급이 자코뱅파를 몰아냈고 이어 1799년 11월에는 나폴레옹이 쿠데타로 권력을 쥐었다. 프랑스 혁명에서 민중은 배제되었고 부유한 부르주아들이 지배자가 되었다. 이들은 생도맹그를 되찾고 싶었다. 혁명의 이념이니 어쩌니 해도 보물 같은 식민지가 아닌가? 나폴레옹은 1801년 12월에 1만 2000명의 원정대를 파견했다. 겉으로는 질서 회복과 백인 보호를 내세웠지만 실상은 노예제를 복원할 심산이었다.

원정대 사령관 르클레르는 투생이 프랑스로부터 독립을 꾀한다고 비난했다. 이것은 그저 생도맹그 혁명을 뒤집기 위한 빌미에 불과했지만, 투생은 끝까지 자신의 충성을 증명하고자 애썼다. 투생이 그러는 동안 프랑스군은 주요한 도시와 요새를 하나씩 점령했다. 해안 지대가

다 넘어가고 나서야 투생은 항전을 결심했지만, 이미 때는 늦었다. 투생의 영향으로 많은 흑인들은 스스로 프랑스 시민이라 여겼으므로 프랑스군을 아군으로 받아들였고, 저항하던 흑인 군대는 하나씩 고립되어 격파되었다. 투생은 자기 과오를 통탄하며 부하에게 자신의 가족을 지켜달라고 부탁했다. 자신은 싸우다가 죽을 결심이었다.

나폴레옹은 계속 증원군을 보냈다. 투생과 그의 부하 데살린, 모르파는 열 배가 넘는 프랑스군을 맞아 용감히 싸웠지만, 그의 병사들은 10년 전 투생에게 바친 충성심을 이미 잃은 상태였다. 결국 르클레르의 회유에 투생의 측근이 하나씩 항복하자 투생도 더는 버티지 못하고 손을 들었다. 프랑스군은 투생이 내건 항복 조건을 들어주는 척하다가 그를 체포해 프랑스로 압송했다. 투생은 인적도 없는 깊은 산 속 감옥에 감금되었다. 나폴레옹은 공개 재판을 거쳐 그를 처형하고 싶었으나 그럴 경우 생도맹그에서 반란이 일어날지도 몰랐다. 그래서 악랄하게도 식사와 땔감을 줄여나갔고, 1803년 4월 7일 이 위대한 흑인 영웅은 추위와 배고픔에 지쳐 죽고 말았다.

하지만 생도맹그 흑인들의 투쟁 의지마저 꺾인 것은 아니었다. 항복한 투생의 부하들은 나폴레옹이 카리브 해 일대에서 노예제를 복원하고 있음을 알게 되었다. 다시 노예가 되느냐 목숨을 걸고 프랑스에게서 독립하느냐 기로에 그들은 섰다. 그들은 10년간 피 흘려 얻은 자유를 잃고 다시 백인 농장주의 채찍 아래 돌아가느니 싸우다가 죽는 것을 택했다. 데살린이 지도자로 선출되었고, 흑인들은 프랑스 국기에서 흰색을 빼버린 후 깃발 한가운데 "자유가 아니면 죽음을!"이라고 써넣었다. 흑인군이 독립을 선포하자 갈팡질팡하던 흑인들도 싸움에 동참했고, 그들은 프랑스군에 맞서 죽기 살기로 투쟁했다. 1893년 11월 말,

흑인군은 프랑스군의 주둔지 르캅을 공격했고, 빗발치는 총탄 속에서도 데살린은 꿈쩍 않고 전사들을 독려했다. 마침내 흑인군은 르캅을 탈환한 후 프랑스군의 항복을 받아냈다.

생도맹그 노예 반란군은 겨우 5만 명의 숫자로 영국, 에스파냐, 나폴레옹 등 유럽 최강의 군대와 싸워 전부 승리했다. 백인 침략자들의 코는 납작해졌다. 생도맹그 흑인들은 세계 최초로 자신의 힘에 의해 노예 해방을 쟁취했으며 독립 공화국을 세웠다. 오늘날 프랑스 혁명에서 부르주아들이 노예제 폐지를 선언한 것은 계급의 이해를 뛰어넘는 진보적인 조치로 평가받는다. 하지만 이러한 선언의 배경에는 스스로 운명을 개척한 생도맹그 민중들의 투쟁이 있었고, 그 중심에는 투생 루베르튀르가 서 있다. 이들은 유럽 중심, 백인 중심의 역사에 가려진 위대한 영웅이자 혁명가였다.

생도맹그 독립의 주역들은 나라의 이름을 아이티로 바꾸었다. 아이티란 원주민어로 '산이 많은 땅'이란 뜻이다. 그들은 원주민어로 나라의 이름을 지음으로써 자기들보다 앞서 그 땅에 살다가 식민주의자들의 손에 죽어간 원주민들에게 형제애를 표한 것이다.

연표

1492년 콜럼버스, 서인도제도 발견

가혹한 착취와 수탈로 원주민 급감하자 아프리카 흑인 노예를 수입하여 노동력 부족을 메움

1697년 프랑스가 에스파냐로부터 생도맹그 뺏은 뒤 대규모 사탕수수 농장 조성

1789년 프랑스 대혁명의 영향으로 생도맹그에서도 백인 사이에 충돌 발생

1791년 8월, 흑인 반노예제 봉기 시작. 투생 루베르튀르 등장

1794년 생도맹그에 영국군 상륙

1796년 흑인 반란군과 프랑스군이 연합하여 영국군 격퇴

투생 루베르튀르, 생도맹그 부총독으로 국가 건설을 위해 활약

1801년 나폴레옹, 생도맹그에 노예제 부활시키기 위해 원정군 파견

투생 루베르튀르 체포, 프랑스로 이송

1803년 투생 옥사

투생의 부하 데살린이 중심이 되어 생도맹그에서 프랑스군 격퇴

아이티, 독립 공화국 선포

Sepoy Rebellion
세포이 항쟁

|

2억 인도 민중, 대영제국에 맞서 일어나다

1857년

영국 동인도회사의 인도 진출

"왔어요 왔어! 인도에서 캘리코가 왔어요! 바람으로 짠 것처럼 가볍고 고운 캘리코 옷감이요!"

"어머, 어디? 이봐요! 캘리코 한 필 줘요!"

"이 색깔 좀 봐! 어쩌면 이리 예쁘게 물들였을까? 허여멀건 양털과는 차원이 달라!"

17세기 후반 영국 런던의 시장에는 캘리코를 찾는 사람들로 시끌벅적했다. 캘리코란 인도 캘리컷산 면직물을 가리키는 말인데 나중엔 인도산 면직물을 통칭했다. 인도산 면직물은 걸치지 않은 것처럼 가벼우면서 여름에 시원하고 겨울에 따뜻했으며, 촘촘하게 짜인 올과 알록달록 염색한 빛깔이 가히 '천사의 솜씨'라는 평을 받았다. 옷이라면 양모 아니면 면과 아마를 섞어 짠 퍼스티안 직물만 알았던 영국인들은 부드러운 캘리코 옷감에 열광했다. 게다가 캘리코는 세탁을 해도 상하지 않을 정도로 질겼으며 가격마저 저렴했다. 그래서 사람들은 인도에서 온 상선이 템스 강에 정박했다 하면 만사를 제쳐놓고 시장에 뛰어갔다.

"이봐, 비켜! 우리 나리께 드릴 물건이 먼저야. 주인! 여기 캘리코 스무 필 주시오."

어느 고관 댁 하인이 거들먹거리며 주문을 했으나 옷감 가게 주인은 곤란하다는 듯 손을 내저었다.

"죄송합니다만, 한 분께 그렇게 많이 팔수는 없지요. 배 한 척에 싣고 오는 양이 너무 적어서요."

"그래 맞아! 얼마 되지도 않는 걸 어째서 독차지하려 들지? 심보 사납게!"

"다른 사람들처럼 한 필씩만 사 가! 싫으면 얼른 꺼지든가!"

가게에 몰려든 여인네들이 쌍심지를 켜고 달려들자 하인은 그만 꼬리를 내리고 도망쳤다. 그만큼 캘리코는 신분 고하를 막론하고 좋아하는 옷감이었다. 영국만 그런 것이 아니라 전 유럽이 캘리코에 푹 빠져 있었다. 외국 상인들도 런던에 배가 도착하기를 기다렸다가 예약한 양을 받아가느라 바빴다. 그러면 왜 외국 상인들은 직접 인도에 가서 캘리코를 수입하지 않는 것일까? 그건 영국이 인도와의 무역을 독점했기 때문이다. 그 중심에 영국 동인도회사가 있었다.

영국 동인도회사는 1600년 12월 31일 엘리자베스 1세가 특허장을

동인도회사의 선박 : 1600년에 창립된 영국 동인도회사는 국왕의 특허장을 얻어 식민지 무역을 독점했으며, 인도에 상관을 연 후 자체 군대를 앞세워 대륙으로 침투해 들어갔다.

발급하면서 설립되었다. 특허장은 동인도 지역의 무역 독점권을 회사에 주며, 이익의 일정 부분을 국고에 상납하라는 내용이었다. '동인도'란 인도를 위시하여 인도네시아 여러 섬들, 중국, 일본에 이르는 아시아 전역을 가리킨다. 1492년 아메리카 대륙을 발견한 콜럼버스는 그곳이 인도의 일부라고 생각했고, 그곳이 신대륙이라는 것이 알려지자 유럽인들은 아메리카 일대를 유럽 기준으로 '서인도'로, 그리고 원래 알고 있던 인도와 아시아를 '동인도'로 구분했던 것이다.

영국 동인도회사가 설립된 직후 네덜란드 동인도회사도 세워졌는데, 회사다운 회사로 먼저 활약한 것은 후자였다. 네덜란드 동인도회사는 세계 최초로 주식회사 개념을 도입하여 자본을 모아 아시아 일대의 무역로를 활발히 개척했다. 17세기 초 네덜란드 동인도회사는 인도네시아 몇몇 섬에서만 자라는 후추와 정향, 육두구 등을 유럽에 가져와 몇 십 배에서 몇 백 배까지 수익을 냈다. 이전에는 후추가 귀하디귀한 상품이어서 상인들이 창문을 닫고 핀셋으로 하나하나 집어서 팔 정도였다.

영국 동인도회사도 후추 무역에 한몫 끼고 싶었으나 이미 무역로를 장악한 네덜란드가 틈을 내주지 않았다. 영국 혁명으로 집권한 올리버 크롬웰은 네덜란드의 무역 독점을 깨고자 항해조례를 선포하고 전쟁까지 벌였지만 결과는 신통치 않았다. 결국 영국은 인도네시아를 네덜란드에 양보하고 인도에 집중하기로 했는데, 인도에서 새롭게 찾아낸 상품인 캘리코가 시간이 지나면서 후추를 누르고 유럽의 선호 상품 1위가 되었다. 이로써 영국이 네덜란드를 제치고 세계 무역의 패권자로 떠올랐다.

그러나 영국 동인도회사는 이름처럼 상거래만 하는 곳은 아니었다. 회사는 현지에 요새와 같은 상관(무역 사무소)을 설치하고 필요하다면 유럽 경쟁국들과 현지 주민을 힘으로 누르기 위해 군대와 무기를 보유했다. 상업 회사에 군대가 있는 게 특이하지만 어쨌든 동인도회사에는 동인도회사군이 있었고, 장교는 영국인을 그 나머지는 주로 현지 주민을 용병으로 고용했다. 동인도회사군의 병력은 1750년대에 약 3000명이었던 것이 100년 뒤인 1850년대에는 자그마치 30만 명에 이르렀고 그중 25만 명 이상이 인도인 '세포이'였다. 세포이란 페르시아어로 전사戰士를 뜻하는 말로 인도인 용병을 가리켰다.

이처럼 영국의 인도 침략은 동인도회사를 통한 상업적 진출로 시작되었다. 그러나 그것은 순수한 경제 활동과는 거리가 먼, 총과 대포를

세포이 병사들 : 20세기 초 세포이의 모습이다. 세포이 항쟁 당시 전체 세포이 숫자는 25만 명 이상이었고, 그 안에는 여러 카스트와 부족 출신이 섞여 있었다.

앞세운 무력 침탈의 일부였다.

인도의 운명을 가른 플라시 전투

캘리코 유행이 보여주듯 인도는 결코 '수천 년간 정체된 나라'가 아니었다. 그러기는커녕 뛰어난 기술과 문명이 빛나는 풍요로운 나라였다. 인도산 면직물은 고대 그리스·로마 시절부터 유명했으며 쌀, 목화, 차, 사탕수수 등 농업 생산성도 세계 어느 지역보다도 월등했다. 이러한 바탕 위에 무굴제국(16세기 전반에서 19세기 중반까지 이어진 인도의 이슬람 왕조)은 인도 남부를 제외한 대륙의 거의 전체를 통치하며 국력을 뽐냈다.

그러나 영국이 진출한 지 150년 만에 인도는 도시가 텅텅 비고 기아로 수백만 명이 희생되는 나라로 전락했다. 콜럼버스를 비롯한 유럽인들이 그렇게도 탐내던 인도가 어쩌다 그렇게 되었을까? 인도의 부는 다 어디로 갔으며, 인도가 몰락하는 동안 어떻게 영국은 세계 제국이 된 것일까?

영국 동인도회사는 1613년 인도 서부 수라트에 최초로 상관을 세운 뒤에 후추와 캘리코 무역이 증가함에 따라 1639년에는 남부 마드라스에, 1651년에는 동북부 벵골에, 1668년에는 서부 봄베이에도 상관을 세웠고, 17세기 말에는 벵골 지역의 캘커타라는 작은 촌락을 사서 인도 무역의 기지로 삼았다. 이때만 해도 무굴제국의 힘이 막강해, 한때 동인도회사는 제국에 싸움을 걸었다가 벵골에서 쫓겨났을 정도였다. 영국인들은 무굴 황제에게 사과한 후에야 다시 돌아올 수 있었다.

그러나 18세기에 이르러 무굴제국은 부패와 분열로 인해 이빨 빠진 호랑이가 되고 있었다. 한편 이때 프랑스가 인도에 진출하려다가 영국과의 전쟁에서 져 물러났고, 그로 인해 영국은 기세가 등등해졌다. 1757년에 영국 동인도회사는 프랑스의 공격에 대비한다는 이유로 캘커타를 요새화하고 성을 증축했다. 이를 경계한 벵골의 태수(무굴제국이 임명한 지방 관직. 그러나 점차 독립된 권력이 되어갔다.) 시라즈 우드 다울라는 군사를 동원해 캘커타의 영국인들을 쫓아냈다. 결국 로버트 클라이브가 이끄는 동인도회사군 3천 명과 시라즈의 군대 5만 명이 캘커타 북쪽 플라시 평원에서 맞붙었다. 이때 동인도회사군 가운데 2200명이 세포이였다. 영국은 시라즈군의 지휘관이자 태수의 권력을 노리고 있는 미르 자파르를 이미 매수해놓은 상태였다. 이런 상태에서 태수군이 제대로 된 승부를 벌이는 건 어불성설이었고, 5만이나 되는 군사가 영국의 대포 몇 방에 구름처럼 흩어져버렸다. 태수 시라즈도 붙잡혀 처형당했다.

플라시 전투에서 승리한 동인도회사는 상거래라는 탈을 벗고 본격적인 인도 식민지화에 나섰다. 동인도회사는 벵골의 새 태수에게서 벵골 지방의 자유 통상권을 얻어내고, 1764년 부크사르 전투에서 무굴 황제와 인근 토후들의 연합군을 물리친 후에는 황제에게서 벵골, 비하르, 오리사 지역의 '디와니(징세권)'를 획득했다. 즉 동인도회사는 앞으로 그 지역 농민들에게 토지세를 거둘 수 있었다. 그동안 동인도회사는 인도산 상품을 사느라 본국에서 은괴를 조달해야 했는데, 이제 인도 민중으로부터 그 돈을 충당해낼 수 있으니 이런 횡재가 없었다. 당연하게도 동인도회사는 농민들을 쥐어짤 수 있는 데까지 쥐어짰다. 토지세 수입은 1765년에 81만 파운드에서 1793년에는 340만 파운드로 급증했다.

그러나 기대와 달리 회사 재정이나 국고는 별로 좋아지지 않았다. 벵골을 실질적으로 지배하고 군대를 유지하느라 경비는 점점 더 든 반면 이익은 동인도회사 간부들의 주머니로만 들어갔으므로 회사의 재정 적자가 도리어 늘었던 것이다. 동인도회사 간부들은 농민을 수탈하고 지역 상인과 토후에게서 뇌물을 받아 챙기면서 엄청난 치부를 했다. 이런 일이 얼마나 흔했는지 '인도에서 졸부가 된 사람'이란 뜻의 '네이봅(nabob, 인도의 토후를 '나와브'라고 부른 데서 유래했다.)'이란 영어 단어가 생길 정도였다.

동인도회사의 재정 불안이 커지고 회사의 활동이 영토 획득으로 변해가자 영국 정부가 개입했다. 영국 정부는 동인도회사규제법과 인도

세포이 병영 : 코끼리와 물소, 현대식 대포가 함께 보인다. 세포이는 '전사'를 뜻하는 페르시아어로 영국이 고용한 인도 용병을 가리켰다.

통치법을 만들어 회사 운영을 감독하고 벵골에 영국 총독을 파견했다. 영국 정부가 직접 인도 침략에 나서고 동인도회사가 이를 보조하는 식이었다.

영국은 우선 토후국들을 하나씩 정복했다. 무굴제국이 쇠락하면서 인도에는 수십 개의 토후국들이 할거했는데, 영국은 먼저 인도 남부의 마이소르 왕국을 30년 동안 공격하여 보호국으로 만들었고 이어 중부의 마라타 동맹을 분열시켜 차례로 격파했다. 1846년에는 영국의 인도 총독 달하우지가 영국이 인도 전역을 통치한다고 선언하기에 이르렀다. 이어서 영국은 1848년에는 시크교도가 다수인 북서부 펀자브 지역을 정복했고, 1856년에는 북부 아와드 왕국을 합병했다. 무굴제국의 황제 바하두르 샤 2세는 명목상의 황제가 되어 수도 델리에 감금당했다.

그 즈음 인도와 영국의 무역 흐름도 뒤집혔다. 캘리코를 수입하던 영국이 이제 자국의 면제품을 인도에 수출하기 시작했다. 이는 캘리코의 자극으로 영국에서 산업 혁명과 함께 기계제 공업이 일어난 까닭도 있지만, 식민지의 이점을 최대한 써먹은 것이기도 했다. 즉 영국은 인도산 캘리코에는 높은 관세를 붙이고 영국산 면직물에는 관세를 없앴으며, 인도 농민들의 물레 사용을 불법화하여 오로지 영국산 제품만 쓰게 만들었다. 세계적인 면직물 수출국이던 인도는 맨체스터 직물 공장에 원료나 공급하는 나라가 되고 말았다.

런던 거리에 윤기가 흐를수록 인도의 농촌은 궁핍해졌다. 영국 정부는 인도 농민들에게 가혹한 토지세와 면직물 수공업의 몰락을 강요한데 이어 생필품인 소금 독점으로 폭리를 챙겼고 중국에 팔 아편을 만드느라 곡창 지대를 갈아엎어 양귀비를 심게 했다. 영국에 협조적인 토후와 지주는 이권을 나눠 가졌으므로 농민들은 몇 겹으로 수탈당했다. 그 결과 18세기 말부터 기근이 주기적으로 찾아왔고 아사자가 속출했다. 영국 총독조차 "이렇게 비참한 광경은 본 적이 없다. 농민들의 뼈가 평원을 하얗게 뒤덮었다."고 탄식할 정도였다.

인도 대륙을 뒤흔든 세포이 봉기

인도 대륙의 두꺼운 지각 밑으로 용암이 차올라오고 있었다. 정복된 토후국의 구지배층들 가운데는 영국에 빌붙는 이들도 있었지만 목숨을 걸고 반영 항쟁에 나설 것을 결심한 이들도 있었다. 아와드 왕국의 아마드 울라, 마라타 동맹국 귀족 탄티야 토피, 잔시 왕국의 왕비 락슈미 바이 같은 이들이었다. 이들은 영국의 연금 생활자로 만족하지 않고 돌아다니며 은밀히 반란을 조직했다.

어느덧 민중들 사이에서도 이 반란에 동참하려는 의지가 모이고 있었다. 그 징표는 마을에서 마을로 전달되는 차파티였다. 차파티는 얇게 구운 인도 전통 빵으로, 주민들은 모여서 이웃 마을에서 온 빵을 먹은 뒤 다시 여러 개를 구워 다른 마을로 전달했다. 이것은 우리도 봉기에 함께하겠다는 말 없는 약속이었다. 이 차파티가 인도 중부와 북부의 마을에 거의 빠짐없이 전달되었다.

이러한 기운은 동인도회사의 용병 세포이 사이에도 조금씩 확산되었다. 세포이는 참 역설적인 집단이다. 그들은 인도인이면서 영국에 고용되어 인도 침략에 앞장섰고 그런 만큼 영국으로부터 흡족한 대우를 받았다. 대우가 좋은 까닭에 높은 카스트(인도의 전통적 신분 제도) 출신들도 많이 들어왔다. 인도는 말도 문화도 다른 수많은 종족으로 구성된 나라였고 용병 제도는 흔한 것이었다. 즉 이들에겐 아직 '민족'이라는 의식이 없었다.

그러나 영국의 인도 식민지화가 진척될수록 세포이들의 민족 의식도 조금씩 형성되었다. 많은 세포이들이 아와드 출신이었는데 영국이 무력으로 이곳을 병합하자 자연스럽게 반영 감정이 생겨났고, 아무리 오래 근무해도 사병에 머무를 뿐 장교는 영국인 차지인 것을 보면서 차별에 대한 반감도 커졌다. 또한 영국이 세포이에게 아프가니스탄이나 미얀마 등 외국으로의 출정을 강요하자 그들은 타지에서 죽을지도 모른다는 생각에 불안감을 느꼈다. 여기에 그 유명한 화약포 사건이 겹쳤다.

파괴된 델리 은행 : 1857년 5월 10일, 세포이들은 메루트에서 봉기하여 이튿날 수도 델리를 점령했다. 영국군과 세포이의 치열한 공방전 속에 델리 은행은 심하게 파손되었다.

"나는 이 화약포를 받을 수 없소. 이걸 받느니 차라리 죽어서 내 영혼을 지키겠소!"

"지금 항명을 하겠다는 거야? 항명은 용납할 수 없다. 어서 화약포를 받아!"

"싫소! 신앙을 지키겠다는 것이 어째서 항명이란 말이오?"

1857년 4월, 델리로부터 60킬로미터 북쪽에 있는 메루트의 병영에서 영국인 장교와 인도인 세포이들이 다투었다. 영국이 지급한 신식 엔필드 소총은 한 손에 총을 쥐고 다른 손으로는 화약포를 쥔 다음 입으로 뚜껑을 열어 화약을 총구에 집어넣게 되어 있었다. 그런데 이 화약포에 방수 처리를 위해 소기름과 돼지기름이 발라져 있었다. 인도인들은 대부분 힌두교도 아니면 이슬람교도였는데, 힌두교도는 소를 신성한 동물로 여겼고 이슬람교도는 돼지를 피해야 할 동물로 여겼으므로 둘 모두 그런 화약포를 입에 문다는 건 기겁할 노릇이었다. 화약포의 강요는 인도인의 영혼에 대한 모욕으로 여겨졌다.

항명한 세포이 85명은 군사 재판에 넘겨져 강제 노동 5년에서 10년이라는 무거운 처벌을 받았다. 죄수들은 연병장에서 군복이 벗겨지고 영국인들의 조롱을 당했다. 이 사건은 비밀리에 계획되던 반영 봉기를 앞당기게 했다. 죄수들이 타지로 이송되기 전 5월 10일, 메루트의 세포이 2500명이 일제히 봉기했다. 그들은 무기고를 털어 무장한 후 갇힌 동료들을 구출했고 영국인 거주지와 교회를 습격해 영국인들을 살해했다. 그들은 병영에 불을 지르고 입 모아 소리쳤다.

"델리로 가자! 동포들이여, 델리로!"

5월 11일 아침에 세포이들이 델리에 도착하자 그곳의 시민과 세포이들이 기다렸다는 듯 성문을 열었다. 영국인 장교들은 휘하의 세포이들에게 발포 명령을 내렸다가 자기가 그 총에 당하고 말았다. 세포이들은 무굴제국의 황제 바하두르 샤 2세에게 복위해달라고 청했다. 바하두르 샤 2세가 이를 받아들여 몇 년 만에 국가 의회가 열렸고, 여기서 세포이들은 "모든 힌두와 무슬림은 단결하여 영국을 몰아내자."고 호소했다. 종교, 신분, 인종을 뛰어넘어 '인도인'이라는 의식으로 뭉친 것이다.

델리가 해방되자 인근의 농민들도 반란에 동참했다. 농민-병사 공동투쟁위원회가 구성되었고 여기서는 토지의 경작자 우선 원칙이 확인되었다. 봉기는 급속도로 확산되면서 구지배층부터 민중들까지 광범위하게 참여했고, 칸푸르, 러크나우, 잔시 등 대도시와 인도 중부, 북서부 대부분이 영국의 통치에서 벗어났다. 사실 영국의 인도 주둔

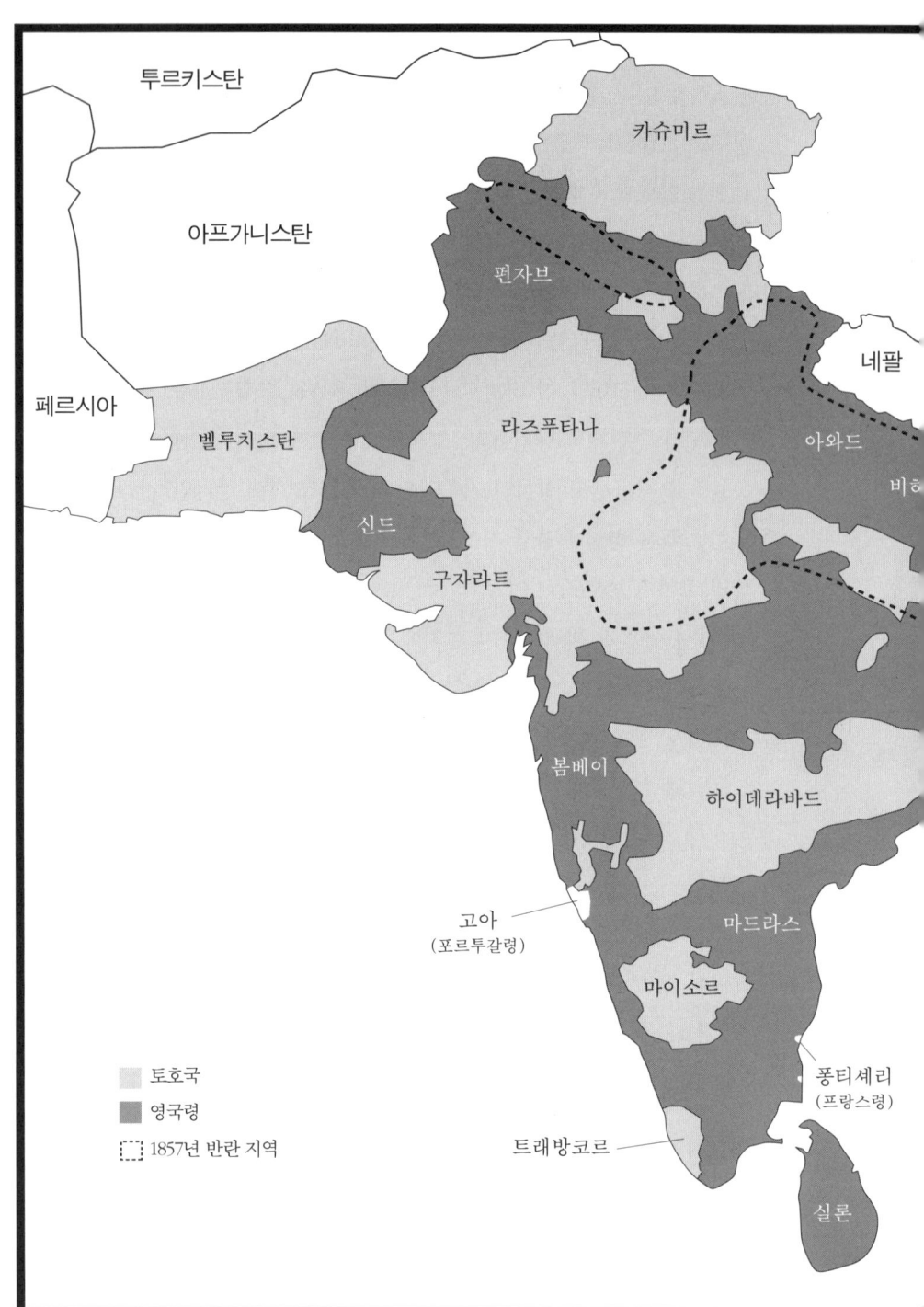

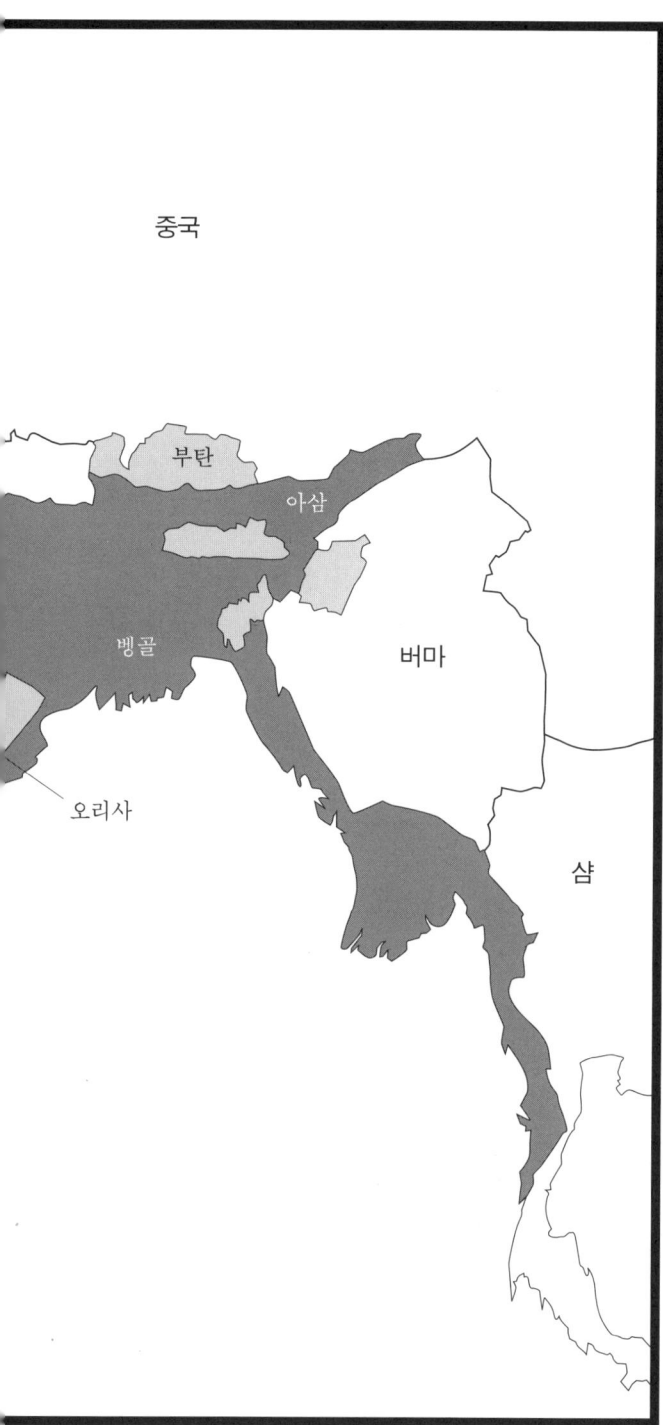

1860년대 영국령 인도와 토호국들

19세기 거대한 인도 아대륙은 해안과 주요 항구를 중심으로 세력을 확장한 영국과 각 지방에 근거지를 두고 있던 수십 개의 분열된 토호국들로 구성되어 있었다.

이러한 양상으로 인해 1857년의 반영 항쟁은 통일된 지도부도, 일관된 이념도 가지지 못했다.

항쟁을 진압한 영국은 동인도회사의 인도 지배를 종식시키고 직할 통치를 시작하게 된다.

병력 30만 명 가운데 세포이가 25만 명이었고 이 가운데 20만 명이 항쟁에 가담했으니 영국도 도대체 손쓸 방도가 없었다. 영국의 입장에선 인도를 잃을지도 모르는 위기였다.

반란의 종결과 영국의 분리 통치

영국은 필사적으로 해외 주둔 병력을 불러들이는 한편 반란 세력을 분열시키기 위해 애썼다. 반란으로 영국인이 도망가자 귀족들과 지주들은 얼른 그 땅을 자기들이 차지했는데, 영국은 이런 구지배층의 권리를 보장하겠다고 발표하여 그들을 반란에서 분리해냈다. 대부분의 토후국들도 반란에 동참하지 않았으며 오히려 반란을 탄압하기도 했다. 게다가 세포이가 무굴 황제를 복위시킨 것은 이슬람 정권에 반감이 컸던 시크교도의 분노를 사 그들이 영국 편에 붙게 만들었다. 지식인이나 대상인들은 영국의 통치가 무굴제국의 지배보다 더 문명화된 것이라고 여겨 반란에 냉소적이었고, 세포이들은 이 항쟁을 단순한 반영 감정의 분출을 넘어 넘어 '민족 독립의 성전'으로 끌고 가기엔 역부족이었다. 또한 관습적으로 세포이들은 높은 카스트 출신을 지도자로 세웠는데 이는 종종 무능한 인물에게 중책을 맡기는 심각한 오류를 낳았다.

인도인들이 사분오열하는 동안 영국이 반격해왔다. 1857년 9월, 4개월의 치열한 공방전 끝에 영국군은 델리를 함락했다. 영국군도 5000명이나 전사한 후였으므로 피의 보복이 자행되었다. 영국군은 무굴 황제를 체포했고 전투를 지휘한 왕자들은 참수해 머리를 성문에 매달았다. 이어 1858년에는 러크나우, 칸푸르 등 주요 거점들도 차례로 함락되었고 마찬가지로 대규모 민중 학살이 이어졌다.

도시에서 밀려난 세포이와 농민들은 유격대를 만들어 각지에서 게릴라 투쟁을 펼쳤다. 영국은 이들을 진압하기 위해 막대한 병력을 투입했지만 쉽게 성공하지 못했다. 항쟁은 수많은 영웅을 낳았는데, 잔시 왕국의 여왕 락슈미 바이나 마라타 연합국의 귀족 출신 탄티야 토피 같은 이들은 게릴라 투쟁을 이끌며 최후의 항쟁 지도부를 이끌었다.

락슈미 바이는 잔시 토후의 왕비였는데 남편이 일찍 죽고 그 사이에서 나온 아들도 어려서 세상을 떴다. 그러자 영국은 토후국의 법적 계승자가 없다는 이유로 왕국을 병합하고 나라의 재산과 토지를 빼앗았다. 락슈미 바이에게는 쥐꼬리만 한 연금이 주어졌다. 세포이가 봉기하자 영국은 그녀에게 세포이 진압에 협조해달라고 부탁하면서 그럴 경우 토후국의 왕위 계승권을 인정해주겠다고 했다. 락슈미 바이는 웃으면서 생각해보겠다고 한 뒤, 도리어 그동안 준비해온 봉기를 일으켰다. 그녀는 백마를 타고 민중들 앞에 나서 외쳤다.

"잔시 백성들이여, 나 락슈미 바이는 영국의 꼭두각시가 아니라 이 나라의 여왕입니다. 나와 함께 이 땅에서 영국인을 몰아냅시다!"

락슈미 바이는 잔시의 세포이와 연합하여 국토를 탈환하고 영국인을 쫓아냈으며 주변의 친영 토후국을 공략했다. 1858년 3월 영국군 휴 로즈 사령관이 대포 수십 문을 가져다 궁을 포격하자, 그녀는 부대를 끌고 탈출하여 게릴라 투쟁의 지도자 탄티야 토피에게 합류했다. 그녀는 남장을 하고 백마에 올라 늘 선두에서 싸웠고, 영국군 요새를 기습하는 등 과감한 행동으로 영국인들의 간담을 서늘하게 했다. 휴 로즈조차 그녀를 일컬어 '반란군 가운데 가장 위대한 인물'이라고 할 정도였다.

그러나 그해 6월 그녀는 영국군과 접전 중에 배에 총탄을 맞고 쓰러졌다. 그녀의 나이 겨우 스물 두 살이었다. 쓰러지기 직전까지도 그녀는 칼을 휘둘러 적을 베었다고 한다. 그 얼마 후 탄티야 토피도 영국에 매수당한 동료가 배신하는 바람에 체포되어 처형당했다. 이로 인해 게릴라 투쟁은 하강세를 그리다가 1859년에 막을 내리고 말았다. 영국군은 대포 앞에 사람을 매달아 폭사시키는 무굴식 처형법을 그대로 가져다 체포한 세포이 전사들의 처형에 사용했다.

인도를 거의 잃을 뻔했던 영국은 정신을 바짝 차렸다. 영국 정부는 동인도회사를 해체하고 인도를 완전히 직접 통치하기로 결정했다. 160년 동안 상업과 무력으로 인도 식민지화에 앞장선 동인도회사는 그 수명을 다하고 사라졌다. 인도는 영국령으로 편입되었고 빅토리아 여왕에게 '인도 여왕 폐하'의 칭호가 바쳐졌다.

이제 "철저히 분리하여 지배한다."가 인도 통치의 기본이 되었다. 영국은 힌두교도들에게, 이슬람교도들이 과거에 힌두교도를 학살하고 그들의 문화를 파괴했다고 선전했다. 그 전까지 서로의 종교를 인정하고 섞여 살던 힌두와 무슬림이 반목하기 시작했다. 이는 인도 독립 후 서로 나라를 분리하게 할 정도로 감정의 골을 깊게 만들었다. 또 영국은 고만고만한 크기의 토후국들을 유지시켜 서로 고립시켰고, 카스트 제도를 인도의 전통이라며 묵인하거나 때로는 카스트끼리의 차별을 조장했다. 인도인들이 봉건적 잔재에 단단히 묶여 있을수록 통치는 수월했기 때문이다. 그 결과 인도는 20세기에 새로운 독립 투쟁의 물결이 일어나기까지 긴 암흑의 터널에 머물러야 했다.

분명 세포이 항쟁은 근대적 민족주의 운동으로 나아가지는 못했다.

그러나 여러 종족과 수십 개의 소왕국으로 나뉘고 거기에 더해 종교, 카스트, 여러 사회 계층으로 쪼개져 있던 2억 인구가 한 덩어리로 반영 항쟁에 나섰다는 점은 역사적으로 커다란 의미가 있다. 그리스 신화에서 프로메테우스가 흙으로 사람을 빚어냈듯, 세포이 항쟁은 '인도인'이라는 거대한 존재를 인도 대륙으로부터 빚어냈다.

연표	
1526년	인도 무굴제국 건국
	악바르 대제(1556~1605년) 제위에 최대 전성기를 맞음
1600년	영국 동인도회사, 17세기에 걸쳐 인도에 진출
1757년	영국, 플라시 전투에서 승리하고 본격적인 인도 식민화 시작
1799년	영국, 남부 마이소르 왕국과의 전쟁에서 승리
1857년	5월, 세포이 봉기하여 델리 점령. 반란이 인도 북부와 서부로 확산
	9월, 영국이 델리를 탈환
1858년	영국이 러크나우, 칸푸르 등 탈환
1859년	락슈미 바이 등 반란군 게릴라 투쟁 전개. 락슈미 바이 전사
1920년	인도 국민의회 결성
1947년	인도 독립

Paris Commune
파리 코뮌

자유와 평등을 위해 바리케이드 위에 서다
1871년

민중이 파리를 장악하다

"반역이다! 반역!"

늘 붉은 스카프를 매고 다녀 '몽마르트르의 붉은 여성'이란 별명을 지닌 루이즈 미셸이 작은 종을 미친 듯 흔들며 거리를 내달리고 있었다. 그녀의 뒤를 많은 부녀자와 아이들이 종종걸음으로 뒤따랐다. 그들의 얼굴에는 분노와 다급함이 뒤섞여 있었다.

그들은 몽마르트르 언덕에 비치된 국민방위대의 대포를 정부군이 새벽을 틈타 탈취해가고 있다는 소식을 들었던 것이다. 그 대포 170문은 파리가 프로이센군에 포위되었던 지난 4개월간 파리 시민들이 직

루이즈 미셸 : 초등학교 교사이자 파리 코뮌의 전사였던 그녀는, 교육과 예술이 모든 시민에게 열려 있어야 한다고 생각했다. 그녀는 학교와 공연장, 박물관의 개방을 지지했다.

접 모금을 통해 제조한 것이었다. 그런데 티에르 임시 정부가 보낸 르콩트 장군과 그의 88연대는 도둑처럼 시민의 대포를 훔쳐가려 했던 것이다.

르콩트의 병사들은 깜박하고 말을 끌고 오지 않았다. 그래서 손수 대포를 끌고 언덕을 내려가느라 시간을 잡아먹었다. 그때 루이즈 미셸과 부녀자들이 병사들의 앞을 가로막았다. 당황한 병사들이 총검을 들이대었지만 여자들은 물러서지 않았다.

"그건 우리 대포야! 왜 우리 대포를 훔쳐가는 거지!"

바리케이드의 국민방위대 : 프랑스 혁명의 전통 가운데 하나는 애국적 열정이다. 프로이센이 진격해오자 파리 시민들은 자발적으로 국민방위대에 자원했고, 이들은 곧 파리 코뮌의 주축이 되었다.

"이미 프로이센군에게 대포를 2000문이나 바쳤으면 됐지, 왜 우리 것까지 그들에게 넘기려는 거야?"

"부끄러운 줄 알아! 우리 노동자들이 만든 총을 들고 우리를 기습하다니! 당신들의 적은 우리가 아니라 프로이센군이야!"

르콩트는 붉으락푸르락하며 "쏴라, 쏴!" 하고 외쳤지만 파리 노동자 출신이 대부분인 병사들은 동요하고 있었다. 어느새 병사들은 총구를 르콩트에게로 돌렸고, 그 사이 국민방위대 대원들까지 들이닥쳤다. 군중과 병사들은 한무리가 되었고 르콩트를 체포하여 시내로 행진했다.

임시 정부 수반인 티에르는 정부군이 시민들로 넘어갔다는 얘기에 화들짝 놀랐다. 그는 가족들도 내버려둔 채 정부 각료들과 함께 파리에서 약 18킬로미터 떨어진 베르사유로 도주했다. 국민방위대와 시민들은 시청을 점령하고 청사 꼭대기에 붉은 깃발을 내걸었다. 시청에 남아 있던 경찰과 헌병도 비밀 지하도로 도망쳤다. 3월 18일 밤 9시, 파리는 노동자 계급의 도시가 되었다.

다음날, 파리의 공기는 완전히 바뀌었다. 반란은 예기치 않은 사건이었다. 어제까지 부르주아 관료들이 차지하고 있던 시청 회의실에서 노동자들과 혁명가들은 앞으로 무엇을 해야 할지 토론했다. 베르사유로 당장 진격하자는 사람, 티에르에게 자객을 보내자는 사람, 의회를 해산하자는 사람, 시민이 선출한 의회를 뒤집어선 안 된다는 사람 등 갑론을박이 계속되다가 결국 국민방위대 중앙위원회를 파리의 임시 통치 기구로 하자는 결론이 났다. 국민방위대는 파리 시민의 자발적인 무장력이었기 때문이다.

국민방위대 중앙위원회는 베르사유 정부와는 별개로 시 의회 선거를 치르기로 했고, 3월 25일 85명의 시 의원이 선출되었다. 선거 결과 혁명파와 공화파가 압도적으로 당선되었다. 코뮌 의원으로 뽑힌 사람 가운데는 화가로 유명한 쿠르베도 있었다.

원래 파리의 각 행정 구역을 코뮌이라고 불렀는데, 이제 코뮌은 파리를 대표하는 혁명적 자치 정부를 의미했다. 3월 28일, 시청 앞에 운집한 수십만의 군중 앞에서 시 의회 의장이 "파리는 코뮌임을 선언한다!"고 발표했고 사람들은 "코뮌 만세! 공화국 만세!"라는 함성으로 화답했다. 국민방위대는 〈라 마르세예즈〉에 맞춰 시가행진을 했다. 두 달 후 티에르 정부와 숙명적인 일전을 피할 수 없을지라도, 파리 코뮌

프로이센 수상 비스마르크 : 그는 "독일 통일은 철과 피로써만 가능하다."고 하여 '철혈 수상'이라 불렸다. 프랑스에 승리한 후 그는 베르사유 궁에서 독일제국 수립을 선포했다.

은 이처럼 해방의 감격 속에 첫발을 디디었다.

코뮌의 원인이 된 보불 전쟁의 패배

어째서 티에르는 파리 시민들의 대포를 빼앗으려고 했을까? 파리 코뮌의 배경을 알기 위해서는 19세기 유럽의 상황을 잠깐 돌아봐야 한다. 당시 유럽은 제2의 산업 혁명이라고 불릴 만큼 산업 자본주의가 급성장하고 있었다. 그러나 생산이 늘고 기업이 거대해질수록 자본가의 힘은 강해졌으나 노동자들에 대한 착취는 심해졌고 빈부의 격차는 더욱 커졌다. 노동자 계급은 자기 권리를 지키기 위해 노동조합을 만들어 단결했다.

이전 시대 시민 혁명이 왕과 귀족을 대신해 부르주아가 권력을 획득

나폴레옹 3세 : 삼촌인 나폴레옹의 유명세를 업고 집권한 후 쿠데타로 황제가 된 그는, 끊임없이 군사적 팽창을 시도했으나 결국 프로이센과의 전쟁에서 참패했다.

하는 운동이었다면, 19세기에는 자본주의의 발전과 함께 노동 운동이 급성장하면서 부르주아 계급과 노동자 계급 사이에 투쟁의 불길이 거세게 타올랐다. 노동 운동의 국제적 연대도 확산되어, 칼 마르크스와 프리드리히 엥겔스의 주도로 1864년에 국제노동자협회 또는 제1인터내셔널이라 불리는 조직이 런던에서 결성되었다. 국제노동자협회는 각 나라의 사회주의 노동 운동을 지원했고, 8시간 노동제의 시행, 보통 선거권의 도입, 민족 자결의 원칙을 위해 투쟁했다. 프랑스에서도 노동자들이 선두에 서서 1848년 2월 혁명과 6월 봉기를 일으켰는데, 프랑스 노동자 계급은 1789년 대혁명의 전통으로 인해 공화주의적 성격이 강했다.

프랑스 제2제정의 황제 나폴레옹 3세는 커져가는 자본의 요구에 발맞추어야 했다. 그는 해외 시장을 개척하기 위해, 또 국내 노동자 계급의 불만을 억누르기 위해 수많은 군사 원정을 시도했다. 그는 크리미아 전쟁과 이탈리아 독립 전쟁, 미국 남북 전쟁에 개입했으며, 인도차이나, 세네갈, 멕시코, 중국, 조선에까지 군대를 보냈다. 이런 그였으므로 바로 코앞인 프로이센이 독일을 통일하여 강국으로 변모하려 하자 상당한 위협을 느낀 것도 당연했다.

마침 에스파냐의 왕위가 비게 되자 프로이센 왕 빌헬름 1세는 자신의 사촌형을 즉위시키려고 했는데, 그렇게 되면 프랑스가 에스파냐와 프로이센 사이에 끼는 형국이 되므로 나폴레옹 3세는 발끈했다. 그는 이 계획을 철회하라고 프로이센에 강력히 요청했는데, 프로이센의 수상 비스마르크는 이 요청을 듣자 회심의 미소를 지었다. 그는 언론에다가 교묘한 표현을 써서 이렇게 발표했다.

"프랑스가 프로이센을 무례하게 위협했으나, 프로이센의 빌헬름 전하는 이를 단호히 거절했다."

그 소식을 들은 프로이센 사람들은 프랑스의 무례함에 분노했고 프랑스 사람들은 프로이센이 거절했다는 사실에 분노했다. 비스마르크의 꿍꿍이는 이랬다. 독일을 통일하는 과정에서 불가피하다면, 이참에 프랑스와 일전을 벌이자! 그의 예상대로 프랑스가 선전 포고를 하여 프랑스-프로이센 전쟁(보불 전쟁)이 시작되었는데, 뚜껑을 열고 보니 나폴레옹 3세가 자랑하던 프랑스군은 오합지졸이었음이 드러났다. 그가 동원령을 내린 40만 병력 가운데 겨우 절반 정도만 모집되었고, 그마저도 잘 훈련된 프로이센군에게 족족 패하고 말았다. 급기야 1870년 9월 2일, 나폴레옹 3세는 스당 전투에서 2700명의 장교 및 8만 4000명의 병사와 함께 적의 포로가 되어버렸다.

파리 시민들은 분노했다. 이미 여러 차례의 혁명 전통이 있는 시민들은 이 참패의 원인이 무능하고 억압적인 제정에 있다고 여겼다. 9월 4일 아침, 그들은 성난 사자처럼 국회 의사당에 몰려들었다. 그들의 격앙된 요구에 떠밀린 부르주아 공화파 의원들은 황제의 통치 종식과 공화정의 복구를 발표했다. 임시 정부가 세워졌고 황실 가족들은 짐도 제대로 못 챙긴 채 영국으로 도망쳤다. 20여 년 동안 지속된 제정이 불과 몇 시간 만에 무너져버린 것이다.

민중은 임시 정부가 전열을 갖추어 프로이센군을 격퇴하기를 원했다. 2만 4000명 정도였던 파리의 국민방위대는 애국심에 불타는 자원자들로 인해 한 달 만에 36만 명으로 늘어났다. 프로이센군의 파리 포위에 대비하여 국민방위대는 무기와 식량을 비축했고, 적군의 밥이 되는 것을 막기 위해 교외 숲의 새들까지 모조리 사냥했다. 파리는 거대한 요새가 되었다.

프로이센군의 포위가 시작되자 파리 시민은 처절하게 항쟁하였으며 "4주 정도 버티면 다행"이라는 예상을 뒤엎고 4개월을 버텼다. 그 사이 성내에는 먹을 것이 떨어져 버터와 달걀 값은 열 배로 뛰었고 고양이와 쥐 고기까지 거래되었다. 포격과 추위, 굶주림으로 많은 사람들이 죽었는데 그중 아이들의 숫자만 5000명에 가까웠다. 반면 이때 부유층과 제정 지지자 등 소위 '잘 나가는' 이들은 너도나도 도시를 버리고 피난을 떠났다.

이러한 인물들의 면모를 잘 묘사하고 있는 작품이 모파상의 단편 「비계 덩어리」이다. 피난 마차에 탄 명문 부르주아, 부유한 상인, 정치인들은 동승한 매춘부('비계 덩어리'는 매춘부를 가리키는 속어이다.)를 경멸하면서도 그녀가 나눠준 음식을 게걸스럽게 먹는다. 그들은 프로이센 군인을 욕하면서도 통행 허가를 받기 위해 그녀에게 적군 장교와의 동침을 강요하는 이중적이고 비겁한 사람들로 그려진다.

파리 민중이 이처럼 저항하는 동안, 임시 정부는 은밀히 프로이센군에 특사를 보내 항복 교섭을 진행했다. 임시 정부의 부르주아들은 프로이센보다 파리의 무장한 노동자 계급이 더 위험하다고 생각했다. 임시 정부는 항전파 지도부를 체포하고 그들의 신문과 클럽을 폐쇄한 후 비밀리에 교섭을 이어갔고, 결국 프랑스의 항복을 조건으로 한 휴전이 발표되었다. 파리 시민들은 울분을 터트렸지만 어쩔 수가 없었다. 국민방위대의 무기 일부를 남겨놓고 모든 프랑스군의 무장이 해제되었고, 프로이센군은 점령군으로 파리 시가를 행진했다. 그러나 시민들은 창문에 검은 천을 드리우고 집 안의 모든 불을 다 꺼버림으로써 무언의 저항을 했다.

1871년 2월 8일, 임시 정부는 항복을 승인받는 것이 목적인 총선을 실시했다. 총선의 결과로 탄생한 의회는 굴욕적이고 기만적인 임시 정부의 연장이었다. 전체 의석의 3분의 2가 제정 지지파였다! 나머지 공화파들도 대부분 부자들을 대변하는 부르주아 온건파였다. 새로 구성된 의회는 휴전을 확정하고 과거 파리 민중의 시위를 무력으로 진압한 바 있는 늙은 정치인 티에르를 정부 수반으로 선출했다. 이는 4개월간 추위와 굶주림을 견디며 싸운 파리 시민을 철저히 우롱하는 처사였다. 티에르가 파리 국민방위대 사령관으로 임명한 도렐이 방위대 대대장을 소집하자, 260명 가운데 단 30명만 응했다는 사실은 파리 시민의 불신이 어느 정도였는지 보여준다.

여기에 티에르 정부는 반민중적 조치를 연이어 쏟아냈다. 임시 정부는 블랑키 등 급진 공화파를 처형하고, 전쟁 기간에 유예된 채무와 집세를 48시간 안에 지불하라는 채무만기법을 제정했다. 실제로 파리를 비운 것은 부유한 집 주인들이면서 말이다. 국민방위대 대원에게 지급되던 소액의 일당도 폐지했다. 이런 정책들은 이미 파리 인구의 다수가 되어버린 노동자와 소상공인들을 흥분시켰다. 정규군이 프로이센의 포로가 되어버린 상황에서 티에르는 유일한 무장 세력인 파리 민중들을 두려워했고 그들의 힘을 꺾으려 했다. 국민방위대의 대포를 빼앗으려 한 것도 이런 맥락이었다.

피의 일주일, 코뮌의 한이 강물되어 흐르다

3월 28일 파리 코뮌이 선포된 후, 코뮌 정부는 10개의 집행위원회를 만들어 혁신적인 정책들을 실시했다. 구정부의 탄압 기관인 경찰과 상비군은 폐지되었고 나폴레옹 3세의 동상은 파괴되었다. 채무만기법은 무효화되고 세입자 보호 조치가 실시되었다. 야간 노동이 금지되었고 과부와 빈민에게 생활 연금이 지급되었으며, 고용주가 도망친 공장은 노동자들의 자주 관리에 맡겨졌다. 아동에 대한 무상 교육이 시작되었고, 그동안 강요되던 종교 교육은 철폐되었다. 특히 여성들의 권리가 신장되어, 남녀의 임금이 평등해지고 여성에게도 참정권이 주어졌다.

이 모든 것은 노동자들이 언제나 요구했던 것이나 지배 계급들로부터 언제나 무시되었던 것이었다. 이것은 파리 코뮌이 민중 스스로 통치하고 통치 받는다는 원칙에 입각했기 때문이다. 의원들은 언제든 각 구의 시민에게 소환될 수 있었고, 의회는 입법과 집행을 동시에 함으

코뮌 전사의 초상: 프랑스 화가 다니엘 비에르주가 1871년 당시 여성 국민방위군을 그린 그림으로 〈몽마르트의 여인〉으로 알려져 있다.

로써 책임성을 높였다. 파리는 거대한 민주주의의 토론장이었다. 예술가들은 타오르는 시민들의 정치적 열정을 예술로 승화시켰다. 미술관이 노동자들에게 개방되었으며 공원에서는 항상 음악회가 열렸다.

그러나 파리 코뮌 정부는 애초에 베르사유의 임시 정부와 공존할 수 없는 기구였다. 그런 점에서 코뮌의 가장 큰 실수는 봉기 직후 베르사유로 진격하지 않았던 것이다. 만약 그랬다면 정규군의 공백을 틈타 임시 정부를 완전히 굴복시킬 수 있었는데도 그 기회를 놓치고 말았다.

티에르 정부는 겉으로 파리와 교섭하는 척하며 시간을 벌었고, 그 사이에 진압군을 조직하느라 동분서주했다. 프로이센도 베르사유 정부에 협조하여 진압군에 동원하라며 40만 프랑스군 포로를 돌려보냈다. 노동자 계급의 반란 앞에 부르주아들의 이해는 일치했던 것이다. 그에 비해 코뮌은 확고한 지도 체계와 전략이 없었다. 온갖 당파들로 구성된 집행위원회는 도무지 통일된 결정을 내리지 못했다. 국민방위대 역시 사기는 높았으나 조직 면에서는 한심하기 짝이 없었다. 병사들은 스스로 지휘관을 선출할 수 있었는데, 마음에 안 들면 아무 때나 대장을 갈아 치우는 방종한 모습도 보였다.

임시 정부는 마침내 진압 준비를 끝냈고 5월 8일 티에르의 이름으로 파리를 향해 성명을 발표했다.

"파리 시민들이여, 고통은 이제 곧 끝날 것이다. 우리가 파리를 해방시킬 때까지 조금만 참기 바란다."

정부군 10만 명이 파리로 진격해 왔다. 정부군은 몇 주 동안 파리 외곽의 요새들을 공격해 장악했고, 5월 21일에 파리 서쪽 문을 통해 시내에 진입했다. 동쪽은 프로이센군이 막고 있었으므로 정부군은 도망갈 길도 주지 않고 코뮌을 박멸할 생각이었다. 훗날 이 진압은 '피의 일주일'이라고 불린다. 정부군은 '파리 시민의 고통을 끝내기 위해' 파리 시민을 아예 없애버릴 작정이었다.

그러나 압도적인 무력으로 손쉽게 파리를 탈환할 거라는 티에르의 예상과는 달리, 코뮌군은 한 블록, 한 채의 건물도 간단히 내어주지 않았다. 파리 시민과 국민방위대는 골목마다 바리케이드를 세우고 격렬하게 저항했다. 정부군은 평소 몇 분이면 올라갈 수 있는 몽마르트르 언덕을 점령하는 데 꼬박 반나절이 걸렸다. 격렬한 저항에 부딪칠수록 정부군은 피에 굶주린 짐승으로 변해갔다. 그들은 바리케이드에서 붙잡은 사람은 여자건 아이건 그 자리에서 총살했다. 정부군의 야만성에 코뮌군도 보복으로 맞섰다. 코뮌군은 후퇴하면서 건물마다 불을 질렀다. 튈르리 궁과 파리 시청이 연기에 싸였다. 코민군은 감옥으로 가서 인질로 붙잡아둔 성직자들을 모조리 총살했다.

최후의 싸움은 페르 라셰즈 공동묘지에서 벌어졌다.

"너희들은 갈 곳이 없다. 손을 들고 나와!"

정부군 지휘관이 항복하라고 소리를 질렀지만 코뮌군은 총탄으로 대답했다. 이어 정부군의 대포가 묘석과 관을 박살냈고 백골이 튀어나와 나뒹굴었다. 엄폐물이 사라질수록 코뮌군은 뒤로 물러나다가 결국 묘지 담장에까지 몰렸다. 그들은 벽에 기대어 서서, 총을 겨눈 채 다가오는 정부군을 향해 큰 소리로 외쳤다.

"코뮌 만세!"

타타탕 총소리와 더불어 147명의 코뮌 전사들이 모두 쓰러졌다. 5월 28일 오후 2시, 이것으로 코뮌군의 마지막 저항이 멎었다. 그들의 시신 위로 하늘은 처연하게 맑았다. 오늘날 페르 라셰즈의 그 자리에는

'코뮌 전사의 벽'이라는 표지가 붙어 있다.

그 뒤로도 정부군의 학살은 며칠이나 계속되어, 코뮌 지지자처럼 보인다거나 코뮌 대의원과 이름이 비슷하다는 이유로 즉결 재판에 부쳐 총살했다. 피의 일주일에 학살된 사람은 적게 잡아도 2만 5000명에서 3만 명에 달한다. 학살을 멈춘 이유는 단지 시체가 너무 많아 역병이 우려되었기 때문이다. 체포된 4만 명 중에서도 370명이 사형당하고 3500여 명이 유형지로 보내졌다. 코뮌이 분쇄된 파리는 처참했다. 건물은 포격과 방화로 흉물스럽게 변했다. 한동안 집 수리공, 배관공, 타일공, 제화공, 미장공이 파리에서 자취를 감추었다.

세계는 파리 코뮌 앞에 경악했다. 부르주아들은 노동자 계급의 권력 장악을 목격하고 공포에 질렸고, 노동자 계급은 부르주아들이 그들의 이익을 위해 얼마나 잔인해질 수 있는지 똑똑히 보았다. 혁명가들은 실패한 반란이 어떤 비극을 맞는지 배웠고, 20세기 사회주의 혁명을 위한 피 묻은 교과서로 파리 코뮌을 이해했다. 무엇보다 파리 코뮌은 역사상 최초로 노동자 계급이 자신의 강령을 걸고 수립한 정부였고, 비록 72일의 짧은 기간이긴 했지만 노동자들 스스로 국가를 경영할 능력이 있음을 보여주었다.

몽마르트르의 대포를 지키기 위해 달렸던 루이즈 미셸은 페레와소 학교의 교사이자 사회주의 혁명가였다. 그녀는 코뮌이 무너진 후 재판정에서 이렇게 말했다.

"나는 자기변호를 할 생각도, 변호를 받을 생각도 없습니다. 나는 혁명에 모든 것을 바쳤으니 내 행위에 대한 책임을 지겠습니다. 당신들이 만약 나를 살려둔다면 나는 계속 복수를 부르짖을 겁니다!"

그녀는 태평양의 섬 뉴칼레도니아 유형에 처해졌는데, 거기서도 식민주의자들에 맞선 원주민 봉기를 도왔다. 그녀는 진정한 '파리 코뮌의 여걸'이었다.

연표	
1848년	2월, 혁명 발발
	12월, 대통령 선거에서 루이 나폴레옹 당선
1852년	12월, 루이 나폴레옹 프랑스제국(제2제정)을 선포하고 황제 등극
1870년	7월, 프랑스-프로이센 전쟁 발발
	9월, 파리에서 혁명 일어나 제2제정 붕괴
	10월, 프로이센의 파리 포위
1871년	1월, 프랑스의 항복
	3월, 파리 노동자 봉기, 파리 코뮌 선포(3월 28일)
	5월, 베르사유 정부군의 진압, 피의 일주일 후 코뮌 붕괴(5월 28일)

American Indian War
인디언 전쟁

|

제7기병대를 궤멸시킨 리틀 빅혼 전투

1876년

리틀 빅혼의 대승리 1876년 6월, 부드러운 바람이 불어오는 로즈버드 계곡에서 대추장 '시팅불(웅크린 황소)'이 춤을 추고 있었다. 그의 춤은 '위대한 정령' 와칸탕카의 계시를 받기 위한 의식으로, 수sioux 족 인디언 5000명이 그를 지켜보고 있었다. 시팅불의 춤은 벌써 18시간째 이어졌으며, 그는 춤추는 틈틈이 자기 살을 조금씩 베어냈다. 위대한 정령을 맞이하기 위해 자신을 바치는 것이었다. 피투성이가 된 시팅불이 쓰러지자 인디언들이 그를 부축했다.

"백인들이 …… 메뚜기 떼처럼 달려든다. 이들에겐 귀가 없다. 이들

크레이지호스 : 미국 사우스다코타에 있는 크레이지호스의 조각상. 뒤편으로 바위에 새겨진 그의 옆얼굴이 보인다. 그는 리틀 빅혼 전투에 앞장서서 제7기병대를 전멸시켰다.

은 모두 거꾸로 서 있다. 이들은 죽을 것이다."

시팅불이 환영에서 본 것처럼 실제로 미군 기병대가 빅혼 산맥으로 몰려오고 있었다. 기병대 총사령관은 잔혹하기로 이름 높은 셰리든 장군이었고, 부대의 선봉은 커스터 장군과 그가 이끄는 제7기병대였다. 커스터는 남북 전쟁에서 공을 세워 최연소 장군으로 승진했고, 1868년에는 샤이엔 족의 마을을 초토화시킨 장본인이었다. 인디언들은 그를 '긴 머리칼'이라 부르며 두려워했다.

수 족 계열인 라코타 족, 다코타 족, 나코타 족은 서부 대평원에서 조상 대대로 살아왔다. 수십 년 전부터 백인들은 이곳에 금광을 찾아 몰려들었고, 그 백인들을 보호한다며 미국 정부는 요새를 지어 기병대를 주둔시켰다. 인디언의 사냥터인 평원에 백인들은 철도를 놓고, 이에 항의하는 인디언들이 백인과 마찰이 생기면 기병대는 인디언들이 도발해왔다는 명분으로 부족 마을들을 불태웠다. 백인들은 인디언을 몰아내기 위해 그들의 식량인 버펄로를 몰살했다. 1872년에서 1874년 사이 백인들이 죽인 버펄로는 3000만 마리로, 같은 기간 인디언들이 사냥한 마릿수는 15만 마리에 불과했다.

인디언들은 현명한 지도자를 중심으로 단결해 싸웠다. 1864년 백인들이 몬태나의 금광으로 이어지는 보즈만 길을 만들고 포트필커니 등 세 개의 요새를 세우자 오클라라 수 족 추장 '레드클라우드(붉은 구름)'는 2천 전사를 이끌고 성역을 지키기 위해 봉기했다. 1866년 여름, 미군 기병대가 목재 수송대를 호위하며 보즈만 길을 통과할 때 인디언들은 기습 공격을 시도했다. 먼저 전사 '크레이지호스(미친 말)'가 기병대를 조롱하여 그들을 유인했고, 흥분한 기병대가 쫓아오자 매복한 인디언들이 기다렸다는 듯이 화살을 퍼부었다. 이 전투로 백여 명의 기병대가 전멸하고 살아남은 것은 개 한 마리뿐이었다고 한다. 기세가 꺾인 백인들은 '포트라라미 협정'을 맺고 그 지역에서 물러났다. 인디언들은 요새 세 곳을 불사르고 그 불기둥 옆에서 춤을 추었다.

그러나 평화는 오래가지 않았다. 1874년 커스터 장군이 금광업자 등 1200명을 데리고 와서 수 족의 성지 블랙 힐 일대를 탐사했다. 인디언들은 포트라라미 협정을 근거로 연방 정부에 항의했지만, 연방 정부는 동부의 실업자들이 금을 찾아 서부로 가는 것을 막기는커녕 암암리에 권장했다. 일단 백인들을 들여보내 자리를 잡게 한 후에 우리도 어쩔 수 없으니 차라리 인디언들이 땅을 팔라고 교섭하는 것이 백인 정부의

커스터 장군 : 남북 전쟁에서 공을 세우고 젊은 나이에 출세한 그는, 인디언을 무자비하게 토벌하여 인디언 사이에 공포의 대상이었다. 인디언들은 그를 '긴 머리칼'이라고 불렀다.

수법이었다. 연방 정부는 인디언들에게 40만 달러를 줄 테니 블랙 힐을 팔고 보호 구역으로 가라고 제안했다. 평원에서 자유롭게 사냥하며 살아온 인디언들에게 좁디좁은 보호 구역에서 배급을 받느라 길게 줄을 서야 한다는 건 참기 힘든 모욕이었다. 라코타 족 추장 시팅불은 "이 땅은 성지다. 조상 대대로 살아온 땅을 어떻게 사고판다는 것인가?" 하며 단호히 반대했다. 교섭은 결렬되었다. 백인들은 언론을 통해 인디언들의 호전성과 이기주의를 비난한 후, 개척자들을 보호한다며 군대를 보냈다. 그 군대는 사실 백인들의 탐욕을 위한 인디언 토벌군이었다.

시팅불과 인디언 전사들이 결사의 각오를 다지는 반면, 백인들은 "야만인들은 우리의 말 먼지만 봐도 도망갈 것"이라고 자신만만하게 다가왔다. 1876년 6월 17일, 로즈버드 계곡 인근에서 셰리든 장군 휘하의 크룩 장군과 수 족이 전초전을 벌였다. 크룩 장군은 기습에 잠시 당황했으나 곧 우수한 화력으로 인디언들을 물리쳤다. 인디언들은 리틀 빅혼 강으로 후퇴했다. 이때 공명심에 눈 먼 커스터 장군은 지원군을 기다리지 않고 독자적으로 공격에 나서기로 마음먹었다. 승리를 다른 장군들과 나누기 싫었던 것이다.

6월 25일, 커스터 장군은 평원 가득 인디언들의 티피(천막집)가 눈처럼 깔려 있는 것을 보고 득의만면했다. 큰 공을 세울 수 있겠다고 생각한 그는 리노 소령에게 마을을 공격하라고 명령하고 자신은 후방에서 협공하기로 했다. 그러나 수 족은 이미 멀리서 백인들이 일으키는 말 먼지를 보고 서둘러 여자와 아이들을 대피시켰다. 의기양양하게 달려든 제7기병대가 텅 빈 마을에서 당황해 하는 틈에 인디언들이 역으로 그들을 포위했다. 커스터와 기병대는 계곡으로 도주했다. 그러나 이미 그곳에는 크레이지호스가 이끄는 전사들이 매복하고 있었다.

"수 족 전사들이여! 백인들에게 죽어간 아내와 자식들, 우리의 동료들, 대평원의 버펄로를 생각하라. 복수의 때가 왔다!"

크레이지호스의 외침에 따라 인디언들은 특유의 목젖 울리는 소리를 내며 공격을 개시했다. 공격은 예리하고 대담했으며, 오랜 증오에서 나온 것이기에 잔혹했다. 커스터 장군과 기병대 230여 명은 할리우드 영화에서처럼 용맹무쌍하게 싸우다 전사한 것이 아니라 인디언의 총과 화살, 도끼 앞에 변변한 저항조차 하지 못하고 궤멸당했다. 시팅불은 전사들에게 백인들의 사체를 훼손하지 말라고 했지만 흥분한 인디언들은 시신을 절단하고 머리 가죽을 벗겼다. 인디언들은 패전 소식을 전할 백인 단 한 명만 살려서 돌려보냈다. 위대한 정령이 인도한 대승리였다.

"우리는 야만인이 아니라 문명인이다." 아메리카 사람이라고 하면 우리는 대부분 백인 미국인을 떠올린다. 그러나 19세기 중반까지만 해도 아메리카 사람은 아메리카 원주민, 바로 인디언을 가리키는 말이었다. 유럽의 백인들은 아메리카 원주민을 그들의 땅에서 내몰고 학살한 후에야 아메리카 사람이 되었다.

백인의 아메리카 정복사가 인디언의 멸망사라는 사실을 알고 있는 사람들조차 역사에 대한 몇 가지 선입견을 갖고 있다. 그 하나는 인디언은 원시적인 방랑 민족이며 과정이야 다소 불행했지만 어쨌든 백인들이 그들을 '정착' 시키고 '문명화' 시켰다는 것이다. 이는 큰 오해다. 콜럼버스가 아메리카를 '발견(유럽 인들의 시각에서)' 했을 때 아메리카에는 1억 명에 가까운 원주민이 살고 있었고, 멕시코의 아스텍 문명, 안데스 산맥의 잉카 문명 등 이미 수준 높은 문명이 발달해 있었다. 북아메리카 대륙의 경우도 뉴멕시코의 푸에블로 족은 8세기경 이미 관개수로를 갖춘 도시에서 생활했다. 이 문명을 파괴한 것은 유럽 침략자들의 총과 칼, 그리고 그들이 가져온 천연두 등 질병, 기독교였다.

17세기 초 소수의 영국인들이 종교 박해를 피해, 또는 실업과 빈곤을 벗어나고자 북아메리카 대륙에 발을 내딛었다. 1621년 메이플라워 호를 타고 온 청교도들은 새로운 땅에 적응하지 못하고 추위와 배고픔으로 신음하고 있었다. 그들에게 식량을 나눠주고 집 짓는 법과 월동 대책 그리고 옥수수, 콩, 호박 농사를 가르쳐준 이들은 그 일대에 살던 왐파노아그 족이었다. 이방인을 환대하는 전통이 있는 인디언들은 그 뒤로도 백인 탐험가들을 만나면 마을로 데려가 배부르게 먹이고 선물을 안겨 보냈다. 19세기 초 최초로 미 대륙을 횡단한 백인인 루이스와 클라크는 가는 곳마다 인디언들의 융숭한 대접을 받았고 콩과 옥수수, 감자로 만든 음식을 얻어먹었다. 아메리카 인디언의 다수는 이미 정착하여 농경 사회를 이루고 있었던 것이다. 당시 인디언들은 그때까지 지구의 그 어떤 농경 민족보다도 많은 종류의 작물을 기르고 있었다는 연구도 있다.

이처럼 인디언의 환대로 북아메리카 대륙에 정착한 백인들은, 늘어난 인구와 군대를 유지하기 위해 먼저 정착해 있던 인디언들을 쫓아냈다. 영국으로부터 독립한 후 미국은 프랑스로부터 루이지애나를, 에스파냐로부터 플로리다를 구입하여 영토를 크게 넓혔는데, 그 과정에서 그 땅에 살고 있던 인디언들에겐 어떠한 동의도 구한 적 없었다. 미국 정부는 이렇게 얻은 땅의 배타적 소유권을 주장했다. 백인이 돈을 주고 샀으니 백인의 땅이란 것이었다. 인디언들은 땅은 위대한 정령이 준 선물이며 개인의 소유가 될 수 없다고 생각했으므로 백인들의 토지 소유권 개념을 이해할 수 없었다. 그들은 졸지에 불법 거주자가 되었다.

앤드루 잭슨 대통령은 1830년에 이주법을 만들고 그것을 근거로 남부 5개 부족(체로키, 촉토, 치카소, 세미놀, 크리크)을 1900킬로미터 떨어진 오클라호마의 보호 구역으로 강제 이주시켰다. 1838년 겨울, '눈물의 행진'으로 불리는 이동 속에서 체로키 인디언 4000명이 굶어죽고

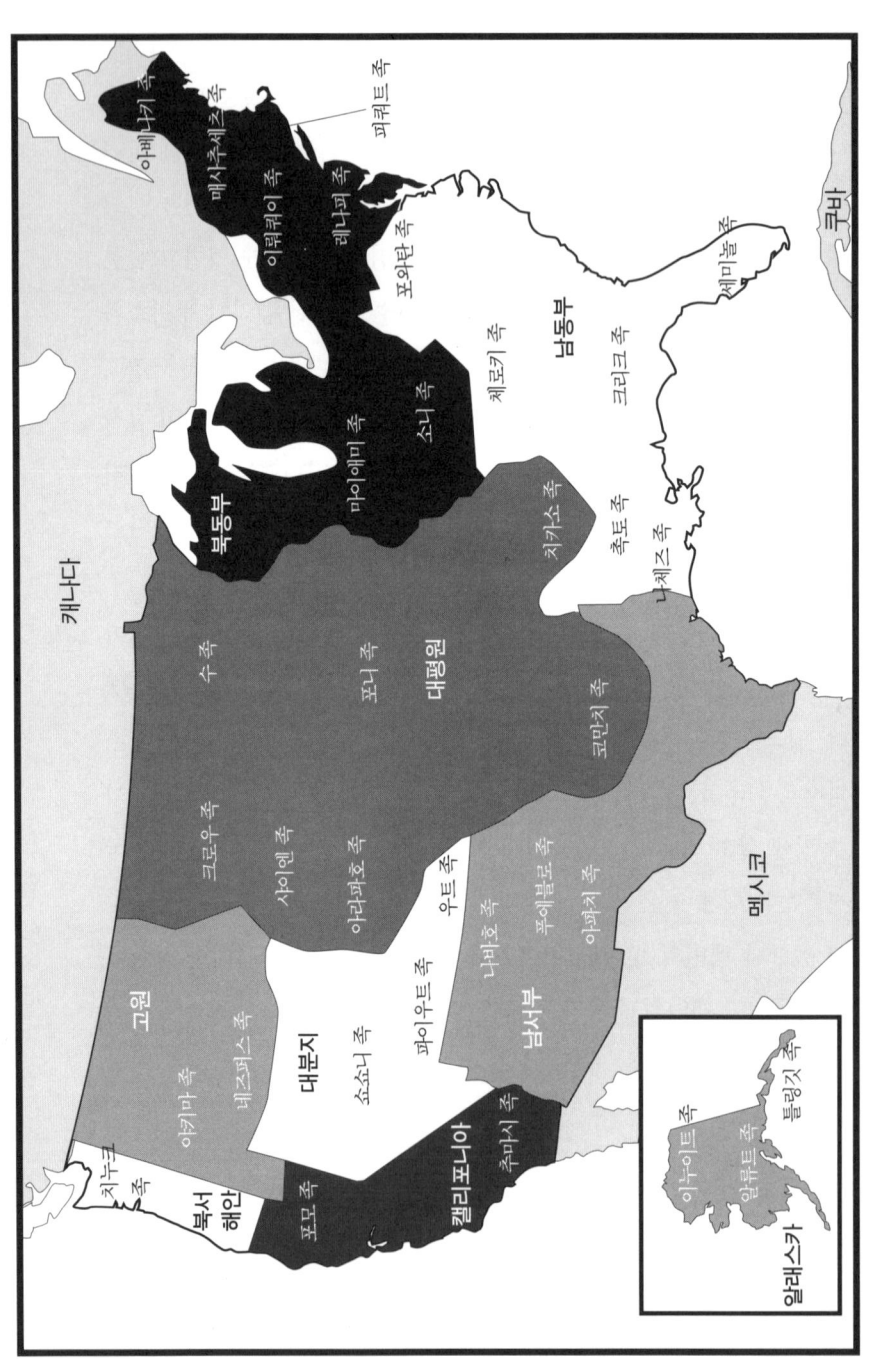

유럽 인 도래 이전의 미국 인디언 부족

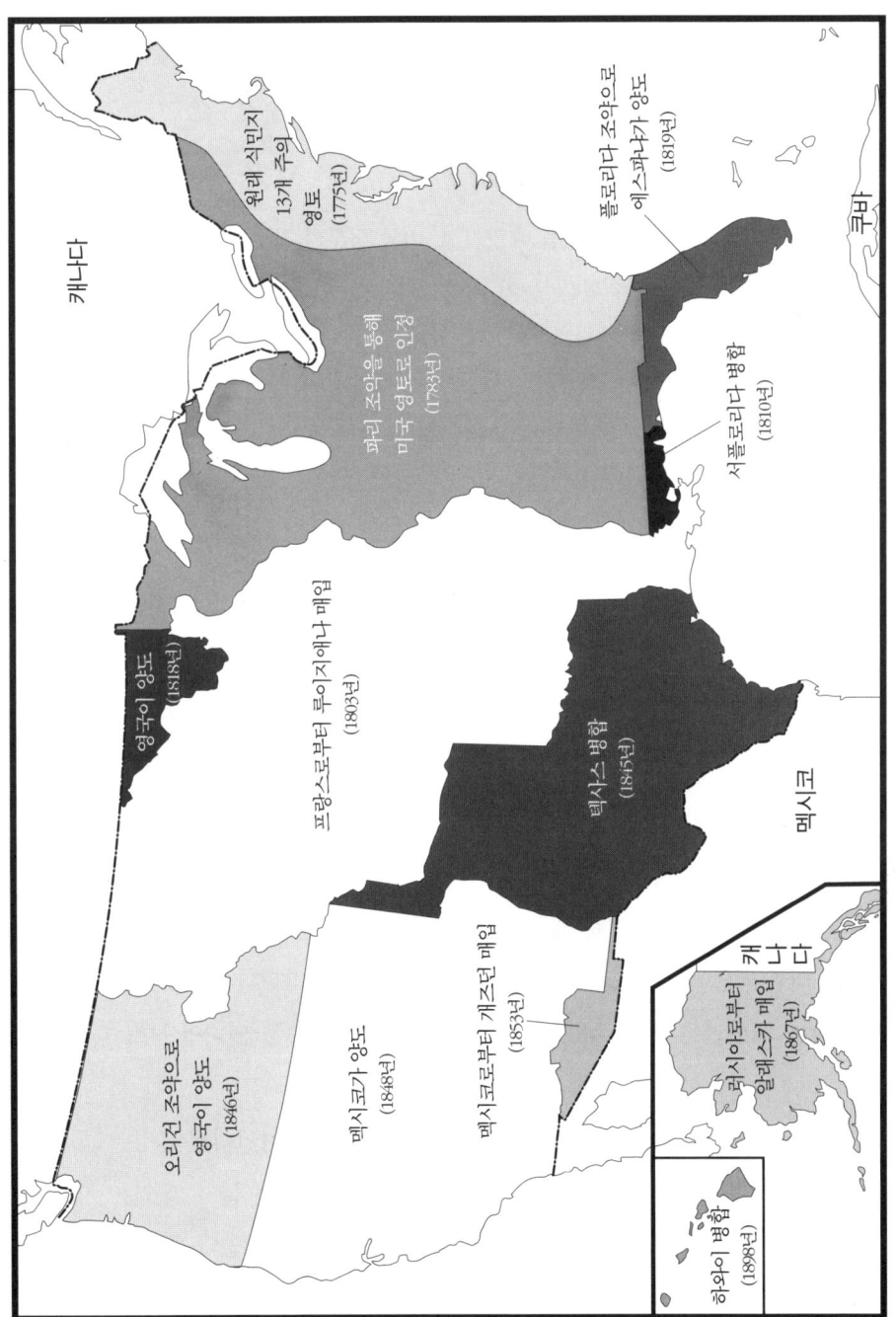

미국의 영토 확장 과정

얼어 죽었다. 『미국의 민주주의』를 쓴 프랑스 사상가 토크빌은 그 광경을 이렇게 묘사한다.

> 그들은 살고 있는 땅과 재산을 빼앗기고, 미국 정부가 지정해준 황야로 가기 위해 강을 건너야 했다. 눈이 내리고 강물은 얼어 있었다. 남루한 옷차림의 인디언들이 아기를 안고, 노인을 업고 그 위를 힘겹게 걸었다. 그들에겐 텐트도 마차도 없었다. 나는 그 참상을 잊을 수가 없다.

체로키 족은 백인들의 문명을 흡수해 조지아 주 안에 자치 공동체를 이루고 있었다. 그들은 학교를 열었고 제분소와 제철소, 직조 공장, 제혁 공장, 화약 공장을 운영했으며 심지어 자신들의 문자와 신문, 대의 제도까지 있었다. 그런데도 그들은 쫓겨나야 했는데 왜냐하면 그 땅에 백인들이 면화를 심어야 했기 때문이다. 이것이 백인들의 '문명화'였다. 백인들의 문명화는 전통적 공동체를 해체하고 자본주의적 거래 관계를 이식하며 인디언들을 개별 자영농과 임금 노동자로 만드는 것이었다. 이것을 거부한다면 대평원의 인디언이든 동부의 농사짓는 인디언이든 자치 공동체를 이룬 체로키 족이든 '야만인'일 뿐이었다. 야만인에 대한 백인들의 태도는 셰리든 장군의 이 말로 요약된다.

"착한 인디언은 없다. 내가 아는 착한 인디언은 죽은 인디언뿐이다."

백인들의 사기와 기만, 폭력이 문명이라고 한다면 인디언에겐 문명이 없다는 말은 맞다. 백인들은 온갖 협정서와 토지 문서를 들고 와 인디언들에게 서명하게 했으면서 단 하나의 약속도 지키지 않았다. 그러나 인디언은 약속한 것은 피해를 보는 한이 있어도 끝까지 지켰고 최후의 경우에만 저항에 나섰을 뿐이다. 누가 야만인이고 누가 문명인일까? 또한 문명의 지표를 과연 총과 대포, 철도와 전신으로만 볼 수 있는가? 문명의 지표를 다르게 본다면 인디언이 야만인이라는 말은 거짓이다. 한 인디언의 말이다.

"문명이란 무엇인가? 문명의 표시는 고상한 종교와 철학, 독창적인 예술, 마음을 흔드는 음악, 풍부한 이야기와 전설이다. 우리는 이것을 소유했다. 따라서 우리는 야만인이 아니라 문명인이다."

인디언 전쟁의 시작, 그리고 비극적 종말

인디언 역사에 대해 또 하나 잘못된 선입견은, 그들이 백인들에게 무기력하게 짓밟히기만 했다는 생각이다. 백인 중심의 시각을 반성하는 이들도 인디언들은 불쌍한 약소민족이었으며 부족들 사이의 반목으로 인해 제대로 된 저항을 못하고 산발적인 몸부림에 그쳤다고 여긴다. 그러나 이 역시 백인들이 왜곡한 역사다.

17세기 말부터 19세기 말까지 약 2백 년간 인디언들은 백인들과 말 그대로 '전쟁을 치렀다.' 인디언들은 평화로운 민족이지만 싸워야 할 때는 강력한 군대로 탈바꿈했다. 인디언들은 부족 간의 반목을 넘어 연합군을 결성했고 화력에서 우세한 백인 군대를 몇 차례나 격파했다. 백인들이 인디언의 이미지를 피에 굶주린 야만인으로 묘사했던 것도 달리 보면 인디언에 대한 그들의 두려움 때문이었다.

미국인들은 인정하기 싫겠지만, 막 건국한 미국에 최초의 패배를 안겨준 이들은 인디언이었다. 미국은 독립 전쟁 직후에 영국으로부터 오하이오 주를 양도받아 식민지 개척에 나섰다. 그 일대에 살고 있던 인디언을 몰아내려고 미국 육군이 투입되자 마이애미 족의 추장 '리틀터틀(작은 거북)'은 '블루재킷(푸른 외투)'이 이끄는 쇼니 족과 동맹을 맺었다. 인디언 연합군과의 전투에서 아서 클레어 장군의 원정군은 2500명 가운데 600명이 전사했는데, 이때 인디언 측 전사자는 40명뿐이었다. 이는 단일 전투로는 그 뒤로도 미군이 인디언에게서 입은 가장 큰 피해였다. 리틀터틀은 미주리에서 플로리다까지 아메리카 전역에 걸쳐 부족 공동 전선을 만들고자 했으나 꿈을 이루지 못했다.

또한 미국 역사에서 1812년 영미 전쟁은 흔히 영국과의 통상 마찰이 이유였다고 하지만, 한편으로는 미국인들에게 땅을 빼앗긴 인디언들이 미국을 견제하려는 영국과 한 편이 되어 미국 정부에 대항한 전쟁이었다. 이 전쟁에서 쇼니 족의 '테쿰세(별똥별)' 추장은 동맹군을 이끌고 티피커누 강에서 미군과 대접전을 펼쳤으나 패하여 전사하고 말았다. 1835년에 앤드루 잭슨 대통령이 이주법을 내세워 남부 지역 인디언들에게 미시시피 강 서쪽으로 이주하라고 강요하자 많은 인디언들이 저항했는데, 특히 플로리다의 세미놀 족의 저항은 '세미놀 전쟁'이라고 불릴 정도였다. 그들은 물러서지 않겠다는 각오로 가족 중 갓난아기를 제손으로 죽이고 전투에 나섰다. 7년이나 계속된 세미놀 전쟁에 미군은 1500명이 전사하고 2000만 달러의 전비를 퍼부어야 했다. 결국 평화 회담을 개최하자며 세미놀 지도자 오세올라를 유인하여 체포한 후에야 저항을 누를 수 있었다. 전투로는 이길 수가 없어 비겁한 술수를 썼던 것이다.

남북 전쟁 후 미국 정부가 본격적인 서부 정복에 나서자 평원의 인디언들이 힘을 합쳐 이에 맞섰다. 보즈만 길 전투, 리틀 빅혼 전투는

추장 제로니모 : 아파치 족의 지도자였던 제로니모는 멕시코 국경을 넘나들면서 미군 기병대를 괴롭혔지만 결국 백인에게 항복했다. 사진은 항복한 후 찍은 것이다.

인디언 연합군의 전략과 용맹을 널리 떨친 사건이었다. 그러나 끝없이 밀어 닥치는 백인들을 막아내기엔 역부족이었다. 미군은 인디언 마을을 하나씩 찾아내 파괴하고 리틀 빅혼 일대를 강제로 수용했으며 수단 방법을 가리지 않고 인디언 지도자들을 체포했다.

1877년 9월, 크레이지호스는 현상금에 눈먼 밀고자에 의해 기병대에 체포되었고 재판도 받지 못한 채 총검에 배가 찔려 죽었다. 시팅불은 리틀 빅혼 전투 후에 추격을 피해 캐나다로 도주했다가 몇 년 뒤 돌아와 1881년 7월에 항복했다. 아파치 족 지도자 제로니모는 인디언 보호 구역에 수용되었으나 부족을 이끌고 탈출했고, 멕시코와 미국 국경을 넘나들면서 게릴라 투쟁을 펼쳤다. 미군은 5000명이나 되는 추격대로 그를 쫓아다니다가 1886년에 겨우 항복을 받아냈다. 제로니모는 세인트루이스 세계 박람회에 전시되는 수모를 겪어야 했다. 네페르세 족의 조지프 추장은 300명의 전사를 끌고 3200킬로미터를 이동하며 다섯 차례나 격전을 펼쳤으나 결국은 항복했다.

인디언 부족들은 하나둘씩 보호 구역으로 들어갔지만 그곳은 미국 정부의 약속과는 전혀 달랐다. 식량 배급, 위생 시설 등 모든 것이 부족했다. 인디언 관리 사무소는 부족 공동 소유라는 전통을 해체하고 그들을 개별 자영농이나 자영업자로 바꾸려고 했다. 뿌리가 뽑힌 채 살아가는 인디언들은 술에 의존했고, 그럴수록 생활은 빈곤해지고 문화는 황폐해졌다.

이때 워보카라는 인디언 무당이 '정령 춤'을 보급하기 시작했다. 정령 춤은 조만간 위대한 정령이 내려와 백인들을 물리치고 인디언에게 땅을 돌려준다는 메시지를 담고 있었다. 정령 춤은 인디언 사회에 들불처럼 번져 나갔고 어디서나 이 춤이 시작되면 어느새 수백 수천 명의 인디언이 뛰쳐나와 함께 춤을 추었다. 정부는 처음에는 이를 무시했으나 시간이 갈수록 이것이 조직적 저항 운동으로 발전할까봐 겁이 났다. 정부는 이미 항복하여 은거 중인 시팅불이 정령 춤의 배후라고 생각하여 그를 체포하라고 경찰을 보냈다. 시팅불은 순순히 잡혀가다가 경찰서장이 인디언 변절자인 '불헤드(황소머리)'라는 것을 알고 버럭 화를 냈다.

"이놈! 동족을 배신하다니 위대한 정령이 두렵지 않은가!"

경찰이 힘으로 시팅불을 제압하려 하자 시팅불의 측근 하나가 총을 빼어 불헤드를 쏘았고 이에 불헤드도 시팅불을 쏘았다. 최후의 인디언 전쟁을 이끈 시팅불은 이렇게 허망하게 죽고 말았다.

시팅불이 살해되었다는 소식을 들은 소수의 수 족은 항복을 거부하고 추장 빅풋과 함께 도주했다. 미군은 우환거리가 될지도 모르는 빅풋 무리를 추적했고 1890년 12월에 그들을 사우스다코타 주 운디드니 언덕에 몰아넣는 데 성공했다. 운디드니에는 여자와 아이를 포함해 약 350명의 인디언이 있었다. 미군이 인디언들의 무기를 색출하려고 하는 찰나 위협을 느낀 인디언 하나가 무기를 빼들었고, 이것을 신호로 미군의 기관총이 불을 뿜었다. 남녀노소를 포함한 인디언 200여 명이 학살당했다. 이 학살을 일으킨 장본인은 15년 전 리틀 빅혼에서 대패한 제7기병대였다. 운디드니 학살로 200년간의 인디언 전쟁은 종지부를 찍었다.

"자유롭게 태어난 인간을 울타리에 가두고 가고 싶은 곳에 갈 자유를 빼앗으면서 행복하길 바란다면, 차라리 강물이 거꾸로 흐르기를 기대하는 게 낫습니다. 백인들은 마음대로 돌아다니면서 인디언은 한 장소에 머물러야 한다는 명령은 어디에서 온 것입니까?"

네페르세 족 추장 조지프가 1897년 워싱턴에 초청 받아 연설한 내용이다. 아메리카 인디언은 평화와 환대의 민족이었고 대자연 속에서 공동체 생활을 하며 문명을 꽃피웠다. 이런 그들을 '문명화' 시킨다며 조상 대대로 살던 땅에서 쫓아내고 사기와 폭력으로 그들의 문명을 파괴

한 이들이 바로 백인이었다. 그러나 인디언들은 불쌍한 약자로 남기를 거부했다. 그들은 백인들과 전쟁을 벌였고 백인들이 그 이름만 들어도 무서워하는 전사들이 전쟁을 이끌었다. 인디언들은 아메리카 대륙의 진정한 주인이었으며, 어디에도 구속되지 않는 자유인이었다.

연표

1621년	메이플라워호를 타고 영국 청교도 아메리카로 이주
1830년	미국 연방 정부, 이주법 만들어 남부 인디언들을 오클라호마로 강제 이주 시작
1835년	플로리다 세미놀 족, 이주법에 맞서 세미놀 전쟁 시작
1838년	인디언 보호 구역으로 강제 이주 과정에서 많은 인디언 사망(눈물의 행진)
1866년	오클라라 수 족, 보즈만 길 전투에서 미군 기병대를 크게 이김
1876년	수 족 연합군, 리틀 빅혼 전투에서 커스터 장군의 제7기병대를 전멸시킴 대대적인 인디언 토벌전 벌어져 시팅불을 비롯한 지도자들 체포
1890년	수 족 지도자 시팅불 살해됨 운디드니에서 인디언 학살 일어남. 인디언의 조직적 저항은 종료

American Labor Struggles
미국 노동자들의 투쟁

|

또 하나의 남북 전쟁, 헤이마켓 사건과 총파업
1886년

5·1 노동절의 기원이 된 헤이마켓 학살 1886년 5월 4일, 시카고의 농산물 장터인 헤이마켓에서 연단 대신 수레를 쌓아놓고 한 청년이 올라가 노동자들에게 열변을 토하고 있었다. 그의 이름은 어거스트 스파이스로 독일에서 열 일곱 살에 미국으로 이민 와 가구 공장 노동자가 된 30대 청년이었다. 그는 국제노동자협회 소속으로 시카고 노동 운동의 젊은 지도자였다.

"동지들, 엊그제 어떤 일이 일어났는지 알고 계십니까? 매코믹농기구회사에서 경찰이 노동자와 그 가족까지 여섯 명을 무참히 살해했습

앨버트 파슨스 : 미국 앨라배마 출신의 인쇄공이자 시카고의 무정부주의 노동 운동가. 헤이마켓 사건 후 자신을 변호하고자 스스로 법정에 나왔으나 결국 교수형에 처해지고 말았다.

니다! 그 노동자들은 지금 전국에서 벌어지고 있는 총파업에 동료들도 동참하자고 호소를 했을 뿐인데, 공장주의 사냥개나 다름없는 경찰이 총을 쏘았습니다! 들리는 소식으로는 희생자들 가운데 열 살이 안 된 소녀도 있다고 합니다!"

"그럴 수가!"

"이대로 당하고 있을 수는 없다!"

피가 끓은 노동자들이 너도나도 한마디씩 고함을 쳤다. 이때 시카고 노동자들은 미국노동총동맹AFL의 지침에 따라 5월 1일부터 무기한 총파업에 들어간 상황이었다. 미국노동총동맹은 '8시간 노동제 보장'을 내걸고 "이를 각 주 정부가 받아들이지 않는다면 미국 전역에서 망치

어거스트 스파이스 : 시카고 노동 운동의 지도자 중 한 사람인 그는 교수형에 처해지기 전 "우리의 침묵이 우리 목을 조르는 당신들의 목소리보다 커질 날이 올 것이다."고 말했다.

소리를 영원히 듣지 못할 것"이라고 선포한 상태였다. 전국의 공장이 멈췄으며 기차 운행과 부두 하역도 중단되었다. 50만 명이 파업에 동참했고, 디트로이트나 뉴욕에서 노동자들은 횃불 행진을 벌였다. 시카고에서도 4만 명의 노동자가 파업을 벌였는데, 독점 기업인 매코믹농기구회사는 경찰의 보호를 받아 조업을 계속했던 것이다.

어거스트 스파이스와 그의 동료 앨버트 파슨스는 매코믹 공장의 비극을 듣고 치를 떨었고, 즉각 자신들이 발행하는 『아르바이터 차이퉁(노동자 신문)』의 호외를 배포했다. 호외에서 그들은, "시카고 노동자들이여, 무기를 들자! 이제 복수에 나서야 한다!"고 호소했다.

그러나 막상 5월 4일 헤이마켓에서 열린 규탄 집회는 평화롭게 전개되었다. 참가한 3000여 명의 노동자들은 스파이스와 파슨스의 연설을 듣다가 저녁이 되고 간간이 비가 내리자 이리저리 흩어져, 참가자는 수백 명 정도로 줄었다. 노동자들의 숫자가 줄자 경찰 200여 명이 다가와 위협을 했다.

"이봐, 스파이스! 당장 집회를 끝내! 너희는 불법 행동을 하고 있어!"

이때 쾅 하는 폭음이 진동했다. 누군가 경찰 쪽으로 사제 폭탄을 던진 것이다. 경찰은 순간적으로 총을 뽑아 무차별 발포했다. "윽!" 하는 비명과 함께 노동자 십여 명이 그 자리에서 죽고 200명이 부상을 입었다. 경찰도 7명이 죽고 66명이 다쳤는데, 그들 대부분은 같은 경찰이 쏜 총에 맞은 것이었다. 집회는 아수라장이 되었다. 다음날 신문은 노동자들을 폭도라고 맹비난했다. 경찰은 스파이스를 비롯해 평소 감시하던 노동 운동가들과 사회주의자, 무정부주의자들을 체포했다. 도망친 파슨스는 자신의 무죄를 변호하기 위해 자발적으로 법정에 출두했다가 체포되었다.

스파이스 등은 폭탄 투척에 대해서는 모르는 일이라고 부인했다. 경찰이 집을 수색해도 물증을 찾지 못하자 검찰은 "스파이스가 폭탄 심지에 불을 붙이는 것을 목격했다."는 거짓 증인을 내세웠다. 그러나 그는 현장의 다른 증인들에 의해 반박당했고, 심지어 시카고 시장마저도 집회가 평화적으로 진행되었다고 증언했다. 그러자 검찰은 피고들이 사회주의 혁명을 꾀했다는 쪽으로 재판을 몰고 갔고 판사는 피고들이 직접 폭탄을 던지지는 않았더라도 살인 모의를 했을 가능성은 충분하다고 배심원들을 압박했다. 결국 스파이스와 파슨스 등 7명에게 사형 선고가 내려지고 나머지에겐 15년 이상의 징역형이 내려졌다. 폭발의 진상은 어둠 속에 묻혔고, 경찰의 끄나풀이 탄압의 구실을 만드느라 일을 벌였다는 증언이 제기되었지만 무시되었다. 스파이스는 분연히 외쳤다.

"그래, 우리를 처형하여 노동 운동을 끝장낼 수 있다고 여긴다면 우리의 목을 가져가라. 그러나 가난과 불행과 힘겨운 노동에 신음하는 수백만의 운동을 없앨 수는 없다. 당신들이 하나의 불꽃을 밟아 끌 수는 있지만, 당신들의 앞과 뒤와 사방팔방에서 타오르는 들불까지 끌 수는 없으리라."

세계 각국의 사회주의자와 진보적인 시민, 노동조합들이 재판의 부당함을 호소했고 탄원과 시위를 벌였지만, 1887년 11월 11일, 이들은 교수형에 처해졌다. 반성문을 제출하면 감형해주겠다는 회유가 있었지만 이들 중 누구도 그에 응하지 않았다. 스파이스는 형이 집행되기 직전 이렇게 말했다.

"우리의 침묵이 지금 우리를 목 조르는 당신들의 목소리보다 더 강해질 날이 올 것이다."

이들의 장례식에는 시카고 시민 20만 명이 참가했다.

스파이스의 예언대로 들불이 타올랐다. 1889년, 국제노동자협회는 파리에서 대표자 회의를 열고 미국 노동자들의 투쟁을 기리고 "8시간 노동제 쟁취, 전 세계 노동자 계급의 단결"을 위해 이듬해 5월 1일에 대규모 행진을 벌이기로 했다. 1890년 5월 1일, 미국, 프랑스, 독일, 그리스 등에서 행진이 시작되었고, 제철 공장의 백인 남성 노동자들부터 세탁 공장의 멕시코 인 여성 노동자들까지 하나가 되었다. 이것이 노동절의 시작이었다. 영국 하이드파크에서 행진을 지켜본 노년의 프리드리히 엥겔스도 감격에 젖어 말했다.

"오늘 전 세계 무산 계급이 단결했음을 보았다."

미국 산업화와 노동 운동의 전개

근대 자본주의가 시작된 곳은 영국인데, 어째서 영국이 아니라 미국에서 노동절의 역사가 시작된 것일까? 이에 답하려면 19세기 말 미국 노동자들의 처지를 살펴야 한다. 당시 미국 노동자들은 하루 12시간에서 14시간을 일하면서도 최저 생계비에도 못 미치는 임금을 받았고, 따라서 온 가족이 공장에 나가야만 겨우 입에 풀칠할 정도였다. 15세 미만 아이들 넷 중 하나는 일을 했고, 대여섯 살 먹은 소년이 맨발로 공룡 같은 방직 기계 사이에 들어가 청소를 하곤 했다.

노동자가 죽거나 다쳐도 아무런 보상을 받을 수 없었고, 경영자의 말 한마디면 하루아침에 해고되는 일이 비일비재했다. 노동조합은 어불성설이었고, 좁아터진 노동자들의 아파트엔 화재와 전염병과 범죄가 끊이지 않았다. 칼 마르크스의 딸 엘레노어 마르크스가 미국을 방문하고 나서 "이들의 삶은 영국보다도 훨씬 더 비참하다."고 말할 지경이었다. 칼 마르크스의 『자본론』에 나오듯 영국 노동자들의 처지 역시 실로 참혹했는데도 말이다.

이렇게 노동자들의 처지가 열악한 까닭은, 일단 엄청난 숫자의 이민자들이 쏟아져 들어왔기 때문이다. 남북 전쟁 이후 50년 동안 미국에 들어온 이민자가 2500만 명으로 이전 50년 동안보다 네 배나 많았다.

아동 노동 : 한 소년이 거대한 방적기 사이에서 일하고 있다. 산업이 성장함에 따라 미국의 자본가들은 네다섯 살짜리 아이들까지 고용하여 장시간 노동을 시켰다.

가령 시카고 거리에서는 영어와 기타 외국어를 반반씩 들을 수 있었다. 이민자들은 대부분 저임금·미숙련 노동자가 되었고, 영어를 쓰는 백인 노동자들은 동유럽·중남미·아시아에서 온 노동자들이 자신의 일자리를 뺏는다고 여겨, 노동자들 간에도 싸움이 자주 일어났다. 1885년에는 백인 광부 수백 명이 중국인 광부를 습격해 28명을 살해하기도 했다. 분열한 노동자들에게 고용주와 맞설 힘이 있을 리 없었다.

반면, 미국의 기업들은 급성장했다. 특히 철도 산업이 앞장섰다. 연방 정부는 서부 개척을 위해 철도 기업에 무지막지한 특혜를 주었는데, 기업이 철도를 1킬로미터 연장할 때마다 정부는 2만 5000달러를 대여해주고 주변 토지도 무상으로 제공했다. 대륙 횡단 철도가 놓이는 동안 기업주는 돈을 자루에 쓸어 담았지만 공사에 동원된 중국인 노동자 3000명이 죽었다. 철도 산업의 성장은 철강 산업이나 석유 산업의 동반 성장을 이끌어 카네기와 록펠러 같은 독점 재벌을 등장시켰다. 특히 록펠러는 피도 눈물도 없는 사업 수완으로 1890년에 미국 정유 회사의 90퍼센트를 손아귀에 넣었다. 록펠러가 소유한 부는 미국 전체의 부의 1.5퍼센트에 달했다. 록펠러를 모방하여 담배, 설탕, 농기구, 과자, 술, 전선 시장에서도 한두 회사가 산업 전체를 지배하는 독점화가 일어났다.

이처럼 노동자 계급과 자본가 계급 사이의 힘이 몹시 불균형했으므로 노동자의 요구는 철저히 묵살되었다. 파업이 벌어질라치면 기업주들은 핑커턴 탐정 사무소 같은 무장 폭력 조직을 동원해 폭력을 휘둘렀고, 노동자들이 격렬히 저항하면 정부의 개입을 요청했다. 그러면 주 정부나 연방 정부는 기다렸다는 듯 '질서 유지'를 명분으로 방위군을 투입했다. 군인들이 투쟁을 진압하면 법원은 체포된 노동 운동가들에게 마치 가벼운 벌금형을 내리는 듯 사형을 선고했다. 하워드 진이 『미국 민중사』에 썼듯이 이 시기 미국에서 자본가와 노동자들의 투쟁은 '또 하나의 남북 전쟁'이었다.

그러나 초기의 노동조합들은 주로 백인·남성·숙련 노동자의 조직이었다. 이 조직들은 자신의 사업장을 넘어서거나 유색 인종들과 손잡기를 꺼렸다. 그러나 그렇게는 승리할 수 없다는 각성 속에 새로운 조직이 결성되었는데, 대표적인 것이 노동자기사단이었다. 1869년 결성된 노동자기사단은 인종과 업종의 경계를 깨고 흑인·여성·미숙련 노동자와 농민들까지 받아들였다. 노동자기사단은 몇몇 직종의 종사자만은 가입을 거부했는데 그들은 은행가·변호사·주류 판매인·전문 도박사 등이었다. 노동자기사단은 8시간 노동제, 아동 노동 금지, 그리고 "동일 노동에는 동일 임금!"이란 당시로서는 매우 진보적인 구호를 외쳤다.

백인 남성 노동자가 흑인이나 중국인 혹은 여성과 함께 단결해야 한다는 생각은 받아들이기에 결코 쉽지 않았다. 그런 점에서 노동자기사단의 노력은 선구적이었고, 그 결과 젊은 이민 노동자와 미숙련 노동자가 운동의 전면에 등장하기 시작했다. 백인 노동자들은 처음에는 냉소적이었으나, 작은 공장에서부터 노동자가 단결하여 기업주의 양보를 얻어내면서 기사단의 세는 급격히 불어났다. 1886년에 기사단은 전국에 6000개 지부와 70만 명의 회원을 거느렸다.

마침 전 세계적으로 '8시간 노동제 쟁취' 투쟁이 노동 운동의 핵심 과제로 떠올랐다. "8시간은 노동, 8시간은 휴식, 8시간은 여가로 쓰자."는 슬로건도 확산되었다. 1881년에는 직업별 노동조합의 연합체인 미국노동총동맹이 결성되어 두 조직은 함께 8시간 노동제 쟁취 투쟁을 펼쳤다. 1886년에 전국적 총파업이 벌어지기 전 일부 귀족화된 노동조합 간부들은 "두 시간 덜 일하면 노동자들은 두 시간 술이나 마시게 된다."며 반대했지만, 노동자들은 작업장을 박차고 세상을 멈춤으로써 자신의 힘을 드러냈다.

헤이마켓 사건 후, 정부와 언론은 사회주의적인 기사단이 배후 세력이라고 몰았고 기업가들은 블랙리스트를 만들어 공장에서 기사단 소

핑커턴 탐정 사무소 : 오하이오 부치텔의 광부 파업에서 무장한 핑커턴 탐정 사무소 직원들이 파업 파괴자들의 출근을 지켜주고 있다. 이에 파업 광부의 아내들이 거칠게 항의하고 있다.

속 노동자를 내쫓았다. 기사단 조직은 탄압으로 인해 1890년부터 하향세를 그리다가 결국 와해되고 말았다. 반면 미국노동총동맹은 임금 인상과 작업 조건 개선 등 실리적인 목표를 추구하면서 조직을 확대해갔다. 1890년 그 회원이 19만 명이었는데 1901년에는 100만 명, 1914년에는 200만 명으로 늘었다. 그러나 이 조직은 기사단과는 달리 노동조합 대표들이 주도했으며 흑인과 미숙련 노동자를 받아들이지 않는 등 기본적으로 보수적인 조직이었다.

다시 단결로 나아가는 미국 노동자들

철강왕 카네기는 자선 사업가로 오늘날 유명하다. 하지만 그가 자선 사업에 쓸 부를 쌓는 과정에서는 독점과 노동자 탄압으로 악명이 자자했다. 카네기는 1873년에 피츠버그 홈스테드에 제철소를 설립한 후 광산에서 제철, 제련, 수송까지 전 과정을 '수직 통합'하여 카네기 왕국을 이루었다. 철강 노동자들은 철강연합노조 소속이었는데 원래 이 조직은 다른 산업 노조보다 강성이었다. 하지만 카네기가 철강 산업을 독점하고 또 여러 신기술을 도입해 일자리가 불안해지자 연합노조는 저항보다는 기업주와의 타협을 추구했다.

카네기는 이 기회에 연합노조를 없애버리고자 했고, 그가 고용한 노조 파괴의 달인인 헨리 클레이 프릭은 홈스테드 제철 공장 노동자들에게 2년 연속 임금 삭감을 강요했다. 노조는 일단 삭감안을 수용했는데, 1892년 프릭은 또다시 임금 삭감안을 내놓으면서 "노조는 이를 이틀 안에 이를 받아들이든지 아니면 대량 해고를 감수해야 한다."고 말했다.

노동자들은 더 참을 수 없었고 3000여 명이 파업에 돌입했다. 프릭은 기다렸다는 듯 전원을 해고해버렸다. 노동자들은 홈스테드 마을에 집결해 경찰을 쫓아내고 농성을 벌였다. 그들은 프릭이 비노조원과 실업자들을 데려다 조업을 하지 못하도록 결사적으로 막으려 했다. 그러나 프릭은 공장 둘레에 높이가 4미터에 가까운 철조망을 치고, 노조원들의 접근을 막기 위해 핑커턴 탐정 사무소 직원들을 호출했다. 1892년 7월 6일 밤, 어스름한 달빛에 핑커턴 직원 300명이 배를 타고 강을 거슬러 공장에 접근했다. 총과 몽둥이로 무장한 그들의 거대한 체구는 보기만 해도 무시무시했다.

노동자들은 이들의 상륙을 저지하기 위해 강에 휘발유를 뿌리고 불을 붙였다. 그리고 부두에는 화물을 쌓아 바리케이드를 쳤다. 핑커턴 직원들은 총을 난사했고 이에 맞서 노동자들도 다이너마이트를 던졌다. 부두는 불바다가 되었고 연기가 밤하늘을 자욱하게 덮었다. 핑커턴 직원들은 결국 물에 뛰어들어 도망치거나 노동자들에게 붙잡혀 뭇매를 맞았다. 커다란 덩치들이 노동자들 앞에 싹싹 비는 꼴은 아주 가관이었다.

하지만 회사의 요청으로 펜실베이니아 주방위군 8000명이 투입되었고, 주방위군이 공장 일대를 장악하자 회사는 주로 흑인과 이민 노동자들을 데려다 생산을 가동했다. 안타깝게도 연합노조는 백인 숙련 노동자들 중심의 조직이었으므로 비노조원들에게는 파업 노동자와 자기들이 같은 노동자라는 연대 의식이 없었다. 연합노조는 4개월 만에 회사에 굴복하여 임금 삭감과 노동 시간 연장을 받아들였다. 연합노조는 그 뒤 점차 약화되어 20세기 초에는 거의 와해되었다.

하지만 홈스테드 파업의 실패로부터 노동자 계급은 소중한 교훈을 배웠다. 노동자의 힘은 바로 단결에서 나온다는 것이다. 1894년의 철도 노동자 총파업은 그 교훈을 실천한, 전국을 흔든 연대 파업이었다. 시작은 시카고에 있는 풀먼객차회사였다. 이 회사는 기차에 다는 객차, 침대차, 식당차, VIP 전용차 등을 만들었는데, 사장인 조지 풀먼은 독특한 자본가였다. 그는 노동자들의 복지를 향상하겠다며 1만 2000명을 수용할 수 있는 풀먼 타운을 건설했다. 풀먼 타운은 주거, 위생, 문화 측면에서 상대적으로 좋은 환경이긴 했으나, 문제는 임대료와 각종 사용 요금이 터무니없이 비쌌으며 입주자의 사생활까지 온갖 규칙을 들이대 간섭했다는 것이다. 그래서 노동자들은 풀먼 타운을 회사의 또 다른 돈벌이 수단 내지는 통제 수단으로 여겨 좋아하지 않았다.

1894년 초에 풀먼은 불경기를 이유로 임금을 25퍼센트나 깎겠다고 발표했다. 이미 노동자 8백 명을 정리 해고를 한 직후였다. 임금이 더 떨어지면 한 달 월급에서 풀먼 타운 집세를 내면 겨우 1달러만 남을 지경이었다. 그런데도 경영진은 자신의 연봉이나 주주 배당금은 전혀 줄이지 않았고 심지어 집세조차 내리지 않았다.

풀먼객차회사 노동자들은 혼자서는 싸울 수 없다는 것을 깨닫고 유진 데브스가 이끄는 미국철도노조에 가입했다. 1893년에 출범한 미국철도노조는 회사와 업종의 벽을 넘어 숙련 노동자와 미숙련 노동자 모두에게 문을 연 산별 노조였다. 유진 데브스는 풀먼사 노동자들과 공동 협상단을 구성해 사측에 요구했다.

"임금 인하를 철회하든가, 풀먼 타운의 집세를 대폭 내리시오."

"외부인이 어째서 회사 방침에 감 놔라 배 놔라 하느냐? 절대로 받아들일 수 없다."

풀먼사 경영진이 협상단의 요구를 검토하기는커녕 협상단에 소속된 노동자마저 해고해버리자 풀먼 노동자들이 파업에 돌입했고 미국철도노조는 즉각 연대 파업을 선언했다.

"풀먼사 객차를 단 기차는 한 대도 운행시키지 말자!"

그런데 미국의 거의 모든 기차가 풀먼사 객차를 달고 있었으므로 이는 곧 전국의 철도를 마비시키자는 호소였다. 놀랍게도 이 호소는 뜨거운 지지를 받았다. 시카고발 24개의 철도 노선이 모두 중지되고, 대륙을 횡단하는 철도 수송이 올 스톱되었다. 전국 27개의 주와 준주(準州, 정식 주가 되지 못한 행정 구역)에서 10만 명이 파업에 참가해 열차를 탈선시키거나 선로에 화물을 쌓아 운행을 막았다. 파업에 협조하지 않는 기관사는 동료에게 혼이 났다. 2년 전 홈스테드 파업과 비교하면 큰 변화였다. 철도 노동자들은 풀먼사 노동자들이 패하면 곧 자신들에게도 임금 삭감과 해고가 돌아온다는 사실을 직관적으로 알았다.

파업을 지지하는 이들은 철도 노동자들뿐만이 아니었다. 전국에서 세탁 공장 여공들, 우유 배달부들, 농민들, 심지어 경찰관들과 소방관들까지 도움이 되길 바란다며 돈을 보내왔다. 익명의 시민들도 응원의 메시지를 전달해왔다. 진보적 성향의 일리노이 주지사 피터 앨트갤드도 노동자들의 요구에 공감한다며 주방위군 투입을 자제하겠다고 발표했다. 미국 노동 운동 사상 처음으로, 똘똘 뭉친 노동자와 시민들이 독점 자본을 꺾을 수 있을 것 같았다.

다급해진 철도 기업은 연방 정부에 구원을 요청했다. 1894년 7월 4일, 클리블랜드 대통령은 "철도 파업으로 연방 정부 우편물 수송에 차질이 발생한다."는 궁색한 이유를 들어 연방군을 시카고에 투입했다. 연방 법원은 노조에 파업 중단 명령을 내렸고 이를 거부한 유진 데브스는 체포되었다. 7월 7일, 분개한 노동자와 시민 5000여 명이 돌을 던지며 연방군에게 맞섰다. 연방군은 총을 난사했고 경찰은 철조망으로 시위대의 퇴로를 끊고 곤봉 세례를 퍼부었다. 시민들이 철조망을 끊고 노동자들을 구해냈지만 길에는 머리가 깨지고 총에 맞은 사람들이 통나무처럼 쓰러졌다. 최소 13명의 노동자들이 죽었고 700명이 체포·구금되었다. 노동자들은 도망치면서 열차에 불을 질러 기차가 정상 운행되기까지는 한참이 더 걸렸다.

유진 데브스는 법정에서 이렇게 말했다.

"노동자들이 지금 이 상황에서 저항하지 않는다면, 반드시 미국에 노예 제도가 되살아날 것이다."

남북 전쟁 이전 지주의 노예로 살았던 흑인과 마찬가지로 자본가 계급의 노예로 살아가는 노동자들이 인간의 존엄성을 인정받으려면, '노동자는 하나'라는 깃발 아래 단결하지 않으면 안 되었다. 노동자들이 인종, 성별, 업종, 지역, 숙련 정도를 뛰어넘어 단결할 때 노동 운동은 한 걸음 전진했고 분열할 때는 그만큼 뒤로 물러섰다. 그것이 1886년 '8시간 노동 쟁취' 총파업과, 비록 야만적인 탄압에 꺾이긴 했지만 1894년 철도 노동자 연대 파업의 교훈이었다.

19세기 말의 이러한 교훈에 힘입어 미국 노동 운동가들은 20세기 초 세계산업노동자동맹을 결성한다. 세계산업노동자동맹은 '업종을 넘는 노동자 단결'을 주창하며 흑인, 여성, 미숙련 노동자를 광범위하게 조직하는 성과를 올렸다. 그리고 실리적이고 보수적인 미국노동총동맹과는 다르게 '자본주의의 폐지'를 내걸고 근본적인 사회 개혁에도 나섰다. 유진 데브스는 노동자들의 지지 속에 사회당을 결성하여 대선에 출마, 6퍼센트라는 적지 않은 득표를 올렸다. 이는 보수적인 두 당이 지배하는 미국 정치에 적지 않은 충격을 안겼다.

연표

1865년	남북 전쟁 종료 후 급속한 산업화 시작. 이민 급증
1869년	노동자기사단 결성되어 8시간 노동제 요구
1881년	직업별 노동조합 연합체인 미국노동총동맹 결성
1886년	5월 1일, 8시간 노동제 쟁취를 위한 전국적 총파업 시작 5월 4일, 헤이마켓 사건 발생
1887년	11월 11일, 노동 운동가 스파이스 등이 헤이마켓 사건 주모자로 몰려 처형
1890년	5월 1일, 전 세계적으로 노동절 행사 개최
1892년	철강왕 카네기 소유의 홈스테드 제철 공장에서 파업 투쟁
1894년	풀먼객차회사 파업. 유진 데브스가 이끄는 미국철도노조의 연대 파업

동학 농민 혁명
Donghak Peasants' Revolution

척양척왜! 보국안민! 죽창 들고 나서다

1894년

마을마다 사발통문이 돌다 달도 얼굴을 감춘 겨울밤, 컴컴한 마을로 숨어드는 사내들이 있었다. 그들은 말없이 어느 집 방문을 두드렸다. 문이 열리고 한 노인이 그들을 맞아들였다. 이미 방 안에는 스무 명 가까운 이들이 둘러앉아 있었다. 30~40대가 많았지만 여드름이 가시지 않은 10대와 수염이 흰 60대도 있었다. 그들은 모두 인근 마을의 동학 접주나 집강으로, 수염이 흰 노인은 집을 내준 송두호였고 가운데 앉은 남자는 모임의 주도자인 고부 접주 전봉준이었다. 전봉준은 40대 초반으로 단단하게 생긴 사내였다. 그의 눈빛은 질화로의 숯불처럼 타고 있었다.

"다 모이셨으니 간략히 뜻을 말하겠소. 고부 군수 조병갑을 치려고 하오. 그가 우리의 청원을 거듭 무시하니 이제 거사를 일으켜 목을 쳐야 하겠소이다."

사람들은 모두 당연하다는 듯 고개를 끄덕였다. 조병갑은 세도 가문 풍양 조씨 일족으로, 뒤를 믿고 악행을 저질러온 인물이었다. 그는 정읍천에 멀쩡한 보를 두고 농민들을 강제로 동원해 그 옆에 만석보라는 새 보를 만들어 물세를 갈취했다. 또 자기 아버지의 공덕비를 세운답시고 억지로 기부금을 뜯어냈고 무고한 사람을 붙잡아다 불효한다느니 음란하다느니 죄를 씌워 가두고는 돈을 바치면 풀어주었다. 군민들은 전봉준과 송두호를 중심으로 두 차례나 관아로 가 읍소도 하고 시위도 해보았지만 매만 맞고 쫓겨났던 것이다.

"찬성이오! 쇠뿔도 단 김에 빼렸다고, 오늘이라도 관아로 쳐들어갑시다!"

전봉준은 사람들의 흥분을 가라앉히고 말을 이었다.

"그러나 문제는 조병갑 한 사람이 아니오. 그자 같은 탐관오리를 내려 보내는 조정이 문제의 원인이오. 안동 김씨, 풍양 조씨에 이어 이제는 민씨 일가가 나라를 제 것처럼 주무르며, 그 세도를 믿고 악질 벼슬아치와 아전, 양반들이 백성의 고혈을 빨아먹고 있소이다. 일단 봉기하면 조병갑을 벌하는 것은 물론, 서울로 가서 썩은 무리를 갈아엎어야 할 것이오!"

사람들의 얼굴에 긴장감이 서렸다. 최근 수십 년간 농민들이 죽창과 낫을 들고 관아로 쳐들어가는 일은 흔했다. 임술 민란 때도 농민들은 고을 수령을 매질하고 거적에 싸 마을 밖에 던져버리기도 했다. 그러

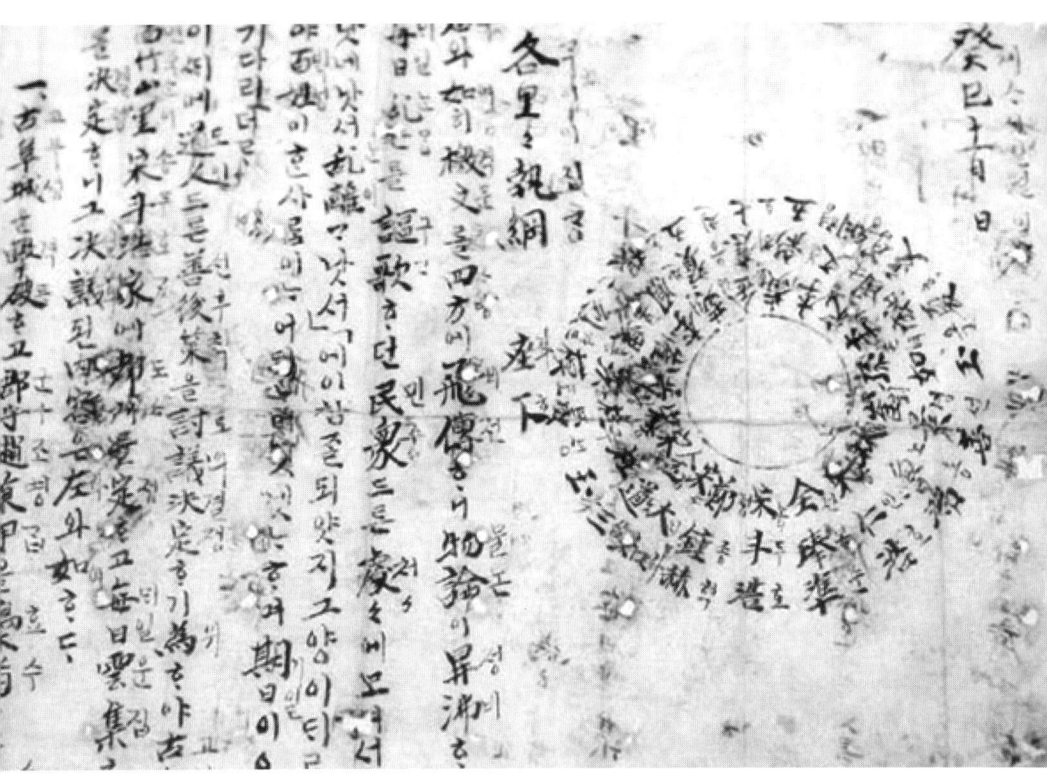

사발통문 : 사발을 엎고 그 주위에 모의자의 이름을 써 주동자가 드러나지 않게 만들었다. 1893년 11월 전봉준 등은 고부 봉기를 계획하고 사발통문을 써서 돌렸다.

나 대개 그 다음은 중앙 정부에서 내려온 안핵사나 선무사에게 청원을 전달하는 것으로 마무리했다. 즉 한 고을의 범위를 벗어나지 않았던 것이다. 그러나 전봉준은 서울로 진격하자고 말하고 있었다. 그건 혁명을 하자는 것이었다.

그러나 사람들은 오래 망설이지 않았다. 말을 꺼낸 것은 전봉준이지만 이미 그들은 한두 명의 수령이나 아전이 아니라 썩은 세상 자체가 후천 개벽이 되어야 한다고 믿고 있었다. 그들은 큰 종이에 사발을 엎고 그 둘레에 자기들의 이름을 적은 뒤 행동 지침을 알리는 통문을 써

넣었다.

매일같이 난망亂亡을 부르던 민중들이 모여서 말하되, "났네 났어 난리가 났어." "에이 참 잘되었지. 그냥 이대로야 백성이 한 사람이나 남아 있겠나." 하며 기일이 오기만을 기다리더라.

이때 도인들은 선후책先後策을 토의하기 위해 고부 서부면 죽산리 송두호 가에 매일 모여 일의 순서를 결정하니, 그 내용은 다음과 같다.

하나, 고부성을 부수고 군수 조병갑을 효수할 것.

하나, 군기창과 화약고를 점령할 것.

하나, 군수에게 아첨하여 인민의 재물을 빼앗은 탐학한 아전을 벌 줄 것.

하나, 전주 감영을 점령하고 서울로 진격할 것.

모인 사람들은 이 통문을 한 부씩 베껴 써서 품에 넣고 자신의 마을로 전하러 갔다. 멀리서 동이 희붐하게 터오고 있었다.

부패한 조선 왕조에 맞서 동학이 떠오르다

동학 농민 혁명은 우리 역사에서 가장 광범위한 민중들이 참여한 반봉건·반외세 혁명이며, 왕조 사회를 근본적으로 흔들었다는 점에서 이전의 숱한 민란과는 구별된다. 농민군은 강력한 중앙군을 몇 차례나 패퇴시켰으며 '폐정 개혁안'이라는 선명한 강령을 가지고 자치 정부를 운영했다. 그리고 비록 패하고 말았지만 신식 무기로 무장한 일본군에 맞서 자주적 독립 국가를 건설하기 위해 싸웠다는 점에서 서구의 근대 시민 혁명에 비길 만하다.

어째서 평지에 태산이 돌출하듯, 우리 역사에서 동학 농민 혁명이 독보적인 위치에 서게 된 것일까? 그 이유 중 하나는 봉건 질서가 이미 부패할 대로 부패해 있었기 때문이다. 19세기 이후 이앙법이 도입되면서 농업 생산성이 발달하고 화폐 경제도 조금씩 확산되었지만, 소수의 부호나 지주가 토지를 독점하면서 농민들은 점점 더 소작농 신세로 전락했다. 지주들은 소출의 50퍼센트, 심하면 70퍼센트까지도 소작료로 떼었다. 거기에 농민들은 양반들이 면제 받는 전정(토지세)과 군역까지 몽땅 부담했다.

그러나 조정은 이런 불평등을 바로잡기는커녕 도리어 앞장서서 수탈에 열을 올렸다. 세도 정치 시대에 매관매직이 판치고, 돈으로 수령 자리를 산 이들은 본전 생각에 농민을 더 쥐어짰다. 탐관오리와 그 아전들이 제 배를 불리려면 환곡 조작이 최고였다. 보릿고개에 구휼미를 제공할 때는 모래나 겨를 섞어주고 돌려받을 때는 어마어마한 이자를 붙였던 것이다. 농민들은 농사를 그만두고 유랑하거나 돈 몇 푼에 자식을 양반집 노비로 팔아넘기곤 했다.

또 다른 이유는 조선 후기 본격적으로 외세가 밀고 들어왔기 때문이다. 1876년 강화도 조약을 시작으로 외세는 무능한 조정으로부터 각종 독점권을 얻어내어 광물, 목재, 농작물 등을 헐값으로 가져갔다. 특히 일본의 쌀 대량 반출은 조선의 쌀값을 앙등시켰고, 이로써 지주들은 큰돈을 벌었으나 민중의 삶은 고통스러워졌다. 게다가 공장에서 대량 생산한 값싼 외국 면포가 들어오면서 민중의 보조 수입원이었던 가내 수공업이 뿌리째 흔들렸다. 봉건 제도와 외세는 민중들을 벼랑 끝으로 내몰았다.

그러나 구조적 모순이 있다고 해서 바로 민중이 변혁에 나설 수 있는 것은 아니다. 변혁적인 사상과 조직, 그리고 여러 차례의 정치 행동 경험이 있어야 민중은 그 거대한 몸뚱어리를 움직이는 것이다. 19세기 후반 최제우가 창시한 동학이 그런 조건을 제공했다. 인내천(人乃天, 사람이 곧 하늘이다.) 교리에는 만민 평등 사상이, 후천 개벽後天開闢 교리에는 잘못된 세상에 대한 변혁 의지가 담겨 있었다. 조정은 1864년에 교조 최제우를 '혹세무민'의 죄로 처형했으나, 동학은 그 후로 30년 동안 전라·경상·충청 삼남 지방에 그 뿌리를 굳건하게 내렸으며 경기도와 강원도, 황해도 지역까지도 퍼져 나갔다.

동학은 신도들을 포, 접이라는 공동체 조직으로 묶고 그 속에서 신앙 생활을 함께하며 어려운 신도는 서로 돕도록 했다. 동학 조직은 2대 교주 최시형을 중심으로 개인 수양을 강조한 북접(충청·경기)과, 전봉준, 손화중, 김개남 등 민중 지도자들을 중심으로 훨씬 더 급진적이고 사회 변혁적인 남접(전라·경상)으로 크게 나뉘어 있었다. 남접도 교주의 지도를 받긴 했으나, 관과 양반의 수탈을 더 많이 당해온 호남을 기반으로 하다 보니 훨씬 정치적이 될 수밖에 없었다.

남접 지도자들은 교주의 동의를 얻어 교조 최제우의 신원 운동을 시작했다. 동학 교단은 1892년 10월에 충청도 공주에서, 11월에 전라도 삼례에서 대규모 집회를 열어 '교조의 억울함을 풀어달라.' '동학에 대한 탄압을 중단해달라.'고 요구했다. 민중의 위세에 눌린 충청 감사와 전라 감사는 지방 관리들이 동학교도들을 부당하게 수탈하지 못하게 하겠다고 약속했다. 최제우의 신원을 회복하는 데까지는 이르지 못했지만 동학의 대중적 힘을 보였으므로 남접 지도부는 자신감을 얻었다.

이 집회에서 두각을 드러낸 서병학, 전봉준 등은 이듬해 서울에 가서 조정에 직접 상소를 올리기로 했다. '동학을 이단시하지 말고 포교의 자유를 허용해달라.'는 상소문을 받들고 광화문 앞에서 사흘이나 엎드려 호소했지만, 조정의 반응은 싸늘했다. "이단을 내세워 야료를 부리는 자들에겐 죽임을 내릴 것이다."는 고종의 전교만 돌아왔을 뿐이다.

이에 남접 지도부는 최시형을 설득하여 전국 팔도의 교도들을 모아 대규모 집회를 갖기로 했다. 1893년 3월 11일 충북 보은에서 열린 집회는 더 이상 온순한 청원과 호소에 머물지 않았다. 민중들은 벌판에 성채를 쌓고 '척왜양창의(斥倭洋倡義, 일본과 서양을 몰아내기 위한 의병)'라 쓴 큰 깃발을 내걸었다. 이는 조정의 부패 권력과 제국주의 외세가 한 몸으로 결탁한 세력임을 동학 지도부가 정확히 지적한 것이었다. 7~8만에 이르는 참가자들은 농민, 중인, 천민, 향반에 이르기까지 다양했으나 모두 푸른 두루마기에 붉은 소매 끝 장식을 달아 통일성을 과시했다. 보은 집회는 우리나라 최초의 근대적 정치 집회였으며, 깜짝 놀란 조정은 임금의 이름으로 동학도들을 달래는 글을 내렸다.

북접 지도부는 이에 만족하고 해산을 결정했다. 그러나 같은 시각 전라도 원평에서도 전봉준, 김개남 등이 주도한 집회가 열리고 있었는데, 이 집회는 보은보다도 훨씬 선명한 슬로건을 내걸었다. 함성 소리, 풍물 소리가 요란한 가운데 동학 민중은 봉건 질서와 외세의 심장을 겨누는 혁명적 정치 세력으로 거듭나고 있었다.

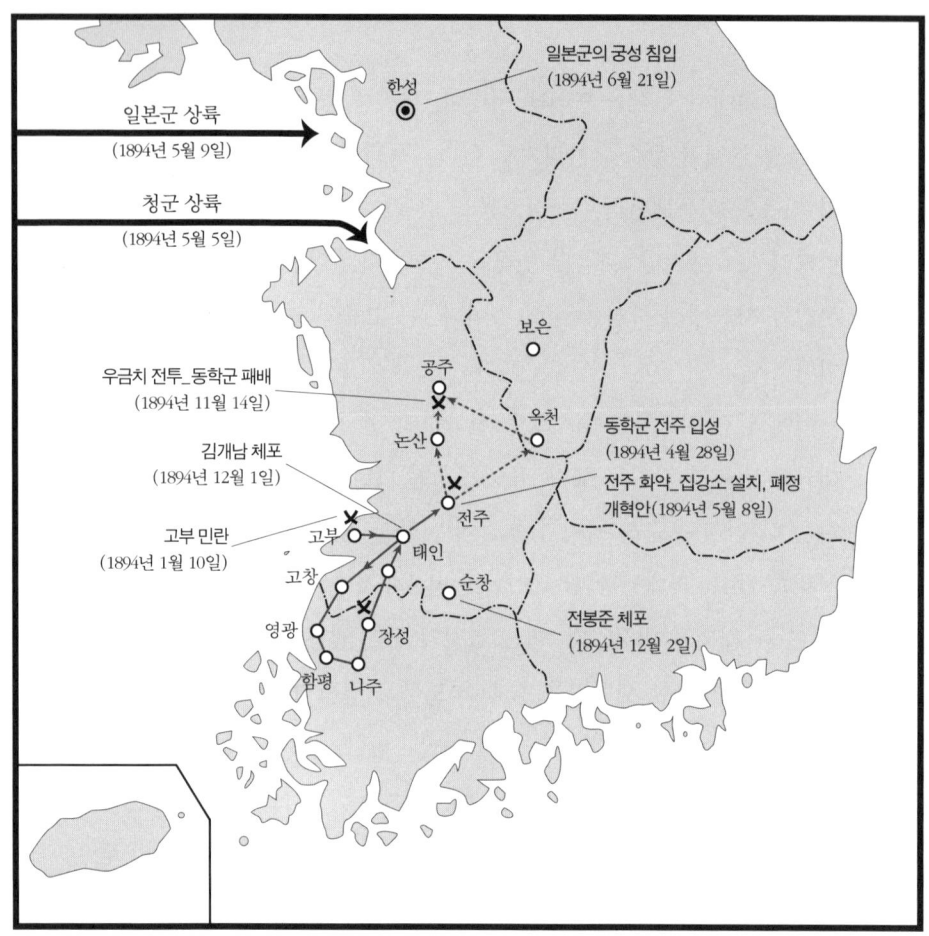

고부 봉기를 시작으로 동학 농민군은 관군을 파죽지세로 격파하며 전주에 입성했다. 농민군은 폐정 개혁안을 골자로 한 전주 화약을 조선 정부와 체결하게 되지만, 일본과 청나라의 개입을 불러와 1894년 우금치에서 최후의 격전을 벌이게 된다.

→ 동학군의 1차 진로
┈▶ 동학군의 2차 진로
✘ 격전지

동학 농민군의 진격도

마침내 폭발한 동학 농민 혁명

갑오년인 1894년 1월 10일 저녁, 말목장터 삼거리에 농민 500여 명이 한 손에는 횃불을, 다른 한 손에는 죽창을 들고 모여들었다. 전봉준을 선두로 농민들은 고부 관아를 향해 가면서, 악덕 지주와 욕심 많은 아전들의 집에 쳐들어가 그들을 죽이거나 매질하고 집에는 불을 놓았다. 농민들이 고부 관아에 들이치자 눈치 빠른 조병갑은 이미 도망치고 없었다. 농민들은 무기고를 부숴 칼과 창을 들었고 창고에서 양곡을 꺼내 백성들에게 나눠주었다. 한 무리의 농민들은 만석보로 달려가 보를 터트려버렸다.

농민군은 주변이 훤히 보이는 백산白山에 진을 쳤다. 소식을 들은 조정은 안 그래도 비리로 유명했던 조병갑을 파면하고 대신 박원명을 신임 군수로 내려 보냈다. 박원명은 농민군을 두려워해 잔치를 베풀어 타협을 청했다. 신임 군수가 이처럼 회유하자 농민군은 대부분 자진 해산했다. 봄이 오면 그들은 농사를 지어야 했던 것이다. 그런데 조정에서 안핵사로 임명한 이용태가 사태를 악화시켰다. 원래 안핵사란 소요가 일어났을 때 백성들을 달래고 사태를 진정시켜야 하는 자리였다. 그러나 이용태는 농민군이 해산하기 전에는 감히 고부로 들어오지도 못한 주제에, 이제는 봉기 참가자를 색출한다며 함부로 사람을 구타하고 죽였다. 그가 끌고 온 역졸들은 집을 뒤져 재물을 뺏고 부녀자들을 능욕하느라 정신이 없었다.

농민군의 분노가 폭발했고, 그 불길은 고을 수령을 넘어 조정으로 향했다. 1894년 3월, 전봉준은 손화중·김개남과 함께 조정에 전쟁을 선포했다. 농민군들은 고부로 몰아쳐 가서 순식간에 이용태와 역졸들을 몰아냈고, 백산에 호남창의대장소를 설치하여 전쟁 지휘부로 삼았다. 저 멀리서도 보일 만큼 커다란 깃발에는 '제폭구민除暴救民' '보국안민輔國安民' 글자가 선명했다. 죽창 들고 흰옷 입은 1만 농민군들은 그야말로 "서면 백산, 앉으면 죽산"이었다. 전봉준이 총대장의 지위에, 손화중과 김개남이 총관령의 지위에 올랐다. 격문이 사방으로 향했다.

우리가 의를 들어 이에 이름은 그 본의가 결코 다른 데 있지 아니하고 창생을 도탄에서 건지고 국가를 반석 위에 두고자 함이다. 안으로는 탐학한 관리의 머리를 베고 밖으로는 횡포한 강적의 무리를 구축하고자 함이다. 양반과 부호 앞에서 고통을 받는 민중들과, 방백과 수령 밑에서 굴욕을 당하는 소리小吏들은 우리와 같이 원한이 깊은 자라 조금도 주저하지 말고 이 시각으로 일어서라. 만일 기회를 잃으면 후회해도 돌이키지 못하리라.

비로소 사태의 심각성을 알게 된 조정은 홍계훈을 양호초토사로 임명하여 내려 보내는 한편 전라감영군에게 농민군 진압을 재촉했다. 감영군과 농민군은 4월 7일에 황토재에서 맞붙었다. 황토재는 해발 70미터쯤 되는 야트막한 고개다. 농민군은 불을 끄고 잠든 척하며 매복해 있다가, 상대를 얕잡아 본 감영군이 야습을 하려고 오자 삼면에서 포위하고 일시에 공격했다. 감영군은 악 소리조차 제대로 못 지르고 전멸했고, 농민군의 기세는 하늘을 찔렀다.

이어 4월 23일에는 조정에서 보낸 중앙군과 농민군이 장성 황룡촌에서 만났다. 초반에는 화력이 강한 중앙군이 승기를 잡는 듯했다.

"어, 어, 저게 뭐야? 뭐가 굴러오는데?"

"피해라, 피해! 불덩어리가 온다!"

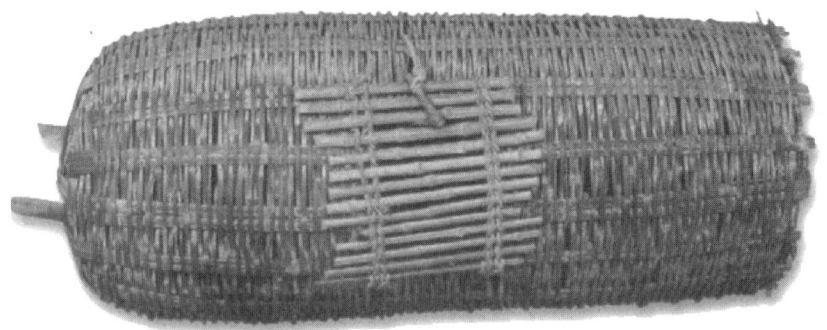

장태 : 원래 장태는 닭장같이 쓰는 도구인데, 황룡 전투에서 동학군은 커다란 장태를 만들어 굴리면서 총탄을 막고 이학승의 중앙군에게 대승을 거두었다.

농민군이 언덕 위에서 커다란 장태에 불을 붙여 굴리자 중앙군은 혼비백산했다. 장태란 원래 닭을 옮길 때 쓰는 대나무 닭장인데, 농민군은 이를 커다랗게 만들어 굴리면서 그 뒤에서 총탄을 피했다. 농민군이 불덩어리와 함께 공격해오자 중앙군은 박살이 났고 대장 이학승도 이 싸움에서 죽고 말았다. 이제 농민군을 막을 자는 없었다. 농민군은 태인, 원평, 정읍, 흥덕, 고창, 무장, 영광 등 전라도 일대를 석권하고 감옥을 부수어 억울한 자들을 풀어주었으며 탐학한 수령과 아전을 처벌했다.

4월 27일, 농민군은 호남 최대의 관문 전주성에 이르렀다. 이미 전봉준은 농민군을 성 안으로 잠입시켜, 꽹과리 소리를 신호로 성 안팎에서 호응하여 성을 점령하기로 계획을 세워놓았다. 마침 장날이라 혼잡한 틈에 농민군은 총포를 터트리며 성 안으로 쇄도해 들어갔다. 풍패지향(태조 이성계의 고향으로 한나라를 세운 유방의 고향이 '풍패'인 것에 비유한 것)으로 불린 전주성이 떨어지자 조정은 기절초풍했다.

전주성 안의 농민군과 바깥의 중앙군은 여러 차례 공방전을 벌였으나 승부가 나지 않고 사상자만 늘어났다. 모내기철이 다가와 농민군에 이탈자가 생기고 있었는데, 홍계훈도 서둘러 전투를 마무리해야 했다. 농민군에 놀란 정부가 청나라의 원군을 요청하여 청군 2500명이 아산만에 상륙했는데, 이것을 기회라고 여긴 일본도 자국민을 보호한다며 조선 정부의 요청이 없었는데도 톈진 조약을 근거로 병력 6300명을 인천에 상륙시켰던 것이다. 정부로서는 농민군을 막으려다 호랑이와 늑대를 동시에 불러들인 셈이었다. 그들을 철수시키려면 빨리 사태가 정리되어야 했으므로, 홍계훈은 농민군이 농성을 푸는 조건으로 '폐정 개혁안 27개조'를 받아들이고 신변 안전을 보장해주기로 했다. 이리하여 농민군과 조정 사이에 전주 화약이 맺어졌다.

농민군의 2차 봉기, 우금치의 눈물

전주 화약 후 농민군은 집강소를 설치하여 직접 폐정 개혁을 실행했다. 집강소는 관과 농민군의 공동 정부인데, 나중에는 많은 고을에서 농민군이 주도적 역할을 하게 된다. 전주성을 나온 전봉준은 전라도 북쪽을, 김개남은 남쪽과 경상도 일부를 휩쓸며 고을 수령과 양반을 압박해 폐정 개혁안을 실시하게끔 만들었다. 폐정 개혁안은 토지 재분배, 신분 차별 폐지와 노비 해방, 횡포한 양반과 탐관오리 처벌, 세제 개혁 등으로 압축되는데, 이는 봉건 사회의 근간을 흔드는 높은 수준의 개혁이었다. 수령이 말을 듣지 않는 고을에는 농민군이 들이쳐 혼쭐을 냈다.

남원을 근거지로 활약한 김개남 세력은 특히 강경하고 철저했다. 남원 천변은 농민군이 군사 훈련을 하느라 내지르는 소리로 떠들썩했고, 이는 지주와 양반의 심장을 쪼그라들게 만들었다. 김개남 휘하에는 노

청일 전쟁의 일본군 : 근대화 후 아시아로 진출하려는 일본은 조선을 두고 청과 대립했다. 동학 혁명 진압을 이유로 출정한 청일 양국은 결국 전쟁을 일으켰고 일본이 승리했다.

비, 광대, 백정, 갖바치로 구성된 천민 부대가 있었는데, 이들은 악독한 지주나 부자를 붙잡아 갓을 찢고 주리를 틀기도 했다. 그러나 전반적으로 지휘 계통은 질서 정연했고 군기가 있었다.

9월에 농민군 지도부는 2차 기병起兵을 결정했다. 이제는 조선에서 일본을 몰아내야 했다. 일본군은 6월에 청일 전쟁을 일으켜 승리하고 청나라로 하여금 조선에 대한 종주권을 포기하게 했다. 청나라를 몰아낸 일본은 조선 지배의 야욕을 숨김없이 드러냈다. 전주 감사 김학진

김개남 : '개남'이란 이름은 남쪽 나라를 연다는 뜻이다. 그는 이름처럼 철저한 반봉건 혁명가로 용맹을 떨쳤으며 손화중, 전봉준과 함께 동학 혁명의 3대 지도자 가운데 하나였다.

은 전봉준에게 힘을 합쳐 일본과 싸우자고 제의했고, 농민군의 서울 진공을 요청하는 대원군의 밀사도 도착했다. 전봉준과 김개남은 농민군을 재무장시켰고 "왜적을 물리치고 국가를 반석에 올리자."는 호소로 북접의 동의도 이끌어냈다. 북접도 손병희의 지휘 아래 대대적인 봉기 준비에 들어갔다.

드디어 농민군이 북상하자, 조선 통치의 최대 걸림돌이 농민군이라는 사실을 알고 있는 일본은 신식 훈련을 받은 정예군과 개틀링 기관총 등 신무기를 집중 투입했다. 전봉준군은 논산을 거쳐 공주로, 뒤이어 출발한 김개남군은 전주를 거쳐 청주로 진격했다. 손화중군은 일본군의 해상 공격에 대비해 광주와 나주를 지키기로 했다. 전봉준의 농민군은 10월 말 공주로 진입하는 길목에 있는 우금치 고개에 이르렀

압송되는 전봉준 : 우금치 전투에서 패한 전봉준은 농민군을 해산하고 자신도 몸을 숨겼으나, 부하의 밀고로 체포되어 교수형에 처해졌다. 비록 붙잡혔지만 눈빛만은 상대를 꿰뚫는 듯하다.

다. 우금치는 해발 100미터가 채 안 되는 고개로, 지금은 적막감만 감도는 그곳에서 동학 농민 혁명 최대의 혈전이 벌어졌다.

11월 8일 밤 농민군은 산 위에 수만 개의 횃불을 밝혔다. 다음날 아침 농민군이 함성을 지르며 공격을 시작하자 일본군은 기관총으로 응사했다. 죽창과 활, 화승총이 전부인 농민군은 죽음을 불사하고 돌격 또 돌격했다. 시체가 산처럼 쌓이고 피가 강처럼 흘렀다. 전봉준이 점고할 때마다 군사는 1만여 명에서 3천 명으로, 또 5백 명으로 줄었다. 전봉준은 눈물을 뿌리며 후퇴했다. 김개남도 5천여 농민군으로 여러 차례 청주를 공격했으나 일본군의 화력을 이기지 못했다.

후퇴하는 농민군을 관군과 일본군이 추격해왔다. 한 달 이상 농민군은 전라도와 경상도 일대에서 일진일퇴를 거듭했고, 장흥과 강진을 함락하는 등 몇 차례 승리를 거두었다. 하지만 진압군이 추격을 좁혀오고, 보수적인 유생들도 소위 '의병'을 일으켜 동학군을 뒤쫓았다. 진압군은 가는 고을마다 농민군으로 의심되는 자는 재판 없이 참수하고 생매장하고 물에 빠뜨려 죽였다. 1894년 12월에서 이듬해 1월까지 학살된 농민군은 최소 20만 명 이상, 많게는 40만 명에 이른다. 전봉준과 김개남, 손화중 등도 차례차례 붙잡혀 서울로 압송되었는데, 양반들의 원한을 많이 산 김개남은 압송되지 않고 바로 참수당했고 양반들이 그의 창자를 꺼내 씹어 먹었다고 한다. 김개남이 처형장으로 끌려갈 때 민중들은 "개남아, 개남아, 수천 군사 어데 두고 짚둥우리가 웬 말이냐." 하는 노래로 그의 분통한 죽음을 위로했다.

일본군은 전봉준을 서울로 압송한 후 일본의 박애주의를 선전할 셈으로 "일본에 협조한다면 살려주겠다. 네가 원한 개혁을 우리가 도와주겠다."며 회유하려 했다. 그러나 전봉준은 이를 단호히 거절하였다. 전봉준, 손화중, 김덕명, 최경선 등 농민군 지도자들은 1895년 3월 29일 교수형에 처해졌다. 민중의 한을 품은 녹두꽃은 이렇게 스러지고 말았다.

동학 농민군이 2차 봉기를 일으켜 북상하기 직전, 한 농민군이 부인과 자식에게 이별을 고하고 있었다. 살아 돌아올 수 있을지 없을지 장담할 수 없는 길이었다. 어린 아들이 눈물을 흘리며 떠나는 아버지에게 물었다.

"아버님, 혹시라도 돌아가시면 저희가 어떻게 시신을 찾아 상을 치를 수 있겠습니까?"

아버지는 잠시 말이 없더니 아들을 데리고 광으로 갔다. 그는 나무

깎는 데 쓰는 날카로운 자귀로 망설임 없이 자신의 새끼발가락을 쳐서 잘라냈다.

"새끼발가락이 없는 시신이 있거든 나인 줄 알거라."

무엇이 그 농민군을 들판의 이름 없는 백골로 묻힐지 모르는 길을 떠나게 한 것일까? 봉건 사회의 컴컴한 먹구름 아래 평생을 살아온 그들은 갑오년에 그 구름이 잠시 걷혔을 때 비로소 찬란한 푸른 하늘을 보았다. 푸른 하늘을 한번 가슴에 품은 사람은 더 이상 암흑 속의 삶을 숙명으로 받아들이지 않는다. 푸른 하늘에 대한 기억은 역사의 올바른 길을 찾아가게 하는 힘이다. 우리 근현대사에 아로 새겨진 민중의 투쟁에는 분명히 동학 농민 혁명의 집단적 기억이 면면히 흐르고 있을 것이다.

연표

1864년	동학 교조 최제우 처형당함
1876년	일본과 불평등 조약인 강화도 조약 맺음
1892년	공주와 삼례에서 대규모 교조 신원 집회 개최
1893년	충청도 보은에서 '척왜양창의'를 내걸고 대규모 동학 집회 개최
1894년	1월, 고부 봉기로 군수 조병갑 쫓아냄
	3월, 전열을 가다듬고 재봉기하여 중앙 정부와의 전쟁 시작
	4월, 황토재, 황룡촌에서 연이어 승리하고 전주성 점령
	5월, 전주 화약 맺고 각 고을마다 농민군 주도의 폐정 개혁 실시
	6월, 청일 전쟁 벌어져 일본 승리
	9월, 일본을 몰아내기 위한 2차 기병 결정
	11월, 우금치 전투에서 일본군의 압도적 화력에 눌려 퇴각
	전라, 경상 일대에서 동학군과 관군-일본군 사이 치열한 접전
1895년	동학군 20만 이상 살해되며 진압
	3월 29일, 전봉준, 손화중, 김덕명, 최경선 등 처형

| 제3부 |

현대의 반란
더 많은 저항, 더 많은 민주주의를 향해

러시아 혁명 | 베트남 독립 혁명 | 쿠바 혁명 |
티베트 라사 봉기 | 소웨토 항쟁 | 팔레스타인 인티파다 |
멕시코 사파티스타 봉기 | 이집트 혁명

러시아 혁명
Russian Revolution

인민은 전쟁 대신 빵·토지·평화를 원한다
1917년

배고픈 민중, 2월 혁명으로 폭발하다

"이봐요, 빵이 없다니요? 두 시간이나 떨면서 줄을 섰는데!"

"아줌마, 정말 빵이 떨어졌다니까! 나도 배급 받은 밀가루로 빵을 만든다고. 내 식구들 먹을 빵도 없어!"

"제발, 제발 부탁이니 빵을 팔아요! 우리 아이들은 어세도 굶었어요!"

페트로그라드의 한 빵 가게에서 어떤 여자가 주인과 실랑이를 하고 있었다. 여자는 영하 20도가 넘는 추위 속에서 기다리다 비로소 자기

솜 전투에 등장한 영국 탱크 : 1차 세계 대전은 이전의 어떤 전쟁보다 많은 희생을 낳았다. 1916년 7월 1일부터 11월 18일까지 솜 전투에서 양측 사상자는 100만 명을 넘었다.

차례가 되었던 것이다. 그 뒤로도 백 명도 넘는 여자들이 길게 늘어서 있었다.

'팔아라' '없어서 못 판다' 하며 다툼이 점점 커지는 동안 다른 여자들도 목청을 높였다. 빈손으로 돌아가 아이의 우는 얼굴을 보아야 할 여자들은 필사적으로 항의했다.

"왜 우리만 빵을 안 줘? 부자 나라들에겐 빵을 팔았을 테지!"

비슷한 상황이 가까운 식료품 가게에도 벌어졌다. 퇴근하던 방직 공장의 여공들도 합세했다. 남자들이 전선으로 가버려 가족의 생계를 책임지느라 공장에 다니는 여자들은 전보다 훨씬 늘었다. 자연스럽게 거리 시위가 시작되었다.

"물가를 내려라!"

"빵을 달라!"

어느덧 사람들은 "전쟁을 중단해라!" "차르를 타도하자!"와 같은 급진적인 구호를 외치고 있었다. 이는 12년 전인 1905년에 노동자들이 '아버지 차르'에게 배고픔을 호소하러 겨울 궁전으로 행진하다가 경비병의 총에 맞았던 것에 비하면 엄청난 변화였다. 민중이 이처럼 과격해진 것은 러시아가 참전하고 있는 1차 세계 대전 때문이었다.

1차 세계 대전은 제국주의 국가들의 이권 다툼이 빚은 사상 최악의 살육전으로, 신무기인 탱크, 독가스, 비행기 등이 총동원되어 1000만 명이라는 초유의 사망자를 냈다. 1916년에 4개월 동안 벌어진 솜 전투에서 100만 명이 죽었는데, 전투 첫날에만 영국군 2만 명이 죽었다. 1917년 한 해에만 러시아 병사 170만 명이 전사하고 500만 명이 부상당했다. 후방에서는 농사지을 사람이 없어 생산량이 절반 이하로 떨어졌고 생필품 공장이 군수 산업으로 전환되면서 물가는 세 배 이상 치솟았다. 난방 연료가 없어 아이들과 노인들이 얼어 죽었다.

민중들의 이런 고통을 겪는데도 차르 정부는 너무나 무책임했다. 동맹국인 영국 대사가 니콜라이 2세에게 국민의 신뢰를 얻기 위한 방도가 있냐고 묻자 그는 이렇게 답했다.

"짐이 백성의 신뢰를 얻어야 한다는 것이오? 아니면 백성들이 짐의 신뢰를 얻어야 한다는 것이오?"

1917년 2월 혁명은 차르에 대한 증오로 인해 자연스럽게 터져 나왔다. 2월 23일 페트로그라드의 여공들이 시위를 시작하자 이어 전 도시의 노동자들이 총파업에 돌입했고, 차르는 전선의 병사들을 진압군으로 동원했으나 그들이 어느새 시위대의 편에 서버렸다. 병사들은 발포를 명령하는 장교들을 제압하고 시위대와 무기를 나누었다. 무장한 군중은 관공서로 쳐들어가 경찰과 관료들을 체포했고, 이어 투입된 연대도 속속 반란에 동참하면서 봉기는 모스크바로, 인근 대도시로 확산되었다. 철벽 같던 전제정이 며칠 만에 무력화되었다. 아무도 상상하지 못한 일이었다.

민중은 1905년 혁명의 경험에 따라 노동자·병사 소비에트를 만들었다. 소비에트는 일종의 자치 의회로, 도시와 부대마다 생겨나 지역의 민중 권력이 되었다. 한편 차르 정부는 부르주아 임시 정부로 대체되었다.

봉기 직후 무장한 노동자들은 두마(1905년 혁명 이후 차르가 대중의 열기를 가라앉히기 위해 만든 의회로 사실상 차르의 보조 기관이었다.)로 뛰어들어가 부르주아 출신 의원들에게 이제 무엇을 하면 되냐고 물었다. 모두 당황해 어쩔 줄 모르는 가운데 변호사 출신의 공화파 의원인 케렌스키가 대담하게 나서 "차르의 장관들을 체포하고, 우체국, 병기창, 전신국을 점령하시오!"라고 지시했다.

혁명이 성공하자 부르주아들은 얼떨결에 권력을 쥐었으나, 임시 정부는 보수적·자유주의적 정객들로 채워졌으며 차르의 퇴위를 바란 적 없는 귀족 출신 르보프 공이 수반이 되었다. 임시 정부는 차르를 설득해 퇴위시키긴 했으나 이 비상한 국면에서 장기적인 비전으로 1억 국민을 통합할 능력도 의지도 없었다. 러시아 부르주아들은 영국이나 프랑스의 부르주아들과 달리 사회 개혁을 주도해보지 못했다. 그들은 전제정이 공업화를 주도할 때 뒤를 따르며 단물만 마셨던 것이다. 무엇보다 이들은 제국주의 전쟁을 중단할 마음이 없었다.

외무부 장관 밀류코프는 러시아가 동맹국인 영국, 프랑스와 약속한 대로 전선을 지키겠다고 하여 민중들의 기대를 무참히 짓밟았다. 밀류코프는 참전의 대가로 터키의 다르다넬스 해협을 탐냈다. 부르주아들에게 전쟁은 시장을 확대할 매력적인 수단이었다. 임시 정부는 민중이 절실히 원하는 토지 개혁, 충분한 식량, 전쟁 중단, 임금 인상, 공화주의 헌법 제정에는 관심이 없었다. 따라서 부르주아 정부와 소비에트 권력의 공존은 결코 오래갈 수 없었다. 혁명은 살아 움직이고 있었다. 문제는 누가 혁명을 올바른 방향으로 이끄느냐 하는 것이었다.

조국 러시아에 혁명적 패배를?

크론시타트는 페트로그라드에서 약 30킬로미터 떨어진 항구 도시로 러시아가 자랑하는 발트 함대의 기지였다. 대부분 빈농과 노동자의 자식인 크론시타트 수병들은 페트로그라드에서 전해오는 혁명 소식에 민감했다. 1905년 '피의 일요일' 사건이 일어나자 수병들은 즉각 봉기에 동참하였으며, 1917년 2월 혁명 때도 '차르 타도'를 외치며 반란을 일으켜 사병 처형을 즐기던 악질 장교 50여 명을 총살했다. 병사들은 도시의 노동자들과 함께 크론시타트 노동자·병사 소비에트를 만들어 도시의 행정과 치안을 장악했다.

지금 수병들은 신문을 펼쳐놓고 격론을 벌이는 중이었다. 4월이지만 핀란드 만에 인접한 이곳의 날씨는 아직 매서웠다.

"'조국 러시아에 패배를 안기자.'라니, 이건 너무 심한 것 아냐?"

"심하긴 뭐가 심해! 지주와 자본가 좋으라고 벌이는 전쟁에 왜 우리가 총알받이를 해야 해? 레닌 동지의 말이 백번 옳아!"

"맞아! 임시 정부는 빵도 토지도 해결하지 못하면서 전쟁에만 매달리고 있어. 이럴 거면 우리가 왜 혁명을 했지?"

수병들의 분위기는 점점 레닌의 4월 테제를 지지하는 쪽으로 갔다. 4월 테제란 망명 혁명가 레닌이 페트로그라드에 돌아오자마자 발표한 것이었다. 테제를 들은 혁명가들과 정치 세력들은 깜짝 놀랐다. 자기들의 신조와는 너무나 달랐던 까닭이다. 임시 정부가 독일과 전쟁을 계속하기로 했을 때 멘셰비키(마르크스주의를 따르는 러시아사회민주당의 주요 분파. 레닌이 이끄는 볼셰비키와 대립했다.)나 사회혁명당(농민의 이해와 요구를 대변하는 정당)은 "혁명의 성과를 외국으로부터 지켜내려면 전쟁은 불가피하다."고 생각해 임시 정부와 명확히 선을 긋지 못했다. 볼셰비키는 전쟁의 제국주의적 본질을 간파하긴 했으나, 레닌이 돌아오기 전까지는 멘셰비키의 주장을 어정쩡하게 따라가고 있었다.

어째서 이들은 이런 태도를 보였을까? 멘셰비키든 볼셰비키든 모두 지금의 혁명은 부르주아 혁명이며 러시아 상황에서 사회주의 혁명은 아직 먼 미래의 일이라고 생각했기 때문이다. 그들은 지금 할 일이 부르주아 정부의 개혁을 잘 감시하면서 노동자 계급의 이익이 실현되도록 적절히 압박하는 거라고 믿었다. 그런데 레닌은 그런 입장을 4월 테제로 무섭게 비판했다.

"차르는 붕괴했지만 정권을 차지한 임시 정부는 자본가 계급의 이익을 대변하여 제국주의 전쟁을 계속하려 한다. 따라서 소위 '혁명적 방위주의'란 기만이다. 즉각 독일과 강화하여 전쟁을 끝내자! 인민은 전쟁이 아니라 빵과 토지를 원한다!

현 상황은 부르주아 혁명에서 노동자와 농민이 권력을 장악하는 2단계 혁명으로 넘어가는 과정이다. 부르주아 임시 정부에 어떤 지지도

피의 일요일 : 1905년 1월, '자애로운 아버지 차르'에게 배고픔을 호소하러 간 군중에게 군대와 경찰이 발포하여 수백 명이 죽었다. 이 사건은 1차 러시아 혁명의 도화선이 되었다.

보내서는 안 된다. 모든 권력을 노동자·농민·병사 소비에트로!"

임시 정부는 물론 멘셰비키도 크게 반발했다. 볼셰비키 안에서도 '레닌 동지가 제정신인가?' 하고 의심하는 사람이 많았다. 마르크스주의 이론에 의하면 사회주의 혁명은 발전된 산업 자본주의 국가에서만 성공할 수 있었다. 그런데 러시아는 아직 인민의 90퍼센트가 농촌 공동체에 묶여 있는 후진 국가였다. 부르주아 혁명으로 서구적인 자본

케렌스키 : 1917년 2월 혁명으로 부르주아 임시 정부가 들어서자 법무부 장관으로 입각했다가 정부 수반에까지 올랐다. 10월 혁명 후 여자로 변장하고 가까스로 탈출에 성공했다.

주의를 만든 후에야 사회주의로 나아갈 수 있지 않겠는가? 그런데 레닌은 이런 나라에서 당장 사회주의 혁명이 가능하며 이미 그 과정이 진행 중이라고 역설하고 있었다.

 레닌은 러시아 민중들의 의식이 폭발적으로 성장하고 있음에 주목했다. 평상시 100년에 걸쳐 일어날 변화가 혁명기에는 하루에 일어난다. 대중의 혁명적 기운이 분출될 때 혁명가는 그 잠재력에 모든 것을 걸어야 한다. 이론에 얽매여 열기에 찬물을 끼얹는 것은 바보짓이다. 그리고 민중을 전쟁의 수렁에 내모는 임시 정부는 혁명을 이끌어갈 어떤 능력도 의지도 없으므로, 이대로 가다간 우익 쿠데타가 벌어질 가능성도 있다. 마치 프랑스 혁명이 나폴레옹 독재로 귀결되었던 것처럼.

이때 트로츠키가 레닌을 지지하고 나섰다. 뛰어난 문필가이자 선동가로 인기가 높은 그의 지지는 레닌에게 큰 힘이 되었다. 볼셰비키도 곧 레닌의 견해를 받아들였다. 최소한 그 당시 상황에서 '빵, 토지, 평화'로 요약되는 4월 테제보다 러시아 민중의 마음을 사로잡은 주장은 없었다. 페트로그라드를 시작으로 노동자와 병사들은 '전쟁 중단' '무병합·무배상의 즉각적 강화'를 외치며 대규모 시위를 벌였다. 크론시타트 수병들은 아예 '임시 정부 타도'를 내걸고 시위를 주도했다.

임시 정부는 당황했고 사태를 무마하고자 소비에트 측에 내각에 들어오라는 제안을 던졌다. 그러자 이번엔 멘셰비키와 사회혁명당이 당황했다. 부르주아 권력의 외곽에서 견제 세력이 되겠다는 구상이 흔들렸기 때문이다. 하지만 이들은 '부르주아 혁명을 밀고 나가기 위해' 내각 참여를 결정했다. 그러나 그들이 참여한다고 임시 정부의 성격을 바꿀 수는 없었다. 여름이 되자 폴란드, 핀란드, 우크라이나 등에서 민족 자결을 내건 반란이 일어났고, 농민들은 직접 지주의 땅을 빼앗아 분배했다. 그런데도 임시 정부는 도리어 전선을 확장하려 했고 국방부 장관이 된 케렌스키는 장교에게 즉결 처형권을 돌려주겠다고 했다. 병사들의 전선 이탈이 늘어나고, 파업이 확산되었으며, 물가는 폭등하는 반면 식량 공급은 더 줄었다. 러시아는 더 이상 전쟁을 수행할 힘이 없었다.

반면 볼셰비키에 대한 지지는 꾸준히 늘어났다. 3월 초 페트로그라드 전체에 2000명이던 당원 수가 4월 말에는 1만 6000명으로 늘었다. 5월 말 페트로그라드 시의회 선거에서 볼셰비키는 20퍼센트를 득표하여 멘셰비키가 얻은 3.4퍼센트를 크게 앞섰다. 볼셰비키는 민족 자결의 인정, 토지 재분배를 내걸어 소수 민족과 농민의 지지까지 끌어왔다. 임시 정부가 실책을 거듭할수록 거기 입각한 멘셰비키의 인기도 떨어졌고 볼셰비키는 그 반대급부를 누렸다.

자신을 얻은 볼셰비키는 7월에 대규모 시위를 벌였는데 이 시위가 걷잡을 수 없이 확산되었다. 크론시타트 수병들과 페트로그라드의 노동자들은 당장 임시 정부를 타도하자며 레닌을 압박했다. 그러나 레닌은 러시아 전역의 상황을 고려했을 때 봉기는 시기상조라고 판단했고, 운동이 주춤거리자 임시 정부는 시위대에 무차별로 기관총을 난사하고 볼셰비키 지도부에 대한 검거령을 내렸다. 레닌은 핀란드로 도피하고 그의 동지들은 다시 지하로 잠적해야 했다.

10월 사회주의 혁명이 성공하다

임시 정부 수반이 된 케렌스키는 우익 장군인 코르닐로프를 총사령관으로 내세워 군을 장악하고 혁명 세력을 누르려고 했다. 그런데 코르닐로프는 그 정도 지위에 만족하지 않고 아예 쿠데타로 정권을 쥐고자 했다. 고양이에게 생선 가게를 맡길 뻔한 케렌스키는 다급해진 나머지 혁명 세력에게 도움을 요청했다. 임시 정부와 대결하던 노동자들과 병사들이 이번엔 코르닐로프의 우익 쿠데타를 막기 위해 싸웠다. 그가 동원하려던 군대는 철도 노동자들의 파업으로 인해 오도 가도 못했고 코르닐로프는 결국 체포되었다. 이 사태는 러시아의 실질적 권력이 노동자 민중에게 있음을 확연하게 보여주었다. 임시 정부는 빈껍데기에 불과했다.

레닌은 지금이야말로 권력을 쟁취할 때라고 판단했다. 그는 지하에서 모습을 드러내어 볼셰비키에게 무장 봉기 계획을 실행에 옮기라고

혁명 지도부 : 이야기를 나누는 트로츠키, 레닌, 카메네프(왼쪽부터). 레닌 사후 카메네프는 트로츠키와 대립했으나, 나중에는 트로츠키와 손잡고 스탈린에게 대항하다가 숙청당했다.

촉구했다. 이미 페트로그라드 소비에트, 모스크바 소비에트에서도 볼셰비키는 다수 의석을 확보했고 트로츠키는 페트로그라드 소비에트 의장에 취임했다. 인민 대중의 열망과 볼셰비키 운동은 긴밀하게 상호 작용하고 있었다. 타고난 조직가 트로츠키는 군사혁명위원회를 맹렬히 조직했다. 그러나 볼셰비키 내에서도 무장 봉기는 무모하다며 반대하는 이들이 있었다. 당 중앙위원인 카메네프와 지노비예프는 "레닌이 봉기를 하려 한다!"고 대놓고 떠들기까지 했다. 그러나 레닌은 격하게 분개했을 뿐 이들을 엄벌하지 않았다. 이런 점은 일반적인 시각과 달리 볼셰비키가 상당히 개방적인 조직이었음을 보여준다. 그러나 레닌은 이것만은 단호히 말했다.

"지금 권력을 잡을 기회가 왔다. 우리가 이 기회를 놓친다면 역사가

페트로그라드 소비에트 : "모든 권력을 소비에트로!" 2월 혁명이 일어난 후 러시아는 부르주아 임시 정부와 노동자·병사 소비에트가 권력을 나눠 가진 채 대립했다.

용서하지 않을 것이다!"

10월 25일에는 페트로그라드에서 '제2차 전 러시아 소비에트 대회'가 열릴 예정이었다. 레닌은 대회 직전에 무장 봉기를 시작하라고 지시했다. 마침 24일에 임시 정부가 볼셰비키의 인쇄소를 폐쇄하자 그날 저녁 적군赤軍이 봉기를 시작했고, 거의 피를 흘리지 않고 페트로그라드의 주요 기관들을 점령했다. 다음날 아침 적군이 임시 정부의 본거지인 겨울 궁전으로 진입하자 케렌스키와 각료들은 부랴부랴 도망쳤다. 레닌은 겨울 궁전의 테라스에 나와 대중 앞에 선언했다.

"혁명은 승리했습니다. 임시 정부는 타도되었습니다. 러시아는 이제 노동자 계급의 사회주의 국가로 나아갈 것입니다!"

그날 밤 개최된 전 러시아 소비에트 대회는 봉기를 추인하고 '소비에트공화국'의 수립을 선포했다. 그러자 멘셰비키 대의원들이 일어나 "이 불법적인 봉기를 우리는 도저히 인정할 수 없다!"며 퇴장했다. 대회 의장인 트로츠키가 그들의 등을 향해 싸늘하게 말했다.

"떠들 테면 떠들어라. 당신들의 할 일은 끝났으니까. 가라! 역사의 쓰레기장으로!"

레닌이 의장이 된 인민위원회는 교전국과의 즉각 강화, 황실과 지주의 토지 몰수 및 무상 분배, 노동자의 공장 관리, 모든 신분 제도 철폐, 러시아 내 모든 민족의 권리 보장, 제헌 의회의 소집 등 중요한 결정을 공표했다. 동시에 모스크바를 비롯해 러시아 전역에서 소비에트가 임시 정부로부터 권력을 이양 받았다. 무장 봉기가 최후의 수단으로 채택되었지만, 그것은 소수 음모가들의 쿠데타와는 달랐다. 이미 노동자·병사·농민 소비에트가 실질적인 권력 기구였으며 거기서 볼셰비키는 대중의 지지를 받고 있었다. 1917년 내내 민중은 이미 혁명적 행동에 나서고 있었다. 10월 혁명은 아래로부터의 대중 운동과, 혁명을 정치적 생물로 이해한 레닌을 비롯한 혁명가들의 결단이 핵융합을 일으킨 사건이었다.

혁명의 주역 크론시타트 수병들의 최후

10월 혁명은

끝이 아니라 또 다른 시작이었다. 11월에 제헌 의회 선거가 치러졌는데, 사회혁명당이 과반의 지지를 얻었고 볼셰비키는 24퍼센트, 부르주아 정당이 13퍼센트를 획득했다. 사회혁명당은 내용적으로 부르주아 정당과 크게 다르지 않으나 소농 중심의 토지 정책을 내세운 까닭에 농민들의 지지를 얻었던 것이다. 그런데 사회혁명당은 독일과의 즉각적인 강화에 반대했다. 볼셰비키는 선거 결과를 국민의 뜻으로 존중해 야당의 자리에 머물 것인가, 혁명의 주력인 노동자와 병사들의 의지를 관철해 전쟁을 종식하고 사회주의로 나갈 것인가 결단해야 했다. 그들은 후자를 선택했고 제헌 의회를 강제 해산해버렸다.

볼셰비키 정부는 독일과 브레스트-리토프스크 조약을 맺어 전쟁에서 벗어났다. 하지만 그 대가로 독일에게 농토의 3분의 1과 그 땅의 막대한 탄광 및 중공업까지 내줘야 했다. 굴욕적인 강화에 분개한 다른 좌파들이 정부에서 이탈하자 볼셰비키는 더욱 고립되었다. 러시아의 일방적 휴전에 분개한 동맹국 영국, 프랑스가 침공해왔으므로 전쟁은 레닌의 바람과 달리 계속될 수밖에 없었다. 임시 정부를 괴롭히던 식량, 물가, 민족 자결 문제 등이 혁명 정부에게 그대로 돌아왔고, 자본가와 우익 세력은 백군白軍을 만들어 공격해왔다.

안팎의 대위기는 혁명 정부를 벼랑 끝으로 몰아갔다. 실제로 1921년 내전이 끝나기까지 러시아 혁명은 바람 앞의 등불 같았다. 혁명 정부는 소위 '전시 공산주의'로 나아갔다. 공업을 강제로 국유화하고 농산물을 징발했으며 곡식을 숨기는 농민은 본보기로 처벌했다. '체카(비밀경찰)'가 만들어져 반혁명 세력을 향한 공포 정치가 실시되었다.

1921년 3월, 크론시타트의 수병 1만 2000명과 노동자들이 다시 봉기했다. 이번에 그들이 내건 슬로건은 "볼셰비키 없는 소비에트를!"이었

용을 죽이는 트로츠키 : 내전 당시 소비에트에서 만든 선전물로, 백마를 탄 트로츠키가 반혁명을 상징하는 용을 죽이고 있다.

다. 수병들과 노동자들은 볼셰비키에 의해 혁명의 이상이 좌절되고 있다고 생각했고, 제헌 의회의 재소집, 언론·출판의 자유, 식량 문제 해결 등을 요구했다. 볼셰비키는 든든한 우군이었던 수병들이 등을 돌렸다는 사실에 격분했다. 게다가 백군이 그들을 지원한다는 정보도 있었다. 결국 트로츠키의 지휘하에 적군 4만 명이 얼어붙은 핀란드 만을 건너가 수병 반란을 진압했고, 2500명을 체포하여 그 가운데 500명을 총살했다. 1917년 혁명의 주인공들이 혁명 정부에 의해 죽임을 당한 것은 크나큰 비극이었다.

볼셰비키가 러시아 혁명을 변질시킨 것일까? 나아가 레닌의 혁명론, 아니 마르크스의 사상 속에 이미 일당 독재와 공포 정치의 씨앗이 있었다고 이야기해야 할까? 그것은 오늘날까지도 논쟁거리다. 그러나 한 가지 분명한 사실은, 러시아 민중이 레닌이나 볼셰비키가 가리키는 대로 수동적으로 끌려간 것은 아니란 점이다. 그러기는커녕 수백만 대중이 자발적으로 움직이는 동안 혁명가들은 우왕좌왕했으며 잘해야 겨우 그 뒤를 쫓아가기에 바빴다. 레닌이 뛰어난 혁명가라면 그 이유는, 그가 이론을 교조적으로 들이대지 않고 현실의 대중 운동에 의미를 부여하면서 중요한 계기마다 대중의 동의를 얻었다는 사실에 있다. 그러나 그런 레닌의 예상도 여러 차례 빗나갔을 만큼 러시아 민중은 역동적이고 창의적이었다.

자본주의는 탄생 백여 년 만에 최대의 위기를 맞았다. 자본가들은 자국에서 혁명이 일어날까봐 노동자들의 눈치를 보지 않을 수 없었고 그 결과로 미국과 유럽에서 기초적인 사회 복지 제도가 수립되었다. 식민지 해방을 위해 싸우는 제3세계 인민은 러시아에서 큰 영감을 얻었고 실제적인 지원도 받았다. 실로 러시아 혁명은 20세기 역사의 흐름을 결정했다고 할 수 있다.

연표

1905년	피의 일요일. 1차 러시아 혁명 발발
1914년	1차 세계 대전 발발. 참전으로 인해 러시아 민중의 고통 커짐
1917년	2월, 페트로그라드에서 혁명 발발. 페트로그라드 노동자-병사 소비에트 결성
	4월, 망명 중이었던 레닌 귀환. 4월 테제 발표
	7월, 볼셰비키가 주도하는 대규모 시위 발발. 임시 정부의 강경 진압
	8월, 우익 장군 코르닐로프의 쿠데타 시도가 노동자들에게 격퇴됨
	10월 25일, 제2차 전 러시아 소비에트 대회 직전에 볼셰비키 무장 봉기 성공
	11월, 볼셰비키가 제헌 의회 선거에서 사회혁명당이 과반을 얻자 의회를 해산함
1918년	백군과의 내전 발발로 전시 공산주의 실시
1921년	크론시타트 수병의 반볼셰비키 반란을 볼셰비키가 진압

Vietnam August Revolution
베트남 독립 혁명

|

식민지 민중의 해방 없이 인류 평화란 없다
1945년

메기 조림을 좋아한 혁명가 1945년 9월 2일, 하노이의 바 딘 광장에는 베트남 특유의 희고 밝은 옷을 입은 수만 명의 사람들로 시끌벅적했다. 그들의 거칠고 야윈 얼굴은 그동안 겪은 풍상을 말해주 는 듯했지만 표정만큼은 그들의 옷처럼 환했다. 오후 2시, 한 사내가 연단에 올랐다. 허름한 카키색 양복을 입고 고무 샌들을 신은, 야윈 몸 집으로 인해 실제보다 더 나이가 들어 뵈는 사내였다. 그는 신생 베트 남민주공화국의 주석 호치민이었다. 호치민은 독립 선언서를 낭독하 기 시작했다.

호치민 : 이웃집 노인 같은 소탈한 면모로 '호 아저씨'라는 애칭으로 불린 호치민. 그는 불굴의 의지로 일본, 프랑스, 미국과 싸우며 베트남 해방 운동을 이끌었다.

"모든 인간은 태어날 때부터 평등하며 창조주로부터 양도할 수 없는 권리를 받았습니다. 생존, 자유, 행복의 추구 등이 바로 그 권리입니다."

미국 독립 선언서의 서두와 비슷하게 운을 뗀 호치민은 프랑스 식민주의자들이 베트남에서 저지른 범죄를 지적하고, 베트남 인의 '보호자'를 자청했으면서도 2차 세계 대전 기간 일본에 베트남을 팔아넘겼다는 사실을 비판했다. 지난 2년 동안의 아사자가 200만 명이 넘었다는 사실도 언급했다. 호치민은 이제 스스로의 힘으로 독립을 쟁취한

베트남 민족은 제국주의 프랑스와 맺은 모든 조약을 폐기하고 그들의 특권 일체를 무효화한다고 선언했다. 끝으로 그는 제국주의 침략자들이 다시 돌아온다면 조국의 자유와 독립을 수호하기 위해 모두 목숨과 재산을 바쳐 싸우자고 호소했다. '호 아저씨'는 군중을 휘 둘러보더니 덧붙였다.

"내 동포들이여, 알아들었습니까?"

"예!"

사람들이 우렁차게 대답했다. '호치민'이란 이름은 낯설었지만, 그가 30년 넘게 베트남 해방을 위해 싸워온 혁명가 '응우옌 아이 꾸옥(애국자 응우옌이란 뜻으로 호치민이 써온 가명)'이란 사실을 아는 사람은 제법 많았다.

호치민이 예감했던 것처럼 독립국 베트남의 앞길은 가시밭길이었다. 젖과 꿀이 흐르는 식민지를 그리워한 프랑스가 돌아오자 베트남은 그들과 전쟁을 치러야 했고, 이어서 세계 최강국 미국과도 싸워야 했다. 이 전쟁들을 거치며 백만 명 이상 목숨을 잃었지만 결국 베트남은 최후의 승자가 되었다. 평소 메기 조림을 좋아한 호치민은 이런 말로 베트남의 끈질긴 투쟁 의지를 과시한 적 있다.

"그래 폭격을 해라. 그러면 웅덩이가 파이고, 웅덩이엔 메기가 살게 될 것이다. 그럼 우린 그 메기를 잡아먹고 또 독립을 위해 투쟁할 것이다."

베트남엔 학교보다 감옥이 많다

베트남은 인도차이나

반도의 동쪽으로 길게 이어진 나라로, 위로는 중국에, 서쪽으로는 라오스와 캄보디아에 국경을 접하고 있다. 북부의 홍 강 유역과 남부의 메콩 강 유역에 기름진 농토가 있어 사람들이 많이 모여 산다. 프랑스 식민지 시절에는 인도차이나 북부를 통킹, 남부를 코친차이나, 중부의 좁은 연안 지대를 안남이라고 불렀다.

베트남은 고대에는 중국의 직접 지배를 받았으나 10세기 즈음부터는 어엿한 독립 국가를 유지했다. 19세기 초 응우옌 왕조는 인도차이나 반도를 통일하고 '비엣 남'이라는 국호를 사용했는데 여기서 베트남이 나온 것이다. 이 시기는 제국주의 열강들이 세계를 경기장으로 삼아 식민지 획득에 열 올리던 시대였고, 영국이 인도와 버마에서 재미를 보는 데 자극 받은 프랑스는 인도차이나로 눈을 돌렸다.

먼저 선교사를 보내 기독교를 포교하다가 그 나라 정부가 이를 탄압하면 자국 국민을 보호한다는 명목으로 군대를 투입하는 것이 식민지 침략의 매뉴얼이었다. 이런 식으로 프랑스의 나폴레옹 3세는 1858년 전함과 대포로 다낭 항을 공격하고 베트남 조정으로부터 선교 인정, 통상 조약 체결, 코친차이나 일부 할양 등 이익을 취했다. 1873년 프랑스군은 베트남 최대 도시 하노이를 함락한 후 조정을 압박해 아예 코친차이나 전부를 빼앗았다. 정해진 수순이었지만, 1883년에는 베트남 전체가 식민지 또는 보호령이 되었다. 프랑스가 내세운 명분은 다른 열강들로부터 베트남을 보호하고, '위대한 프랑스 문명'을 전수해준다는 것이었다.

'자유, 평등, 우애'의 프랑스이지만, 식민지 수탈만큼은 다른 제국주의 국가들보다 결코 덜하지 않았다. 프랑스는 인도차이나 총독부를 설립하고 베트남 토지를 자국민 이주자에게 넘겨주었으며 베트남 농민에게는 가혹한 소작료를 징수했다. 식민주의자들은 고무, 차, 커피 플랜테이션 농장을 만들어 베트남 인을 반강제로 노동하게 했고 주석, 구리, 텅스텐, 철 등 광물 자원을 수탈했다. 총독부는 소금과 술을 독점하여 폭리를 취했는데, 심지어 농민들의 전통주 제조를 금지하고 와인 소비를 강요하여 마을마다 '할당량'을 부과하기도 했다.

최초의 저항은 봉건 지배 계급 출신의 지조 있는 문신들이나 유학자들이 시작한 근왕勤王 운동이었다. 그들이 일으킨 의병은 프랑스 병영을 공격하여 미약하나마 전과를 올리기도 했으나 더 이상 왕실에 충성하지 않는 베트남 인민의 지지를 받지 못했고 프랑스군이 함포로 의병 본부를 박살내면 흩어져버렸다. 20세기에는 근대적 민족주의에 입각한 독립운동가들이 나타났다. 그들은 일본을 모델로 베트남의 근대화를 추진하자거나 프랑스의 통치를 활용하여 힘을 기른 후 공화제로 나아가자는 주장들을 했다. 그들은 민중들의 존경을 받기는 했으나 그럼에도 소수 지식인들의 운동을 벗어나지 못했고, 일부는 총독부 관리나 매국노를 테러·암살하는 활약도 펼쳤지만 곧 탄압을 받아 조직이 와해되어버렸다.

베트남의 인구는 90퍼센트가 농민이었고 노동자 계급은 이제 형성되는 중이었으므로, 아직 이들은 독립운동의 주체로 나설 준비가 되어 있지 않았다. 운동은 이런 상황에서 자신의 과제를 찾아야 했다.

한편 1차 세계 대전을 전후하여 많은 베트남 인들이 징용 또는 유학으로 유럽에 건너갔고 프랑스에서는 상당히 큰 교민 사회를 이루었다. 베트남보다는 정치적으로 자유로운 분위기 속에서 베트남 독립운동에 대한 논의도 활발했다. 그리고 이들에게 강렬한 영감을 던져준 사건이 있었으니, 바로 1917년에 일어난 러시아 혁명이었다. 그 거대한 땅에서 사회주의 혁명이 성공하고 신정부가 세계 피압박 민족의 자치를 옹호한다는 사실에 베트남 청년들의 피가 끓어올랐다. 호치민도 그런 청년이었다.

1890년 가난한 농부의 아들로 태어난 호치민은 국학(당시 베트남의 국립고등학교)에서 공부하던 중에, 농민들의 요구를 프랑스 인에게 통역해주는 일을 자원했다가 시위에 휘말리고 말았다. 이 일로 퇴학당한 그는 스물 한 살에 "자유·평등·우애의 본래 의미를 알고 싶어" 무작정 프랑스행 배를 탔고, 선원 일과 요리사 보조로 돈을 벌면서 내친 김에 알제리, 사우디아라비아, 인도, 세네갈, 미국까지 둘러보았다. 호치민이 투철한 혁명가로 살면서도 유연함을 잃지 않은 것은 이때의 견문 덕분일 것이다. 또 그는 식민지에서는 '물에 빠져 죽어가는 베트남 인을 보면서 낄낄대던' 프랑스 인이 본국에서는 친절하고 이성적인 사람들이란 모순을 접하고 충격을 받았다. 그는 소위 '서구 문명'이 비인도적인 식민지 정책 위에 세워진 것을 깨달았고, 식민지 문제의 해결 없이 진정한 인류 발전은 불가능하다고 생각하게 되었다.

파리의 베트남 독립운동가들 사이에서 두각을 보이던 호치민은, 1차 세계 대전 후 세계 질서를 논의하려고 베르사유에 모인 각국 대표들을 향해 '베트남 인민의 기본권과 자치'를 요구하는 성명을 발표했다. 신문과 전단지로 배포된 이 성명은 당장 독립하겠다고 요구하는 것도 아닌 온건한 내용이었으나 승전국들로부터 철저히 외면당했다. '민족 자결의 원칙'은 공허한 이상에 불과했으며 식민지 민중의 저항 없이 식민지 해방은 얻어질 수 없었다. 호치민은 사회주의 운동으로 기울었고, 프랑스 공산당에 가입한 후 이어 직접 러시아로 갔다. 사회주의 혁명이 일어난 나라를 체험하기 위해서였다.

러시아에서 호치민은 혁명사와 혁명 이론을 공부하는 한편 코민테른(소련이 주도한 공산주의 국제 기구) 대회가 열릴 때마다 베트남 대표로 참가하여 식민지 해방 투쟁의 중요성을 역설했다. 프랑스 공산당도 식민지 정책에 원론적으로 반대했으나 적극적으로 베트남 인민을 지원하지 않았는데, 식민지에서 유입되는 부가 프랑스 노동자 계급의 처지 개선에 쓰이고 있다는 모순적인 상황 때문이었다. 다른 선진국들도 이는 마찬가지였다.

"지금 베트남엔 학교보다 감옥이 더 많습니다. 민중들은 오늘도 고무 농장에서, 광산에서 강제 노동에 시달리고 있습니다. 혁명을 외치는 공산당이 어째서 식민지 민중의 고통에 이처럼 둔감한 것입니까?"

청년 호치민이 코민테른 대회장에서 힘주어 연설할 때마다 각국 대표들의 마음도 조금씩 동요했고, 결국 코민테른도 식민지 해방을 지원하는 위원회를 결성하는 등 전향적인 입장을 채택했다. 1924년 호치민은 코민테른 극동부 간부 자격으로 중국에 갔고, 중국 혁명을 지원하는 한편 베트남 독립운동가들을 모아 베트남혁명청년회를 결성했다. 혁명청년회는 베트남에서 온 청년들에게 사상과 실무를 교육시켜 다시 조국으로 보냈고, 그 청년들은 민중 속으로 들어가 농민 조합, 노동조합, 학교를 설립했다. 그들의 목적은 민중을 투쟁의 주체로 세우는 것이었다.

청년회의 활동을 밑거름으로 하여 베트남에도 공산당 준비 그룹이 속속 등장했다. 여러 개의 준비 그룹들은 코민테른과 호치민의 지도하에 1930년 2월 3일 홍콩에서 베트남공산당으로 통합했다. 아직 당원은 500명에 불과했지만 바야흐로 베트남 해방 운동의 새로운 세대가 등장한 것이다.

베트민의 결성에서 8월 혁명까지

미국에서 시작된 대공황이 세계 경제를 강타하자 프랑스는 경제적 어려움을 해결하기 위해 식민지 착취를 더욱 강화했다. 거기에 가뭄과 홍수까지 겹쳐 민중들의 삶은 갈수록 악화되었다. 소금을 비롯한 생필품 물가가 열 배 가까이 뛰었고 굶어죽은 사람들이 길가에 즐비했다. 민중들은 죽기 살기로 지주와 식민지 관리에게 저항했고, 여기에 사회주의 운동이 결합하자 인도차이나의 정세는 혁명적으로 변해갔다. 1930년 한 해에 농민 시위 400여 건, 파업과 학생 시위 1000여 건이 일어났다.

9월에는 안남 예안성 농민들 6000명이 봉기하여 소비에트를 세웠다. 농민들은 관청의 곡물 창고를 부숴 식량을 지급했고 지주의 땅을 빼앗아 분배했다. 하지만 베트남 최초의 농민 정권이라 할 수 있는 예안성 소비에트는 1년 만에 프랑스군에 의해 분쇄되었다. 2000명 이상의 농민과 사회주의자가 체포되고 수백 명이 형식적인 재판을 거쳐 처형당했다. 이제 막 걸음마를 떼던 베트남공산당도 큰 시련을 겪었다.

그런데 1930년 중반에 나치 독일과 무솔리니의 이탈리아가 동맹을 맺고 이어 일본까지 손을 잡으면서 파시즘의 위협이 대두했다. 파시즘 국가들이 전쟁 준비에 광분하는 가운데 세계 평화는 백척간두에 섰다. 이에 코민테른도 그동안 각국에서 사회주의 혁명을 일으키자는 노선을 바꾸어 '진보적인 부르주아와도 손을 잡는 반파시즘 인민 전선'의 건설을 결정했다. 이는 호치민이 전부터 역설해온 노선이어서 베트남공산당은 신속하게 이를 행동으로 옮길 수 있었다. "제국주의를 반대하고 베트남 독립을 위해 싸우는 전 민족 모든 계층이 통일 전선을 이루자."는 주장은 민중의 열렬한 지지를 받았다.

1941년 5월, 전국의 혁명가와 독립운동가들이 프랑스 정보국의 눈을 피해 베트남 북부 밀림의 작은 마을 팍 보로 모여들었다. 베트남독립동맹(베트민)을 결성하기 위해서였다. 호치민도 이때 30년 만에 조국에 돌아와 동굴 속 아지트에 숨어 당을 지도하고 있었다. 베트민은 각계각층에 구국회를 만들어 인민을 규합하고, 제국주의자와 매국노의 토지는 빈농에게 분배할 것을 결의했다. 그러나 호치민은 당장 무장 봉기를 일으키자는 주장에는 반대했다. 실제로 1940년에 코친차이나에서 일부 혁명가들이 무장 봉기를 일으켜 메콩 삼각주 일부를 점령하기도 했으나, 프랑스군이 비행기까지 동원해 진압하자 수백 명이 죽고 6000명이 체포되는 결과로 끝났다. 호치민은 봉기 참가자의 퇴각을 도우면서 동료들에게 이렇게 말했다. 먼저 민중의 지지를 먼저 얻어라, 기회는 반드시 온다!

당시 중일 전쟁을 일으킨 일본은 연합국의 대중국 무기 전달 통로를 차단하기 위해 인도차이나를 침공했다. 이미 프랑스는 본토가 독일군에게 점령된 터라 인도차이나에서도 독일의 동맹국 일본군에게 고분고분할 수밖에 없었다. 무적인 듯 보였던 프랑스가 일본에게 당하는 꼴을 보자 민중들은 고무되어 더 거세게 저항했다. 베트민은 이런 민중들과 결합하여 곳곳에서 마을을 해방구로 만들었다. 베트민의 정규군과 마을 민병대는 신출귀몰하며 프랑스군을 괴롭혔다. 1945년 3월, 일본은 인도차이나에서 프랑스를 아예 축출해버리려고 프랑스 총독부를 해체시키고 베트남 전 황제인 바오 다이를 복귀시켰다. 물론 바오 다이의 임시 정부는 국방·외교·경제 전반에 아무런 권한이 없는 괴뢰 정부였다. 일본은 베트남의 해방자를 자처하면서 프랑스가 누린 이권을 차지하고자 했다. 호치민은 생각했다.

'일본은 반드시 패망한다. 연합국의 승리는 불을 보듯 뻔하다. 문제는 일본이 물러난 후 베트남에 프랑스 식민주의자들이 돌아오지 못하도록 쐐기를 박는 것이다. 연합군이 오기 전에 우리가 새 나라의 주인임을 선포해야 한다.'

독립운동 일각에서는 연합국과 협상을 통해 독립을 이루자는 견해도 있었지만, 호치민은 식민지 민중 스스로 쟁취하지 못한 독립은 아무 의미도 없다는 것을 오래전부터 알고 있었다. 이제야말로 전국적 무장 봉기를 준비해야 할 때였다. 베트민은 전국에 항전위원회를 결성했고, 8월 6일 일본에 원자폭탄이 떨어지자 8월 13일부터 일제히 봉기에 돌입했다. 도시와 마을에서 민중들이 일본군을 몰아내고 인민위원회를 만들어 임시 정부로부터 행정권을 빼앗았다. 8월 17일에는 베트민 시위대가 하노이의 임시 정부 청사에다가 붉은 바탕에 금색별이 빛나는 베트민 깃발을 내걸었다. 25일에는 남부 코친차이나에서도 혁명이 성공했다. 연합국에 이미 항복한 일본은 저항할 의지가 없었고 봉건 잔재에 불과한 임시 정부는 민중으로부터 철저히 외면당했다. 베트민은 별다른 희생 없이 보름 만에 전국의 권력을 장악했다. 8월 봉기는 약소국 해방 투쟁 역사에서 유래 없는 대성공을 거뒀다.

베트남 인민들, 프랑스와 미국의 무릎을 꿇리다

베트남민주공화국이 수립되었지만 예상대로 프랑스는 과거에 즐기던 식민지의 단맛을 포기할 생각이 전혀 없었다. 연합군이 인도차이나에 상륙할 때 프랑스군도 거기 끼어 슬금슬금 돌아왔고, 코친차이나에서부터 혁명 정부를 힘으로 몰아냈다. 이에 사이공에서 파업과 시위가 일어나자 프랑스군은 질서 회복을 운운하며 무자비하게 탄압했다. 백여 년 전과 똑같은 수순이었다. 영국과 미국은 2차 세계 대전 후 사회주의 국가 소련의 영향이 커질 것을 두려워해 프랑스의 행동을 묵인했다. 프랑스군은 하노이 혁명 정부를 전복시키고자 북부 하이퐁항을 폭격해 최소 6000명의 사상자를 발생시켰다. 호치민 정부는 다시 밀림으로 퇴각해야 했다. 이리하여 1차 인도차이나 전쟁이 시작되었다.

1954년 5월, 세계는 긴급히 입수된 한 장의 사진 앞에 경악했다. 2차 세계 대전의 승전국 프랑스가, 베트남 인이 끄는 인력거에 파묻혀 오만하게 웃던 프랑스 병사들이, 백기를 든 채 길게 줄지어 행진하는 모습이 담겨져 있었기 때문이다. 베트남군의 감시를 받고 있는 프랑스 청년들의 눈에는 그저 퀭한 두려움만 가득할 뿐 식민주의자의 오만함은 어디에도 없었다. 이것이 그 누구도 상상하지 못했던 디엔비엔푸 전투의 결말이었다.

프랑스군은 북부 베트민 세력을 소탕하기 위해 1953년 겨울부터 라오스 국경 근처 디엔비엔푸에 폭 13킬로미터의 거대한 요새를 구축했다. 프랑스군은 화력의 우위를 믿고 자신만만해했지만, 베트남군은 이들을 쥐도 새도 모르게 포위하여 동서남북에서 포를 쏴댔고 프랑스 공군이 하늘에서 공수하는 보급품은 가로채 파괴했다. 프랑스군 5000명이 전사한 끝에 남은 1만 1000명이 항복하자, 본국의 프랑스에서는 반전 여론이 커졌고 스위스 제네바에서 휴전 협정이 맺어졌다.

협정에 따라 2년 내에 독립국을 세우는 총선거가 실시될 예정이었으나 이번에는 미국이 개입했다. 미국은 "공산주의로부터 베트남 인의 자유를 지키기 위해"라는 이유를 대며 휴전선을 분단선으로 만들고 베트남 남부에 극우주의자 응오 딘 디엠을 수반으로 친미 정권을

B52의 융단 폭격 : 미국은 1분에 폭탄 2천 톤이라는 어마어마한 화력을 퍼붓고도 결국 아시아의 약소국 베트남에게 무릎을 꿇어야 했다.

세웠다. 그리고 1964년 소위 '통킹 만 사건'을 조작하여 베트남 전쟁(2차 인도차이나 전쟁)을 일으켰다.

그러나 세계 최강국 미국은 55만 명의 병력(한국군 5만, 뉴질랜드·호주군 소수 포함)과 1분에 2000톤이라는 어마어마한 폭탄을 쏟아부었음에도 불구하고 베트남을 이길 수 없었다. 미국은 네이팜탄, 고엽제 등 최첨단 살상 무기로 베트남을 초토화했으나, 해체한 포를 등에 지고 다니다가 정글 어디선가 쏴대는 맨발의 게릴라들 그리고 전후방도 없

베트남의 프랑스군 : 홍 강 삼각주의 논길을 프랑스 외인부대원이 걷고 있고 뒤로 미국산 탱크가 보인다. 프랑스는 백 년의 식민 통치 끝에 디엔비엔푸 전투에 져 물러났다.

이 귀신처럼 출몰하는 베트남해방전선 앞에 그만 전의를 상실했다. 3백억 달러의 전비를 쓰고도 아무 성과를 거두지 못하자 미국은 결국 1973년 2월 제네바 협정을 맺어 전쟁을 일으킨 지 10년 만에 철수했다. 미국이 빠진 남베트남 정부는 그야말로 꼭두각시에 불과했다. 1975년 3월 대공세로 사이공은 함락되고, 베트남사회주의공화국이 전 국토의 유일한 합법 정부로 들어섰다.

베트남이 미국에게 승기를 잡기 시작할 즈음인 1969년 9월 2일, 호치민은 일흔 아홉의 나이로 사망했다. 그는 시체를 화장하여 인도차이나 북부, 중부, 남부에 뿌려달라고 유언했지만 베트남공산당은 그의 시신을 방부 처리해 기념관에 안장했다. 평생 검소와 질박을 벗 삼아 온 호치민은 이를 원하지 않았겠지만, 어쨌든 오늘날에도 그의 얼굴을 보기 위해 많은 베트남 인들이 기념관을 찾는다. 어떤 고난에도 굴하지 않고 내일을 낙관했던 호치민, 그의 얼굴에서 베트남 민중들은 자기 자신의 모습을 만나는 것이 아닐까.

연표

1858년	프랑스, 베트남 다낭항 공격으로 인도차이나에 진출
1873년	프랑스군이 하노이를 함락. 프랑스가 코친차이나를 식민지로 획득
1930년	호치민의 지원하에 베트남공산당 결성
	안남 예안성 농민 봉기로 소비에트 건설. 프랑스군에 의해 파괴됨
1940년	코친차이나 봉기
1941년	베트남독립동맹(베트민) 결성
1945년	8월 봉기로 베트남 전역에서 베트민이 권력 장악
	9월, 호치민이 베트남민주공화국 수립 선포
1954년	5월, 디엔비엔푸 전투에서 베트남군이 프랑스 정예 부대에게 대승
1864년	미국, 통킹 만 사건을 조작하며 베트남전 일으킴
1973년	미국, 제네바 협정 맺고 베트남에서 철수
1975년	3월, 베트남사회주의공화국 수립

쿠바 혁명
Cuban Revolution

시에라 산맥의 게릴라들, 대역전승을 거두다

1956년

그란마호 게릴라들, 쿠바에 상륙하다 1956년 11월 25일 새벽, 낡은 요트 한 척이 멕시코를 출발했다. 배의 이름은 '그란마', 할머니란 뜻이었다. 정원이 20명인 이 배에는 82명의 사람과 그들의 무기, 연료, 식량, 의약품으로 꽉 차 있었다. 배의 목적지는 쿠바 남서쪽 해안이었고 이들은 쿠바 해방을 위해 몸 바친 혁명군들이었다. 대장은 피델 카스트로였고 군의관은 후일 '체(친구)'라는 애칭으로 더 유명한 에르네스토 게바라였다.

음악을 좋아하는 쿠바 인들답게 이들은 항해 중에 기타를 퉁기며 노

독재자 바티스타 : 미국은 쿠바에서 친미 정권을 유지할 수 있다면 군사 쿠데타도 용인하고 지지했다. 쿠데타로 정권을 잡은 후 워싱턴에 초청받은 바티스타(왼쪽에서 두 번째).

래를 불렀다. 그러나 폭풍우가 몰아칠 땐 요동치는 배 안에서 멀미를 참느라 여간 고역이 아니었다. 바티스타 정부군의 추적을 피하느라 항로를 멀리 돌아가서 식량은 벌써 떨어졌다. 12월 2일, 그란마호는 원래 상륙하기로 한 지점에서 2킬로미터나 떨어진 벨릭이란 곳에 좌초했다.

카스트로와 혁명군은 물에 뛰어들어 맹그로브가 울창한 해안을 가까스로 빠져나왔다. 그때 이미 정보를 입수한 정부군이 공격해왔다. 물에 젖고 무기마저 잃어버린 혁명군은 비행기로 폭격을 가하는 정부군에 의해 토끼몰이를 당했다. 카스트로와 체 게바라는 각자 부대를 이끌고 허둥지둥 도망쳤고 몇 번이나 죽을 고비를 넘겼다. 1주일 후 겨우 다시 만나서 보니 남은 수는 18명뿐이었다. 나머지는 모두 죽거나 체포되었던 것이다. 쿠바 내에서도 혁명군을 돕기로 한 동지들이 있었으나 그란마호 상륙에 맞춰 도시 봉기를 일으키다 정부군에게 살해당했고 일부는 상륙 예상 지점에서 기다리다가 배가 오지 않자 정부군에게 들킬까봐 철수해버렸다.

"두려워하지 말게나, 동지들! 쿠바 독립의 아버지 호세 마르티는 더 한 어려움을 겪으면서도 투쟁하지 않았나. 이 정도는 아무것도 아니네. 우리는 반드시 승리할 거야!"

카스트로는 타고난 낙관주의로 동지들에게 힘을 주었다. 그러나 지금 그들이 위기에 처한 것은 사실이었다. 그들에겐 무기도 부대도 식량도 없었고 오직 살아남는 것만이 지상 과제였다. 반면 바티스타 정부는 너무도 강력해 보였다. 바티스타 정부는 혁명군을 간단히 궤멸했다고 여긴 나머지 "카스트로를 사살했다."고 선전하고 있었다. 재야 세력들도 이 사건을 그저 모험주의자들의 해프닝으로 여겼다. 그러나 그것은 오판이었다.

18인의 혁명군은 해발 2000미터에 달하는 웅장한 산맥 시에라 마에스트라로 들어갔다. 쿠바 혁명의 전설이 될 게릴라 투쟁의 역사가 여기서부터 쓰이게 될 것이었다.

쿠바 독립 투쟁과 미국의 쿠바 진출

카리브 해의 보석 쿠바는 15세기 말부터 에스파냐 인들의 지배를 받다가 1868년에 데 세스페데스란 귀족 출신 혁명가가 나서서 10년 동안 독립 투쟁을 벌였다. 이를 1차 독립 전쟁이라고 하는데, 에스파냐 정부는 독립군과 산혼 조약을 맺어 노예 해방과 공화정 수립을 약속했다. 그러나 쿠바의 부를 포기할 수 없었던 에스파냐는 슬그머니 조약을 어기면서 저항 세력을 탄압했다. 1895년에 재개된 2차 독립 전쟁은 '쿠바 독립운동의 아버지'라고 불리는 호세 마르티가 주도했는데, 마르티는 저항적 지식인이자 문필가로 망명지에서 식민주의에 반대하는 글을 써 쿠바 민중을 분기시켰으며, 직접 배를 타고 쿠바로 잠입해 전투에 참전했다가 그만 총탄에 맞아 목숨을 잃었다. 그러나 그의 사상과 신념을 이어받은 쿠바 인들은 에스파냐군을 물리치고 쿠바공화국을 수립했다.

그러나 에스파냐는 쉽게 물러나지 않았고 이 사태를 관망하던 미국이 끼어들었다. 아메리카 대륙의 새로운 강자로 떠오른 미국은 이 기회에 늙은 식민 국가 에스파냐를 밀어내고 카리브 해를 자신의 안마당으로 삼고자 했다. 마침 1898년 2월 15일 아바나항에 정박한 미국 전함 메인호가 의문의 폭발을 일으키자 미국은 이를 에스파냐의 소행으로 몰았고, 쿠바의 독립을 돕는다는 허울 좋은 명분으로 미국-에스파냐 전쟁을 일으켜 4개월 만에 승리를 거두었다.

에스파냐가 절뚝절뚝 물러간 쿠바에 이제 성조기가 휘날렸다. 미국은 2년간 군정을 실시하면서 쿠바를 지배할 계획을 차근차근 진행시켰다. 1901년 쿠바는 공화제 헌법이 제정되었으나 미국은 여기에 자기들의 입맛에 맞는 수정 조항을 관철시켰다. 이에 따라 미국은 자국의 이익에 위협이 된다고 판단되면 언제든 쿠바 영토에서 군사 행동을 할 수 있게 되었고, 관타나모에는 미국의 해군 기지가 설치되었다. 또 미국은 쿠바의 국립은행 총재, 관세청장, 경찰청장을 임명할 권한을 얻었다. 미국 자본이 쿠바 경제를 장악해 들어갔고, 독립 후 3년 만에 쿠바 토지의 60퍼센트가 미국인 투기꾼의 손에 넘어갔으며 수출의 80퍼센트를 차지하는 설탕 산업도 거의 다 미국 기업의 소유가 되었다. 쿠바는 늑대를 내쫓고 사자를 불러들인 꼴이었다.

미국은 쿠바에 친미 정부가 유지되도록 끊임없이 공작했고, 자신의 꼭두각시가 무능하다고 판단되면 군부 쿠데타를 부추겨 정부를 갈아치웠다. 친미 정부가 집권하는 동안 미국의 경제적 이익은 점점 늘어났다. 미국은 온갖 퇴폐 문화를 쿠바에 수출하여, 수도 아바나는 마약, 도박, 유흥업의 천국이 되었다. 1946년에는 전미 마피아 총회가 아바나에서 열릴 지경이었다. 친미 정부의 고관과 그에 빌붙는 이들을 제외한 쿠바 민중은 미국의 제국주의적 탐욕에 분노했다. 쿠바의 진정한 독립은 미국으로부터 쟁취해내야 했다.

"역사가 나를 무죄로 하리라!"

25세의 청년 피델 카스트로는 1952년 6월에 예정된 하원 의원 선거에 인민당 후보로 출마하려고 아바나의 빈민가에서 열심히 선거 운동을 하고 있었다. 카스트로는 키가 훤칠하고 외모도 잘 생긴데다 정치적으로도 이미 유명인이었다. 그는 아바나 법대 시절 학생 운동가로 활약하며 부패한 프리오 소카라스 정부를 규탄하는 통쾌한 연설을 여러 번 했고, 1950년 이후로는 변호사로서 정치범의 변호를 도맡아 해왔던 것이다. 카스트로가 변호를 맡은 정치범 재판에서는 판사와 검찰이 도리어 피고가 되어 부패 정권의 하수인 노릇을 그만하라는 그의 일장 연설을 들어야 했다.

허나 카스트로의 선거 운동은 선거 직전 발발한 쿠데타로 물거품이 되고 말았다. 군부의 바티스타가 정상적인 방법으로 대중의 지지를 얻을 수 없다고 판단, 무력으로 정부를 엎은 것이었다. 미국은 자국의 이해를 대변하기에 모자람이 없다고 여겨 바티스타의 쿠데타를 용인했다. 그는 즉각 선거를 취소하고 정당을 금지했으며 친인척을 요직에 앉히고 재야 세력을 탄압했다. 카스트로는 격분하여 바티스타의 권력 탈취를 맹비난하는 성명을 발표했고, 헌법 재판소에 쿠데타의 불법성을 고발하기까지 했다. 그는 헌법 재판관들에게 이렇게 요구했다.

"쿠바 헌법을 짓밟은 바티스타에게 도합 108년의 징역형을 선고하기 바랍니다!"

재판관들이 코웃음을 치며 이를 기각하자 카스트로는 합법 투쟁을 접고 무장 투쟁으로 방향을 선회했다. 그는 젊은 동지들을 규합하여 군 병영을 습격해 무기를 획득할 계획을 세웠다. 그는 그 무기로 관공서와 라디오 방송국을 점령한 후 전 국민에게 반바티스타 봉기를 호소할 생각이었다. 무모하기 짝이 없는 계획이지만, 라틴아메리카의 혁명 전통에서 소수의 결사대가 무장 봉기를 벌이는 일은 그리 낯선 편은 아니었다. 카스트로가 동료들에게 자신의 계획을 발표하자 몇몇은 깜짝 놀라 조직에서 이탈했지만 대부분은 참가의 뜻을 밝혔다.

1953년 7월 26일 새벽, 남녀 결사대 111명이 쿠바에서 두 번째로 큰 몬카다 병영을 공격했다. 무기고를 찾지 못한 결사대가 우왕좌왕하는 사이 군인들이 반격해 왔고 허술하게 무장한 결사대는 쫓기는 신세가 되었다. 28명이 현장에서 사살되고 80명이 체포되어 그중 70명이 고문으로 살해되었다. 그러나 이 공격은 군부 독재에 신물을 내던 민중에게 신선한 충격을 주었다. 거기에 고문으로 피범벅이 된 대원들의 사진이 공개되자 바티스타 정권의 도덕성은 땅에 떨어졌고 반대로 '7·

26 항쟁'은 영웅적인 사건이 되었다. 카스트로는 법정에서 2시간이나 당당히 최후 진술을 펼친 끝에 이렇게 말을 맺었다.

"나는 야비한 폭군을 두려워하지 않는다. 유죄 판결을 내리려면 내려라. 역사가 나를 무죄로 할 것이다!"

카스트로는 17년형, 다른 동지들도 15년형이라는 중형을 받아 형무소에 수감되었다. 그러나 기죽을 줄 모르는 카스트로는 감옥에서도 독서를 즐기며 쿠바 혁명을 구상했다. 바티스타 정권은 정국을 주도하게 되자 대선을 치러 정식으로 집권했고, 야당의 요구를 일부 수용해 정치범을 사면했다. 1955년 5월 15일, 카스트로는 아바나 민중의 열렬한 환영을 받으며 동료들과 함께 석방되었다.

그러나 정권의 감시로 국내에선 정치 활동의 자유가 없었으므로 카스트로는 쿠바를 떠나기로 했다. 그는 멕시코에 가서 '7·26운동'이란 이름의 조직을 결성하고 무기와 자금을 확보하느라 동분서주했다. 7·26운동은 멕시코시티 인근에 큰 목장을 구입해 군사 훈련에 돌입했다. 교관은 에스파냐 내전에 참여한 바 있는 베테랑 알베르토 바요가 맡았다. 아직 군대로서는 오합지졸이었지만 이들은 쿠바 해방의 신념으로 사기충천했다.

28세의 청년 체 게바라도 7·26운동에 합류했다. 아르헨티나의 의사였던 그는 개업 두 달 만에 병원을 때려치우고 중남미 좌파 운동에 참여해왔다. 그는 과테말라의 진보적인 대통령 하코보 아르벤스를 도우며 의료 봉사를 하다가 아르벤스가 쿠데타로 실각하자 이곳 멕시코로 건너왔다. 혁명의 이상에 푹 빠진 체 게바라는 배를 곯으면서도 혁명 이론을 공부하고 혁명가들과 교류하며 지냈다. 카스트로와 만난 날, 게바라는 그와 밤샘 토론을 벌인 후 아침이 오자 쿠바 혁명에 동참하기로 결심했다. 이때 맺어진 동지애는 쿠바 혁명이 성공한 후 체 게바라가 볼리비아로 새로운 게릴라 투쟁을 벌이기 위해 떠나는 순간까지 이어졌다. 결국 볼리비아의 정글에서 산화해 '혁명의 별'로 남은 체 게바라는, 쿠바를 떠날 때 카스트로에게 보내는 작별 편지에다 이렇게 썼다.

"나는 제국주의가 있는 곳이면 어디든 가서 투쟁한다는 성스러운 의무를 갖고 떠납니다. 어느 하늘 아래 최후를 맞더라도, 나는 끝까지 쿠바 민중과 피델, 당신을 생각하겠습니다."

아바나에 입성한 쿠바 혁명군

그란마호의 게릴라들을 숨겨주기에 시에라 산맥은 최상의 조건이었다. 빈농이 대부분인 주민들은 대지주의 편인 바티스타 정부에게 반감이 컸다. 혁명군은 농민들에게 쿠바 해방의 대의를 설파했고 작은 것이라도 지원을 받으면 꼭 대가를 지불했다. 체 게바라가 의사라는 점도 큰 도움이 되었다. 그는 주민들을 무료로 진료해주면서 좋은 인상을 심었다.

혁명군은 작은 정부군 초소를 기습하는 것으로 반격의 포문을 열었다. 소량의 무기도 얻었지만, 정부의 선전과는 달리 게릴라들이 건재함을 알린 것이 더 큰 성과였다. 특종을 노린 『뉴욕 타임스』 기자가 인터뷰를 요청하자 카스트로는 인터뷰 도중에 부하들을 몇 번이고 되풀이해서 행진하게 하여 혁명군의 규모를 부풀렸다. 도시에선 어느덧 "카스트로가 죽었다."는 소문이 "그가 살아 있다."는 소문으로, "그가 이길지도 모른다."는 소문으로 바뀌어갔다. 그러자 도시의 운동 조직

말을 탄 체 게바라 : "리얼리스트가 되자. 그러나 불가능한 꿈을 꾸자." 쿠바 혁명이 성공한 후 그는 새로운 게릴라 투쟁을 위해 볼리비아로 떠났고 다시는 돌아오지 못했다.

과 재야 세력들도 혁명군에 접촉을 시도했고 게릴라 자원자들이 너도 나도 산으로 들어왔다.

혁명군은 시에라 일대에서 악랄한 농장 감독을 혼내주면서 해방구를 늘려갔고 끊임없이 정부군을 괴롭혀 작은 승리를 얻어냈다. 쿠바는 아바나의 독재 정부와 시에라 산맥의 혁명 정부로 양분되고 있었다. 카스트로는 반바티스타 투쟁의 구심이 되었다.

프랜시스 코폴라 감독의 영화 《대부 2》에서는 마피아 두목 마이클 콜레오네가 쿠바에 투자하려고 왔다가 거리에서 "카스트로 만세!"를 외치는 자폭 테러를 목격하고 마음을 바꾸는 장면이 나온다. 그는 동료 마피아에게 "저렇게 목숨을 아끼지 않는 자들이 있는 한 현 정부는 오래갈 수 없다."는 취지의 말을 하는데, 실제로 혁명군이 쿠바 동부를 장악하는 동시에 수도 아바나에서도 7·26운동을 지지하는 파업과 테러가 줄을 이었다. 1957년 3월에는 일군의 청년들이 대통령궁을 기습하려다가 살해되기도 했다. 바티스타 정부는 측근과 군 상층부를 제외하곤 어떤 지지도 받지 못했고 그동안 그를 지원해왔던 미국도 협력을 꺼리기에 이르렀다.

1958년 3월, 카스트로는 자체 제작한 라디오 방송으로 전국에 메시지를 보냈다.

"여기는 쿠바의 해방구 시에라 마에스트라입니다. 쿠바 동포들이여, 독재자 바티스타를 타도하기 위해 전면 총파업과 봉기에 나섭시다!"

대도시에서 총파업이 벌어졌고, 바티스타군은 1만 2000명의 병력을 시에라 산맥으로 투입했으나 수백 명에 불과한 게릴라를 진압하기는커녕 정부군이 무기를 들고 혁명군에 넘어가는 일만 빈번해졌다. 급기야 토벌 과정에서 애꿎은 민간인을 학살하여 카스트로에 대한 민중의 지지만 더 굳건하게 해주었다. 자신을 얻은 혁명군은 8월이 되자 드디어 시에라 일대를 벗어나 아바나로 진군하기 시작했다. 체 게바라도 사령관이 되어 중부의 대도시 산타클라라로 진공했고 카스트로의 오랜 동지인 카밀로 시엔푸에고스는 반대편에서 아바나를 협공하기 위해 바다를 통해 쿠바 서쪽 피나르델리오로 향했다. 체 게바라는 폭우와 진창을 이겨내며 10월 중순에는 에스캄브라이 산맥 일대를 해방구로 만들었다. 체 게바라는 남들에게 절대로 약한 내색을 하지 않았으며 전투에서는 용감하고 항복한 적에게는 관대했으므로 부하들의 두

터운 존경을 얻었다.

12월에 체 게바라의 부대는 산타클라라를 함락했다. 바티스타는 최후의 무기인 장갑 열차를 투입했다. 화기와 병사들을 가득 실은 장갑 열차가 다가오자 체 게바라는 불도저로 철로를 끊어버렸다. 장갑 열차는 병든 공룡처럼 맥없이 탈선했고 혁명군의 집중 공격으로 완전히 파괴되었다. 이것으로 아바나를 제외한 쿠바 전체가 혁명군에게 넘어갔다. 카스트로는 산티아고에서 임시 정부 수립을 선포했고, 재야 세력 모두의 지지를 얻기 위해 자유주의자인 마누엘 우르티아를 대통령으로 추대했다. 1959년 1월 1일, 바티스타는 숨겨둔 비자금을 비행기에 싣고 미국 마이애미로 황급히 망명길에 올랐다.

유명한 '아바나로의 행진'이 시작되었다. 카스트로가 탄 지프가 지나는 길에 사람들이 쏟아져 나와 환호했다. 혁명군은 민중의 협력 없이는 승리할 수 없었고, 민중은 혁명군을 친구로 생각했다. 카스트로는 시가를 물고 농민들과 농담을 주고받으면서 1주일 동안 쿠바를 동에서 서로 가로질러 1월 9일, 아바나에 입성했다. 성당에서는 혁명을 축하하는 종소리가 울려 퍼졌고 광장에는 7·26운동의 동지들과 수많은 군중이 혁명군을 환영했다. 시에라 산맥에서 게릴라 투쟁이 시작된 지 2년 만에 쿠바 혁명은 승리를 거두었다.

쿠바 혁명 그 이후, 푸른 혁명을 향하여

그러나 쿠바는 바티스타보다 훨씬 강한 적을 만나야 했다. 바로 미국이었다. 카스트로는 그때까지 공산당에 가입한 적도, 소련을 지지한 적도 없었으며

워싱턴을 방문한 카스트로 : 카스트로는 혁명 후인 1959년 4월에 미국과의 관계 정상화를 위해 워싱턴을 방문했다. 그러나 미국 정부의 태도는 싸늘했다.

단지 쿠바의 자주 독립과 민중적 사회 개혁을 원했을 뿐이었다. 그러나 미국은 카스트로가 공산주의자라는 의심을 버리지 않았다.

 카스트로는 혁명 정부를 완전히 장악한 후, 미국인이 소유한 대토지를 몰수하고 미국 기업인 정유 회사들을 국유화했다. 미국은 즉시 감추었던 발톱을 드러냈다. 카스트로의 정책은 외국 자본이 독점하던 부와 생산 수단을 쿠바 민중에게 돌려주는 정당한 과업이었음에도 불구하고, 미국은 전투기로 아바나를 공습하고 쿠바 사탕수수 수입을 취소하는 봉쇄 조치를 실시하여 쿠바를 압박했다. 그러나 이는 쿠바를 사

케네디와 흐루시초프 : 흐루시초프(사진 왼쪽)가 쿠바에 미사일을 배치하려고 하자 케네디(사진 오른쪽)는 해상 봉쇄로 대응했다. 쿠바 미사일 위기는 세계를 핵전쟁 직전까지 몰아넣었다.

회주의권으로 몰아가는 결과만 낳았다. 쿠바는 1960년 5월 소련과 국교를 맺고 1억 달러의 경제 원조를 얻어냈다. 소련은 쿠바산 사탕수수를 매년 100만 톤 수입하고 석유와 비료를 저가로 공급하기로 약속했다.

미국은 쿠바 정부 전복을 위한 공작을 계속했으며 쿠바 내 반혁명 세력을 지원했다. 1961년, 존 F. 케네디 정부는 쿠바와 국교를 단절하고는 미국 해병대와 쿠바 망명자들로 구성한 1500명의 특공대를 쿠바에 상륙시켰다. 그러나 이는 쿠바 혁명이 민중의 지지를 받고 있다는 점을 간과한 실책이었다. 사흘 만에 미국 특공대는 쿠바 민병대와 정규군에게 격파당하고 1200명이 포로로 잡혔다. 카스트로는 포로들을 송환하는 대가로 미국으로부터 530만 달러에 달하는 생필품과 의약품을 지원받아 톡톡히 실리를 챙겼다. 미국의 체면은 왕창 구겨졌다.

쿠바의 고난은 그 뒤로도 계속되었다. 1962년에는 미국과 소련이 쿠바를 놓고 핵전쟁 직전까지 가는 미사일 위기가 있었고, 미국의 경제 봉쇄로 쿠바 경제는 오로지 소련에만 의존해야 했다. 쿠바의 주 생산물은 여전히 설탕에 한정되었고 그 밖의 식량은 외부에서 수입했다. 그러다가 1990년대 소련과 구사회주의권이 몰락하자 쿠바의 대외 교역량은 4분의 1로 줄었고 심각한 식량 위기와 물자 부족을 겪었다. 미국의 국제 전문가들은 단기간 내에 쿠바가 몰락할 거라고 점쳤다.

그러나 21세기에도 쿠바는 여전히 건재하다. 쿠바 민중들은 식량 위기를 오히려 자급형 생태 농업의 기회로 삼았다. 과거 소련의 요구에 따라 엄청난 화학 비료를 쏟아부었던 국영 농장 대신, 유기농 협동조합 농장이 활성화되어 농민들의 소득이 늘어났으며 수만 개의 도시 텃밭이 만들어져 시민들에게 야채를 공급했다. 환경 위기에 직면한 세계인들은 쿠바의 생태 농업에 뜨거운 관심을 보내고 있다.

오늘날 쿠바 정부의 권위주의나 카스트로의 50년 장기 집권은 비판되어야 할 것이다. 그러나 쿠바 민중들이 만들어갈 쿠바의 미래는 결코 어둡지 않을 것이다. 춤과 노래를 즐기고 좀처럼 절망하는 법이 없으며, 강대국들과 독재자에 맞서 당당히 승리한, 그리고 지구적 환경 위기마저 현명하게 극복해가고 있는 쿠바 민중들을 보면 그렇게 생각할 수밖에 없다. 체 게바라가 말했듯이 "쿠바 혁명은 자본주의 혁명과 사회주의 혁명을 넘어 푸른 혁명으로" 나아가고 있는지도 모른다.

연표

1865년	1차 쿠바 독립 전쟁
1895년	2차 쿠바 독립 전쟁 일어나 독립운동의 영웅 호세 마르티가 주도
1898년	미국-에스파냐 전쟁에서 미국이 승리. 미국이 쿠바에 군정 실시
1952년	바티스타가 쿠데타로 선거를 무효화하고 집권
1953년	피델 카스트로와 그의 동료들이 몬카다 병영 기습 공격하다 실패
1955년	카스트로, 감옥에서 석방된 후 멕시코로 건너가 게릴라 투쟁을 준비
1956년	12월, 80여 명의 게릴라들이 그란마호를 타고 쿠바에 상륙 시에라 산맥을 근거지로 삼아 게릴라 투쟁 시작
1958년	8월, 시에라 산맥에서 나와 수도 아바나를 향해 진격
1959년	1월, 카스트로, 아바나에 입성
1961년	미국 케네디 정부, 카스트로 정부를 전복하기 위해 특공대를 파병했으나 실패
1962년	쿠바 미사일 위기

티베트 라사 봉기

Tibetan Uprising

|

티베트는 중국의 일부가 아니다

1959년

평화의 땅 티베트, 고통의 땅 티베트

"옴 마니 반메 훔……."

부처님의 자비에 귀의한다는 뜻이 담긴 이 만트라(짧은 주문이나 기도)를 티베트 인들은 틈만 나면 외운다. 티베트의 중심 도시 라사에는 오체투지(五體投地, 양 무릎과 양팔 그리고 이마를 땅에 붙이는 불교식 큰절)를 행하며 길을 가는 순례자들을 흔히 볼 수 있다. 순례는 탐욕, 집착, 미움으로부터 벗어나 마음의 평화를 찾기 위한 여행이다. 티베트 인은 평생에 적어도 한 번은 '우주의 중심'이라 불리는 카일라스 산(티베와 네팔의 국경에 있는 해발 5000미터의 산)을 순례하길 원한다. 중국의 자치구로 편입된 후 '사회주의적 개조'에 이어 '개방·개혁'을 강요받고 있지만, 그럼에도 티베트 인들은 세계 그 어떤 민족보다도 평화롭고 종교적인 삶을 추구한다. 가정마다 적어도 한 사람씩은 승려가 있다.

티베트는 '부처의 나라'이며 또한 '눈雪의 나라'이다. 티베트는 히말라야 산맥과 쿤룬 산맥에 둘러싸여 평균 고도가 4900미터에 달하므로 눈이 잘 녹지 않는다. '세계의 지붕'으로 불리는 척박한 땅이지만, 그럼에도 티베트 인들은 소박하고 낙천적인 삶을 살아간다. 티베트는 야생 동물의 낙원이고, 많은 외국인들이 영혼의 평화를 구하러 방문하는 성지다. 하지만 티베트의 현실은 그처럼 낭만적이지 않다.

티베트는 현재 중국의 '서장(西藏, 중국이 티베트를 부르는 이름) 자치구'로 편입되어 있다. 중국 정부는 이 땅에 자국 핵무기의 3분의 1과 50만 명에 이르는 군인을 배치했다. 중국 정부의 유입 정책에 의해 한족의 수가 티베트 인들을 넘어서면서 티베트 본연의 문화와 전통은 점점 파괴되고, 한족과 티베트 인의 빈부 격차는 자꾸만 벌어진다. 이런 가운데 티베트 독립의 요구는 끊이지 않았으며, 중국 정부의 대답은 언제나 초강경 진압과 체포, 고문, 처형이었다. 베이징 올림픽을 앞둔 2008년 3월, 중국 정부는 티베트 인들의 시위에 무차별 발포하여 227명을 살상하고 7000명을 체포했다. 전 세계의 비난이 빗발치자 중국 정부는 티베트 지역에 언론을 철저히 통제하고는 티베트 인들이 폭력 시위를 벌여 질서 유지에 나섰다는 말만 되풀이했다.

이러한 비극은 지난 1950년 중국 인민해방군이 티베트를 무력으로 점령한 이후 계속 되풀이되고 있다. 티베트 인들은 티베트가 근본적으로 독립국이므로 중국의 지배는 부당하다고 한다. 티베트 인은 베이징의 정부가 아니라 인도 다람살라에 있는 티베트 망명 정부와 그 구심인 달라이 라마를 정신적 지주로 여긴다. 현재 달라이 라마는 14대로, 티베트 인들은 전대 달라이 라마의 영혼이 다음대로 환생한다고 믿는다. 달라이 라마가 평범한 정치 지도자와 같지 않은 이유다. (최근 달라이 라마는 정부 일선에서 은퇴하고 후임 총리가 선출되었다.)

반면 중국 정부의 입장은 완전히 다르다. 중국은 50개 이상의 민족이 공동으로 이룬 단일 국가이며 티베트도 '분할할 수 없는 중국의 일부'라는 것이다. 공존하기 어려운 이 두 개의 입장이 충돌하며 티베트 역사에는 피의 강이 흘렀다. 과연 진실은 무엇인가?

당당한 독립국이었던 티베트 역사

서기 7세기경 티베트의 영웅 송젠 감포가 일대 부족을 통일하여 토번吐蕃 왕조를 세웠다. 토번은 당나라를 위협할 정도로 강성하여, 763년에는 잠시 당의 수도 장안을 점령하기까지 했다. 이렇듯 토번이 중국 북서부와 실크로드 일대의 실력자로 떠오르자, 당은 토번과 여러 차례 협정을 맺어 양국의 평화를 유지하려고 했다. 821년에 맺은 당-번 화맹和盟의 내용은 비석에도 새겨져 있어 티베트가 역사적으로 독립국이었음을 시사한다.

> 경계의 동쪽은 대당大唐 영토이며, 서쪽은 대번大蕃 영토이다. 서로 군사를 일으키지도 않고 침략하지도 말며, 천추만대千秋萬代 평화롭게 살도록 하자.

송젠 감포와 부인들 : 7세기에 토번 왕조는 당나라를 위협할 정도로 강성했다. 사진 가운데는 토번 왕 송젠 감포, 왼쪽의 부인은 네팔 부리쿠티 데비 공주, 오른쪽의 부인은 당나라 문성 공주다.

당이 망한 후 일어난 송나라는 북쪽의 거란과 여진에 밀려 그다지 힘이 없었고 티베트도 소규모 부족 국가로 해체되어 서로 별다른 외교 관계가 없었다. 그러나 이때에도 국경 근처에서 유명한 '차마 시장(중국의 차와 티베트의 말을 교환한 시장)'은 계속 열렸다고 한다. 몽골이 세운 원나라에서는, 티베트 불교를 믿은 원 황실이 티베트의 후원자이자 보호자를 자청했다. 이를 '성직자-후원자 관계'라고 하는데, 정치적으로는 티베트가 원나라에 조공을 바치기도 했으나 종교적으로는 원나라가 티베트를 후원했다는 점에서 대등한 관계였다.

몽골 족이 초원으로 돌아간 후 명나라는 티베트, 조선, 베트남 등 주변 민족들에게 자신이 '종주국宗主國'임을 강요했다. 그러나 이때의 종주국은 직접 지배하고 복속당하는 관계가 아니라 명분상의 우위를

청나라 황제와 달라이 라마 : 라사의 한 벽화에는 5대 달라이 라마(그림 왼쪽)가 청나라 순치제와 나란히 앉아 차를 마시는 장면이 그려져 있다. 두 나라가 서로 대등한 관계였음을 보여준다.

의미했다. 주변 국가들은 명나라에 조공을 바치고 왕위 책봉을 받았으나 그것은 대부분 형식적인 것으로 내정까지 간섭받지는 않았다. 조선도 명나라에 사대의 예를 했지만 사신이 돌아올 때는 조공으로 바친 것보다 많은 하사품을 받아왔으므로, 조공은 일종의 무역이기도 했다. 이는 티베트도 마찬가지였는데, 중국 정부는 티베트에 대해서만 이런 관계가 "이미 중국에 티베트가 복속되어 있었다는 증거"라고 주장하고 있다.

만주족이 청나라를 세웠을 때 티베트와 중국의 관계는 조금 더 복잡해졌다. 한편으로는 원나라 때처럼 성직자-후원자 관계가 복원되었다. 티베트의 어느 벽화에는 청나라 황제가 달라이 라마와 나란히 앉아 차를 마시는 장면이 있어 두 나라의 대등한 관계를 보여준다. 그러나 한편으로 청나라는 이전의 왕조에 비해 티베트 내정에 많이 개입했다. 주장 대신이라는 이름으로 티베트에 청나라 고위 관리를 상주시키면서 티베트 법규나 제도에 자기들의 입김을 넣으려 한 것이다. 티베트는 청나라를 종주국으로 인정하긴 했지만, 달라이 라마의 통치권은 오히려 이 시기에 더 확고해졌다. 티베트는 독자적인 세금을 거두었고 군대를 가졌다. 문자 사용만 봐도 조선은 한글이 창제된 후에도 한자를 많이 썼지만 티베트는 훨씬 오래전부터 자신들의 고유한 문자를 써왔다.

그나마 청나라의 종주권은 20세기 초반 제국주의 열강의 침입으로 무너졌다. 1903년, 영국이 티베트를 침략했을 때 청나라는 아무런 대책을 세우지 못한 채 영국과 적당히 강화하라는 무책임한 소리만 했다. 결국 티베트는 영국과 불평등 조약인 라사 조약을 맺었다. 청나라는 나중에야 티베트의 주권을 회수하고 싶은 욕심이 들었고, 1910년에 자오얼펑 장군을 보내 티베트 동부를 유린했다. 이쪽이 침략당할 땐 외면하다가 나중엔 자기 땅이라니, 당시 티베트의 수장인 13대 달라이 라마는 분개하여 선언했다.

"청나라와 일체의 성직자-후원자 관계는 폐기되었다. 티베트는 완전한 독립국임을 선언한다!"

티베트 인의 저항이 거센데다 마침 중국에서 신해혁명이 일어나 청군은 퇴각할 수밖에 없었다. 신생 중화민국 역시 티베트가 중국의 일부라고 주장했으나 13대 달라이 라마는 이를 일축하고 자주적인 근대화 개혁을 진행했다. 독자적인 화폐와 우표를 발행했으며 사법 제도와 통신 시설을 갖추었다. 13대 달라이 라마는 세계정세에 대해서도 안목이 있는 인물이어서, "우리는 평화를 존중하지만 필요하다면 강력한 수단에 의지할 준비도 해야 한다."면서 군의 근대화에도 박차를 가했다. 그 결과 강력해진 티베트군은 1918년 중국군이 티베트 영토를 침범하자 즉각 반격하여 3000여 명을 포로로 잡았고, 1930년의 분쟁에서도 중국군을 크게 물리칠 수 있었다.

티베트는 열강과 중국의 갈등을 나름대로 잘 활용하여 독립국의 지위를 굳혔다. 1914년 영국의 주재로 중국과 티베트 국경선을 정하는 심라 조약이 체결되었는데, 그 내용은 티베트의 동부를 중국이 관할하는 대신 중서부의 독립을 인정하는 것이었다. 나중에 중국 정부는 이 조약을 받아들일 수 없다며 거부했지만, 티베트가 중국의 일부라는 말을 되풀이하는 것 이상으로 어떻게 할 수단이 없었다.

2차 세계 대전 동안에도 티베트는 중립을 지켰고, 중국과 미영 정부가 인도-중국 간 물자 수송 도로를 티베트를 통과해 건설하려고 하자 강력히 반대해 철회시켰다. 전쟁이 끝난 후 티베트는 유럽과 아시아 각국에 승전 축하 사절단과 무역 통상 사절단을 파견하며 외교 활동에도 적극적이었다. 이처럼 20세기 전반기까지 티베트는 한 번도 중국의 직접적인 지배를 받은 적 없는 당당한 독립 국가였다.

티베트 봉기와 달라이 라마의 망명 1949년, 중국공산

당이 대륙을 통일하여 중화인민공화국을 수립했다. 티베트는 공산당 정부가 티베트의 문화 및 종교에 적대적일 거라고 경계했으므로 중국인들에게 라사를 떠나라고 명령했다. 이듬해인 1950년, 베이징라디오 방송은 인민해방군이 '서장의 평화 해방'과 '농노제 폐지'를 위해 곧 출정할 것이라고 연일 목청을 높였고, "서장 독립을 운운하는 세력들은 서구 제국주의자들의 분열 책동을 따르는 것"이라고 비난했다. 이때 티베트는 13대 달라이 라마가 죽고 14대 달라이 라마가 보위에 있었는데, 그가 아직 열 다섯 살이라 섭정과 그가 이끄는 내각이 국정을 맡았다. 안타깝게도 이 내각은 13대 달라이 라마가 그토록 강조한 개혁을 제대로 이어가지 못했고 현실 감각도 없었다. 사찰로부터 세금을 받아 군을 육성하려던 계획도 무산되었다. 중국군이 침공할지도 모른다는 얘기에 한 관료는 이렇게 말했다.

"티베트는 부처와 보살의 가호를 받는 나라다. 감히 중국군 따위가 어떻게 우리를 넘볼 수 있겠는가?"

이런 티베트를 4만여 인민해방군은 가볍게 격파하고 1950년 가을에는 티베트 동부를 거의 다 점령했다. 티베트 정부는 영국과 미국에 지원을 요청했지만, 마침 그해 6월에 발발한 한국 전쟁으로 인해 이 나라들의 관심은 한반도에 집중되어 있었다. 인민해방군의 압력에 열 다섯 살의 달라이 라마가 친정을 하게 되었고, 그는 베이징으로 대표단을 보내 중국 정부와 '17개조 협의'를 논의해야 했다. 중국은 17개조 협의의 전문에서부터 "서장은 조국인 중국의 품으로 돌아온다."고 못을 박았다. 협의 조항에는 인민군의 티베트 주둔, 티베트의 외교·안보권 박탈 등이 명시되었고, 티베트의 종교나 제도 측면에서 일부 자치가 인정되었다. 대표단의 반발에 중국 정부는 "이를 받아들이지 않으면 전쟁뿐"이라고 협박해 협의를 체결했다. 티베트는 천 년 이상 이어온 독립국의 지위를 잃고 말았다.

그러나 중국 정부의 자치 약속은 허구였다. 중국은 티베트에서 사회주의적 개혁을 실시해 토지를 인민공사로 몰수했으며 자영농과 유목민에게 강제적인 집단 노동을 시켰다. 사찰은 봉건적 잔재로 몰려 파괴되었고 승려들도 탄압을 받았다. 라사가 있는 중부 티베트에서는 자치 기구들이 허용되었지만, 자치 기구들은 모두 중국 정부가 임명한 서장위원회의 관할을 받았고, 이 서장위원회의 권력은 한족에게 있었으므로 사실 자치란 말장난에 불과했다.

중국공산당 정부가 주장한 대로 티베트에 농노제가 있었던 것은 사실이다. 지배 계층인 고위 성직자와 지주들이 구조적으로 농민을 착취한 것도 엄연히 맞다. 그러나 티베트에 공정한 사회 개혁이 필요했다고 해도, 티베트가 독립국인 이상 중국 정부가 무력으로 이를 강제할 권리는 없었다. 그것은 티베트 민중들이 해결해나갈 과제였다. 중국 정부가 티베트의 독립을 부정해버린 것이 모든 문제의 출발점이었다. 중국 정부는 "티베트는 평화적으로 해방되었다."고 선전했지만, 1951년 이래 티베트 인들은 도리어 무장 저항에 나서기 시작했다.

1952년에 티베트인민회의가 결성되었고, 인민회의는 17개조 협의의 무효를 요구하며 지하 운동을 벌였다. 1956년엔 티베트 인 유격대가 중국군을 기습하자 중국군이 유격대의 근거지인 사찰을 폭격하는 바람에 수천 명이 죽거나 다쳤다. 1958년, 티베트 동부의 네 강줄기와 여섯 산자락을 의미하는 추쉬 강드룩이란 이름의 저항군이 결성되었다. 봉기한 유목민과 승려, 티베트 정부의 고위 관리, 중국군에 편입되었다가 탈출한 티베트군까지 여기 결합하여 추쉬 강드룩은 티베트의 통

포탈라 궁 : 포탈라란 '관음보살이 사는 산'이란 뜻이다. 5대 달라이 라마가 17세기 중반에 창건했으며 정치와 종교가 결합된 장대한 건축물로 유네스코 세계 문화 유산이다.

일저항군으로 발전했고 숫자가 1만 명에 육박했다. 여기에 미국이 반공산화 전략의 일환으로 무기를 공급하자 추쉬 강드룩은 티베트 동부와 남부 일대에 통제권을 회복하기에 이르렀다. 다급해진 중국 정부는 인민해방군 15만을 추가로 티베트에 파견했다.

운명의 1959년, 라사를 제외한 티베트 전국이 티베트 저항군과 중국군의 전쟁터가 되어버린 상황에서 라사는 난민들로 북새통을 이뤘다. 이때만 해도 달라이 라마는 중국 정부와 평화적 교섭을 통해 자치를 보장 받으려는 생각을 하고 있었다. 3월 10일에 달라이 라마는 중국군 장성의 초청으로 중국군 주둔지에서 함께 연극 공연을 관람할 예정이었다. 그런데 하루 전인 3월 9일, 중국 측은 달라이 라마가 연극 관람을 할 때 무장 경호원을 대동하지 말 것과 이동 중에 일체의 의례를 생략할 것을 요구했다. 사람들은 이것이 중국의 함정이라고 여겼다.

"중공군이 달라이 라마를 납치하려고 한다!"

"달라이 라마를 지키자! 포탈라 궁으로 모이자!"

달라이 라마의 망명 : 라사 봉기가 진압되기 직전, 달라이 라마와 측근들은 히말라야를 넘어 인도로 탈출했다. 달라이 라마는 중국군의 추격을 피해 간발의 차이로 망명에 성공했다.

3월 10일 새벽, 티베트 인 3만 명이 라사 포탈라 궁 앞으로 집결했고 수백 명의 저항군과 수천 명의 승려들도 합세했다. 티베트 인들은 라사에 바리케이드를 쳐 인민해방군의 진입을 막고, 친중국파로 여겨진 관원을 구타해 죽였다. 시위대는 중국 정부가 설치한 각종 관공서와 서장자치구 준비위원회 등 어용 기관들에 불을 질렀고 신화통신 서장 분사를 쑥대밭으로 만들었다. 달라이 라마를 뺀 티베트 정부 요인들도 이 열기에 휩싸여 중국과의 17개조 협의가 무효이며, 즉각 독립하겠다는 성명을 발표했다.

3월 17일, 중국군의 공격이 시작되었다. 박격포탄이 사찰과 궁과 광장으로 마구 떨어졌다. 중국군의 포격과 기관총 난사에 맞서 티베트 인들은 격렬히 저항했지만 무장에서 이미 상대가 되지 않았다. 이틀 만에 봉기는 진압되었는데, 중국 측의 자료에 의하면 진압 과정에서 8

만 7000명의 티베트 인이 '소멸되었다.' 부처님의 자비로도 이 피비린내 나는 학살을 막을 수는 없었다.

라사가 점령되기 전, 스물 네 살의 달라이 라마는 80여 명의 측근과 함께 인도로 망명했다. 중국군의 추격을 피해 히말라야를 넘는 달라이 라마의 사진은 전 세계에 퍼졌고 이 사건은 그해의 톱뉴스가 되었다. 체포된 반란 참가자들에게는 처형과 고문, '재교육'이란 이름의 강제 노동이 기다리고 있었다. 그해에만 1만 명 이상의 티베트 인이 히말라야를 넘어 인도로 갔다. 달라이 라마는 망명자들을 보호하고 티베트 민족의 비참한 운명을 세계에 알려야 했다. 그는 인도 다람살라에 티베트 망명 정부를 세웠다. 그 후 50여 년 동안, 중국 안팎의 티베트 인에게 이 망명 정부는 정신적 구심이 되었다.

티베트의 저항은 끝나지 않았다

중국 정부는 그동안 형식적으로나마 유지했던 자치를 부정하고 티베트 전역을 개조하기 시작했다. 강제적 농업 집산화가 실시되었는데 이 정책이 철저히 실패로 끝난 데다 자연재해까지 겹쳐 어마어마한 숫자가 굶어죽었다. 이어진 문화 대혁명은 사태를 더 악화시켰다. 홍위병들은 불교를 타락한 잔재로 몰아 박해했고, 6천 곳에 달하던 사찰은 문화 대혁명이 끝날 무렵 10여 곳만 남았으며 그나마도 마구간이나 도살장으로 쓰이기가 일쑤였다. 승려들은 인민의 적, 기생충으로 손가락질 받아 고초를 겪었고 25만 명이 강제로 환속당했다. 티베트 망명 정부의 조사에 의하면 1950년 중국 점령 이후 30년 동안 티베트 인 80만 명이 탄압으로 그리

런던의 티베트 지지 시위 : 2008년 베이징 올림픽 성화가 봉송되는 동안 세계 곳곳에서 티베트 독립을 지지하는 시위가 일어났다. 이 시기 중국은 티베트에 계엄령을 선포했다.

고 40만 명이 기아로 죽었다. 핵무기 시설과 각종 군사 기지를 설치하느라 티베트의 생태계도 회복하기 힘들 정도로 파괴되었다.

그러나 티베트 인은 계속 저항했다. 1970년대까지 티베트 인 유격대는 중국군 초소나 차량 등을 빈번하게 공격했다. 미국과 중국이 화해 무드로 가면서 미국의 지원이 끊겨 유격대 활동은 잦아들었지만, 독립을 위한 대중 시위는 수그러들지 않았다. 1989년에 천안문 사태가 일어나기 몇 달 전, 라사에서 대규모 시위가 벌어지자 후진타오 당시 자치구 서기관은 계엄군을 투입하여 400명을 살해하고 3000명을 체포했다. 후진타오는 티베트 사태를 '잘 관리'한 공로로 당에서의 지위가 급상승했다.

  티베트 망명 정부는 약 15만 명의 망명 티베트 인을 보호하며 그들의 교육, 치안, 복지 수준을 높이려고 노력해왔다. 현재 망명 정부는 제네바, 런던, 뉴욕, 도쿄 등 세계 각국에 연락 사무소를 설치하여 티베트의 현실을 알리고 있다. 1964년에 망명 정부는 티베트 헌법을 공표하는 등 근대적 민주 정부를 향한 노력도 부단히 계속하고 있으며, 이러한 노력을 인정받아 달라이 라마는 1989년에 노벨 평화상을 수상했다. 아직 망명 정부를 공식 인정하는 국가는 없지만, 달라이 라마의 비폭력 평화 공존의 노선은 세계인들의 마음을 얻고 있다.

  현재 달라이 라마는 티베트의 완전 독립이라는 기존 입장을 바꿔 중국의 통치를 인정하는 가운데 최대한의 자치를 누리는 방향을 모색하고 있다. 티베트 인들 사이에서도 그것이 현실적이라는 입장과 무력을 동원해서라도 완전한 독립을 이뤄야 한다는 입장이 충돌한다. 반면 중국은 "독립을 제외한 다른 의제에 대해서는 대화할 수 있다."는 입장인데, 이 정도만 해도 티베트의 저항과 달라이 라마의 외교가 빚은 결실이라 하겠지만, 2008년의 강경 진압에서 보듯 아직 티베트에 대한 중국의 억압적인 태도가 바뀌지는 않았다. 여기서 하나 더 아쉬운 사실은 한국 정부가 아직도 달라이 라마의 입국을 허용하지 않고 있다는 것이다. 중국의 눈치를 보느라 평화의 상징 달라이 라마의 방문까지 막는 것은 부끄러운 일이다.

  신분 해방, 평등 실현이라는 이상이 아무리 좋은 것이라도 독립국의 주권을 침해하여 강제로 이상을 이루려는 시도는 또 다른 제국주의에 불과하다는 것을 중국과 티베트의 관계는 잘 보여주고 있다. 티베트 인들은 세계 어떤 민족보다도 평화를 사랑하는 민족이지만, '랑젠(자유와 독립)'을 위한 불굴의 기개를 지닌 민족이기도 하다. 중국 정부가 아무리 탄압해도 계속되는 그들의 저항은 그들의 평화주의만큼이나 세계를 놀라게 하고 있다.

연표

7세기경	'송젠 감포'가 토번 왕조 수립. 당나라 문성 공주와 혼인
821년	당나라-토번 화맹의 결과를 화맹비에 새김
	그 후 중국 역대 왕조와 독립국으로서 외교 관계를 맺음
1903년	영국과 라사 조약 맺음
1914년	영국의 주재로 중국-티베트 심라 조약 체결. 티베트의 독립 인정
1949년	중국 내전이 공산당의 승리로 끝남. 중화인민공화국 수립
1950년	인민해방군, 티베트에 진격하여 라사 점령
1952년	티베트 인민회의 결성. 반중국 독립 투쟁 시작
1958년	티베트 유격대인 '추쉬 강드룩' 결성
1959년	3월, 라사 봉기로 약 8만 7000명 사망
	달라이 라마는 히말라야를 넘어 인도로 망명해 다람살라에 망명 정부 수립
1989년	달라이 라마 노벨 평화상 수상
2008년	3월, 티베트 독립을 요구하는 시위 벌어지자 중국이 강경 진압

소웨토 항쟁

Soweto Uprising

한 소년의 죽음이 아파르트헤이트의 조종을 울리다

1976년

축제의 도시 소웨토와 비극의 박물관 2010년 남아프리카공화국 월드컵은 아프리카에서 열린 최초의 월드컵이었다. 개막식에서는 아프리카 전통 의상을 입은 천여 명의 무용단이 전통 춤 토이토이를 추며 무대를 수놓았다. 화려한 색채, 열정적인 몸놀림, 가슴을 뛰게 하는 리듬! 그들의 춤은 이곳 남아프리카공화국을 축제의 나라이자 화합의 나라로 세계에 알리기에 부족함이 없었다. 개막식이 열린 도시 소웨토에서는 흑인, 백인, 아시아 인 할 것 없이 전 세계 사람들이 한데 어울려 흑인 영가에서부터 록, 재즈, 민요에 이르기까지 온갖 음악을 함께 즐겼다.

그러나 소웨토는 아픈 역사의 상처를 간직하고 있는 곳이기도 하다. 소웨토Soweto는 사우스웨스트 타운십South West Township의 약자인데, 이것은 요하네스버그의 남서쪽에 있는 흑인 집단 거주지를 뜻했다. 아파르트헤이트하에서 흑인들은 국민 아닌 국민이었고, 비좁은 타운십 안에서 살아가야 했다. 지금도 소웨토는 여전히 남아프리카에서 인구 밀도가 가장 높으며 인구의 대부분은 흑인이다.

이곳에는 과거의 비극을 상기시키는 박물관 두 곳이 있다. 하나는 아파르트헤이트 박물관이다. 아파르트헤이트는 아프리칸스어(남아프리카에 이주한 네덜란드 인들이 만든 언어)로 '분리'를 뜻하며, 20세기 중반에서 후반까지 남아프리카공화국에서 자행된 극악한 인종 분리 정책을 가리킨다. 박물관에 들어오는 사람은 입구가 '백인 전용'과 '유색인 전용'으로 구분된 것을 보게 되는데, 이는 모든 시설에서 인종을 분리시켰던 당시의 차별을 몸으로 느끼게 해준다. 천정에는 아파르트헤이트에 저항한 사람들을 처형한 올가미 수백 개가 달려 있어 그 정책의 폭력성과 비인간성을 증언한다. 넬슨 만델라가 갇혀 있던 반 평 남짓의 감방, 흑인 광부들을 발가벗겨 몸수색하는 장면을 찍은 사진 등도 이곳을 찾는 사람에게 어떻게 한 인종이 다른 인종에게 저러한 고통을 줄 수 있었는지 의문을 품게 만든다.

또 하나의 박물관인 헥터 피터슨 박물관은 1976년 이곳 소웨토에서 일어난 흑인 항쟁에서 죽은 그를 기리기 위해 지어졌다. 축구를 좋아하던 13살 소년 헥터 피터슨은 진압 경찰이 무차별 발포한 기관총에 가슴을 맞았다. 마침 현장에 있던 샘 은지마 기자는 피터슨의 형과 누이가 그를 안고서 울부짖으며 뛰어가는 장면을 카메라에 담았다. 입가

헥터 피터슨의 죽음 : 액자 속 사진에서 경찰의 총에 맞은 헥터 피터슨을 그의 형이 병원으로 옮기며 울부짖고 있다. 샘 은지마 기자(사진을 들고 있는 사람)가 찍은 이 사진은 소웨토 항쟁 폭발의 도화선이 되었으며 아파르트헤이트의 실상을 전 세계에 알리는 계기가 되었다.

에 피가 맺힌 채 축 늘어진 소년, 그를 팔에 안은 형의 일그러진 얼굴, 공포에 질려 어쩔 줄 모르는 누이……. '20세기의 피에타'라고까지 불리는 그 사진이 세계에 준 충격은 실로 엄청났다. 그 사진은 남아프리카공화국에서 반아파르트헤이트 투쟁이 격렬히 타오르게 했고, 전 세계 문명국들과 지성인들이 남아프리카공화국 정부를 지탄하도록 만들었다.

빈부 격차와 인종 갈등으로 여전히 몸살을 앓고는 있지만, 오늘날 남아프리카공화국은 기대했던 것 이상으로 국민 통합을 이루어냈다. 항쟁의 도시 소웨토는 여전히 범죄율이 높고 많은 사람들이 판자촌에 살고 있다. 그러나 이곳에서 열린 월드컵 개막식은 과거의 절망이 희망으로 변해가고 있음을, 폭력을 대신해 평화가 찾아오고 있음을 보여주었다. 무엇이 이곳 소웨토의 흑인 아이들을 항쟁에 나서게 했을까? 그리고 그들은 어떻게 희망을 찾아갔을까?

남아프리카공화국의 역사와 아파르트헤이트

남아프리카공화국은 약 500만 명의 백인과 2500만 명의 흑인 및 유색인이 공존하는 나라다. 이곳에 백인이 이주하기 시작한 것은 1652년 네덜란드 동인도회사의 지시로 얀 반 리베이크가 희망봉에 항해 기지를 세우면서부터다. 당시 네덜란드와 인도, 인도네시아를 오가던 무역선의 선원들은 오랜 항해로 인해 비타민 섭취가 부족하여 괴혈병에 걸리곤 했다. 괴혈병은 걸리면 잇몸에서 피가 나고 사지가 퉁퉁 부어 죽어가는 무서운 병이었다.

얀 반 리베이크의 임무는 괴혈병을 막기 위한 조치로 신선한 채소와 과일을 재배하여 선원들에게 공급하는 것이었다. 시간이 흐르자 더 많은 네덜란드 인이 항해 기지로 이주해왔고, 그들 중 일부는 대륙 안쪽을 개척하여 자유 농부가 되었다. 그들은 스스로를 네덜란드 인이 아닌 '아프리카너'라고 불렀고, 네덜란드어에 뿌리를 둔 일종의 방언을 만들어 썼는데 이것이 아프리칸스어다.

19세기 초, 세계를 제패한 영국은 남아프리카 케이프타운을 점령하여 식민지로 만들었다. 네덜란드계 아프리카너들과 영국인 사이에 분쟁이 발생했고, 아프리카너들은 수레에 짐을 싣고 내륙의 더 안쪽으로 '대이주'를 감행했다. 그들은 호전적인 줄루 족과 싸우면서 오렌지공화국과 트란스발공화국이라는 두 개의 독립 자치국을 만들었다. 아프리카너들은 철저한 칼뱅주의자들이었고 아프리카를 신이 그들에게 내려준 선물로 보았다. 하기에 아예 헌법으로 '흑인은 공화국의 시민이 될 수 없음'과 '백인과 흑인은 절대로 평등할 수 없음'을 못 박았다.

그런데 오렌지공화국의 킴벌리에서 다이아몬드 광산이, 트란스발의 요하네스버그에서 금맥이 발견되자 욕심이 동한 영국은 두 공화국과 영국령 케이프타운을 강제로 합병시키려 했다. 이에 반발한 아프리카너들은 영국과 전쟁을 벌였고, 이것이 보어 전쟁(1899~1902년)이었다. '보어boer'란 네덜란드 말로 농부(부르)라는 뜻이며, 아프리카너들이 스스로를 부르는 또 다른 이름이었다. 사실 이 전쟁은 아프리카 원주민들이 보기에는 똑같이 기독교를 믿고 똑같이 흰 피부를 한 인종들끼리 금과 다이아몬드 때문에 죽고 죽이는 황당한 상황이었다. 어쨌든 전쟁에서 보어 인 2만 8000명이 전사하고 영국이 승리하여, 이 땅 전체가 영국이 지배하는 남아프리카연방이 되었다.

20세기 초 영국은 대외 정책이 변함에 따라 남아프리카에서 서서히 물러나고 아프리카너들이 권력을 잡았다. 아프리카너의 엘리트들은 기독교 근본주의자이면서 백인 우월주의자들이었고, 영국이 남긴 천연자원 독점권을 이어받아 부를 쌓았다. 이들은 남아프리카를 백인들의 나라로 만들고 싶었고 이를 위해 원주민토지법과 도시구역법 등을 만들어 흑인의 권리를 박탈했다. 그러나 이때까지만 해도 인종 분리는 그렇게 철저하지는 않았고 위반도 잦았다.

아프리카너 유격대 : 영국군은 맥심 기관총을 가진 이 하얀 피부의 "원주민들"과 거친 대게릴라 전쟁을 벌여야 했다. 결국 우수한 화력을 보유한 영국군이 승리했는데, 영국군은 그 과정에서 아프리카너 민간인들을 무수히 학살했다.

1940년대에 정치인 다니엘 프랑수아 말란이나 젊은 지식인인 헨드릭 페르부르트 등 인종 분리 운동의 새로운 기수들이 등장했다. 그들은 나치 독일에서 그 전례를 찾았다. 민족의 영광과 순수함을 반복 세뇌시키는 나치즘은 그들에게 큰 영감을 주었다. 하지만 그들이 처한 상황은 독일과는 달랐다. 독일에서 유대인은 상대적으로 소수였기 때문에 수용소에 몰아넣고 심지어 '말살' 해버릴 수도 있었지만, 남아프리카에서는 인구의 절대 다수가 흑인과 혼혈인이었다. 이들을 몽땅 제거할 수도 없었고 또 그렇게 했다간 생산 현장이 돌아가지 않아 백인들이 그 일들을 하게 될 것이었다. 그렇다고 내버려두면 흑인들이 백인의 기득권과 생존까지 위협할 거라고 그들은 생각했다.

"우리는 어쩔 수 없이 유색인들과 공존해야 하오. 그러나 공존하되 철저히 분리되어야 합니다! 유색인들은 백인의 남아프리카와 절대로 섞여서는 안 됩니다!"

"맞소이다. 지금까지의 분리 정책은 너무 물러 터졌습니다. 좀 더 철저한 정책이 필요하오!"

말란과 페르부르트 무리가 지닌 이 광기 어린 신념은 집권 국민당에 의해 '아파르트헤이트'라는 구체적 조치로 실현되었다. 1948년 이후의 아파르트헤이트는 말 그대로 철저하고 무자비한 분리 정책이었다. 국민당 정부는 자그마치 1750여 개의 악명 높은 법률들, 기막힌 명령들을 쏟아냈다. 전체 인구의 5분의 1에 불과한 백인들, 그 가운데에도 절반이 투표하여 나라 안 모든 인종들의 운명을 좌우할 법을 통과시킨 것이었다.

그들은 집단지구법을 만들어 인구의 75퍼센트를 차지하는 흑인과 혼혈인을 전 국토의 13퍼센트에 불과한 벽지에다 몰아넣었다. 여러 인종이 섞여 살고 있던 디스트릭스 식스나 소피아타운 같은 곳에서 흑인을 분리해내기 위해 경찰은 하루 이틀 전에 통보하거나 심한 경우 통보조차 없이 불도저로 밀고 들어왔다. 저항하는 흑인들은 경찰이 개를 풀어 물어뜯게 했다. 흑인들은 새벽에 옷가지만 겨우 챙겨 살던 집에

1970년대 남아프리카공화국 인종 분리

혼혈인, 인도인, 백인 지역에서 이들의 비율은 다른 인종 집단의 퍼센트와 거의 같거나 조금 많았다. 그러나 흑인 지역에서 흑인 인구는 70% 이상이었고, 정부에 의해 특별히 흑인 거주지로 편성된 이른바 반투스탄 또는 홈랜드에서 흑인 인구는 90%를 초과했다. 보푸타츠와나, 트란스케이, 벤다 등은 남아프리카공화국 내에서 명목상으로는 독립 국가였다. 이는 인구의 70%를 차지하는 흑인을 부족이나 거주 지역별로 나누고 국토의 13%에 지나지 않는 불모지에 밀어넣어 자치 정부를 세운다는 반투스탄 체제의 일환이었다.

지도 범례:
- 백인
- 혼혈인
- 흑인
- 흑인 홈랜드
- 인도인

지도 라벨: 벤다, 가잔쿨루, 콰응데벨레, 스와질랜드, 레보와, 콰콰, 더반, 프레토리아, 요하네스버그, 크와크와, 은데벨레, 보푸타츠와나, 블룸폰테인, 레소토, 트란스케이, 시스케이, 케이프타운

서 쫓겨났다. 이름도 기상천외한 부도덕법과 이민족혼인금지법은 다른 인종 간의 성관계를 금지했고 적발되면 최고 7년형에 처해졌다. 이 법의 가장 사악한 부분은 '현장 검거'를 위해 경찰이 밤중에 아무 집이나 영장 없이 들어갈 수 있다는 점이었다.

모든 사람들은 백인·흑인·혼혈인·아시아 인 가운데 하나에 등록되어야 했다. 이를 위해 인종분류위원회가 활동했는데, 이 위원회가 "너는 백인이 아니라 사실은 혼혈인"이라고 결정하기만 하면 졸지에 멀쩡한 부부가 불법화되고 그 아이들은 고아가 되었다. 1950년대 초 한 초등학교에서 이런 일도 있었다. 산드라 랭은 백인 부모를 둔 백인 아이였으며 자신이 백인이라는 사실에 대해 한 번도 의심해본 적이 없었다. 그러나 누군가의 제보로 인종분류위원회가 학교에 찾아와 조사한 결과, 랭은 혼혈이라고 판정을 받아 학교에서 쫓겨났다. 그 조사라는 것은, 머리의 가르마에 연필 한 자루를 눕혀 놓고 그것이 모발을 따라 흐르다 땅에 떨어지면 백인, 떨어지지 않고 곱슬머리에 걸리면 혼혈인이라는 어처구니없는 내용이었다.

시설분리법에 따라 식당, 카페, 극장, 화장실, 공원 벤치, 역 대합실 심지어 바닷가에 이르기까지 백인과 유색인 전용이 따로 만들어졌으며 흑인은 백인 전용 벤치에 앉기만 해도 감옥에 갈 수 있었다. 반투(남부 아프리카 원주민을 가리키는 말)자치법에 의해 흑인들은 이 나라에 살면서도 이론적으로 '다른 나라 국민'이 되었고, 따라서 투표권이 주어지지 않았으며, 공공 의료나 수도·전기 서비스도 거의 누릴 수 없었다. 반투교육법은 흑인과 백인의 분리 교육을 정당화했다. 또한 백인 병원이 혼혈인 환자를 받으면 형사 범죄에 해당했으므로, 교통사고 중상자를 앞에 두고 구급 요원이 그가 백인인지 혼혈인지 따지느라 시간을 허비하는 바람에 길에서 죽게 만든 일도 있었다.

　흑인은 남아프리카공화국에서 단 한 평의 땅도 구매할 수 없었으며, 언제나 통행증과 신상 정보를 적은 수첩을 소지해야 했고, 만약 지정된 거주지를 벗어나 도시에서 일하게 되었다 하더라도 자기 숙소에 아내와 자녀를 사흘 이상 재울 수 없었다. 심지어 18세 이상의 자녀와 동거하는 것만으로도 불법이었고 이를 확인하기 위해 경찰은 어느 때고 흑인의 집에 들어갈 수 있었다. 결국 백인 엘리트들이 말한 '분리'는 절대로 공존의 조건이 아니었다. 그것은 백인들이 사회의 부를 독차지하기 위해 흑인들에게 가한 비인간적인 차별과 억압일 뿐이었다.

흑인들의 거대한 분노, 소웨토 항쟁

소웨토 시는 아파르트헤이트의 결과로 생긴 남아프리카공화국 최대의 흑인 거주지였다. 1970년대에 120만 명의 흑인이 수도도 전기도 나오지 않는 아파트에 빽빽하게 살았으며, 이곳의 평균 수명은 40세에 불과했고, 인구의 절반은 실업 상태였다. 술과 마약과 폭력이 판을 쳤으며 미래에 대한 기대감은 찾아보기 힘들었다. 이런 곳에서 아이들의 유일한 희망은 학교였다. 흑인 아이에 대한 정부의 지원은 백인 아이의 10분의 1에 불과했지만, 그럼에도 아이들은 배움을 통해 더 나은 아프리카 인이 되고자 애쓰고 있었다.

　그런데 백인 정부는 지금까지 영어와 아프리카 부족어로 교육하던 학교에 아프리칸스어를 도입하겠다고 발표했다. 그러나 아프리칸스어를 가르칠 교사도 교재도 없었고 무엇보다 그 언어는 남아프리카의 백인들 말고는 아무도 쓰지 않는 언어였다. 한마디로 이 조치는 흑인들에게 '너희는 이 나라 백인의 하인 외에는 될 수 없다.'고 하는 권력의 독선이자 조롱이었다.

1976년 4월, 올랜도웨스트 학교의 흑인 학생들은 아프리칸스어 수업을 보이콧하기로 하고 등교 거부 운동을 펼쳤다. 등교 거부는 인근 학교로도 퍼져 나갔고 학생들은 아프리칸스어 교재를 불태웠다. 6월 16일에 올랜도웨스트를 선두로 한 1만여 명의 학생이 교육청에 항의하기 위해 평화 행진을 시작했다. 행진은 전통 춤과 노래가 섞여 아프리카에서 흔히 볼 수 있는 축제 같았다. 아이들은 플래카드를 들고 어깨를 들썩거리며 화이트시티 교차로로 향하고 있었다.

"배우려고 학교에 들어와, 하인이 되어 나간다!"

"아프리칸스어를 타도하자!"

"백인에 의한 반투 교육은 지옥으로 보내자!"

그러나 교차로를 지키고 있는 것은 중무장한 진압 경찰이었다. 학생들은 '신이여 아프리카를 보호하소서'라는 영가를 부르기 시작했다. 경찰은 경고도 없이 학생들을 향해 최루탄을 쏘았고, 이에 맞서 돌이 날아오자 곧바로 실탄 사격을 가했다. 방금 전까지 춤과 노래로 채워졌던 거리는 비명과 신음으로 아수라장이 되었다. 경찰은 자기 앞의 시위대를 학생으로도, 인간으로도 보지 않았다. 그들은 백인을 위협하는 짐승에 지나지 않았다.

헥터 피터슨의 사망 소식이 전해지자 소웨토의 흑인 전체가 들고 일어났다. 파업이 시작되었으며 도시 곳곳에서 바리케이드가 설치되었고 경찰서와 공공 기관이 공격당했다. 시위는 걷잡을 수 없이 번져나갔고 요하네스버그의 백인 대학생들까지 아이들을 살해한 정부에 항

석방되는 넬슨 만델라 : "아만드라(힘은)!" "은가웨투(민중의 것)!" 28년의 수감 생활을 마치고 세상에 나온 만델라가 부인 위니와 함께 주먹을 불끈 쥐어 보이고 있다.

의하는 행진을 벌였다. 존 포르스테르 수상은 소요를 용납하지 않겠다며 소웨토에 경찰력을 수천 명이나 추가로 투입하고 길에 세 명 이상 모이는 것을 금지했다. 경찰은 이 사태로 176명이 죽고 1139명이 부상했다고 집계했지만 실제로는 600~700명 이상이 목숨을 잃었고 4000명 이상 부상당했다. 그중 다수가 어린 학생들이었다.

소웨토 항쟁은 백인들이 흔히 말하는 난동이 아니었다. 이것은 인간다운 교육을 받고 싶다는 정당한 요구에서 출발한 투쟁이었으며, 흑인들은 항쟁 과정에서 자신의 정체성을 자각했다. 흑인들은 술병을 거리에 깨부수며 "술은 됐다. 학교를 늘려라!"고 소리쳤다. 또한 이 항쟁은 전 세계 시민들로 하여금 아파르트헤이트를 경멸하게 만들었다. 각국 정부는 남아프리카공화국에 대한 투자를 동결했으며 유명 운동선수들은 남아프리카공화국과의 경기에 출전을 거부했다. 남아프리카공화국의 의식 있는 백인들 역시 이 사건을 계기로 정부에 대한 지지를 철회했다. 소웨토 항쟁은 아파르트헤이트의 심장을 때린 반란이었다. 아파르트헤이트는 단말마의 비명을 지르며 서서히 종말로 치달았다.

화해와 공존의 길을 향하여

소웨토 항쟁을 경험한 학생들은 ANC(아프리카민족회의. 넬슨 만델라가 주도한 반아파르트헤이트 저항단체)의 특공대가 되겠다며 몰려들었다. 그들은 국경 밖 기지에서 훈련을 받은 후 국내로 들어와 각종 테러와 게릴라 투쟁을 벌였다. 1980년대 요하네스버그의 정유 공장이 폭파되는 등 이들이 주도하는 테러가 연일 터지고 대중들의 파업과 시위가 격화되자 정부는 계엄령까지 선포하여 더 잔학하게 탄압했지만, 솟구치는 흑인 운동을 막을 도리가 없었다.

결국 정부는 최악의 사태인 내란을 막기 위해 태도를 바꾸게 되었다. 그래서 28년이나 구금했던 흑인 지도자 넬슨 만델라를 석방하여 그와 평화 협상을 진행시키고자 했다. 넬슨 만델라는 한때 변호사였다가 '민족의 창'이라는 무장 저항 단체를 창설하고 백인 기관을 수백 차례 공격했던 인물이었다. 그는 알제리에 군사 지원을 요청하러 갔다가 돌아오던 길에 체포되어 로벤아일랜드에서 1964년부터 구금되어 있었다.

백인들을 힘으로 몰아내고 흑인 독립국을 세우자는 과격파들도 있었으나 만델라는 통합과 공존을 원했다. 백인 정부의 협상 끝에 마침내 1994년 4월, 민주적인 남아프리카공화국 정부 수립을 위한 선거가 치러졌다. 넬슨 만델라와 2000만 흑인들은 생전 처음 주어진 투표권을 행사하기 위해 투표소로 향했다. 마을마다 끝없이 이어진 투표 행렬을 찍은 사진은 전 세계를 감동시켰다. 그리고 투표 결과 압도적인 지지를 얻어 만델라가 남아프리카공화국 대통령에 취임했다. 수백 년에 걸친 백인들의 지배와 최악의 인종 차별 정책인 아파르트헤이트는 그렇게 막을 내렸다.

데스몬드 **투투** 대주교 : "용서하되 잊어서는 안 된다." 그는 '진실과 화해 위원회'를 만들어 아파르트헤이트 시절 일어난 반인권 범죄를 세상에 드러내는 데 큰 역할을 했다.

　백인 극우주의자들은 흑인이 집권하면 "그들이 보복으로 백인을 학살할 것"이라고 선동했지만, 그런 일은 일어나지 않았다. 만델라는 노벨 평화상 수상자인 데스몬드 투투 대주교의 의견에 따라 '진실과 화해 위원회'를 설치했다. 아파르트헤이트 기간의 인권 유린에 대해 가해자가 직접 잘못을 고백하기만 하면 사면을 해주기로 한 것이다. 이는 반투 족의 전통인 '우분투' 정신에 따른 것이었다. 아무리 큰 죄를 지은 죄인이라도 모두의 앞에서 자신의 잘못을 솔직하게 이야기한다면 공동체의 일원으로 다시 받아주는 것이다.

　약 7000명의 가해자가 자신이 한 일을 고백했고 2500명의 피해자가 자신이 당한 일을 증언했다. 흑인 운동가를 악어 밥으로 던졌거나 산 채로 불태워 죽인 끔찍한 일들이 낱낱이 공개되자 당시의 권력자들도 더 이상 "그런 일은 있지도 않았고 있을 수도 없었다."며 발뺌할 수 없게 되었다. 많은 백인들은 자신들이 그동안 누린 기득권이 얼마나 참혹한 인권 유린 위에 가능했던 것인지 진심으로 반성했다. 백인들은, 비록 원수일지라도 진실을 인정하는 사람은 용서하는 흑인들 앞에 진심으로 고개를 숙였다.

더 나은 아프리카 인이 되고 싶었던 까닭에 시위에 나섰다가 죽은 헥터 피터슨, 아파르트헤이트에 굴복하지 않고 투쟁한 흑인들, 감옥에 갇혀서도 자유를 향한 불굴의 의지를 꺾지 않은 넬슨 만델라, 복수 대신에 용서와 화해를 호소한 데스몬드 투투 대주교. 이들이 있었기에 남아프리카공화국은 축제의 나라가 되어 세계인들을 맞이할 수 있었다. 이들이야말로 참된 '무지개 나라'를 만들어가는 주인공들이다.

연표

1652년	네덜란드 동인도회사 소속 얀 반 리베이크가 희망봉에 기지 건설
1899년	네덜란드계 남아프리카 주민과 영국군이 충돌하여 보어 전쟁 발발 영국이 이기면서 영국령 남아프리카연방 건설. 이후 영국은 물러남
1948년	흑인 분리 정책인 아파르트헤이트 실시 흑인 자치를 보장한다며 집단 거주지로 몰아넣음
1960년	3월 21일, 샤프빌에서 흑인통행법에 반대하는 대규모 시위 발생 경찰의 가혹한 진압으로 많은 사상자 발생
1964년	넬슨 만델라 체포. 28년의 구금 생활 시작.
1976년	4월, 소웨토 학교에서 아프리칸스어 수업 보이콧 시작 6월 16일, 학생들의 평화 행진에 경찰이 발포하여 대규모 시위로 확산되고 600~700명 사망
1992년	넬슨 만델라 석방
1994년	4월, 남아프리카 자유 선거로 만델라가 대통령에 선출 만델라, 데스몬드 투투 대주교의 제안을 받아들여 '진실과 화해 위원회' 설치

팔레스타인 인티파다
Palestinian Intifada

돌과 용기로 침략자의 탱크와 맞서다

1987년

이스라엘 건국과 팔레스타인 분쟁 '세계의 화약고', '언제 터질지 모르는 시한폭탄'. 팔레스타인 지역을 일컫는 말들이다. 그러나 중요한 것은 화약고든 시한폭탄이든 그걸 만든 책임은 서방 열강들에게 있다는 것이다. 마치 그 지역에 본래 갈등이 내재되어 있다는 듯한 시각은 문제를 왜곡하는 것이다. 또한 '문명 충돌론'이 강조하는 것처럼 이슬람 문명과 유대교·기독교 문명의 차이가 분쟁의 원인인 것도 아니다. 20세기 이전 팔레스타인은 아랍 인과 유대인, 기독교인들이 평화롭게 공존하던 곳이었다.

이스라엘 인들은 자신들이 '역사적 팔레스타인 땅'의 주인이라고 한다. 그 근거는 성서에서 신이 그 땅을 주었다는 것, 그리고 135년 로마에 의한 디아스포라(자기 땅에서 쫓겨나 여러 곳으로 흩어지는 것) 이전까지 팔레스타인을 자신들이 통치했다는 것이다. 성서를 국제 정치의 근거로 삼는 것은 일단 무리가 있고, 유대인 왕조가 이 지역에 들어섰던 것은 사실이지만 비유대 민족도 오랫동안 자리를 잡고 살아왔다. 더욱이 디아스포라 이후 약 2천 년 동안 아랍 인이 주민의 다수를 차지했고 유대인은 소수였다. 16세기부터는 오스만투르크제국이 팔레스타인을 통치했다. 유대인과 아랍 인 모두 '역사적 권리'가 있는 셈이다.

유럽으로 간 유대인들은 19세기 즈음에는 대부분 그 사회에 동화되었다. 하지만 민족주의가 떠오르면서 각국 지배층들은 민족 통합을 이루기 위해 종종 유대인들을 희생양으로 삼아 박해했다. 자본주의의 성장으로 인해 발생한 여러 사회 문제의 책임을 유대인들의 '탐욕과 이기심' 탓으로 전가하는 일도 잦아졌다. 반면 이 시기 오스만투르크는 팔레스타인의 유대인에게 상대적으로 너그러웠다. 공직 진출의 제한 등 과거에 있었던 문턱도 이 시기에 거의 사라졌다. 유럽의 유대인들이 팔레스타인으로 이주하기 시작한 것은 당연한 일이었다. 유대인들은 1882년부터 이곳에 정착촌을 세웠고 아랍 인들은 별 거부감 없이 이들을 받아들였다. 즉 유대인들의 팔레스타인 이주는 유럽에서의 박해 때문이지 '잃어버린 땅 회복'과는 무관했다.

이때 등장한 것이 '시오니즘'이었다. "팔레스타인은 신이 준 땅이고 이 땅을 되찾는 것은 성스러운 사명"이라는 이데올로기가 유대인 이주에 의미를 부여했다. 이 이념을 추종하는 시오니스트들은 막대한 기

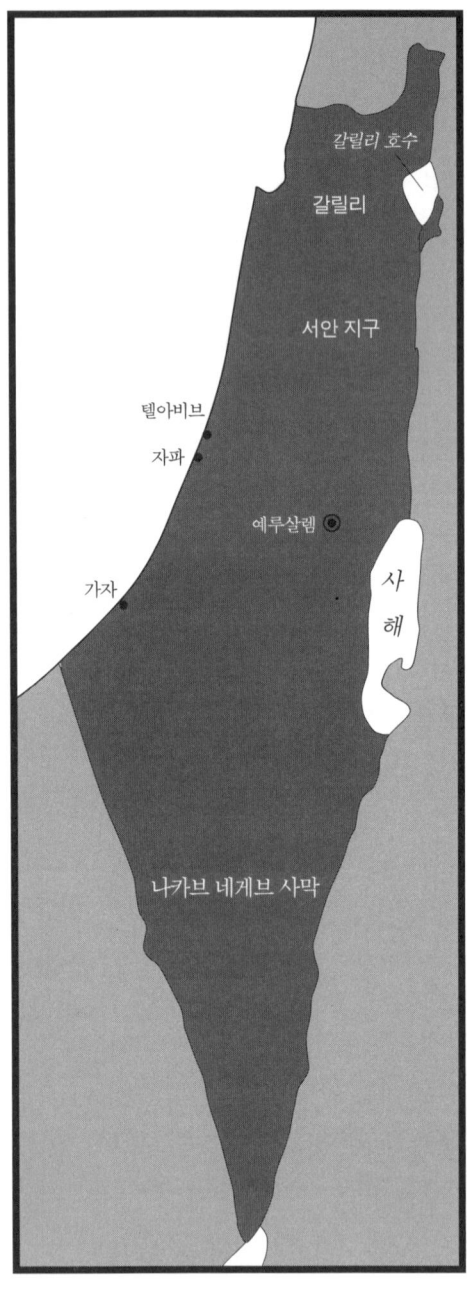 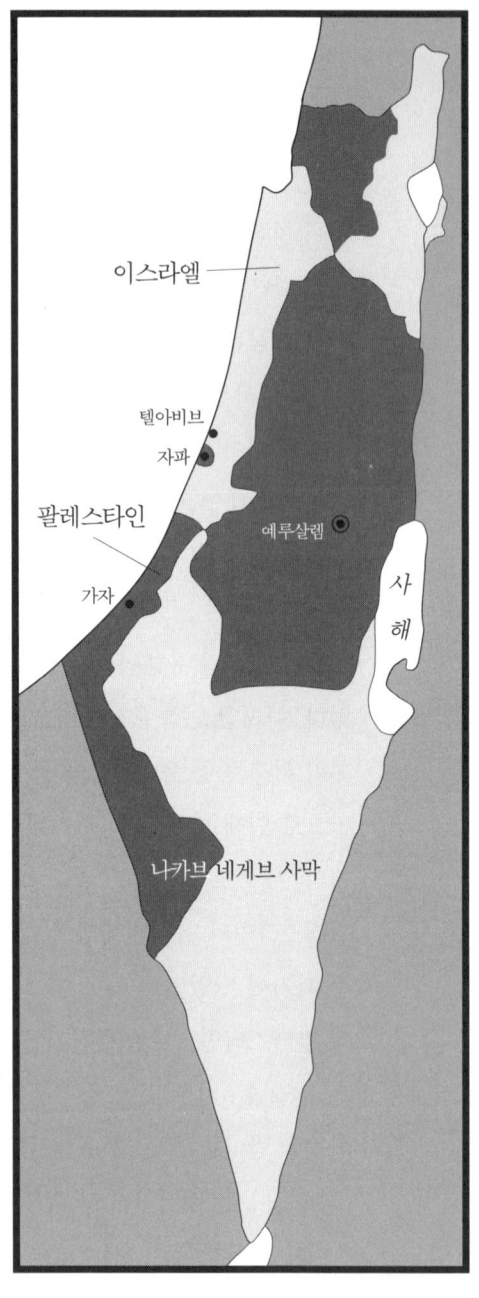

팔레스타인 영토 비율 100%.

1947년 유엔의 분할안에 따른 경계선으로 팔레스타인 영토 비율은 44%이다.

20세기 팔레스타인 영토 변화 1

20세기 팔레스타인 영토 변화 2

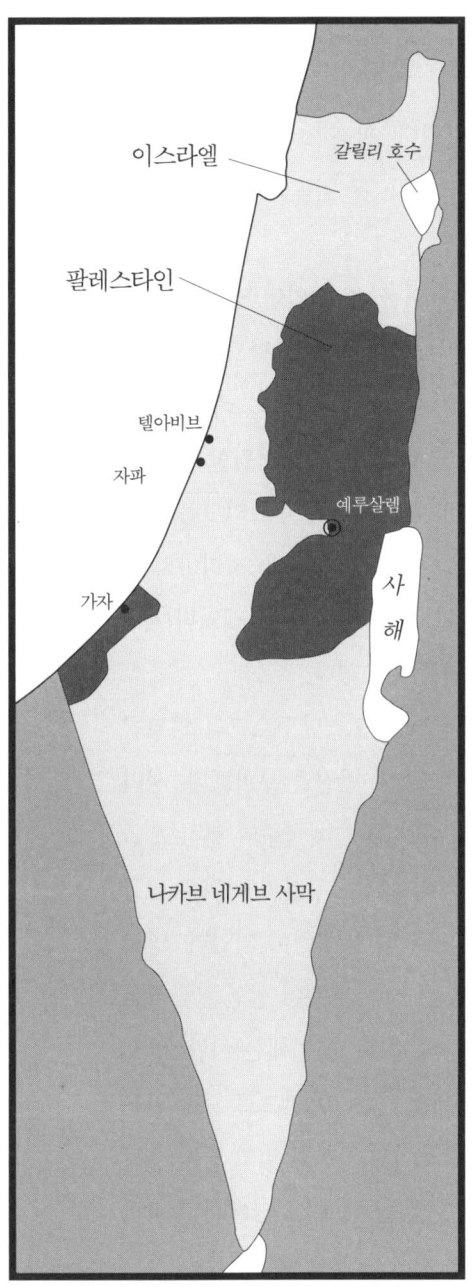

1967년 사실상의 경계선이 확정된 뒤 팔레스타인 영토 비율은 22%이다.

20세기 팔레스타인 영토 변화 3

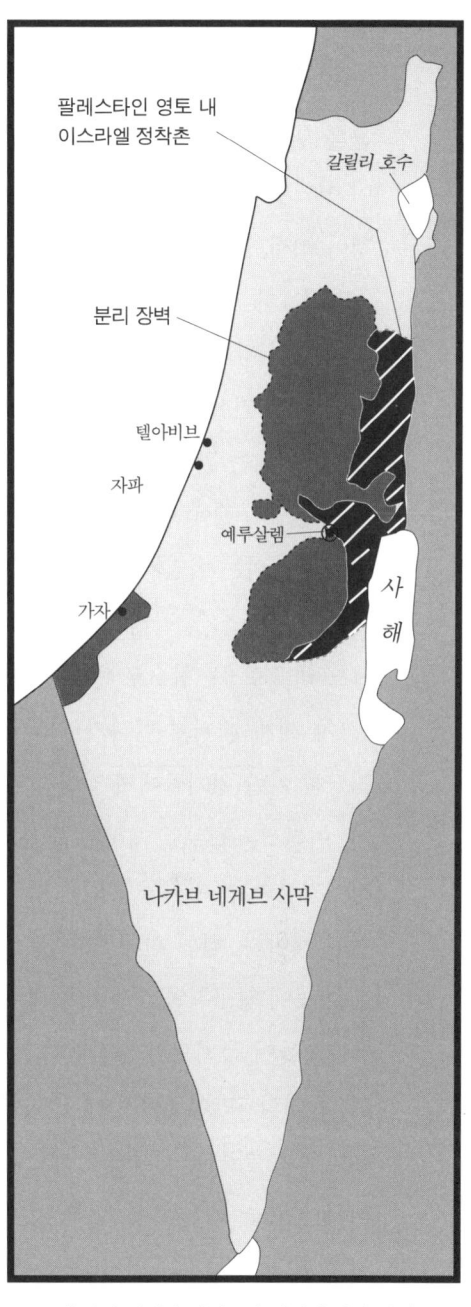

2008년 분리 장벽과 정착촌이 건설된 뒤의 팔레스타인 영토 비율은 12%이다.

20세기 팔레스타인 영토 변화 4

금을 모아 팔레스타인에 대토지를 구입했다. 팔레스타인 인들은 손님이 어느덧 주인으로 변해가는 것을 깨달았다. 두 민족 사이의 토지 분쟁이 20세기 초부터 조금씩 증가했다.

한편 1차 세계 대전에서 오스만투르크와 싸우고 있던 영국은 아랍의 후세인 왕가에 접근해 오스만투르크 제국에 반란을 일으키면 후에 아랍 국가 건설을 지지하겠다고 약속했다(맥마흔 선언). 그래 놓고 유대인들에게는 팔레스타인에 유대 국가를 세울 수 있게 지원할 테니 영국의 전쟁 수행에 협력해달라고 부탁했다(밸푸어 선언). 그리고 실제로는 프랑스와는 비밀리에 만나 이라크와 요르단은 영국이, 시리아와 레바논은 프랑스가, 팔레스타인은 공동 관리하기로 협약을 맺었다(사이크스-피코 협정). 참으로 뻔뻔한 이중, 삼중 외교였다.

1차 세계 대전이 끝나자 영국과 프랑스는 오스만투르크의 영토를 적당히 아랍 왕가들에게 갈라줌으로써 그들의 반발을 무마했다. 시리아, 이라크, 요르단, 레바논 등이 이때 세워졌다. 제국주의 열강도 열강이지만 아랍 왕가들도 민족 통일의 대의보다는 왕실의 이익에 급급했던 것이다. 한편 팔레스타인은 영국의 위임 통치령이 되었다. 영국은 이곳에 영구적인 식민지를 세우려고 했으나, 밸푸어 선언을 근거로 유대인들이 몰려오기 시작했다. 1918년에 팔레스타인에는 아랍 인 50만, 유대인 5만이 살았는데 1939년에 아랍 인은 100만으로, 유대인은 44만으로 늘었다. 유대인은 시오니스트 조직의 자본을 업고 들어와 토지와 산업을 독점했다. 유대인은 아랍 인들을 아예 그 땅에서 추방하고자 했다. 노동자는 일자리를 잃었고 소작농은 땅을 빼앗겼다.

1936년, 아랍 인들이 이에 항의하여 봉기를 일으키자 영국 총독부는 시오니스트 민병대를 경찰로 편입하여 진압에 동원했다. 자국의 이익을 위해 두 민족의 증오를 부추겼던 것이다. 그러나 분쟁이 심각해지면서 영국도 통제력을 잃었고 결국 팔레스타인을 유대 국가와 아랍 국가로 분할하자는 안을 제안했다. 영국도 유대인 이주가 분쟁의 원인임을 알았기에 이주를 제한하려고 했다. 그랬더니 이번엔 유대인 민병대가 영국군에게 테러를 가했다. 영국은 키우던 개에게 뒤꿈치를 물린 셈이었다.

나치 독일의 유대인 학살로 말미암아 세계 여론은 팔레스타인의 유대 국가 건설을 지지하는 쪽으로 흘렀다. 이미 이 땅의 유대인 숫자가 60만을 넘어섰고 이들과 아랍 인 130만 사이의 분쟁은 피범벅으로 치닫고 있었다. 결국 영국은 국제연합에 팔레스타인 문제를 떠넘겼고 1947년 국제연합은 '두 국가 분할안'을 확정했다. 확정안은 인구가 적은 유대인에게 더 큰 영토를 주는 것이어서 아랍권에선 반발했으나 유대인은 분할안을 받아들였고 미국과 소련도 향후 이스라엘을 자기 쪽으로 끌어들일 욕심에 찬성표를 던졌다.

이로부터 아랍 인들에게 '알 나크바(대재앙)'가 시작되었다. 유대인들은 팔레스타인이 분할되기 이전에 최대한 많은 아랍 인을 추방할 작정이었다. 작전명 '여호수아 계획'이 수립되었고, 유대인 특공대는 아랍 인 마을에 와서 "15분 안에 집을 비우라."고 경고하자마자 불도저로 가옥을 파괴했다. 때로는 이런 경고조차 없이 학살을 자행하기도 했다. 1948년 4월 9일 데이르 야신 마을에선 주민 254명이 특공대에게 살해당했는데, 그 대부분이 아이들과 여자들이었다.

이스라엘의 팔레스타인 점령

아랍 국가들은 도저히 팔레스타인에 유대 국가가 세워지는 것을 받아들일 수 없었다. 이스라엘이 건국되던 1948년 5월 14일, 이집트, 요르단, 이라크, 사우디아라비아, 시리아, 레바논 등 아랍 6개국 연합군은 선전 포고와 함께 이스라엘로 진격했다. 그러나 아랍은 압도적인 수적 우세에도 불구하고 분열되어 서로 견제하다가 신생 이스라엘에 패배를 맛봤다. 이스라엘은 국제연합이 그은 경계를 넘어 팔레스타인 땅의 77퍼센트를 차지했다. 80만 명의 팔레스타인 인들이 집을 잃고 가자와 요르단 강 서안으로 피난을 떠났다.

1차 중동 전쟁의 패배를 계기로 아랍에서도 근대화의 물결이 일었다. 1952년 이집트의 청년 장교 나세르는 쿠데타로 정권을 잡은 후 개혁 정책을 펼치면서 그 일환으로 수에즈 운하를 국유화했다. 이에 자극 받은 영국과 프랑스가 1956년 1월에 수에즈 운하를 공격했고 이스라엘도 이들과 손잡고 시나이 반도를 점령했다. 이것이 2차 중동 전쟁이다. 미국이 강력히 항의하여 시나이 반도는 곧 반환되었지만 이때부터 나세르는 아랍 민족주의의 기치를 높이 들었다. 이것이 팔레스타인 인들에게도 큰 영향을 주었고 1964년 1월 1차 아랍 정상 회담에서 팔레스타인해방기구PLO가 등장하는 배경이 되었다.

1967년 6월 5일, 3차 중동 전쟁이 발발했다. 이스라엘은 새벽의 선제공격으로 3시간 만에 이집트 공군력의 90퍼센트를 지상에서 파괴해 버렸다. 제공권을 뺏긴 이집트는 연전연패했고, 이스라엘은 단 6일 만에 팔레스타인 전역에서 아랍 국가를 밀어내고 시나이 반도, 요르단 강 서안, 가자 지구, 동예루살렘, 골란 고원을 차지했다. '6일 전쟁'의 결과 이스라엘 영토는 1948년에 비해 자그마치 8배로 늘어났으며 팔

파괴된 이집트 탱크 : 1956년 이집트가 수에즈 운하를 국유화하자 이에 반발한 영국과 프랑스는 이스라엘과 동맹하여 이집트를 공격했다.

레스타인 인들은 순식간에 피정복민으로 전락했다. 이스라엘은 점령지에 군정을 실시하고 유대인 정착촌을 세웠다. 오늘날 '팔레스타인 문제'라고 할 때 가리키는 가자 지구, 요르단 강 서안 지구는 이때 이스라엘 땅이 되었다.

심장마비로 급서한 나세르를 이어 이집트 대통령이 된 사다트는 1973년 10월에 4차 중동 전쟁을 일으켜 약간의 성과를 올린 다음 이스라엘과 휴전을 맺었고 이를 토대로 양국의 국교 정상화를 꾀했다. 더 이상의 소모적인 전쟁을 피하고 싶었던 두 나라는 카터 미국 대통령의 중재로 평화 협정에 서명했고, 이스라엘은 3차 중동 전쟁에서 빼앗은 시나이 반도를 반환했다. 이 과정을 지켜본 PLO 의장 야세르 아라파트는 결심했다.

23장 | 팔레스타인 인티파다 375

"언제는 피를 나눈 아랍의 형제라더니, 국익에 따라 철천지원수 이스라엘과도 손을 잡는구나. 영원한 동지는 없다. 결국 우리 문제는 우리 손으로 풀어야 한다."

1929년에 태어난 아라파트는 1969년 PLO 의장이 되었으며 이스라엘을 지도 위에서 없애버리겠다는 일념으로 무수한 테러를 주도했다. 이스라엘 비행기 납치, 뮌헨 올림픽의 이스라엘 선수단 인질극 등도 그가 벌인 일이었다. 이러한 활동은 PLO를 국제 사회가 인정하도록 만들려는 것이었으나, 1970년대 아랍 국가들의 분위기가 변화하고 있음을 깨닫고 그는 서방 외교에 힘을 더 집중했다. 그 결과 1974년 PLO는 국제연합 정기 총회에 참관인 자격으로 초청 받았다. 여기서 아라파트는 유명한 연설을 남겼다.

"나는 총과 올리브 가지를 함께 가지고 왔소이다. 내 손에서 올리브 가지가 떨어지지 않게 하시오."

올리브는 평화 외교를, 총은 무장 투쟁을 의미한다. 그러나 이스라엘은 PLO를 절대로 인정하지 않았고, 1982년에는 레바논에 있는 PLO 본부를 소탕한다는 구실로 레바논 남부를 공습했다. 이스라엘은 레바논을 아랍 국가들에 맞서는 완충 지대로 만들고자 레바논의 기독교 민병대를 부추겨 아랍 인 정부와의 내전을 일으키게 했다. 이때 레바논 기독교 민병대가 팔레스타인 난민 수용소 사브라와 샤틸라를 습격해 3000여 명을 학살하는 일이 벌어졌는데, 이 학살에 이스라엘 특수 부대가 깊숙이 개입했다고 알려져 있다.

서안과 가자 지구의 250만 팔레스타인 인들의 삶은 이스라엘 군정에 의해 가혹하게 짓밟혔다. 이스라엘군은 비상방위규칙에 따라 '치안에 위협을 준다고 여겨질 때' 라는 모호한 근거로 팔레스타인 인을 억압했다. 약 20년간 팔레스타인 성인 남성의 절반이 최소한 한 번 이상 체포되었고 영장 없이 네다섯 번 체포된 사람도 수두룩했다. 팔레스타인에 대학이 7군데인데 비해 감옥은 9군데나 되었고, 체포되면 구타와 고문은 기본이었으며 아이들도 예외가 아니었다. 그 외에도 군 당국은 툭하면 통행을 금지하고 출판물을 검열했으며, 가택을 수색하고 열 명 이상 참가하는 모임을 막았다. 이스라엘 정착촌은 자꾸만 늘어나 서안에서 전체 인구의 6퍼센트인 유대인이 토지의 55퍼센트와 수자원의 70퍼센트를 차지했고, 가자에서도 50만 명의 팔레스타인 인이 비좁은 수용소에 사는 반면 약 2000명의 유대인이 토지의 40퍼센트를 차지했다.

 이 조직적인 팔레스타인 고사 정책의 배후에는 이스라엘을 지원하는 미국과 영국 등 서방 국가가 있었다. 미국의 1년 대외 원조 예산의 3분의 1이 이스라엘에 투입되었다. 물론 미국 내 유대인들의 입김도 있었지만, 이것은 미국의 기본적인 중동 통제 전략이었다. 다른 아랍 국가들도 팔레스타인에 우호적이지 않았다. 이스라엘에 대해 한목소리를 내는 것은 정치적인 필요에 의해서일 뿐, 속으로는 팔레스타인 영토에 눈독을 들이고 있었던 것이다. 팔레스타인의 비극은 끝이 보이지 않았다.

팔레스타인 민중, 인티파다로 일어나다

"글쎄 안 된다고 하지 않았니!"
"아빠, 이제 못 참아요. 이스라엘 놈들한테 본때를 보여줘야 한다구요."

17살 먹은 자말은 아빠를 뿌리치고 거리로 달려갔다. 자말의 또래들도 마찬가지였다. 가자 지구 팔레스타인 난민촌에서는 반이스라엘 항의 시위가 격렬하게 일어나고 있었다.

자말의 아버지는 이스라엘 인이 운영하는 공장의 노동자로 매일 아침 예루살렘으로 출근했다. 시위가 일어난 후 이스라엘 군인들이 도로를 봉쇄하여 그는 며칠째 직장에 나가질 못했고, 아들 자말이 시위에 참가했다는 말을 듣고 단단히 주의를 주려던 것이었다. 자말의 아버지는 20년간 이스라엘 군정 치하에 살면서 불순분자로 찍히면 어떤 고초를 겪는지 알았고 그래서 당국의 눈치를 살피는 데 익숙해졌다. 1967년 이후 기성세대가 된 많은 팔레스타인 사람이 그러했다.

시위의 발단은 1987년 12월 9일에 이스라엘에서 가자 지구로 퇴근하는 팔레스타인 노동자들이 탄 버스를 이스라엘군 트럭이 들이받아 노동자 4명이 죽고 7명이 크게 다친 일이었다. 난민촌의 분위기는 들끓어 올랐다. 팔레스타인 사람들은 이 사건이 단순한 교통사고라고 생각하지 않았다. 며칠 전부터 이스라엘군과 팔레스타인 시위대 사이에 공방이 치열했으므로 이 사건도 군인들이 고의적으로 일으켰다는 것이었다. 노동자들의 장례식에는 팔레스타인 인 4천 명이 모여 자연스럽게 이스라엘에 대한 항의 시위를 이어갔다.

"이스라엘은 우리 땅을 떠나라!"
"잡아간 우리 동포들을 즉각 석방하라!"

이스라엘군은 시위대 해산에 나섰다. 피를 본 시위대는 흥분했고, 소식을 들은 요르단 강 서안 사람들도 함께 시위에 나섰다. 특히 청년들이 용감하게 앞장서 돌을 던졌다. 자말도 돌을 들고 이스라엘의 탱크를 향해 달려갔다.

탕탕, 타타탕- 공포탄이 아니었다. 앞서 달리던 청년들이 무릎을 꺾었다. 자말도 불에 달군 꼬챙이로 배를 찌르는 아픔을 느끼고 쓰러졌다. 비명과 아우성 속에 사람들이 흩어졌다. 몇몇 청년들이 자말을 구하려고 했으나 그들에게도 총탄이 쏟아졌다.

"자말, 자말! 눈 좀 떠봐라, 애야!"

자말의 아버지는 아들의 시신을 안고 울부짖었다. 원래 가무잡잡한 자말의 얼굴은 핏기가 없어 창백했다. 병원엔 자말 외에도 시신들이 계속 실려왔고, 시신을 확인한 가족들은 오열했다. 이날 자말의 아버지에게 '수무드(인내)'는 끝났다. 다른 팔레스타인 인들도 마찬가지였다. 남녀노소, 기성세대와 청년들이 일치단결하여 항쟁에 나서기 시작했다. 이 항쟁을 일컬어 '인티파다(봉기)'라고 했다.

사람들은 맨손으로 이스라엘군의 총부리에 덤벼들었다. 청년 행동대원들이 돌과 화염병을 던지다가 붙잡히면, 여자들이 달려가 "이 아이는 내 아들이에요." "내 조카에요." 하면서 구출해냈다. 어떤 여인은 이스라엘 군인에게 "아줌마는 웬 자식이 그렇게도 많아?"라는 핀잔을 듣기도 했다. 식당 점원, 농장 일꾼, 건설 노동자, 청소부 등 이스라엘 인에게 고용된 이들이 총파업에 돌입하자 이스라엘 경제도 타격을 입었다.

주부들은 이스라엘 상품 불매 운동을 벌였고 자영업자들은 자발적으로 상점 문을 닫았다. 부족한 식품은 텃밭을 일구어 보충했다. 이스라엘군이 학교와 병원을 폐쇄하자 교사들은 길거리에서 수업을 하고 의사들은 무료 진료를 했다. 사람들은 군 당국에 납세를 거부하고 불복종 운동을 벌였다. 그동안 토마토 하나를 심는 것부터 집 수리, 유리

오슬로 협정 : 1993년 미국의 중재로 이스라엘(왼쪽, 라빈 총리)과 팔레스타인(오른쪽, 아라파트 의장) 사이에 맺은 오슬로 협정은 팔레스타인에 평화가 올 거라는 기대를 부풀게 했다. 그러나 그 평화는 제한적이고 불안했다.

갈아 끼우기, 우물 파기까지 모두 군 당국의 허가를 받아야 했으므로, 허가 없이 일상생활을 하는 자체가 투쟁이었다.

  인티파다 동안 팔레스타인 인들은 세대와 계층 등 크고 작은 분열을 넘어 민족 공동체로 뭉쳤다. 숨겨 두었던 팔레스타인 국기가 집집마다 내걸렸고, 군인들이 이를 떼면 어느새 다른 집 벽에 국기 그림이 그려졌다. 저녁 8시에서 새벽 5시까지 통행금지였지만, 사람들은 처벌을 각오하고 밤에 이웃을 방문하여 더 활기차게 파티를 열었다. 마약, 술, 도박 같은 악습 추방 운동도 활발히 일어났다. 인티파다는 이스라엘에 대한 저항인 동시에 팔레스타인의 자립 선언이기도 했다.

  이스라엘군은 무차별 발포, 미사일 공격, 구타, 가택 수색, 가옥 파괴, 체포, 고문으로 대응했고, 식량과 의약품의 반입을 봉쇄했다. 팔레스타인 인들은 마을마다 인민위원회를 구성했고 전국적 구심으로 인티파다연합지도부를 만들었다. 파타(팔레스타인해방운동), 팔레스타인공산당, 무슬림형제단, 하마스 등 각 정파들도 이 지도부에 참여했다. 가혹한 탄압에도 불구하고 저항은 도시에서 농촌으로 확산되었고 세계의 눈과 귀가 팔레스타인에 쏠렸다.

1988년 1월, 망명 중인 팔레스타인국가평의회는 알제리에서 팔레스타인 독립을 선포했다. 그해 여름이 되자 서안과 가자에서 이스라엘 군정은 완전히 마비되었다. 그동안 팔레스타인이란 나라를 인정하지 않고 "주인 없는 영토를 획득했을 뿐"이란 입장이던 이스라엘도 한 발 물러설 수밖에 없었다. 결국 미국과 서방 국가들의 압력으로 이스라엘은 팔레스타인과 협상장에 앉았다. 마침내 1993년, 5년간 잠정적으로 팔레스타인의 자치를 인정하고 이스라엘군은 단계적으로 철수하기로 한 오슬로 협정이 체결되었다. 이로써 인티파다는 7년 만에 마무리되었다.

평화의 올리브는 언제쯤 익을 것인가

오슬로 협정을 이끌어낸 공로로 아라파트 PLO 의장과 라빈 이스라엘 총리는 1993년 노벨 평화상을 공동 수상했다. 하지만 협정 내용은 팔레스타인의 요구에는 많이 미흡한 것이었다. 팔레스타인 자치 정부를 인정한다지만 자치 정부가 행정권을 완전히 가진 곳은 가자 지구 및 서안의 예리코 등 극히 일부에 불과했고 나머지 90퍼센트에서는 이스라엘군과 협력하거나 이스라엘군이 여전히 독자적으로 관할하게 되어 있었다. 팔레스타인 난민의 귀환 문제, 이스라엘 정착촌의 철수 문제도 이렇다 할 결론을 내지 못했다.

그러나 이스라엘군이 단계적으로 물러나면서 팔레스타인에 숨통이 트였다. 돌과 최루탄이 날아 다니던 거리에 생기가 돌았다. 1994년에는 아라파트와 PLO 각료들이 귀국하여 대대적인 환영을 받았고, 1996년에는 총선이 치러져 의회가 구성되었으며, 아라파트가 자치 정부 수반으로 선출되었다.

인티파다가 벌어지는 동안 팔레스타인은 한 덩어리였지만, 자치가 시작되자 차이가 드러나기 시작했다. 이스라엘을 절대로 인정하지 않는 하마스나 이슬람지하드 등 근본주의 세력은 정부에 협조하지 않고 독자적으로 대이스라엘 폭탄 테러를 벌였다. 이스라엘군과 싸우는 것만이 일이던 청년 행동 대원들은 일상생활에 잘 적응하지 못했다. 경제가 다시 돌아가면서 계층 사이의 위화감도 싹텄고, 서안과 상대적으로 더 낙후한 가자 사이에도 알력이 생겼다. 자치의 경험이 전무하다 보니 자치 정부 내에 부패가 심각했다. 아라파트의 친인척과 측근들이 각종 공금 횡령과 뇌물 사건에 연루되면서 자치 정부에 대한 민중들의 불신도 커져갔다.

2000년에 잠정 자치 기간이 종료됨에 따라 팔레스타인과 이스라엘은 다음 단계를 논의하기 위해 협상을 시작했다. 그러나 이때까지도 유대인 정착촌 철수는 제대로 지켜지지 않았고 난민 귀환 문제나 완전한 주권 이양 등 주요한 의제는 진전을 보지 못했다. 2000년 7월 캠프 데이비드에서 열린 최종 회담이 결렬됨에 따라 양국의 휴전은 깨어졌고 긴장감이 다시 높아졌다.

이스라엘과 미국 : 2차 인티파다 직후인 2001년에 이스라엘 총리 아리엘 샤론(사진 오른쪽)과 부시 행정부의 국방부 장관 도널드 럼스펠드(사진 왼쪽)가 만났다. 아리엘 샤론은 1967년 6일 전쟁의 영웅이자, 1982년 사브라-샤틸라 난민촌 학살의 주역이기도 하다.

이때 이스라엘 우익 정당인 리쿠드당의 대표 아리엘 샤론이 경호원을 대동하고 알-아크사 사원을 방문했다. 아리엘 샤론은 레바논 사브라-샤틸라 난민촌 학살에 연루된 인물이었으므로, 그가 무슬림의 성소를 방문한 것은 다분히 팔레스타인 인을 자극하려는 의도였다. 아니나 다를까 격렬한 항의 시위가 벌어졌는데, 여기에서 이스라엘군이 TV 카메라가 촬영하는 가운데 12살 꼬마 무함마드 알 두라를 총격으로 살해한 사건이 일어났다. 겁에 질려 아버지 뒤에 숨은 소년을 조준 사격한 것이 확인되자 팔레스타인 사람들은 격분했다. 2차 인티파다가 폭발했다.

2000년에서 2004년까지 이어진 2차 인티파다는 1차보다 훨씬 더 많은 희생자를 낳았다. 1차 인티파다 당시 약 1000명의 팔레스타인 인과

23장 | 팔레스타인 인티파다 383

백여 명의 이스라엘군이 죽었는데, 2차 인티파다에서는 팔레스타인인 3400명, 이스라엘 군인과 민간인 800명이 죽었다. 희생자 수가 커진 이유는 팔레스타인 무장 세력이 전면에 나섬에 따라 돌과 화염병이 전부였던 1차와는 양상이 확 달라졌기 때문이다. 이스라엘군도 더 무자비하게 공격했으며, 그 결과 부상자 다섯 가운데 하나가 17세 이하의 아이들이었다. 구급된 2만 8000명 중에도 2500명이 어린이였다.

봉쇄로 인해 농민들은 생산물을 시장에 내놓지 못하고 노동자는 직장에 출근할 수가 없어 주민들의 삶은 빈곤선 아래로 추락했다. 여기에 한술 더 떠 이스라엘은 2002년부터 서안에 거대한 분리 장벽을 쌓기 시작했다. 이 장벽을 통해 이스라엘은 팔레스타인 거주지와 유대인 정착촌을 단절시켰고, 결과적으로 팔레스타인의 영토는 더 좁아졌고 경제는 한층 고립되었다. 팔레스타인 인들은 장벽 건너편에 가려면 철조망이 쳐진 길고 좁은 통로를 지나고 수치스러운 몸수색을 받아야만 했다.

2004년에 아라파트 수반이 병으로 세상을 떠나고 친서방적인 마흐무드 아바스가 그 자리를 이으면서 이스라엘의 공세도 차츰 잦아들었다. 이는 이스라엘 내부에서 자국에 대한 비판의 목소리가 터져 나온 것과도 관련이 있다. 2003년에는 최정예 특수 부대원을 포함한 이스라엘군 장교와 사병 50여 명이 복무를 거부하는 성명을 발표했다.

"팔레스타인 민족의 인권을 이토록 억압하고 추방하며 굶어 죽이고 또 모욕하는 일에 더 이상은 참여하지 않겠습니다. 우리는 정착촌의 방패로 복무하기를 거부합니다."

이러한 목소리는 이스라엘 내에서 큰 파문을 일으켰고 양심적 시민들의 지지를 받았다. 팔레스타인 인의 고통에 연대하려는 시민 단체도

팔레스타인 분리 장벽 : "나는 베를린 시민이다."라는 문구가 쓰여 있다. 이스라엘군이 요르단 강 서안 팔레스타인 자치구에 세우고 있는 총연장 730킬로미터의 분리 장벽은 팔레스타인 사회를 철저히 고사시키고 있다.

늘어났고, 인터넷 미디어로 이스라엘군의 가혹 행위를 알리려는 국제 인권 단체의 활동도 활발해졌다. 이러한 움직임은 이스라엘 정부에게 적지 않은 압력으로 작용했다.

지금도 팔레스타인은 내일에 대한 희망을 낙관하기 어려운 땅이다. 그럼에도 불구하고 팔레스타인 민중들은 평화의 올리브를 심고 가꾸면서 끈질기게 삶을 이어가고 있다.

연표

1947년	UN, 이스라엘-팔레스타인 분할안 합의
1948년	이스라엘 건국과 함께 1차 중동 전쟁 발발
1956년	이집트가 수에즈 운하 국유화를 발표하자 2차 중동 전쟁 발발
1967년	3차 중동 전쟁 발발
	개전 6일 만에 이스라엘이 시나이 반도 및 가자, 요르단 강 서안 일대를 빼앗음
1973년	4차 중동 전쟁 발발
1982년	이스라엘이 PLO 본부를 파괴하기 위해 레바논 공습
	팔레스타인 난민촌 사브라-샤틸라에서 주민 집단 학살 일어남
1987년	1차 인티파다
1993년	오슬로 협정으로 팔레스타인 자치 정부 인정
2000년	자치권이 제대로 인정받지 못하자 2차 인티파다
2004년	2차 인티파다 종료

Zapatista's Liberation
멕시코 사파티스타 봉기

|

오늘 우리는 말한다. '이제 그만'이라고!
1994년

얼굴을 잃은 자들이 전쟁을 선포하다

'원주민'이란 우리에게 어떤 존재일까?

관광지의 가이드북이나 홍보 영상 속의 원주민들은 종종 태곳적 원시림 속에서 우리에게 미소를 짓는다. 그들은 전통 의상을 걸치고 오래된 사냥 도구나 농기구를 사용하며 흙이나 나무로 지은 집에서 산다. 도시의 때가 묻은 우리와 달리 그들의 삶은 참으로 소박하고 평화로운 것처럼 보인다. 그러나 우리의 시선에 비친 그 원주민은 살아 있는 존재가 아니라 관광지의 일부일 뿐이다. 그들은 현실 속에 고통 받

사파티스타민족해방군의 마르코스 : 1994년 치아파스 원주민의 봉기가 전 세계적 주목을 받게 된 데는 '총보다 인터넷을 더 잘 쓰는 게릴라' 마르코스의 매력이 한몫을 했다.

고 몸부림치는 실제 원주민이 아니라 관광객들이 보고 싶은 것만 보여주는 가짜 원주민이다. 그런 원주민은 그 세계의 일부이면서도 사실은 진열장의 상품에 불과하다.

  만약 그들이 가식적인 웃음을 거두고 대신 복면을 쓴 채 우리 앞에 나타난다면 어떻게 될까? 그 손에 전통 공예품 대신 무기를 들고 나타나 자신들의 권리를 주장한다면? 우리는 깜짝 놀랄 것이며 아마도 그들의 '폭력성'을 마구 비난할 것이다. 원주민이 더 이상 우리가 보고 싶은 배경이나 상품이길 거부하고 살아 있는 인간으로 등장했다는 이유로.

1994년 1월 1일, 멕시코 남부 치아파스 주에서 그런 일이 일어났다. 대도시 산크리스토발데라스카사스에서 밤새 송년 파티가 열리는 동안, 라칸도나 정글에서 나온 원주민들이 도시로 다가오고 있었다. 도시가 가까워질수록 그 숫자는 점점 불어났다. 새해 새벽, 도시의 입구에서 그들은 군복으로 갈아입고 얼굴에 스키 마스크를 쓴 다음 숨겨가지고 온 소총을 들었다. 그들은 경찰서와 주요 관공서를 점령하고 광장에 자신들의 깃발을 게양했다. 깃발에는 검은색과 붉은색 바탕에 네 글자가 선명했다. E.Z.L.N.(사파티스타민족해방군)

사파티스타군 3000명이 이날 아침 치아파스 주의 주요 도시 일곱 군데를 동시에 장악했다. 멕시코와 전 세계 언론이 뒤집어졌다. 달려온 기자들 앞에 스키 마스크를 쓴 사파티스타의 대변인이 등장했다. 자기를 부사령관 마르코스라고 소개한 그는 자신들은 치아파스 원주민들이며 원주민을 파멸로 몰아가는 멕시코 정부에 맞서, 나프타(NAFTA, 북미 자유 무역 협정)가 발효되는 1994년 1월 1일을 기해 정부와의 전쟁을 시작한다고 말했다.

멕시코의 형제자매 여러분, 우리는 500년에 걸친 투쟁의 산물입니다. 우리는 에스파냐의 노예 제도에 반대하여 싸웠고, 미국의 제국주의에 맞서 싸웠으며, 디아스 독재 정권에 맞서 싸웠습니다. 지금 우리에겐 제대로 된 교육도, 번듯한 지붕을 얹은 집도, 땅도, 일자리도, 의료도, 식량도, 대표자를 민주적으로 뽑을 권리도, 외세로부터 진정한 독립도, 평화와 정의도 없습니다. 그러나 오늘 우리는 말합니다. '이제 그만!' 이라고. ― 제1차 라칸도나 정글의 선언

나프타 발효로 멕시코가 선진국 대열에 합류했다고 선전하던 살리나스 정부는 경악했다. 사파티스타는 마치 외계 행성에서 나타난 존재 같았다. 그동안 원주민은 잊혀진 존재, 세계화 과정에서 언젠가 사라지고 말 존재에 불과했다. 충격을 받은 것은 멕시코 국민들도 마찬가지였다. 그들 역시 '현대'라는 꿈에 빠져 원주민을 망각해왔다. 원주민들이 얼굴을 가리고 나타나자 비로소 모든 이가 원주민들의 얼굴을 직시하게 되었다. 정부가 추진하는 신자유주의 정책은 원주민만의 문제가 아니었음에도 불구하고, 멕시코 시민 사회는 무력감에 젖어 변변한 저항조차 못하고 있었다. 사파티스타는 거기에 일성을 터트렸다.

"멕시코 헌법 39조에 따라 이 나라의 주권은 본질적으로 그리고 원래부터 국민에게 있습니다. 우리는 이 헌법에 따라 70년 장기 독재 정권에 전쟁을 선포합니다. 우리는 일자리와 토지, 주택, 식량, 의료 시설, 교육, 독립, 자유, 민주주의, 정의, 평화를 위해 멕시코 민중과 함께 투쟁할 것입니다. 사파티스타민족해방군의 반란 대열에 동참하십시오!"

벼랑 끝으로 몰린 치아파스 원주민

치아파스 주는 멕

시코 남부에 위치하여 서쪽으로는 태평양에 접하고 중부엔 치아파스 고원을, 동쪽엔 라칸도나 정글을 포함한다. 면적은 멕시코 31개의 주 가운데 여덟 번째로 크고 인구는 350만 명에 달하는데 그 가운데 약 100만 명은 마야 족 원주민으로 첼탈 족, 초칠 족, 촐 족, 소케 족, 토홀라발 족 등으로 구성된다. 치아파스 주는 멕시코를 먹여 살리는 보물 창고인데, 석유 생산량은 멕시코 전체 생산량의 21퍼센트, 천연가스는 47퍼센트에 달하며 커피 생산량도 전국의 35퍼센트를 차지하고 그밖에도 옥수수, 과일, 벌꿀, 소, 목재 등이 그득히 난다. 수자원도 풍부해 멕시코 수력 전기의 절반을 생산한다.

그러나 역설적으로 이곳은 멕시코에서 가장 낙후하고 가난한 땅이다. 1994년 당시 인구의 70퍼센트가 빈곤선 이하의 삶을 살았다. 원주민의 절대 다수는 농촌에 거주했고 흙바닥인 집에서 잤으며 전기와 상하수도의 혜택을 받지 못했다. 문맹률은 전국의 3배였고 초등학교 1학년을 정상적으로 마치는 아이는 30퍼센트에 불과했다. 원주민은 치아파스 인구의 3분의 1을 차지하지만 원주민 지역에 있는 교실은 치아파스 전체의 1퍼센트였다. 병원은 인구 1000명당 0.2개로 전국 평균의 반 이하였고 인구 절반이 영양실조 상태였다. 1994년에 이질, 콜레라 등 간단한 치료로 해결되는 병에 걸려 죽은 사람이 1만 5000명에 달했다. 노동자들의 평균 임금은 최저 임금보다 낮았고 1990년에 국제 커피 가격이 폭락하자 더 떨어졌다.

이런 모순은 원주민이 겪고 있는 이중의 수탈에 원인이 있었다. 유럽의 식민 지배를 받은 라틴아메리카는 독립한 후에도 대부분 지주와 토호 세력에 기반 한 독재 정권이 들어섰고, 그들은 하나같이 원주민 착취를 통해 근대화를 이뤘다. 멕시코 역시 토호 세력이 지지하는 제

혁명가 사파타와 민중 영웅 판초 비야 : 농민 혁명가인 사파타(앞줄 한가운데)는 암살되기 전까지도 '토지와 자유'를 위해 투쟁했다. 남부에서 사파타가 활약했다면 북부에는 판초 비야(사파타 옆에 큰 모자를 든 사람)가 있었다. 산적이던 그는 지주의 재물을 빼앗아 가난한 이들에게 나눠주다가 반란 지도자가 되었다.

도혁명당PRI이 70년 이상 장기 집권하면서 지주와 농장주의 이익을 철저히 보장했다. 이 토호 세력들은 원주민의 땅을 차지해 거기에 대농장을 세웠다. 원주민들은 살던 땅에서 쫓겨나 라칸도나 정글로 들어갔고, 그 다음에는 목재상과 목장주들이 불도저를 밀고 들어오는 바람에 더 깊은 정글로 가야 했다. 원주민들이 땅과 마을을 지키고자 반항하면 토호 세력들은 '과르디아스 블랑카스(백색 경비대)'를 조직해 테러를 일삼았다. 원주민 지도자나 시위 주동자들은 백주에 납치되거나 가족이 보는 앞에서 살해되었다. 이런 일이 치아파스 경찰과 연방군의 수수방관 속에서 자행되었다.

정부와 토호 세력의 수탈이 한 축이라면, 또 다른 수탈은 신자유주의 세계화로 인해 벌어졌다. 신자유주의란 1980년대 이후 자본의 이익을 국가와 시민 사회보다 우위에 두면서 개인과 국가 심지어 자연 환경까지 자본에 종속시키는 경향을 의미한다. 신자유주의의 선봉인 국제 금융 자본, IMF, 세계은행, 초국적 기업 등은 제3세계 국가들에게 외채를 빌려주거나 투자를 하는 대가로 공공 정책을 폐기하고 공공 기업의 사유화를 허용하라고 요구했다. 멕시코 역시 1982년 외환 위기를 겪은 후 IMF의 시장 개방과 구조 조정 요구에 직면했다. 신자유주의를 신봉한 제도혁명당의 살리나스 대통령은 이 요구를 충실히 따랐고 그 결과 멕시코에서 부의 양극화는 극심해졌다. 1990년대 초 멕시코 인구 2퍼센트가 국부의 70퍼센트를 차지하기에 이르렀으며 이런 불균형의 가장 큰 피해자는 바로 원주민들이었다. 그런데도 정부는 미국과의 자유 무역 협정이 경제적 활로가 될 거라면서 나프타 체결을 서둘렀으며, 급기야 미국의 요구에 따라 헌법 27조 토지 조항까지 개정했다. 원주민들이 나프타를 '원주민에 대한 사형 선고'로 보게 된 결정적 요인이 바로 이 토지 조항의 개정이었다.

토지 조항이 어쨌다는 것일까? 1911년에 일어난 멕시코 혁명의 결과로 1917년 멕시코 헌법에는 진보적인 토지 조항이 들어갈 수 있었다. 조항의 대략적인 내용은 토지는 기본적으로 국가 소유라는 것, 소농과 원주민 공동체에 농사지을 토지를 제공한다는 것, 그 토지는 양도할 수 없다는 것이었다. 이 조항은 그동안 지주나 목장주의 이익에 휘둘려 제대로 지켜지진 않았다. 치아파스 농토의 절반은 6000명의 지주가 갖고 있었고 100만의 원주민이 그 나머지를 일구는 형편이었다.

그래도 토지 조항은 원주민들에게 유일한 비빌 언덕이었다. 그런데 살리나스 정부는 이 조항을 개정하여 외국 자본의 토지 소유를 허용했던 것이다. 이것은 원주민이 살아갈 수 있는 조건을 완전히 박탈하는 조치였다.

치아파스 원주민은 근대화 과정에서 정부와 토호 세력에게 수탈당해왔고 여기에 더해 세계화 과정에서 또 한 번 수탈당하고 있었다. 벼랑으로 몰린 원주민의 선택은 스키 마스크를 쓰고 무기를 드는 것이었다.

원주민과 게릴라가 만나 '사파티스타'가 되다

사파티스타민족해방군은 멕시코 민중의 영웅 에밀리아노 사파타의 이름을 계승했다. 사파타는 1911년 멕시코 혁명 시기에 활약한 농민 혁명가로, 지주들에 맞서 '토지와 자유'를 지키기 위해 싸웠다. 사파타의 혁명군을 '사파티스타'라고 불렀는데, 그가 가는 곳에는 "돌멩이도 사파티스타다."라고 할 만큼 그는 민중의 열렬한 지지를 받았다. 멕시코 정부가 토지와 석유를 국유화하기로 결정한 데에는 사파타와 그를 지지한 민중의 힘이 크게 작용했다.

1994년 1월 1일 이후 세계의 관심은 이 새로운 사파티스타를 이끄는 부사령관 마르코스에게 쏟아졌다. '한 사람이 영웅으로 추앙되는 일을 막기 위해'라고 썼다는 스키 마스크, 붉은 스카프, 가슴에 두른 탄띠, 담배 파이프는 이 포스트모던 혁명가의 아이콘이 되었다. 그는 무장 봉기라는 '옛날 방식'에 기대면서도 재치와 은유가 넘치는 말솜씨

멕시코 혁명의 농민군 : 1911년 멕시코 혁명은 디아스 정권이 토지를 대농장주에게 팔아 넘기는 데 반대해 터져 나왔다. 토지를 뺏긴 농민들은 광산 노동자로 전락했다.

를 구사한다. 언제 그 마스크를 벗을 거냐는 기자들의 물음에 "멕시코가 먼저 마스크를 벗으면"이라고 대답하는 식이다. 그는 총보다는 오히려 인터넷과 언론을 무기로 시민 사회의 관심을 끌었고, 무엇보다도 전통적인 게릴라들과는 완전히 다른 이야기를 한다.

"우리는 권력을 차지하려고 총을 든 것이 아니다. 우리는 단지 그들이 우리의 말에 귀 기울이도록 하려는 것이다. 우리가 원하는 것은 다양한 의견이 서로 오갈 수 있는 민주적인 공간을 만드는 것이다."

멕시코 정보국이 필사적으로 알아낸 바에 의하면, 마르코스는 1957년생이며 본명은 라파엘 세바스티안 기옌이다. 그는 부유한 가구상의 아들로 태어나 멕시코 국립자치대학교와 프랑스 소르본대학교에서 공부했으며, 대학 시절 좌파 운동에 참여하여 레닌, 마오쩌둥, 체 게바라 등의 사상을 학습했다고 한다. 그는 라틴아메리카의 게릴라 전통을 잇는 급진 사회주의자가 되었고 1983년에 동료들과 함께 치아파스 원주민 지역으로 들어갔다. 그는 원주민들을 게릴라 반군으로 조직할 계획이었다.

그러나 마르코스 그룹은 말도 문화도 완전히 다른 원주민들이 "넌 우리와 달라. 이곳에 어울리지 않아."라는 시선으로 바라보자 혼란에 빠졌다. 그들은 자신들의 권위적이고 교조적인 방식을 반성해야 했다. 그들은 원주민 공동체를 인정하고 그 안에 함께 살아가지 않고서는 원주민을 투쟁에 동참시킬 수 없다는 사실을 깨달았다. 마르코스 그룹은 어린이 의료 프로그램과 금주 캠페인, 여성 인권 개선 등 다양한 활동을 통해 원주민들의 지지를 조금씩 얻어갔다. 가난한 원주민 가정에서 술은 게으름과 폭력의 원인이었고 가장 큰 피해자는 여성이었던 것이다.

약 10년에 걸쳐 마르코스 그룹과 원주민들은 서로를 변화시켰다. 마르코스는 원주민들이 자율적이고 민주적으로 공동체의 의사를 결정하는 과정에 감화되었고, 원주민들은 마르코스의 주장처럼 정부와 토호 세력으로부터 스스로의 권리를 지키기 위해서는 무장 투쟁이 불가피하다는 것을 깨달았다. 원주민 자위 조직 사파티스타는 이렇게 탄생했다. 지주들은 자기들이 보낸 깡패들이 두들겨 맞고 돌아오자 더 이상 원주민들이 녹록한 집단이 아님을 알게 되었다. 지주들은 뻔뻔하게도 정부에 '무법자'들을 단속해달라고 요청했다. 정부도 라칸도나 정글에 게릴라가 있다는 걸 알았지만 일부러 이를 무시했다. 원주민 문제는 언제나 부차적인 것이었고, 또 나프타 체결을 앞두고 괜히 국가 이미지를 떨어뜨리기 싫었기 때문이다.

1992년 말, 살리나스 정부가 토지 조항의 개정을 발표하자 마르코스는 사파티스타 원주민 공동체에 이 문제를 토의할 것을 요청했다. 모두가 참여하고 발언하는 원주민 공동체의 특성상 토의에는 오랜 시간이 걸렸다. 마침내 여러 부족의 원주민 대표가 모인 자리에서 만장일치로 정부와의 전쟁이 결의되었다. 1년 동안 전쟁을 준비한다는 결정이 내려짐과 함께 마르코스는 부족 연합 회의인 원주민비밀혁명사령부CCRI의 지휘를 받는 부사령관에 임명되었다. 또 사파티스타는 원주민 권익의 실현과 더불어 멕시코 독재 권력을 타도하고 다원성에 기초한 민주 정권을 수립하겠노라는 목표까지 정했다. 그들은 원주민 문제가 치아파스 차원에서 해결될 문제가 아니라, 멕시코 정치권력을 뿌리째 바꿔야 비로소 해결될 수 있다고 확신했다.

"우리 모두가 사파티스타입니다!" 사파티스타 반군이 치아파스 일대를 점령하자 곧 멕시코 연방군이 무섭게 공격해 왔다. 탱크, 헬기, 장갑차를 앞세운 1만 5000명의 병력이 몰려들자 구식 소총이 전부였던 반군은 며칠 만에 산크리스토발을 포함해 모든 도시에서 후퇴했다. 그러나 사태는 이미 '치아파스 시골의 소요'를 넘어 전 세계가 주목하는 '원주민 전쟁'이 되었다. 원주민을 학살하느냐는 비난이 커지자 살리나스 대통령은 연방군을 진격시키길 주저했고 분위기를 주도한 반군은 1월 12일에 휴전을 제안했다. 치아파스 교구의 사무엘 루이스 주교가 중재하여 정부와 반군은 평화 협상을 열기로 했다.

산크리스토발 성당에서 평화 협상이 열리기 전, 마르코스는 인터넷과 팩스로 멕시코 시민 사회에 자신들이 봉기할 수밖에 없었던 이유를 알리면서 협상장에서 자신들의 안전을 지켜줄 수는 없는지 물었다. 놀라운 일이 벌어졌다. 멕시코 곳곳에서 청소년, 대학생, 노동자, 주부, 활동가, 지식인 들이 치아파스로 달려왔다. 그들은 협상이 열리는 내내 성당을 인간 띠로 둘렀다. 군 장교가 "당신들, 사파티스타와 무슨 관계요?" 하고 묻자 그들은 이렇게 외쳤다.

"우리도 사파티스타입니다!"

원주민 권익 보호를 헌법에 포함시키라는 사파티스타의 요구는 쉽게 받아들여지지 않고 협상은 진전이 없었다. 그해 말 당선된 제도혁명당의 신임 대통령 세디요는 협상을 깨고 사파티스타를 진압하기 위한 대공세를 펼쳤다. 연방군은 6만 명으로 늘어났고 토호 세력의 무장 경비대가 군의 비호하에 원주민 공동체를 습격했다. 그러나 그들은 민중의 숲과 정글의 숲 속에 숨은 반군을 잡지 못했고 여론만 악화되었다. 기죽은 세디요 대통령은 사파티스타가 무기를 내려놓고 항복하면 용서하겠다고 했다. 그러나 마르코스는 이를 비웃었다.

"왜 우리가 용서를 받아야 하는가? 우리가 뭘 잘못했다는 것인가? 굶어죽지 않는다고? 고통을 묵묵히 받아들이지 않았다고? 적선에 만족하지 않았다고? 경멸과 차별을 황송하게 여기지 않았다고? 가난한 사람에게도 존엄함이 있다는 것을 보여주었다고?"

결국 세디요 정부는 협상장으로 돌아왔고, 1996년 2월 16일에 산안드레아스 협약이 체결되었다. 정부는 원주민 권리와 문화에 관한 법률을 만들고 교육과 의식주, 일자리 등을 적극적으로 지원하기로 했다. 그러나 세디요는 이런저런 꼬투리를 잡아 법안에 수정 조항을 달았고, 법안이 원래 취지에서 벗어났다고 판단한 사파티스타는 수정 법안을 거부했다. 다시 원점이었다.

그러나 그 사이 사파티스타는 신자유주의에 맞서는 세계 시민들의 구심으로 떠올랐다. 1994년 여름에 사파티스타는 '전국 민주주의 대표자 회의'를 열어 멕시코의 NGO와 원주민, 노동조합, 지식인들을 치아파스의 정글로 초청했고, 1996년 8월에는 '인류를 위해 신자유주의에 맞서기 위한 대륙 간 회의'를 개최했다. 여기에는 42개국에서 2500명이 찾아왔다. 전 세계의 방문자들이 "나도 사파티스타!"라며 치아파스로 들어오니 연방군도 반군을 어쩔 도리가 없었다. 어째서 치아파스 원주민과 사파티스타 반군이 이처럼 관심을 받은 것일까? 사회주의 국가들이 무너진 후 자본주의는 그 누구의 도전도 허용치 않는 공룡으로 보였다. 하지만 사파티스타는 풀뿌리 민중들의 발언과 행동과 연대로 그 공룡을 무너뜨릴 수 있을 거라는 희망을 주었다. 마르코스는 정글에 찾아온 세계 시민들에게 이렇게 말했다.

"형제자매 여러분, 우리의 말이 우리의 무기입니다. 우리는 말로 국민의 침묵을 깹니다. 우리는 말을 살려 침묵을 죽입니다. 거짓말로 진실을 숨기는 것은 권력의 몫으로 내버려둡시다. 우리는 해방된 말로 서로 손을 잡읍시다!"

함께 걸으며 새로운 세상을 상상하자!

1997년 12월, 사파티스타가 봉기한 후 최악의 비극이 일어났다. 연방군이 대준 무기로 무장한 지주들의 경비대가 악테알의 한 난민촌에서 원주민 45명을 학살한 것이다. 경비대는 사파티스타 색출 작전을 벌인다며 마구잡이로 총을 난사했고 희생자는 대부분 여성과 아이들이었다. 이 소식이 인터넷을 통해 퍼지자 멕시코시티에서는 수십만 명이 항의 시위에 나

치아파스 초입의 입간판: 내용은 다음과 같다. "당신은 사파티스타 영토에 들어와 있다. 여기서는 민중이 명령하고 정부가 복종한다."(위) "북부 지역. 좋은 정부 위원회. 무기 거래, 마약 재배, 마약 사용, 알콜 음료, 목재 불법 판매는 엄격히 금지된다. 누구도 자연을 파괴해서는 안 된다."(아래)

왔으며 종교인들과 자원 봉사자들이 생필품을 들고 치아파스로 행진했다. 세계 130여 개 도시에서 멕시코 정부에 항의하는 시위와 파업, 멕시코 상품 불매 운동이 벌어졌다.

군사적으로도 정치적으로도 세디요는 사파티스타의 상대가 되지 못했다. 사파티스타는 세디요의 집권 기간 내내 그의 악몽이었다. 결국 2000년 12월 대선에서 제도혁명당은 71년의 장기 집권 끝에 민주혁명당의 비센테 폭스에게 패하고 말았다. 사파티스타의 목소리를 듣고 잠에서 깬 멕시코 시민 사회가 제 할 일을 한 것이었다. 집권한 폭스 대통령은 원주민 문제의 전향적인 해결을 약속했고, 2001년 2월 사파티스타는 '원주민 권리 및 문화 지원에 관한 법안' 통과를 요구하며 멕시코시티까지 3천 킬로미터의 평화 대장정에 나섰다. 3월 11일, 사파티스타 지도부가 멕시코시티 소칼로 광장에 들어서자 25만 명의 시민들이 한목소리로 환영했다. 마르코스가 사파티스타를 대표해 말했다.

"우리는 세상을 정복하려는 것이 아닙니다. 단지 새로운 세상을 제안하려는 것입니다. 지금까지 우리에게 부족했던 것은, 바로 여러분이었습니다."

시민들도 그 말을 받아 외쳤다.

"당신들은 혼자가 아니야! 혼자가 아니야!"

마르코스는 연방 의회에 초청 받아 연설도 했다. 격세지감을 실감케 했다. 법안은 통과되었다. 그것은 20세기 말에 시작된 사파티스타 혁명이 새로운 세기에 거둔 소중한 결실이었다. 그러나 법안에 달린 여러 수정 조항들이 여전히 근본적인 개혁을 가로막고 있어 사파티스타는 다시금 이 법안을 거부해야 했다. 마르코스의 말처럼 멕시코가 언제 그 마스크를 벗고 진정성을 보여줄지는 아무도 모른다.

사파티스타가 봉기한 지 20년이 다 되어가는 지금, 치아파스 주에도 학교나 병원이 확충되고 원주민의 삶은 여러모로 개선되었다. 그러나 그들은 여전히 멕시코에서 가장 빈곤한 계층이며 신자유주의 세계화의 최대 희생자다. 혹자는 사파티스타가 결국 아무것도 이룬 게 없으며 단지 마르코스라는 과격 게릴라가 원주민들을 자신의 권력욕을 위해 동원하고 있을 뿐이라고 비판한다. 혹은 마르코스가 한 일은 낡은 게릴라 운동에 이미지를 입혀 일종의 판타지를 연출한 것에 불과하다는 비판도 있다. 물론 이런 비판에도 경청할 부분이 있으며 사파티스타 스스로 해결해야 할 과제로 남을 것이다.

그러나 사파티스타는 모든 것을 해결하겠다고 한 적이 없으며, 다만 함께 걸으며 질문을 던지자고 제안한 것뿐이란 사실도 기억해야 한다. 사회주의가 몰락하자 많은 이들이 '혁명의 종말'을 단정했지만, 사파티스타는 '풀뿌리 민중의 연대'가 신자유주의를 넘어서는 희망이 될 수 있음을, 그리고 우리에게 아직 '다원성에 기초한 새로운 사회'를 상상할 힘이 있음을 일깨워주었다. 사파티스타가 제기한 원주민 문제는 그동안 '발전'과 '현대'라는 꿈에 사로잡힌 사람들로 하여금 고통받는 타자의 얼굴을 바라보게 해주었다. 그리고 만약 우리가 원주민들에게 "당신들이 봉기한 만큼 성과가 없어 후회하지는 않느냐"고 묻는다면, 그들은 아마 '라칸도나 정글의 선언'을 되풀이해 들려줄지 모른다.

"모든 사람에게는 모든 것을, 우리를 위해서는 아무것도!"

연표

1911년	멕시코 혁명 발발. 모렐로스의 농민 혁명가 에밀리아노 사파타 활약
1917년	토지 개혁 조항을 포함한 전향적인 헌법 제정
1919년	사파타 암살
1994년	1월 1일, 멕시코 남부 치아파스 원주민들인 사파티스타 반군이 남부 주요 도시 점령
1995년	신임 세디요 대통령, 사파티스타에 대공세 시작
1996년	2월, 정부-원주민 간 산안드레아스 협약 맺어지나, 누더기 협약이 되어 원주민들이 거부
1996년	8월, 치아파스 정글에서 '신자유주의에 맞서는 대륙 간 회의' 개최
1997년	12월, 지주들의 무장 경비대가 악테알에서 원주민 학살
2000년	12월, 71년 만의 정권 교체로 민주혁명당 비센테 폭스 당선
2001년	3월, 사파티스타 반군이 멕시코를 가로지르는 평화 대행진 펼침 원주민권익보호법이 통과되었으나 원주민이 거부

이집트 혁명
Egyptian Revolution

|

21세기 첫 혁명의 불길, 아랍에서 타오르다
2011년

아랍 민중들, 깨어나다

"이것은 아랍판 프랑스 대혁명이다!"

2011년 벽두부터 아랍에서 민중 항쟁이 불붙자 누군가 이렇게 말했다. 1월 14일 튀니지 민중들이 독재자 벤 알리 대통령을 몰아낸 후 마치 지하의 가스관이 차례로 폭발하듯, 아니 봄에 산과 들로 꽃불이 번지듯 이집트, 바레인, 리비아, 시리아, 예멘, 오만, 모로코 등 전 중동 지역이 항쟁으로 요동쳤다. 전 세계 사람들은 깜짝 놀랐다. 지금껏 아랍에서 단 한 번도 시민 혁명으로 정권이 전복된 적이 없었기 때문이다. (1979년 호메이니의 주도로 혁명이 일어난 이란은 아랍 국가가 아니라 페르시아계 국가다.)

아랍 국가 통치자들의 장기 독재는 악명 높다. 벤 알리 튀니지 대통령은 25년간 통치했고, 호스니 무바라크 이집트 대통령은 30년, 알리 압둘라 살레 예멘 대통령은 33년, 무아마르 카다피 리비아 최고 지도자는 42년 동안 권좌를 지켰다. 요르단, 모로코, 바레인 등은 입헌 군주국이고 오만이나 사우디아라비아는 지구 다른 곳에서는 사라진 절대 왕정이다. 이런 정치 환경에서 통치 권력은 부패했고 국민의 자유와 인권은 제약되었다. 통치자들은 한편으로 무자비한 탄압을 가하고 한편으로 석유 개발의 수익을 조금씩 나눠줌으로써 불만을 잠재웠다. 국민들은 체념과 좌절감 속에 살아갔다.

바로 그 아랍에서 21세기 첫 혁명이 일어난 것이다. 특히 튀니지에 이어 이집트에서 혁명이 성공한 사실은 엄청난 의미를 갖고 있다. 인구 8000만의 이집트는 아랍 세계의 맹주이다. 이집트에서의 승리는 다른 아랍 국가의 민중에게 커다란 영향을 줄 수밖에 없다.

1월 25일에서 2월 11일까지 18일간, 이집트 민중은 보안 경찰의 악랄한 탄압에도 굴하지 않고 끝내 카이로의 타흐리르(해방) 광장을 사수했다. 공식 통계로 300명, 비공식적으로 1000명 이상이 목숨을 잃었지만, 한 번 타오른 민중의 분노는 꺼지지 않았고 마침내 무바라크의 오른팔이었던 군부도 그에게서 등을 돌렸다. 결국 무바라크는 임기 말까지 자리를 지키겠다는 결심을 포기해야 했다. 오랜 잠에서 깨어난 이집트 민중들, 그들은 지금 '전혀 다른' 이집트를 만들겠노라는 희망에 차 있다.

독재자 호스니 무바라크 : 그는 장장 30년이나 철권으로 이집트를 통치했으면서 나아가 아들에게 권좌를 물려주고자 했다. 그의 일가는 천문학적 액수를 외국에 빼돌려놓은 상태다.

이집트를 짓누른 무바라크의 철권 통치

1952년, 청년 장교였던 나세르가 군사 쿠데타를 일으켜 영국의 조종을 받는 꼭두각시 왕정을 타도하면서 이집트의 근대화가 시작되었다. 나세르는 수에즈 운하를 비롯한 주요 산업, 은행, 대지주의 땅을 국유화함으로써 민중의 지지를 얻었다. 나세르는 '아랍 민족주의'를 내걸고 이스라엘 및 서방 국가들과 대결했는데, 미국의 지원을 받는 이스라엘과의 싸움에서는 번번이 패했다. 특히 1967년의 6일 전쟁으로 이스라엘에 시나이 반도까지 빼앗겼다.

크게 상심한 나세르가 1970년에 심장마비로 죽자 그의 뒤를 이어 사다트가 대통령이 되었다. 사다트는 1973년 이스라엘에 선제공격을 가해 자존심을 조금 회복한 후 바로 이스라엘과 평화 협정을 추진했다. 아랍 민족주의보다는 국익으로 방향을 튼 것이었다. 이스라엘도 아랍 전체와 계속 대결할 수는 없었으므로 '아랍의 맏형' 이집트와의 관계 개선을 원했다.

1979년 미국 캠프 데이비드에서 맺어진 평화 협정으로 이집트는 시나이 반도를 돌려받았고 이스라엘은 국방에 대한 부담이 줄어들면서 국가 예산의 25퍼센트에 이르렀던 국방비를 10퍼센트 이내로 줄일 수 있었다. 이집트 정부가 친이스라엘로 돌아서자 미국은 중동에서 이스라엘과 친미 산유국들을 보호하기 위해 이집트를 든든한 우군으로 써먹고자 했다. 미국은 자국에 이익이 되는 '착한 독재자'는 용인한다는 기조로 이집트에 매년 15억 달러라는 어마어마한 지원을 했다. 이는 이스라엘에 이어 두 번째로 큰 지원이었다. 사다트가 이슬람 급진파에게 암살된 후 그 뒤를 이은 무바라크는 이런 미국의 정책에 최대 수혜자가 되었다.

무바라크는 1981년에 집권한 후 30년 동안 철권으로 국민을 다스렸다. 그는 야당을 불법화하고 자신에 대한 찬반 투표만으로 임기를 계속 연장했다. 그는 집권 초부터 비상사태법을 휘둘러 언론을 검열하고 반정부 시위와 단체를 탄압했으며 재판 없이 국민을 무기한 구금했다. 2010년 한 해에만 그러한 장기 수감자가 5000명을 넘어섰다. 보안 경찰의 수는 이전 정권의 세 배인 거의 백만 명으로 늘어났는데 이들은 갖은 특혜를 누리며 국민 위에 군림했다. 경찰이 거리에서 시민의 옷을 벗기고 뺨을 후려갈기는 장면은 흔한 광경이었다. 한 인권 보고서에 의하면 1990년대 말부터 10년 간 최소한 167명이 경찰의 고문으로 사망했다.

이에 더해 무바라크 정권은 국민을 먹여 살려야 할 책임을 아예 방기했다. 과거 이집트 정부는 석유 자원에서 나온 수익을 이용해 생필품에 보조금을 지급하고 무상에 가까운 교육 제도를 운영했으며 많은 공공 기관 일자리를 청년층에게 제공했다. 그러나 1990년대에 이집트는 IMF로부터 금융 지원과 함께 신자유주의 구조 조정을 받아들였는데, 그 결과 생필품에 대한 보조금이 삭감되어 물가가 치솟았고 빈곤층이 급증했다. 국영 기업이 민간에 팔려 나가면서 실업률이 10퍼센트까지 올랐고, 그중에서도 청년 실업률이 30퍼센트가 넘어 학교를 졸업하고도 일자리를 못 구한 청년들의 불만이 부글부글 끓었다. 그러나 무바라크는 묵묵부답이었다.

오히려 무바라크 일가와 측근들은 국민의 원성에 아랑곳 않고 지독한 부패로 배를 채웠다. 신자유주의의 도입과 함께 과거의 기득권을 되찾으려는 지주와 자본가들이 뒷돈으로 정부를 구워삶았고, 그 결과 무바라크 일가는 자그마치 700억 달러를 해외 은행에 빼돌렸으며(이집트 노동자들의 평균 월급이 100달러이다.) LA, 뉴욕, 런던에 초호화 주택을 마련했다. 그것도 모자라 무바라크가 아들 가말 무바라크에게 권력을 세습하려 하자 민중들의 마음은 완전히 돌아섰다. 다만 오랜 세월 순응만을 강요당하면서 마음에 뿌리내린 절망감 때문에 감히 행동에 나서지 못하고 있었다.

변화의 조짐이 보이다

이처럼 끝이 안 보이는 터널 같던 이집트에도 2000년대에 들어 조금씩 변화의 가능성이 보이기 시작했다. 저임금과 고용 불안에 반대하는 노동자들이 저항의 선두에 섰다. 2004년부터 2008년까지 1900건의 노동 쟁의가 일어났고 170만 명이 동참했다. 2006년, 카이로 북부의 산업 단지 마할라알쿠브라에서 2만여 의류 공장 노동자들이 임금 인상과 작업 조건 개선을 내걸고 파업에 들어갔고, 군대의 위협에도 불구하고 작은 승리를 따냈다. 노조조차 인정되지 않는 이집트에서 이는 신선한 충격이었다. 2008년 4월, 2배나 뛰어버린 식료품 물가에 항의하며 노동자들이 다시 일어섰고, 이는 '마할라 인티파다'라고까지 불리는 큰 투쟁으로 이어졌다. 이 투쟁은 이집트 최초의 민주적 노동조합 설립이라는 쾌거를 낳았다. 무바라크 정권의 철벽에도 조금씩 금이 가고 있었다.

한편 2005년, 이집트 최대의 재야 세력 무슬림형제단을 중심으로 '키파야 운동'이 시작되었다. 키파야란 이집트어로 "그만하면 됐다!"라는 뜻으로 무바라크의 권력 세습에 반대하는 구호다. 이슬람주의를 내건 무슬림형제단은 나세르 정권 이래 끊임없이 탄압을 받아왔으나, 최근 주로 온건한 정치 활동과 사회 봉사 운동을 통해 대중의 지지를 받았다. 무슬림형제단의 세력이 커지자 정권은 위협을 느낄 수밖에 없었다.

키파야 운동은 시민 사회의 지지를 이끌어내었고 그 성과로 무슬림형제단은 2005년 총선에서 하원 의석의 20퍼센트를 차지하는 큰 승리를 거두었다. 여기에 깜짝 놀란 무바라크 정권은, 2010년에 치러진 총선에서는 수단 방법을 가리지 않고 부정 선거를 저질러 무슬림형제단의 원내 진출을 철저히 막았다. 뇌물, 폭력, 회유, 공무원을 동원한 불

히잡 쓴 여성들의 시위 : 이집트 혁명은 권위적인 가부장제에 대한 반란이기도 했다. 여성들은 '인자한 아버지 무바라크'의 퇴진을 외치면서 거리로 뛰어나왔다.

법 투표 등 온갖 추잡한 일들이 자행되었고 그런 장면들이 휴대폰으로 촬영되어 폭로됨으로써 정권의 도덕성은 또 한 번 땅에 떨어졌다.

그러나 변화에 대한 희망이 생겨난다 해도 그것을 퍼뜨리고 조직하지 않으면 결코 다수의 행동으로 만들 수가 없다. 이 일에 큰 몫을 한 이들은 바로 이집트의 신세대 청년들이었다. 이들은 높은 수준의 교육을 받았고 디지털 정보 통신 기술에 익숙해 있었다. 게다가 중동 지방은 인구 중 29세 이하 청년층의 비율이 다른 나라들에 비해 상당히 높다. 튀니지는 52퍼센트, 알제리는 58퍼센트, 예멘은 74퍼센트나 되며 이집트도 60퍼센트에 달한다.

희망도 없고 불만을 토로할 합법적인 창구도 없을 때 그 많은 청년들은 어떤 선택을 할까? 과거에 그들은 이슬람 원리주의 집단에 가입하여 테러 전사가 되곤 했다. 하지만 21세기의 아랍 청년들은 휴대폰과 인터넷으로 소통하고 서로 불만을 나누면서 완전히 새로운 저항 세대로 성장하고 있었다. 2003년 미국이 이라크를 침공하자 카이로에서만 5만 명이 참가한 반전 시위가 열렸고, 이 과정에서 다양한 급진적 청년 그룹들이 만들어지기 시작했다. 이들은 키파야 운동에도 앞장섰고 대학에서 자주적인 학생회를 만들었으며, 2008년 마할라 노동자들의 파업을 지원하기 위해 4·6운동(파업이 시작된 2008년 4월 6일을 가리킴)이라는 단체를 결성했다. 4·6운동의 회원들은 인터넷으로 파업을 지지하는 수십만 시민을 모아내고 경찰의 허를 찌르는 시위를 벌이며 노동자들의 승리에 큰 역할을 했다.

2010년 6월 6일, 알렉산드리아에서 반정부 블로거 칼레드 사이드가 경찰과 마약상의 뇌물 거래 현장을 휴대폰으로 찍어 폭로했다가 경찰의 보복 구타로 사망하는 사건이 벌어졌다. 즉각 페이스북에 칼레드 사이드의 처참하게 일그러진 얼굴 사진이 공개되었고 청년들은 재빠르게 이를 실어 나르면서 경찰의 잔인성을 성토했다. 단지 진실을 말했다는 이유로 백주에 젊은이를 때려죽이는 정권, 그런 비열한 정권에게 청년들은 더 이상 아무 희망도 품지 않았다. 이제 바짝 마른 들판은 단 한 개의 불씨만을 기다리는 중이었다.

타흐리르 광장이 해방구가 되다

2010년 12월 튀니지에서 대학을 나왔으나 일자리가 없어 과일 노점을 하던 청년 모하메드 부아지지가 분신자살했다. 그는 노점 단속 공무원이 뇌물을 요구하자 이를 거부했다가 두드려 맞고 물건을 압수당했으며, 이에 대해 시장과 도지사에게 탄원하러 갔지만 제지만 당하자 그만 몸에 불을 붙였던 것이다.

이 사건이 소셜 네트워크를 통해 퍼지면서 튀니지 청년들이 들고일어났고 이어 반정부 세력들이 결집하면서 시위가 시작된 지 단 2주 만인 1월 14일에 벤 알리 대통령을 쫓아냈다. 국민들은 실업과 고물가에 시달리게 만들고는 제 일가의 재산을 불린 벤 알리는 황급히 사우디아라비아로 망명했다. 이 소식이 이집트에 전해지자마자 청년들의 목소리가 터져 나왔다.

"튀니지도 했다! 우리라고 못할 것이 있는가? 이집트 시민들이여, 우리도 독재에 맞서 싸우자!"

칼레드 사이드를 추모하는 페이스북 페이지 '우리 모두가 칼레드 사이드입니다' 등 인터넷 공간에서 시위 호소들이 봇물처럼 터져 나왔

기독교인과 무슬림의 대화 : 봉기가 지속되는 동안 카이로 타흐리르 광장은 자유의 상징이 되었다. 정치 토론이 끊임없이 열렸고 종교의 벽을 넘어 모두 이집트 시민으로 단결했다.

고, 4·6운동을 비롯한 청년 그룹들이 이 호소를 널리 퍼뜨리기 시작했다. 그러나 전체적으로는 뚜렷한 주동자나 지도부 없이 시위는 자발적으로 조직되어갔고, '분노의 날'로 명명된 1월 25일, 카이로, 알렉산드리아, 수에즈, 룩소르, 만수르 등 이집트 전역에서 민중은 거리로 나섰다. 경찰은 늘 하던 대로 거리를 가로막고 최루탄을 난사했으며 사람들에게 곤봉을 휘둘렀다. 그러나 민중들의 눈에는 더 이상 두려움의 빛이라곤 없었다.

"빵을 달라! 자유를 달라!"

"알라가 보고 계시다! 악인은 반드시 멸망한다!"

시위 군중은 하루가 다르게 늘어갔다. 1월 28일이 되자 다급해진 정권은 새벽을 틈타 인터넷과 무선 통신을 끊어버렸다. 해외에서 이집트로의 접속이 차단되고 이집트는 일시적으로 고립된 중세 시대로 돌아갔다. 그러나 시민들은 상상력을 총동원해 접속망을 복구했고 트위터나 페이스북으로 투쟁 전술을 신속히 공유했다. 봉기를 지속하기 위해선 타흐리르 광장을 반드시 차지해야 한다는 소리가 커지자, 시민들은 광장을 향해 여러 방향에서 동시에 행진을 시작했다.

무바라크의 충성스런 맹견인 경찰은 미친 이빨을 드러냈다. 시위대가 잠시 메카를 향해 기도하는 도중에도 물대포를 뿌려댔으며, 차를 전속력으로 몰아 군중을 치기까지 했다. 경찰은 처음엔 고무총탄을 쏘다가 다급해지자 실탄을 쏘기 시작했다. 등 뒤에서 날아온 총탄에 비무장 시민들이 픽픽 쓰러졌다. 사망자가 속출하면서 시민들의 분노는 더욱 커졌다. 시민들은 경찰서란 경찰서는 모조리 불을 질렀고 집권당인 민족민주당 당사도 화염에 휩싸였다. 자애로운 아버지의 얼굴로 거리를 내려 보던 무바라크의 초상화는 갈기갈기 찢겨졌다. 결국 경찰이 도망치면서 광장은 시민에게 넘어왔다.

타흐리르 광장은 그 의미 그대로 '해방구'가 되었다. 천막 농성장이 이곳저곳에서 세워지고 자유로운 토론이 이어졌다. 의사들은 다친 사람들을 무상으로 치료했고, 대학 교수들은 강의를 열었다. 사람들은 서로 음식을 나누며 기운을 북돋았고, 누가 시키지 않아도 광장을 깨

실탄 사격의 증거 : 한 남자가 탄피를 들어 보여주며 보안군의 만행을 고발하고 있다. 무바라크에게 절대 충성하는 이집트 보안군으로 인해 많은 인명이 희생되었다.

꿋이 청소했다. 광장에는 더 이상 여성에 대한 관습적인 차별도, 무슬림과 기독교도 사이의 해묵은 갈등도 없었다. 광장에는 새롭게 태어난 이집트, 하나가 된 이집트 국민만이 있었다. 이들이 한목소리로 외치는 요구는 이것이었다.

"무바라크는 물러가라!"

2월 1일, 전국적으로 800만 명이 집결했고 카이로 시민들과 재야 지도자들은 헬리오폴리스의 대통령궁까지 '백만의 행진'을 벌였다. 그러나 노회한 무바라크는 여전히 민심을 외면했다. 정치 개혁을 하겠다, 내각을 개편하겠다, 다음 대선에는 불출마 하겠다 하며 조금씩 양보를 거듭했지만 퇴진만은 거부했다. 자신이 물러나면 국가가 혼란에 빠진다는 것이 그가 내세운 이유였다. 그러면서 정작 자신은 시위대의 혼란을 부추기기 위해 살인자와 깡패를 감옥에서 내보냈다. 악당들이 시민을 폭행하고 국립 박물관의 유물을 탈취하는 데도 경찰은 수수방관할 뿐이었다. 시위대는 청년들을 주축으로 자경단을 조직했고 스스로 치안 공백을 메웠다. 인간 띠로 박물관을 둘러싸 약탈을 저지한 것도 청년 자경단원들이었다.

이집트 관제 언론과 서방 언론은 시위에 대해 왜곡된 보도를 쏟아내거나 중요한 국면들을 아예 무시했다. 유일하게 믿을 만한 언론은 아랍권 뉴스 방송 알자지라뿐이었는데, 경찰은 이마저도 마구잡이로 탄압했다. 하지만 시민들은 언론에 의지하지 않고 직접 현장의 소식을 인터넷에 올렸다. 스스로 뉴스의 제작자, 전달자, 비평가가 된 것이다. 아무리 통제하려고 해도 항쟁 소식은 실시간으로 전 세계에 퍼졌고 각국 이집트 대사관 앞에서도 연대집회가 이어졌다. 전 세계가 이집트 혁명과 접속하고 있었다.

이집트 민중의 위대한 승리

"신이여, 무바라크를 보호하소서!"

"반역자들을 죽이자! 이집트를 구하자!"

2월 2일, 친정부 시위대들이 낙타를 타고 나타나 장검과 쇠파이프를 휘두르며 타흐리르 광장의 시민들을 공격했다. 그러나 이들은 경찰이 일당을 주고 고용한 깡패들이었다. 순식간에 광장은 아수라장이 되었고 시민 수십 명이 죽고 수백 명이 다쳤다. 나아가 무바라크는 군을 동원해 탱크로 광장을 포위했다. 항쟁 초기 무바라크의 퇴진을 종용하는 듯했던 미국은 그새 "무바라크가 임기를 다 마치는 게 좋겠다."는 입장을 내비쳤다. 비록 독재자이긴 하나 미국의 이해관계에 아무래도 그가 필요했기 때문이다. 이런 상황에 힘을 얻은 무바라크는 몇 가지 온건한 개혁을 내놓으며 재야 세력과의 정치 협상으로 사태를 마무리하려고 시도했다. 항쟁은 기로에 놓였다.

"우리 노동자들은 무바라크가 퇴진할 때까지 총파업에 돌입한다!"

수에즈 운하의 노동자들이 먼저 파업을 선언했고, 이어 전기, 철도, 철강, 통신 노동자들이 뒤따라 총파업에 들어갔다. 노동자들이 반무바라크 항쟁에 동참을 선언하자 무바라크의 기대는 물거품이 되었다. 카이로에서 공장이 멈췄고 수에즈 운하에서는 서방 국가들의 유조선이 발이 묶였다. 무바라크가 통제권을 되찾기를 은근히 바라며 사태를 관망하던 서방 국가들도 더 이상의 기대를 접었고, 미국도 다시 '평화적인 정권 이양'을 압박했다. 특히 무바라크가 동원한 군이 사태의 흐름을 읽고는 중립을 선언해버렸다. 광장을 지키는 시민들은 군을 무서워하기는커녕 탱크 위에 올라가 군인들과 기념사진을 찍었다.

좌고우면하던 무바라크는 2월 10일까지도 "아버지가 아들딸에게 진심으로 말한다."면서 임기가 끝나는 9월까지 버티겠다는 성명을 내놓았다. 그러나 시위대는 코웃음을 쳤다. 그들은 "우리는 충분히 속았고 충분히 희생했다!"며 맞받아쳤다. 시위대는 두 번째 '백만의 행진'을 조직했다. 어떤 권력도 두려움이 사라진 사람들을 막을 수는 없다고 했던가? 다시 광장에 긴장이 감돌자 군 수뇌부와 미국이 무바라크에게 압력을 가했고 마침내 11일, 무바라크는 하야를 발표했다.

"무바라크는 떠났다! 우리가 승리했다!"

하늘엔 폭죽이 터지고 거리마다 축제의 물결, 환희의 함성이 넘쳐흘

이집트 혁명의 앞날은? : 한 남자가 타흐리르 광장으로 가는 다리 위 사자상에 앉아 이집트 국기를 치켜들고 있다. 이집트 혁명은 이제 어디로 갈 것인가?

렀다. 사랑하는 이들을 항쟁 속에 잃었던 이들은 비로소 참아온 눈물을 터트렸다. 이 혁명의 주인공은 이슬람교도 아니요 페이스북도 아니었다. 물론 그것들도 한 요소이긴 했지만, 진정한 주인공은 자유와 민주주의를 위해 죽음마저도 두려워하지 않던 이집트 민중들이었다.

그러나 권력은 아직 민중에게 돌아오지 않았다. 현재 최고군사위원회가 과도 정부를 구성했고, 9월에 총선을 치러 새 헌법을 만들고 새 대통령을 뽑는 일정을 제시한 상태다. 민중들은 그간 억눌렸던 사회·경제적 요구들을 분출하느라 파업과 시위를 계속하고 있는데, 과거의 기득권 집단이던 군부가 과연 이집트 민중의 요구를 잘 수렴하여 새로운 국가 건설에 협조할지, 권력을 탐내 민중에게 총부리를 겨눌지 아직은 알 수 없다. 또 미국이 그동안의 중동 정책을 반성적으로 검토하여 이집트 민중의 편에 설지, 또 다른 독재자를 세우려 들지도 아직 미지수이다. 이집트 혁명은 집권자의 교체로 끝날 수도 있고 구체제를 근본부터 바꾸는 사회 혁명으로 전진할 수도 있다. 이집트 혁명에 자극 받은 각국 아랍 민중들이 자국에서 또 다른 혁명의 드라마를 써나갈 수도 있다.

그 누구도 타흐리르 광장을 다시 닫을 수 없다는 사실만큼은 분명하다. 이미 광장은 거리에만 있지 않고 8000만 이집트 민중 하나하나의 가슴과 통하고 있기 때문이다. 그 광장마다 채워진 자유와 해방의 기억, 그것이 사라지지 않는 한 이집트는 다시 잠들지 않을 것이다.

연표

1952년	나세르, 군사 쿠데타로 왕정 타도
1979년	사다트 대통령, 이스라엘과 평화 협정 맺고 미국의 지원 받음
1981년	사다트 암살 후 무바라크 집권
	비상사태법을 선포하고 철권 통치 시작
2005년	무바라크 권력 세습에 반대하는 키파야 운동 시작
2006년	마할라알쿠브라 산업 단지의 의류 노동자 파업 투쟁
2008년	4월 6일 전국적 노동자 파업 투쟁
2011년	1월 14일, 튀니지에서 일어난 시위로 튀니지 독재자 벤 알리 축출
	1월 25일, '분노의 날' 이집트 카이로를 비롯한 주요 도시에서 시위 시작
	1월 28일, '분노의 금요일' 경찰의 폭력 진압에 시위도 격렬해짐
	2월 1일, '백만의 행진'에 이집트 전국에서 800만 명이 시위 참가
	2월 2일, 친정부 시위대의 폭력으로 많은 사상자 발생
	2월 9일, 전기, 철도, 철강, 서비스업 등에서 총파업 돌입
	2월 11일, 무바라크 대통령 하야 발표

에필로그
21세기, 반란의 시대가 오는가?

2011년에 세계는 중동에서 전하는 민중 반란의 소식에 잠을 깼다. 1월 14일 튀니지에서 시위대가 독재자 벤 알리 대통령을 쫓아냈고 그 불길은 아랍에서 가장 인구가 많은 이집트로 옮겨 붙었다. 이집트 시민들은 경찰의 진압에도 타흐리르 광장을 끝내 지켜냈고 2월 11일에 무바라크 대통령의 30년 통치를 종식시켰다. 중동의 반정부 시위는 리비아, 알제리, 수단, 시리아, 예멘으로 마치 쓰나미처럼 퍼져 나갔다. 정권은 실탄 사격에 전투기까지 동원하여 민중의 분노를 잠재우려 하지만 이 파도는 쉽게 막을 수 없었다. 지금도 중동 혁명의 불길은 꺼지지 않고 있다.

중동의 민중 반란은 세계사의 한 장을 꾸밀 중요한 사건이다. 그러나 이 사건이 단지 독재자가 왕처럼 다스리는 몇몇 나라에서 '뒤늦게' 일어난 일에 불과할까? 다시 말해 민중 반란은 '민주적' 선거 제도를 갖추고 경제적으로 상위권에 든 나라에서는 이미 한물간 정치적 구태에 지나지 않는 것일까? 그렇지 않다. 세계 10위의 경제 규모를 자랑하는 한국은 2008년에 장장 100일이 넘는 촛불 항쟁을 이어갔다. '촛불'은 그 시발점이 되었던 광우병 쇠고기 검역 문제를 넘어 민생, 교육, 언론 전반에서 더 많은 공공성과 민주주의를 요구하는 행동으로 진화하고 발전했다.

한국에서만 그럴까? 작년만 해도, 보수 언론이 언제나 '글로벌 스탠더드'라고 칭찬하는 미국에서 대학생들이 등록금 인상에 반대하며 교문을 인간 띠로 봉쇄하고 총장실을 점거했다. 프랑스에서는 노동자들이 정년 연장에 반대하며 파업을 벌였다. 국가가 연금 지급을 미루려고 정년을 늘리면 청년 세대의 일자리가 줄어든다는 사실, 이것이 세대를 초월한 연대를 이뤄내게 했다. 한편 그리스에서는 임금과 복지를 삭감하는 재정 긴축에 반대하여 폭동에 가까운 시위가 일어났다. 2011년의 중동 혁명에는 그 역사적 특수성이 분명히 존재하지만, 넓은 시야로 볼 때 21세기에도 민중 반란은 전 세계 도처에서 벌어지고 있다. 우리는 여전히 '반란의 시대'를 살아가고 있다.

인류 역사는 반란의 역사였다

보수적인 정치인과 언론이 툭하면 꺼내는 말이 '한물간 시위……' '구태의연한 투쟁 방식……' 같은 것이다. 투쟁도 법 테두리 안에서만 하라는 말, 시위와 파업으로 인해 경제 손실이 얼마이고 국가 이미지가 실추되었다는 말도 꼭 뒤따라 붙는다. 시민들이 거리에 나서기까지 과연 법과 제도가 그들의 호소에 얼마나 귀를 기울였으며 권익을 실현해주기 위해 얼마나 노력했는지 따지는 것은 그만두자. 더 중요한 것은 저항을 바라보는 관점이다.

보수 정치인과 언론은 저항을 통치의 외부 효과 정도로, 법과 제도를 운영하는 과정에서 생겨나는 사소한 부작용 정도로 본다. 한마디로 저항은 일탈이고 역행이며 파괴다. 따라서 그들은 국민의 의식에서 어떤 불순한 생각을 떼어내려고 하거나 최소한의 범위에서 이를 회유하려고 한다. 이를 위해 대대적인 미디어 조작을 벌이고 필요하다면 공권력으로 기본권을 짓밟는다. 공권력이란 본디 국민의 기본권을 지키기 위해 존재하는 것인데, 2009년 새해에 한국의 공권력은 생존권을 요구하는 다섯 철거민을 건물 옥상에서 불타 죽게 만들었다. 이 모든 것은 민중의 저항이 불온하며 있어서는 안 될 일이라고 보는 관점에서 시작된다.

하지만 역사에서 민중의 저항은 일상이며 동시에 진보의 원동력이다. 고대 그리스 도시 국가의 반란에서 중세 농민들의 봉기, 근대 시민 혁명과 오늘날의 반세계화 투쟁에 이르기까지 민중은 위로부터의 통치에 끊임없이 반발했고 과거에 주어진 것보다 더 많은 자유와 권리를 요구하며 싸웠다. 그 요구가 받아들여지기까지 기나긴 시간이 걸리지만, 한번 받아들여진 요구들은 더 새로운 요구들을 낳는다. 농노 해방의 요구는 정치 참여의 요구를 낳고, 정치 참여의 요구는 부의 분배에 대한 요구를 낳는 것처럼 말이다. 이 과정에서 문명이 발전하고 인간 의식이 진보한다. 저항에서 "이 정도면 충분하다."고 할 시점이란 없다.

하기에 민중 반란은 정치의 정상적인 과정에서 벗어난 일탈이 아니라, 오히려 정치가 반란의 역동적인 에너지를 보존하면서 이 에너지가 서서히 핵분열할 수 있도록 도와야 하는 것이다. 그러나 권력은 대개 이 과정에 실패하고 말며, 억압적 수단에 의존하여 그 에너지를 누르려고만 한다. 이 억압은 반란의 충분 조건이 된다. 그런데 억압이 있다고 꼭 반란이 일어나는 것은 아니다. 무너졌어도 벌써 무너져야 했을 부패한 독재 정권이 수십 년이나 건재하는 경우도 비일비재하다.

반란은 언제 일어나는가 그리고 어떻게 성공하는가?

경제적 모순과 정치의 실패가 만날 때 반란은 무르익는다. 생산자가 만들어내는 몫은 점점 커지는데 왕이나 귀족, 자본가가 점점 더 많은 몫을 가져갈 때, 그리고 이로 인해 생겨나는 불만과 욕구를 정치가 해소해주지 못할 때, 민중의 애타는 호소를 지배 세력이 비웃음과 탄압으로 대할 때 민중은 마음속에서 시퍼런 칼날을 담금질한다. 여기에 지배 세력이 도덕적 약점을 드러내거나 무능함을 내비친다면, 혹은 기만적인 수준에서 약간의 양보를 내놓을 경우 그 틈을 통해 반란은 용암처럼 터져 나오게 된다.

반란이 승리했을 경우, 반드시 의식적으로 오랫동안 반란을 준비한 세력이 있다. 물론 이 말은 혁명가들이 원하는 때에 원하는 방향대로 민중을 움직일 수 있다는 의미는 아니다. 민중이 움직이는 계기는 권력의 사소한 추문이나 횡포일 수 있다. 하지만 일단 민중이 움직이게 될 때 사상적으로 그리고 조직적으로 준비된 집단이 있느냐 없느냐는 반란의 성패에 결정적인 영향을 미친다. 프랑스 혁명을 자코뱅 없이, 갑오 농민 혁명을 동학 조직 없이 생각할 수 없다. '포스트모던' 반란의 상징이 된 멕시코 사파티스타 봉기조차도 마르코스를 비롯한 혁명가들을 빼고는 설명할 수 없다. 혁명가들의 투철함과 유연함, 그리고 민중의 자발적이고 능동적인 힘이 화학 작용을 일으킬 때 비로소 역사는 빛나는 새 페이지를 열어젖힌다.

그러나 이런 요소들이 아무리 잘 갖춰져 있더라도 대부분의 반란은 비참한 실패를 맛보고 피의 기록만이 남는다. 반란이 실패하면 어마어마한 목숨을 대가로 요구하고, 민중은 더 무거운 연자방아에 묶여 수탈당해야 한다. 만약 인간이 이기적이고 계산적이기만 한 동물이라면 저항하기보다 순응하는 것이 훨씬 이익일 것이다. 그런데 인간은, 묵묵히 돌을 굴려 올리는 시시포스처럼 역사의 어느 시공간에서도 저항을 멈춘 적이 없다. 아마 시시포스는 산 정상에서 잠시 하늘을 올려보았을 것이다. 비록 실패한 반란일지라도 그가 먹구름 사이에 한 점 푸른 하늘을 보았다면, 그는 결코 토굴에서 살아갈 수 없다.

우리에게 반란의 역사는 어떤 의미인가

지금 우리가 누리고 있는 자유, 평등, 인권, 민주주의, 그 모두가 인민 대중이 싸워 얻은 성스러운 전리품이다. 그런데 이러한 것들은 진열장에 백 년이고 천 년이고 보관해둘 수 있는 물건이 아니다. 그렇기는커녕 산꼭대기로 계속 밀어 올리지 않으면 반드시 데굴데굴 굴러 떨어지고 마는 것들이다. 따라서 우리는 앞서 민중들이 해온 것처럼 중력에 맞서며 이 돌을 굴려 올려야만 한다. 우리는 돌 굴리기를 포기하는 대신 더 많은 시시포스를 모아 조금이라도 수월하게 돌을 굴리도록 해야 한다.

서두에 말했듯이 반란의 시대는 여전히 진행형이다. 역사를 바꾼 반란의 순간들을 만나 그 의미와 한계를 살피는 것은 우리 시대가 어떻게 만들어졌는지 추적하는 것이면서, 동시에 오늘날의 시대를 어떻게 뛰어넘을 것인지 치열하게 고민하는 일이기도 하다. 역사를 공부하며 우리는 한 가지 기쁨을 얻는데, 그것은 저 사파티스타 반군이 3천 킬로미터의 평화 대행진을 마치고 멕시코시티 소칼로 광장에 입성했을 때 시민들이 그들을 반기며 외친 말 속에 들어 있다.

"당신들은 혼자가 아닙니다!"

우리는 자신의 시대와 치열하게 싸우는 최초의 사람도 아니며 마지막 사람도 아니다. 우리는 그들 중의 하나다.

오준호

1975년에 태어나 대구에서 학창 시절을 보냈다. 서울대학교 국어국문학과에 입학했지만 강의실보다는 거리를 뛰어다니느라 졸업하는 데 꽤 오래 걸렸다. 고전 읽기 모임인 '인문학회'를 만들어 공부는 거기서 했다. 사람 사는 세상, 생명 평화 세상을 꿈꾸며 사회당(현 진보신당)에서 일했고 대변인도 맡았다. 지금은 조지 오웰이나 히로세 다카시 같은 작가가 되어 그 꿈을 나누고자 책을 쓰기 시작했다. 오마이뉴스 시민 기자로 활동하며 인문사회과학 서점 '그날이 오면' 홈페이지에 칼럼을 연재하고 있다. 번역서로는 『나는 황제 클라우디우스다』(전 3권, 2007년), 『보이지 않는 주인』(2011년) 등이 있다.
블로그는 http://interojh.blog.me '초원의 바람'.

반란의 세계사

2011년 8월 25일(초판 1쇄)
2012년 4월 01일(초판 2쇄)

지은이	오준호
펴낸곳	도서 출판 미지북스
	서울 마포구 상암동 2-120 201호 (우편 번호 121-270)
	전화 070-7533-1848 전송 02-713-1848
	mizibooks@naver.com
	출판 등록 2008년 2월 13일 제313-2008-000029호
기획	이지열
책임 편집	정미은
마케팅	이지열
출력	스크린출력센터
인쇄 제본	영신사

ISBN 978-89-94142-17-3 03900
값 16,000원